TUDI FAZHANQUAN YANJIU

土地发展权研究

吕翾 著

华南理工大学出版社
SOUTH CHINA UNIVERSITY OF TECHNOLOGY PRESS

·广州·

图书在版编目（CIP）数据

土地发展权研究/吕翾著. —广州：华南理工大学出版社，2021.7
ISBN 978 - 7 - 5623 - 6791 - 8

Ⅰ.①土… Ⅱ.①吕… Ⅲ.①土地法-研究-中国 Ⅳ.①D922.304

中国版本图书馆 CIP 数据核字（2021）第 139629 号

土地发展权研究

吕　翾　著

出 版 人：卢家明
出版发行：华南理工大学出版社
　　　　　（广州五山华南理工大学 17 号楼，邮编 510640）
　　　　　http://hg.cb.scut.edu.cn　E-mail：scutc13@scut.edu.cn
　　　　　营销部电话：020 - 87113487　87111048（传真）
责任编辑：付爱萍
责任校对：刘惠林
印 刷 者：广州市人杰彩印厂
开　　本：787mm×1092mm　1/16　印张：16.5　字数：356 千
版　　次：2021 年 7 月第 1 版　2021 年 7 月第 1 次印刷
定　　价：68.00 元

版权所有　盗版必究　印装差错　负责调换

序

土地制度是关乎国家发展和百姓福祉的重大问题，土地问题一直是社会舆论的焦点和学术研究的热点。我国自20世纪80年代初开启城乡土地制度市场化改革，依托高速城市化过程中形成的以政府投资型为主、其他增长方式为辅的中国特色发展模式，实现了改革开放"上半场"中经济发展的"中国奇迹"。但这一模式也使我国政府尤其是地方政府对土地要素形成强烈依赖，土地与地方财政、投资、金融信贷和房地产市场等环扣叠加。面对错综复杂的城市化过程中产生的巨大的土地非农开发增值利益，如何界定、如何分配？传统土地用途管制和土地利用规划，因其性质混淆，致其功能和作用发挥严重受阻，制度失灵，亟须探索新型规划实施模式和路径。在管制规范结构中嵌入私法方式，实现土地利用管理的公私法合作模式。而这需要"土地发展权"这一把钥匙来开启改革开放"下半场"破解法治难题的大门。

无论是土地发展权实践，还是对其展开的法理探究，均需要放到新的时空环境与政策背景之下，运用新的法治理念，探求新的法治路径。这就是新的国土空间规划的立法与制度构建。对于国土空间规划体系构建及用途管制、自然资源产权体制变革背景下土地发展权的配置与流转的法制问题，目前学术界尤其是法学界，虽已开始关注，但研究仍稍显薄弱，其主要问题仍未解决：（1）对空间规划法律体系的内涵与外延认知不清晰，立法模式无法确定，统一的空间规划法律体系难以构建，新旧两套规划体系之间的协同融合存在高度模糊与争议，导致空间规划立法模式与内容不明确，空间规划难以有效执行。（2）对国土空间规划运行的法律框架与实施机制探索滞后，尚未有效破除土地用途管制制度的弊端及对空间资源市场化管控协调，束缚了自然资源管理体制改革和空间治理体系与能力现代化进程。研究视角与方法集中于民法规划管制下财产权保护与行政法"行政整序"等传统公私法二元理论,未从区域协同发展、要素市场化配置、自然资源产权利用监管等更具整体意义与更加宏观的视角来探讨空间要素资源的配置与流转。

在国土空间规划建构的新时代背景下,以完善产权制度和要素市场化配置为路径,健全以公平为原则的产权保护制度,实现产权有效激励、要素市场化协调流动,而具体落实到土地产权制度改革,亟待强化基于国土空间规划的土地发展权配置与流转的法制构造的研究。

从理论上讲,国土空间规划是对土地发展权(建设许可权、用途变更权、强度提高权)在空间上的配置、调整和转换规制。空间规划体系的顶层与核心是主体功能区规划,它强制性差异化地调控、规制不同区域的土地发展权,直接影响各区域发展模式、利益以及管理体制,作为下位执行的空间规划法律体系和管理体系是对顶层规划、调控下地方土地发展权的调配与落地。我国已形成央地之间"国有"和地方层面执行"隐性"的两级土地发展权体系,且我国台湾地区也有空间规划准市场化运行的土地开发许可制可资借鉴。

土地发展权的法治理念与制度构建,也契合健全自然资源资产产权利用制度,提升自然资源要素市场化配置水平,促进区域协调发展,推进国家空间治理体系和治理能力现代化。在中央《关于统筹推进自然资源资产产权制度改革的指导意见》《关于建立国土空间规划体系并监督实施的若干意见》《关于构建更加完善的要素市场化配置体制机制的意见》《建设高标准市场体系行动方案》等系列政策相继出台的背景下,完善技术标准,做好与国土空间规划相关的现行法律规范的衔接协调统一,已成为助力生态文明建设和深入推进新型城镇化、乡村振兴战略的重要举措。

目前学术界对土地发展权的法律性质与功能定位的研究是其重点。学界对土地发展权的内涵与功能已形成通识,即是一项在城乡土地配置中发挥权利限制与受损补偿平衡功能的新型权利,包括土地用途变更之权与土地开发强度提升之权。而对于土地发展权的来源、性质、归属及其与他项权利的关系仍存在诸多争议。土地发展权为国土空间规划提供合法性基础,有利于保障农民和集体经济组织的发展权益。基于空间规划而产生的两种不同属性的土地发展权：空间规划管制部门实施的公权性的土地发展权与管制对象因规划管制而构成特别牺牲私权性的土地发展权。廓清两者的权能配置与运行构造，是确保空间规划运行顺畅的基础保障。

本书以区域协调发展与要素市场化配置思想为引领，将土地发展权定位为具有公法属性的准物权，可视为一项经济法权。这不仅深化了经济法"协调理论"和"双重规制理论"，指导区域经济立法和实施，推动整体发展观下区域协同发展法治化，保障区域城乡之间空间要素市场流通顺畅；而且尝试构建新时代以土地发展权配置与流转为核心的空间规划法律支撑体系与实施机制，推动自然资源、空间治理与生态环境保护法制的完善与进步。以矫治市场和政府双重失灵为己任，国土空间规划实施中的土地发展权的配置与流转必须通过不同区域政府公权力的行使来实现，而政府在实现区域协调发展总体部署、区域协调和合作的过程中，滥用职权影响市场配置资源现象的出现在所难免。有必要加强区域合作中政府权力行使的规范和约束，实现区域协调发展的法治化。此亦契合经济法"双重规制"的基本理念。

本书同时也全面贯彻落实生态文明理念，提出构建以土地发展权为核心的全域全要素覆盖的空间管控体系，这是国土空间用途管制与国土空间规划实施的重点任务。以构建管制型规划类型，开发与保护协调、优先保护的法治理念，实践"五位一体"发展战略和生态文明体制构建。新型国土空间规划以协调"时空人事"关系为目标，突出"以人民为中心"的规划理念，通过"自上而下"与"自下而上"相融合的规划方法，构建刚性与弹性相统一的管控系统。

总之，深化土地制度改革，将土地这一重要生产要素的配置与流转由政府转向市场，建立土地支持国民经济可持续发展的长效机制，是解决土地引发的社会和经济问题的根本之策。笔者作为土地问题研究者的一分子，从土地发展权视角切入我国土地领域宏观重大改革大潮中，在基础理论上，借助空间规划对自然资源财产权利要素的配置实践，推进我国自然资源权利保护与利用管理法律机制改革的研究，以及构建空间规划管制下不动产财产权保护领域的法律制度的完善。在模式选择上，围绕开发与保护的空间治理体系，构建政府、市场与社会多元协同的治理模式，破解传统土地用途管制的公权力一元管制模式，促进区域经济社会协调发展和空间治理体系与治理能力的现代化。在制度构建上，整合"旧三规"立法规范与实施机制，融合升级为统一的"国土空间规划（法）体系"。在此基础上，构建以土地发展权及其市场化运行为核心的国土空间开发保护制度。可以说既有历史渊源的探究，也具有国际的视野，更有立足中国实践回答中国问题的深入观察和思考，希望能为读者理解当代中国土地制度变革背后所蕴涵的法治思维与制度构建提供一种独特而具有启发意义的视角。

是为序。

吕　翾

2021年4月于广州

目 录

绪论 ·· 1
  一、研究背景 ·· 1
  二、国内外学术研究现状及评述 ·· 6
    （一）国外学术研究现状及评述 ····································· 6
    （二）国内学术界研究现状及评述 ································· 10
  三、研究的价值 ·· 15
  四、研究的思路、创新点及方法 ······································ 17
    （一）研究的思路 ·· 17
    （二）研究的创新点 ··· 18
    （三）研究的方法 ·· 19

第一章 土地发展权的产生 ·· 20
  一、词源探究 ··· 20
    （一）概念初源 ··· 20
    （二）运行实践 ··· 21
  二、生成原因 ··· 23
    （一）客观原因 ··· 23
    （二）主观原因 ··· 25
  三、初创形态 ··· 26
    （一）采矿权 ·· 27
    （二）空间权 ·· 27
  四、产生与重构 ·· 28
    （一）内涵及其物权性 ·· 28
    （二）兼容性 ·· 32
    （三）冲突性 ·· 34
    （四）重构 ··· 36

第二章 土地发展权的发展 ... 39
一、雏形模式 ... 39
（一）初级私有化 ... 39
（二）狭义个体化 ... 40
二、国有化模式 ... 42
（一）产生脉络与价值 ... 43
（二）英国"土地开发者付费" ... 44
（三）美国"土地发展权征购"（PDR） ... 47
（四）法国建筑法定密度规控 ... 48
（五）德国规划预期价值补偿 ... 50
（六）我国台湾地区的土地开发许可 ... 52
三、物权化模式 ... 54
（一）TDR 的产生背景 ... 54
（二）TDR 的发展脉络 ... 55
（三）TDR 财产权属性论辩 ... 58
四、我国模式的发展 ... 64
（一）土地发展权的中国化 ... 64
（二）土地发展权的流转 ... 66
（三）土地发展权征购 ... 69
五、中外之比较 ... 77
（一）生成原因 ... 78
（二）制度现状 ... 81
（三）发展趋势 ... 84

第三章 土地发展权的法律性质 ... 89
一、范畴缘起与论证思路 ... 89
（一）范畴缘起 ... 89
（二）论证思路 ... 90
二、土地发展权是一项超越用益物权的权利 ... 91
（一）论证逻辑 ... 91
（二）用益物权的属性与特征 ... 92
（三）土地发展权与用益物权的区别 ... 94
（四）因超越用益物权而独立 ... 95
三、土地发展权是一项新物权 ... 97

（一）采矿权是一项独立的物权 …………………………………………… 97
　　（二）空间权是一项独立的物权 …………………………………………… 99
　　（三）农地发展权是一项独立的物权 ……………………………………… 102
　　（四）观点续争与结论定夺 ………………………………………………… 109

第四章　土地发展权的物权构造 ……………………………………………… 113
　一、土地发展权的主体 ……………………………………………………… 113
　　（一）既有观点及评述 …………………………………………………… 113
　　（二）所有者主体：各级政府和农村集体经济组织 …………………… 116
　　（三）使用者主体：国有土地使用权人和集体土地用益物权人 ……… 119
　　（四）管理者主体：中央和地方各级政府 ……………………………… 122
　二、土地发展权的客体 ……………………………………………………… 124
　　（一）既有学说评述 ……………………………………………………… 124
　　（二）发展性利益界定 …………………………………………………… 126
　三、土地发展权的内容 ……………………………………………………… 128
　　（一）既有观点评述 ……………………………………………………… 128
　　（二）复合型法律关系 …………………………………………………… 129

第五章　土地发展权的公法限制 ……………………………………………… 132
　一、逻辑缘起与论证思路 …………………………………………………… 132
　　（一）逻辑缘起 …………………………………………………………… 132
　　（二）论证思路 …………………………………………………………… 134
　二、土地发展权的公权性 …………………………………………………… 135
　　（一）公私权划分概论 …………………………………………………… 135
　　（二）土地发展权公私权二重性表现 …………………………………… 136
　　（三）经济发展权 ………………………………………………………… 137
　　（四）经济分配权 ………………………………………………………… 138
　　（五）宏观调控权 ………………………………………………………… 139
　三、准物权的内涵及基本理论探讨 ………………………………………… 141
　　（一）准物权的内涵 ……………………………………………………… 141
　　（二）准物权与物权的关系 ……………………………………………… 144
　　（三）准物权理论的特征 ………………………………………………… 147
　四、公法限制的结果：准物权属性辨析 …………………………………… 149
　　（一）发展性契合 ………………………………………………………… 150

（二）对比性契合 ………………………………………………… 151
　　（三）公权性契合 ………………………………………………… 152
　　（四）客体特殊性契合 …………………………………………… 153
　　（五）类比性契合 ………………………………………………… 154
五、公法限制下的土地发展权构造 …………………………………… 154
　　（一）思路缘起 …………………………………………………… 154
　　（二）概念、类型和属性 ………………………………………… 155
　　（三）权利构造 …………………………………………………… 156

第六章　我国土地发展权的制度构建

一、从权利到制度：我国土地利用管理制度之变革 ………………… 157
　　（一）手段之变：从计划管理到市场调控 ……………………… 157
　　（二）内容之变：从权力配置到权利分享 ……………………… 160
　　（三）目的之变：从权力冲突到权利协调 ……………………… 161
二、城市国有土地上土地发展权的制度构建 ………………………… 163
　　（一）制度之维 …………………………………………………… 163
　　（二）土地使用权收回预期价值评估 …………………………… 164
　　（三）经营用地增值收益回馈 …………………………………… 167
　　（四）住宅发展权分享 …………………………………………… 180
三、农村集体土地上土地发展权的制度构建 ………………………… 184
　　（一）集体建设用地使用权的发展权：以小产权房合法化为路径 …… 184
　　（二）宅基地使用权的发展权分享：以城中村改造为视角 …… 189
　　（三）集体土地征收发展权补偿 ………………………………… 192
四、制度构建的法制建议 ……………………………………………… 201
　　（一）尽快实现土地发展权的法定化和价值市场化 …………… 202
　　（二）改革与土地发展权运行相关的机制 ……………………… 203
　　（三）做好与土地使用权运行的衔接 …………………………… 203
　　（四）循序渐进地推进土地发展权制度的构建 ………………… 204
　　（五）以权利为中心，实现土地法律关系的平等化 …………… 205

第七章　土地发展权的实现与救济

一、模式借鉴与宏观维度 ……………………………………………… 207
　　（一）模式借鉴 …………………………………………………… 207
　　（二）宏观维度 …………………………………………………… 210

二、内部运行与外部协调 ········· 213
（一）内部运行 ········· 213
（二）外部协调 ········· 216
三、制度保障 ········· 220
（一）法律保障 ········· 220
（二）技术保障 ········· 222
（三）市场保障 ········· 223
（四）行政与宏观调控保障 ········· 224
四、多元化横向救济 ········· 225
（一）私力救济 ········· 226
（二）行政救济 ········· 229
（三）司法救济 ········· 231
五、全方位的纵向救济 ········· 234
（一）事前预防 ········· 234
（二）事中阻却 ········· 235
（三）事后解决 ········· 235

结语 ········· 237

参考文献 ········· 238

绪　论

一、研究背景

案例一："广州猎德村改造后房价涨 6 倍，村民每年分红 3 万元"①

位于广州市天河区珠江新城中央商务区的猎德村，总用地面积 33.6 万平方米，村民 3167 户共 7865 人。原有总建筑面积 68.6 万平方米，都为高密度的农民自建住宅。改造前的猎德村是广州"城中村"的典型缩影，环境"脏、乱、差"，建筑"握手"，楼层"贴面"，"违建"比比皆是，由此带来的是消防隐患严重、治安环境复杂、卫生条件恶劣等问题。

为迎接 2010 年亚运会，广州推出了 138 项"城中村"改造整体工程。作为该项工程打响的"第一枪"，猎德村改造于 2007 年 5 月开始实施，采取"全面改造，政府主导，村民为主"模式，由村里成立的股份公司与天河区政府合作。原有合法建筑面积实行"拆一建一补一"的原则；违法建筑，则给予 1000 元/平方米的建筑成本补偿。在土地利用分配上采取"三分制"方案，即 1/3 用于成员安置建设、1/3 用于商业用地开发以及 1/3 归村集体发展留用。作为广州市"三旧"改造重点工程项目，猎德村运用了包括允许集体建设用地以成员申请转为国有，并由村组织用于经营性开发建设与融资的模式；允许融资地块现状出让，出让收益返还用于改造，支持集体经济组织经济发展等"三旧"改造优惠政策来调动参与各方的积极性。猎德村改造取得巨大成功，实现无强拆、零上访。②

而就经济效益而言，改造后成员房屋出租收益从改造前的每户 800 元提高到 4000 元；成员自有房屋价值从改造前的 4000 元/平方米提高到 3 万元/平方米；村集体年收入从改造前的 1 亿元提高到 5 亿元；成员每年人均分红从改造前的 5000 元提高到 3 万元。改造完成之后，广州市政府获得原猎德村范围内的建设用地使用权并将其转为国

---

①参见：http://gz.house.163.com/12/0511/08/8178UGE800873C6D.html，浏览日期：2021 年 4 月 30 日。
②"广州猎德'城中村'整体改造无强拆无上访"，http://gd.people.com.cn/GB/123935/123955/13861011.html，浏览日期：2021 年 4 月 30 日。

有，房地产开发商得到商业用地的土地使用权，村民顺利通过城乡转制后成为城市居民，住上了花园式社区，并且得到出租屋的租金和村集体酒店的股份分红。猎德村改造在政府、原集体经济组织及其成员之间实现了多赢。猎德村改造完成后，广州许多其他城中村改造也纷纷效仿。

改造完成后，有四名"钉子户"因不服从安置补偿方案而提起诉讼，要求增加补偿金额，但法院以其影响村集体利益和其他村民合法权益为由予以驳回。① 尽管有学者将猎德模式取得巨大成功的原因归结为亚运会举办的大背景、改造区位处于黄金地段等法治外因素，② 但不能否认，猎德村改造创新了"城中村"改造中发展性利益的补偿分配机制，将发展权利益纳入集体建设用地转用补偿与分享（非单纯分配）机制，体现了对不动产财产权利及其主体更加深入彻底的保障。城市新增规划区内"城中村"改造所涉集体建设用地转用与转性过程的核心是土地发展权利益的均衡分享问题。这就需要配置一项新型的代表房地产开发所产生的发展性利益民事财产权或称物权，即土地发展权，并构建一项均衡分享该权益的制度，即土地发展权制度。

虽然猎德村改造对于被征收主体的发展性利益的保障在实践层面更进了一步，但在法制设计上尚未有突破，且猎德模式在这项权益的分享机制上仍有瑕疵和漏洞。例如，政府已经通过"城中村"改造获得巨额土地出让金（非土地发展权对价），其是否仍有权继续分享土地发展权益？被改造主体的集体经济组织及其成员因原属集体建设用地及各项农地用益物权的转用与转性而能否继续保有并分享该优势区位内已转为国有建设用地使用权而产生的巨额增值收益，也即其是否仍拥有收益权能和资格，分享的比例确定为多少以及如何确定？笔者认为，原集体建设用地所有权、使用权及各项农地用益物权主体应当作为土地开发增益的利益来源而得到充分土地发展权益的保障。③ 但也有学者认为，猎德模式中将拍卖改造用地所得资金全部返还村集体，再由后者再分配给各位集体成员，一是原集体建设用地在规划实施时开始转性质、转用途为国有建设用地使用权的用途和性质，原集体经济组织是否仍为该块改造用地的权属主体？如果不是，则其就无权分享有该改造地块所产生的发展权收益，二是广州市政府对于基础设施建设的投入，因而该范围内地块的改造的增值收益应由整座城市来共享，④ 因为"土地发展增益从本质上来源于社会发展，是社会大众共同努力的结果，却

---

① 周安平：《集体利益的名义何以正当——评广州猎德"钉子户"案》，《法学论坛》2009年第1期。
② 李斯哲：《猎德村改造若干法律问题思考——兼谈广州市城中村立法的完善》，《前沿》2012年第23期。
③ 因为虽然先有国有建设用地用途和性质的转用，后有该国有建设用地上的开发增益。按土地开发增益产生之时的该地块主体是国家或政府，因此国家当然享有该项土地开发增益。但是由国家或政府主导实施的土地开发增益行为，是以剥夺或限制原属城中村集体经济组织及成员集体权属建设用地所有权、使用权及各项农地用益物权为必要条件的，即只有对其进行剥夺或限制，才能产生开发增益。从开发增益产生的权源角度分析，它是经由国家或政府实施征地开发权而源自原属集体建设用地所有权、使用权及各项农地用益物权而产生的。因此，原集体建设用地所有权、使用权及各项农地用益物权主体应当作为土地开发增益的利益来源而受到土地发展权的保障。
④ 廖东岚等：《城中村改造中的拆迁补偿政策研究——以猎德村为例》，《经济研究导刊》2011年第22期。

因诸多因素的共同影响而聚集于个别地块之上"①，这部分利益不能简单归属于单一的个体。

我国现行土地征收补偿是我国不动产物权法律运行活动的重要内容，包括城市国有建设用地使用权征收和农村建设用地所有权、使用权征收两类。对前者来说，适用《国有土地上房屋征收与补偿条例》，在实践中一般能接近、达到甚至超过市价补偿标准。但是，在农村集体建设用地所有权、使用权征收补偿实践中，一方面，在征收主体国家与被征收主体的集体经济组织及其成员之间，反复地上演压抑与抗争之间的博弈。由于土地的农业收益要远远低于非农业收益，出于争夺土地转换用途的价值增值，国家会选择压抑甚至剥夺农村的土地发展权；由于土地的农业收益要远远低于非农业收益，土地的所有者（包括土地使用者）就会有将土地由农业用途转变为非农业用途的利益驱动；由于存在由农用地转为非农用建设用地的动力，但法律并不允许农用地转为非农用建设用地，这种转移没有得到法律的认可时，土地所有者（包括使用者）就会以某种形式加以抗争。② 另一方面，由于法律规范与权利配置的缺失，对其实施的补偿标准相对滞后，尤其在偏远地区，其很难分享城市化所产生的土地发展权益。而在具有区位优势的城郊地区，特定的补偿优惠政策又往往让其垄断该发展增益。区域之间、集体组织与农户个体之间、集体建设用地所有权与使用权之间以及其与各项农地用益物权之间的补偿标准也出现显著差异，这就会使在征地过程中出现对土地发展权益分享的不公，进而出现一轮又一轮地针对土地发展权益的压抑与抗争的"血腥"博弈。

在实质意义上，"城中村"改造的重点是区划内各类小产权房及其所占范围内原集体建设用地使用权、土地承包经营地以及宅基地使用权的权属调整与发展权益分配。在具体形式上，"城中村"改造，一是涉及城市旧房屋所在建设用地使用权的收回；二是涉及征收居民房屋所有权。城市居民因房屋以及房屋的建设用地使用权被征收，以及由此而来的房屋拆迁引起的利益冲突是中国城市化进程中另一急需解决的问题。③ 作为一项系统化的物权配置与调整运行的法治工程，"城中村"改造既要求协调政府行政规划、征收等公权力与公民私有法定的不动产物权之间平衡关系，更需要在"增量"的层面做好土地发展增益分配的文章。土地发展权作为一项调整土地增量利益的权利类型能否实现这一目标呢？

案例二："中山大学回应北门高楼质疑，校方已主动'减层'"④

2007年7月，中山大学从北校门附近城中村的集体组织征购了一块农地，将其申请转为国有建设用地并获得建设用地使用批准书，用于建设校科技文化交流中心。但在之前召开的建筑项目楼层设定论证会上，有校内建筑规划专家指出，如果按原计划

---

① 陈柏峰：《土地发展权的理论基础与制度前景》，《法学研究》2012年第4期。
② 杨明洪、刘永湘：《压抑与抗争：一个关于农村土地发展权的理论分析框架》，《财经科学》2004年第6期。
③ 潘嘉玮：《城市化进程中土地征收法律问题研究》，人民出版社2009年版，第68页。
④ 参见 http://news.sohu.com/20091105/n267982052.shtml，浏览日期：2021年4月30日。

建设17层，则该建筑在建成后将破坏中轴线上的校园景观。最后中大校园规划委员会决定将该楼的层高由原来的17层降为15层。因为中大历史建筑主要集中在广州市海珠区康乐园原岭南大学原址范围内，均在岭南堂以南，共11座。为了更好地保护学校历史建筑，中大于2006年主动划出北至岭南堂，南至怀士堂，东至马岗顶，西至模范村的范围，作为学校历史文化保护区，严格限制在保护区内新建建筑。此次用于建设新高楼的地块位于中大北门附近，距"保护区"仍有100多米，且经多次电脑模拟证明新楼不会破坏中大中轴线上的校园景观（中大南校区地势南高北低，校园中轴线两旁古木参天，绿树成荫。通过电脑模拟分析，站在中大小礼堂往北眺望，拟建的15层科技文化交流中心能够完全消隐在绿树丛中；站在中山像往北眺望，交流中心只露出塔楼顶部，大部分被中轴线两旁的高树掩蔽），并且新高楼以红砖为主，辅以玻璃，与中大划定的"保护区"内的历史建筑群的整体风格保持一致，因而不会破坏中大历史文化保护区规划。然而最后，中大校园规划委员会还是决定将原规划建减至15层，以免从整体上破坏中轴线及两边古建筑群的原始景观。

对这一事件，从民法相邻关系理论或许可解释为因科技文化交流中心与中大划定的历史文化保护区相邻，且后者的特定风格的利益受到规划的保护，作为与其毗邻的科技文化交流中心建筑在利用过程中不得基于规划的限定而损害后者特定风格利益的义务，属于相邻关系的民事法律关系。因为相邻关系是指相邻（不以直接毗邻为限，凡因涉及不动产利用所可能影响的空间均包括在内）的物之所有人或使用权人之间，在涉及不动产利用过程中，依民法直接规定或基于当事人协议所产生的权利义务关系。而若以两个独立的不动产物权之间所形成的地役权理论解释，受规划保护的中大历史文化区与拟建的科技文化交流中心之间通过协议约定，后者负有不得超过一定层高且不得破坏前者特定风格的利益的限定性物权使用的义务。因为地役权在性质上是两个物权之间通过法律约定，可以在他人不动产上设定物权性的使用权利。

但若从单个相关主体所拥有的既有法定物权之上生成的以超越既有法定物权的收益、处分权能所含限度而表征的额外利益的角度来看，中大案例中因规划而采取限高措施，是一种对被限制主体（科技文化交流中心）基于所有权而享有的无限利用（建筑）权在特定限度内的发展权限制。这些新型权利源于公权力对特定种类法定物权的收益、处分权能所行使范围和程度的限制，表现为虽未实际实现但却预期存在的那部分物质利益。这种物质利益是否能抽象化为一种新型的物权客体而使其运行载体成为一项独立的法定物权？

不动产财产权的保障与救济，根据不动产财产权准征收理论，不仅限于被完全剥夺的情形，而且扩及因公权管制造成价值减损的情形，后者被称为财产权的准征收。在当今，无论是城市"钢筋水泥式"的发展，还是农地产权价值的市场化保障，对不动产财产权实施准征收的实践比比皆是。如政府对名胜古迹的保护性管理因限制其权利人进行市场开发的行为即构成一种经济型准征收；国家为防止长城以外沙尘暴对关内省份的侵袭而修建了"三北"防护林，而对林区范围内的集体农地主体财产权的限制也构成一项管制型准征收。在城市区域内基于功能分区、规划限制而引发的对其规制领域内不动产财产权主体的预期发展性利益的规制更是并不鲜见。如基于建设与保护的双重需要，规划部门对特定区域采取开发限制措施，以保留公共基础设施与环境开敞空间用地。目前，在不动产准征收研究领域，对准征收的分类与构成要件的解构已十分清晰，但对救济机制中的补偿标准的界定仍相对滞后。这或许是由于既有的征收补偿理论中的发展权补偿机制没有很好地嫁接到准征收补偿领域之中。

从理论层面来说，土地发展权既是一种关注土地开发预期增量利益保障的理念，又是一种在不动产物权体系中实际运作的财产权类型，将其引入城乡之间农村各项地权，包括集体建设用地使用权、承包经营权、宅基地使用权等的发展性利益的补偿制度之中，这就涉及了在我国物权法中构建农村不动产物权之上构架土地发展权制度，不仅有利于城乡之间的和谐发展，而且对不动产物权保障整体制度的完善意义重大。

另外，我国正处于城市化加快推进时期，一方面要不断增加非农建设用地供给，以满足城镇空间拓展的需要；另一方面，我国人多地少、开发密度高、耕地及后备建设用地资源相对匮乏，土地供需矛盾十分尖锐。因此，我国需要实施耕地特别是基本农田、自然资源与环境生态用地的保护的平衡、协调、可持续的科学发展战略。这就需要摒弃单纯的非农地规模扩张为特征的城市化"老路"，转向提高建设用地利用效率为特征的"向存量要增量"的城市化"新路"。这项发展战略要求在土地权利创新上要做到两点：一是建构集约节约型的土地权利运行机制；二是建构转用农地运行的宏观调控机制。① 因为在我国现行的城市土地利用管理制度中，缺乏土地开发、利用和配置的高效市场化机制，这又与我国土地开发利用过程中的土地权力体制没能完全克服计划经济条件下土地权力体制的路径依赖有关。② 为此，我国在土地利用管理制度改革中需要转变思维，构建以变计划管理为市场配置、变静态规制为动态调控、变远程单方向投射为远程多层次协调为特征的新型土地权利调控体系。

我国现行土地管理制度的核心是土地用途管制。③ 该制度不仅限制了私权主体对其所享有物权属性的不动产而享有的开发权与收益权，而且给管控主体的政府在土地增量投资开发环节进行利益寻租提供了制度便利，④ 此为政府土地利益寻租的路径之一。而另一条路径则是行政垂直型非农建设用地供给与调配机制，中央分配指标，地方执行指标，但中央并不能有效管控地方政府的违法用地行为，因为"拥有建设用地支配权的地方政府，实际上掌握着土地闸门的把手，只要土地一出一进的牟利空间存在，他们就会想出各种办法来应对征收政府的指标化管理，根本的办法是让市场来主导土

---

① 王文革：《城市土地节约利用法律制度研究》，法律出版社2008年版，第7页。
② 刘国臻：《论我国地方土地权力配置体制创新：以土地发展权配置为视角》，《学术研究》2011年第9期。
③ 《中华人民共和国土地管理法》第4、12、26条，《土地管理法实施条例》第6条对此有规定。
④ 张忠野：《试论土地资源配置中的自由与管制》，《华东政法学院学报》2004年第4期。

地资源的配置"。① 由此可见，既要做到不断地供给非农用地，又要收住关紧地方政府的土地闸门，有效的办法便是如上所说的"让市场来主导土地资源的配置"。土地发展权是一项市场化运行的权力运行机制。这就需要在我国土地权利体系中配置能对土地增值利益运行与分配法律关系进行有效调整的土地发展权。

总之，土地利用是一个永恒不断的话题。人类需要不断地更新调整土地利用物质空间形态、效果以及达成上述形态、效果的机制和手段的权利配置和法律规范。② 我国正需要调整空间化利用的权利及其机制与手段的法律规范。土地发展权正是对这类土地权利实务配置和法律规范的理论因应，研究土地发展权将对丰富不动产物权理论及完善我国土地权力运行与资源配置制度具有重要意义。

二、国内外学术研究现状及评述

（一）国外学术研究现状及评述

国外学术界对土地发展权的研究，始于20世纪40年代左右，是伴随战时区域土地利用管制及战后城市重建实践活动而兴起的，并兴盛于20世纪60～70年代西方国家工业化、城镇化推进与农地及生态保护法制实践之中，至20世纪90年代仍是研究的热点。这一时期，在对土地发展权的研究中，国外不动产财产法领域涌现了一批包括专著与论文等形式在内的优秀学术成果，它们主要从宪法、财产法、土地管理法等领域对土地发展权及其制度进行讨论，主要涉及公权力组织的政府规制土地开发时私人不动产财产权保障及其合宪性、土地分区管制、土地开发权跨区流转机制等领域，各个领域形成了各自的主流学术观点，具体内容如下：

（1）从宪法和公民财产权保障的视角，③ 主要探讨的是作为美国土地发展权重要机

---

①蒋省三：《中国土地政策改革政策演进与地方实施》，上海三联书店2010年版，第281页。
②孙弘：《中国土地发展权研究：土地开发与资源保护的新视角》，中国人民大学出版社2004年版，第1页。
③Frankel, Jennifer, *Past, Present, and Future Constitutional Challenges to Transferable Development Rights*, 74 Wash. L. Rev. 825 (1999); Radford, R. S., *Takings and Transferable Development Rights in the Supreme Court: The Constitutional Status of TDRs in the Aftermath of Suitum*, 28 Stetson L. Rev. 685 (1998–1999); Miller, Andrew J., *Transferable Development Rights in the Constitutional Landscape: Has Penn Central Failed to Weather the Storm*, 39 Nat. Resources J. 459 (1999); Randle, Ellen M., *The National Reserve System and Transferable Development Rights: Is the New Jersey Pinelands Plan an Unconstitutional Taking*, 10 B. C. Envtl. Aff. L. Rev. 183 (1982–1983); Malone, Linda A., *The Future of Transferable Development Rights in the Supreme Court*, 73 Ky. L. J. 759 (1984–1985); Littlewood, William Hadley, *Transferable Development Rights TRPA and Takings: The Role of TDRs in the Constitutional Takings Analysis*, 30 McGeorge L. Rev. 201 (1998–1999).

制之一的土地发展权转移（transferable development rights，TDR）的运作是否越过美国宪法第五修正案中公民财产权保障条款中对公民不动产财产权实施管制征收的侵害边界，这项关于不动产财产权的"合宪性"争议也随着经济社会的发展、权利思想观念的变化在学术研究与司法适用领域呈现出动态发展的过程：最初财产法学术界与联邦最高法院秉持不动产财产权完整而不可侵犯与分割的理念，认为TDR的实施是对完整不动产财产权项下权利的分割，如不给予权利人相应补偿则构成对宪法第五修正案财产权保障条款的违反而构成违宪。但后来随着财产权社会化观念以及城市与建筑业领域的迅猛发展，财产法学界对这种因政府基于公共利益而适度限制甚至剥夺个体不动产权利及其项下的发展权权能的行使的"合宪性"标准予以适度的放宽，认为只要符合公共利益需要且履行法定程序实施，即可认为构成财产权征收或准征收，但应给予被征收或准征收的财产权主体原基于不动产财产权所能预期获得的发展性利益进行市场化补偿，符合宪法对财产权的充分保障。

（2）民事财产法（property law）是英美法系关于动产与不动产财产权保障的基本法律规范，也是土地发展权研究的重要领域，发表具有代表性的论文和专著较为丰富。① 一是对土地发展权的内涵进行的研究。传统不动产财产权观念，土地发展权

---

① Eckert, Robert J., *Acquisition of Development Rights: A Modern Land Use Tool*, 23 U. Miami L. Rev. 347 (1968 - 1969); Sax, Joseph L., *Takings, Private Property and Public Rights*, 81 Yale. L. J. 149 (1971 - 1972); Elliott, Donald H., Marcus, Norman: *From Euclid to Ramapo: New Directions in Land Development Controls*, 1 Hofstra L. Rev. 56 (1973); Marcus, Norman, *Mandatory Development Rights Transfer and the Taking Clause: The Case of Manhattan's Tudor City Parks*, 24 Buff. L. Rev. 77 (1974 - 1975); Carlo, Candace; Wright, E. Robert: *Transfer of Development Rights: A Remedy for Prior Excessive Subdivision*, 10 U. C. D. L. Rev. 1 (1977); Marcus, Norman: *The Grand Slam Grand Central Terminal Decision: A Euclid for Landmarks, Favorable Notice for TDR and a Resolution of the Regulatory/Taking Impasse*, 7 Ecology L. Q. 731 (1978 - 1979); Delaney, John J., Kominers, William: *He Who Rests Less, Vests Best: Acquisition of Vested Rights in Land Development*, 23 St. Louis U. L. J. 219 (1979); Danels, Paul; Magida, Lenore: *Application of Transfer of Development Rights to Inner City Communities: A Proposed Municipal Land Use Rights Act*, 11 Urb. Law. 124 (1979); Jon M. Conrad and David LeBlanc; Jon M. Conrad and David LeBlanc, *The Supply of Development Rights: Results from a Survey in Hadley, Massachusetts*, Vol. 55, No. 2, May, 1979, Land Economics; Gary Wolfram, *The Sale of Development Rights and Zoning in the Preservation of Open Space: Lindahl Equilibrium and a Case Study*, Vol. 57, No. 3, Aug., 1981, Land Economics; Marcus, Norman: *Air Rights in New York City: TDR, Zoning Lot Merger and the Well-Considered Plan* 50 Brook. L. Rev. 867 (1983 - 1984); Jeffrey Kline and Dennis Wichelns, *Using Referendum Data to Characterize Public Support for Purchasing Development Rights to Farmland*, Vol. 70, No. 2, May, 1994, Land Economics; Delaney, John J.; Vaias, Emily J.: *Recognizing Vested Development Rights as Protected Property in Fifth Amendment Due Process and Takings Claims*, 49 Wash. U. J. Urb. & Contemp. L. 27 (1996); Lee, Franklin G., *Transferable Development Rights and the Deprivation of All Economically Beneficial Use: Can TDRs Salvage Regulations That Would Otherwise Constitute a Taking*, 34 Idaho L. Rev. 679 (1997 - 1998); Hitchcock, Michael B., *Suitum v. Tahoe Regional Planning Agency: Applying the Takings Ripeness Rule to Land Use Regulations and Transferable Development Rights*, 28 Golden Gate U. L. Rev. 87 (1998); Juergensmeyer, Julian Conrad; Nicholas, James C., Leebrick, Brian D.: *Transferable Development Rights and Alternatives after Suitum*, 30 Urb. Law. 441 (1998); Merwin, Paul, *Caught between Scalia and the Deep Blue Lake: The Takings Clause and Transferable Development Rights Programs*, 83 Minn. L. Rev. 815 (1998 - 1999).

(land development rights)原是土地所有权的题中应有之义,随着政府强化对土地利用的管制,土地发展权作为土地所有权社会化的产物,逐渐从土地所有权之内脱离而形成的一种独立的权利。土地所有权与土地发展权之间关系密切,土地发展权是土地所有权人实现其土地支配利益的一种方式。一般来说,土地发展权归土地所有权人享有,后者可实际行使区划内政府土地管制价值之外的增量开发权,其也可以将土地发展权转移给其他主体行使。土地发展权是土地增量开发时保证政府土地利用管制效率和维护土地所有权人公正的一项新型土地管理机制。

二是对土地发展权实现机制土地发展权转移(TDR)的研究。TDR 既是一种新型土地管理机制,又是一项房地产投资模式。对于前者不难理解,而后者的逻辑如下:开发容量作为土地发展权的客体具有市场化价值,土地所有权人通过购买内含市场化价值的开发容量即土地发展权,可以加大土地开发密度,进而获取土地增量开发收益。土地发展权的实现不能单纯依靠市场,而需要政府的引导与调控。政府应积极培育土地发展权市场,为交易主体提供了公平高效的市场平台。具体措施有:建立发展权交易公示制度、设立发展权储备机构等。

三是对土地发展权补偿制度的研究。在这领域主要围绕对法律的适用、对法院裁判案例的分析以及对补偿实务经验的总结来进行。土地发展权作为一项独立的不动产财产权,在政府对其实施任何超过必要限度的管制所产生的预期价值减损,一律构成对不动产财产权的准征收,必须给予后者等量于市场预期化价值的补偿。在实践中地方也不会单纯通过财政资金补偿这类预期的市场化价值,而是在制订城乡规划之时单独评估每块特定房地产的当期价值与预期价值,预期价值通过 TDR 平台在私权主体之间进行市场交易,市场化的土地权利配置机制以最高效的形式运转。总之,财产法领域的土地发展权研究构成法学研究的主体。

(3)公法土地管理法(land management law)主要研究土地发展权的实际运作机制。土地发展权作为美国土地管理制度中的重要权利,在科学调控发展的时空格局、维护经济发展与环境资源保护之间的平衡发挥了重要作用,这方面的学术成果是该领域研究中最丰富的,① 主要涉及土地发展权如何运用在政府城乡规划对农地、开敞空间、环境生态用地进行管制时对被管制客体的预期收益补偿。由此形成了如下结论:一是土地发展权可视为一项政府土地利用管理的新型宏观调控制度;二是土地发展权是一项专门针对土地增量开发价值进行补偿的新型不动产财产权救济制度;三是土地发展权是一项保护自然资源与历史古建筑的新型技术手段。

---

① Elliott, Donald H.; Marcus, Norman, *From Euclid to Ramapo: New Directions in Land Development Controls*, 1 Hofstra L. Rev. 56 (1973); Rose, Jerome G., *Proposal for the Separation and Marketability of Development Rights as a Technique to Preserve Open Space*, 51 J. Urb. L. 461 (1973–1974); Rose, Jerome G., *Psychological, Legal and Administrative Problems of the Proposal to Use the Transfer of Development Rights (TDR) as a Technique to Preserve Open Space*, 6 Urb. Law. 919 (1974); Carmichael, Donald M.: *Transferable Development Rights as a Basis for Land Use Control*, 2 Fla. St. U. L. Rev. 35 (1974); Pedowitz, James M.: *Transfers of Air Rights and Development Rights*; 9 Real Prop. Prob. & Tr. J. 183 (1974); Peterson, Patricia Sheehan; Richards, Gerald: *Development Rights Transfer in Livermore: A Planning Strategy to Conserve Open Space*, 5 Golden Gate U. L. Rev. 191 (1974–1975); Baker, Frederick M., *Development Rights Transfer and Landmarks Preservation-Providing a Sense of Orientation*, 9 Urb. L. Ann. 131 (1975); Baker, Frederick M.; *Development Rights Transfer and Landmarks Preservation-Providing a Sense of Orientation*, 9 Urb. L. Ann. 131 (1975); Schnidman, Frank, *Transferable Development Rights: An Idea in Search of Implementation*, 11 Land & Water L. Rev. 339 (1976); Berger, Curtis J.: *The Accommodation Power in Land Use Controversies: A Reply to Professor Costonis*, 76 Colum. L. Rev. 799 (1976); Berry, David; Steiker, Gene: *An Economic Analysis of Transfer of Development Rights*, 17 Nat. Resources J. 55 (1977); Richman, Hershel J.; Kendig, Lane H.: *Transfer Development Rights - A Pragmatic View*, 9 Urb. Law. 571 (1977); Carlo, Candace; Wright, E. Robert: *Transfer of Development Rights: A Remedy for Prior Excessive Subdivision*, 10 U. C. D. L. Rev. 1 (1977); Matuson, Jesse L.: *A Legislative Approach to Solar Access: Transferable Development Rights*, 13 New Eng. L. Rev. 835 (1977–1978); Costonis, John J.: *The Disparity Issue: A Context for the Grand Central Terminal Decision*, 91 Harv. L. Rev. 402 (1977–1978); Danels, Paul; Magida, Lenore: *Application of Transfer of Development Rights to Inner City Communities: A Proposed Municipal Land Use Rights Act*, 11 Urb. Law. 124 (1979); Jon M. Conrad, David LeBlanc: *The Supply of Development Rights: Results from a Survey in Hadley, Massachusetts*, Vol. 55, No. 2, May, 1979, Land Economics; Gary Wolfram: *The Sale of Development Rights and Zoning in the Preservation of Open Space: Lindahl Equilibrium and a Case Study*, Vol. 57, No. 3, Aug., 1981, Land Economics; Marcus, Norman: *Air Rights in New York City: TDR, Zoning Lot Merger and the Well-Considered Plan* 50 Brook. L. Rev. 867 (1983–1984); Pedowitz, James M.: *Transferable Development Rights*, 19 Real Prop. Prob. & Tr. J. 604 (1984); Struger, Michael D.: *Transferable Development Rights: Robbing Peter to Pay Paul*, 62 U. Det. J. Urb. L. 633 (1984–1985); Giordano, Margaret, *Over-Stuffing the Envelope: The Problems with Creative Transfer of Development Rights*, 16 Fordham Urb. L. J. 43 (1987–1988); Richards, David Alan, *Downtown Growth Control through Development Rights Transfer*, 21 Real Prop. Prob. &Tr. J. 435 (1986); Marcus, Norman: *Transferable Development Rights: A Current Appraisal*, 1 Prob. & Prop. 40 (1987); Giordano, Margaret, *Over-Stuffing the Envelope: The Problems with Creative Transfer of Development Rights*, 16 Fordham Urb. L. J. 43 (1987–1988); Tripp, James T. B.; Dudek, Daniel J.: *Institutional Guidelines for Designing Successful Transferable Rights Programs*, 6 Yale J. on Reg. 369 (1989); Hanes, Grayson P.; Minchew, J. Randall: *On Vested Rights to Land Use and Development*, 46 Wash. & Lee L. Rev. 373 (1989); Jeffrey Kline and Dennis Wichelns: *Using Referendum Data to Characterize Public Support for Purchasing Development Rights to Farmland*, Vol. 70, No. 2, May, 1994, Land Economics; Stinson, Joseph D.: *Transferring Development Rights: Purpose, Problems, and Prospects in New York*, 17 Pace L. Rev. 319 (1996–1997); Stenvenson, Sarah J.: *Banking on TDRS: The Government's Role as Banker of Transferable Development Rights*, 73 N. Y. U. L. Rev. 1329 (1998); Aoki, Keith; Briscoe, Kim; Hovland, Ben: *Trading Spaces: Measure 37, MacPherson v. Department of Administrative Services, and Transferable Development Rights as a Path out of Deadlock*, 20 J. Envtl. L. & Litig. 273 (2005); Bruening, Ari D.: *The TDR Siren Song: The Problems with Transferable Development Rights Programs and How to Fix Them*, 23 J. Land Use & Envtl. L. 423 (2007–2008).

总之，土地发展权转移机制使得土地所有权人可以自由地调整其支配的土地开发密度。① 国外学术界从土地管理法视域对土地发展权的研究结论的基本点是强调政府对土地发展权运行的主导地位，具有较强的行政法色彩，即土地发展权只有镶入政府管控土地开发利用的制度安排中才有实际运行的可行性。

（二）国内学术界研究现状及评述

目前，国内学术界，包括经济学界、管理学界对土地发展权进行系统化研究并形成专著的成果不多，据不完全统计，国内以"土地发展权"为题的学术专著有三本：孙弘的《中国土地发展权研究：土地开发与资源保护的新视角》，王永莉的《生态脆弱地区的经济发展研究：基于土地发展权的理论与政策》，姚昭杰、刘国臻合著的《我国土地权利法律制度发展趋向研究：以土地发展权为例》。而以土地发展权的重要类型的"农地发展权"为题的专著研究，目前仅有臧俊梅《中国农地发展权的创设及其在农地保护中的运用研究》一书。在房地产法教材中对土地发展权基础理论进行介绍与分析的也不多，如程信和、刘国臻编写的《房地产法学（第二版）》（北京大学出版社2010年版）、胡兰玲《房地产法新论》（中国法制出版社2012年版）。

此外，还有一些研究城乡土地制度的专著中也部分涉及了土地发展权理论，如杨振之等所著的《城乡统筹与乡村旅游》中论述了通过流转农地发展权来实现乡村旅游向乡村休闲度假的转型，升级农村产业结构，实现土地发展权利益。叶芳的《冲突与平衡：土地征收中的权力与权利》从权利（力）博弈的视角分析土地征收中的政府建设规划权力与公民土地发展权利之间的冲突与协调，也从侧面印证了对土地发展权是源于行政规划权对土地所有权、使用权的限制而生成的新型物权。谢玉娟的《中国农村土地权利制度专题研究》一书，将我国土地发展权定位为农地发展权，并认为农地发展权是我国农村土地权利制度体系中的重要组成部分。

由上可知，虽然土地发展权作为土地经济学、土地管理学中的基础理论与分析工具在理论界已经提出，并在土地管理实践中得到一定程度的运用，但是在法学界，特别是民法、物权法学界对其研究仍然相对滞后，表现为至今尚没有关于土地发展权研究的法学专著的问世。虽然在我国法学领域，包括民法、物权法研究领域，对于不动

---

① Robert C. Ellickson, Vicki L. Been: *Land Use Controls: Cases and Materials (Second Edition)*, Aspen Publishing Inc. 2003, pp191-192.

产物权的研究已有相当的成果，①使不动产物权法制理论日臻完善，有利于我国既有土地权利及其体系的改革与完善。但是，从法制权利创新的视角，我国不动产物权法律体系的完善需要土地发展权的配置。而物权法学界对此项新型不动产物权的研究几乎是空白的。既然要在我国土地权利体系中配置土地发展权，那么就应当在法制理论层面论证其物权属性及其他各项法制要素。

目前，我国法学界对土地发展权的研究承载于零散的论文，包括学位论文和期刊论文。通过 CNKI 数据库检索，法学领域硕士学位论文中对土地发展权的研究成果颇多，②从其文章体系结构观察，涉及了土地发展权制度理论的各主要要素。但是，硕士学位论文鉴于其对独创性、理论深度要求的局限性，虽然运用的论证路径与方法有所不同，但得出的研究成果的理论与实证深度有限。而以"土地发展权"为题的博士学位论文有三篇③，在论证我国土地制度改革主题中部分涉及土地发展权理论的有5篇，④有探讨在土地使用管制与补偿法律制度中设计土地发展权收益补偿的法律制度，从而完善我国用途管制下不动产权利人的发展权利益保障制度；从权利（力）理论视角论证了我国征地制度中涉及土地征收权、规划权与不动产财产权、土地发展权这两对实际对立的权利（力），并指出土地发展权是独立的不动产财产权，土地规划权和土地征收权因超出必要限度而侵害潜在的土地发展权时，必须由公权力主体对土地发展权主体进行合理补偿；对土地征收中增值利益合理分配机制的重构需要借助土地发展权理念，并初步提出了土地增值收益分配的具体思路；对农民住房权的保障有赖于对土地增值收益分配机制也即土地发展权制度的完善，现阶段各地诸如宅基地换房、地票交易、建设用地指标置换等一系列试点其实是在城乡统筹发展过程中保障农民住房权的

---

① 在此领域的研究起步早、范围广、层次深，如王卫国：《中国土地权利研究》，中国政法大学出版社 1997 年版；王卫国、王广华：《中国土地权利的法制建设》，中国政法大学出版社 2002 年版；张千帆、党国英、高新军等：《城市化进程中的农民土地权利保障》，中国民主法制出版社 2013 年版；汪军民：《土地权利配置论》，中国社会科学出版社 2008 年版；袁铖：《制度变迁过程中农民土地权利保护研究》，中国社会科学出版社 2010 年版；崔文星：《中国农地物权制度论》，法律出版社 2009 年版；揭明、鲁勇睿：《土地承包经营权之权利束与权利结构研究》，法律出版社 2011 年版等。
② 通过检索共 58 篇，其中代表作有粟庆斌：《我国土地发展权法律问题研究》，西南政法大学 2005 年硕士论文；田春雷：《土地发展权及其在我国的配置》，武汉大学 2005 年硕士论文；单新国：《土地发展权法律制度研究》，西南政法大学 2006 年硕士论文；刘明明：《土地发展权基本理论问题研究》，山东科技大学 2007 年硕士论文；吕翾：《我国土地发展权法律问题研究》，中山大学 2010 年硕士论文；吴框框：《基于土地发展权博弈的农村留用地制度探析——以广州市南沙区为例》，厦门大学 2018 年硕士论文等。
③ 分别是汪晗：《土地发展权定价与空间转移研究》，华中农业大学 2012 年博士论文；吕翾：《土地发展权研究》，南京大学 2013 年博士论文；姚昭杰：《土地发展权法律问题研究》，华南理工大学 2015 年博士论文。
④ 分别是司艳丽：《论集体建设用地使用权流转的法律规制》，中国政法大学 2006 年博士论文；郜永昌：《中国土地使用管制法律制度研究》，重庆大学 2007 年博士论文；叶芳：《冲突与平衡：土地征收中的权力与权利》，华东政法大学 2010 年博士论文；孙建伟：《涉地农民住房权与生存权保障实证研究》，华东政法大学 2011 年博士论文；王红建：《土地征收立法研究》，郑州大学 2012 年博士论文。

类似土地发展权的机制实践，具有重要的实证意义，有利于建构及完善具有本土化色彩的土地发展权制度。通过对上述硕士和博士学位论文的检索分析可知，我国法学界尚缺乏对"土地发展权"这一法律权利与制度的基础理论的专门化研究。

笔者认为，这是法学界（尤其是民法物权法学界）的一大疏忽。因为土地发展权作为一项独立的不动产物权在域外的英美法系和大陆法系均已确立，且类似土地发展权的制度实践创新在我国土地利用管理制度中已然存在并实际运作。可以说，无论是法学基础理论研究领域，还是在制度创新的实证领域，土地发展权无疑都是我国土地权利研究和制度发展的必然方向，而要在实践中建构这一制度，这就必须先在法学理论层面对其进行论证和解构，明确其内涵与价值，并为实证层面的制度建构铺设法制路径。

从部门法研究成果来看，对土地发展权的研究还是比较广泛的，既有从法理学、宪法的基础理论层面探讨土地发展权的理论基础与权利制度机理，也有行政法、民事物权法、经济法、社会法、环境资源法等部门法秉持特定的思想，运用独特的理论与方法，分别对土地发展权理论的各构成要素进行探究。

（1）宪法领域学术研究现状：运用宪法基本人权法理论与行政法行政管制及补偿救济理论探讨土地发展权概念机理及其制度构建，目前尚处起步阶段。相关研究成果构成确认和配置土地发展权的法制基础，如通过嫁接发展权理念论证土地发展权的人权及发展权属性，土地发展权是具有物权与人权二维属性的复合型权利等。这领域的代表作是朱未易研究员在《政治与法律》2009年第9期上发表的《论物权法上土地发展权与人权法上发展权的制度性契合》一文。虽然宪法作为法制层级领域上位法具有价值引领作用，不具体布局具体制度的设计，从宪法及其"执行法"行政法基础理论论证土地发展权的人权、物权等基础法律权利属性，对土地发展权中观政策引导及微观法制建构具有重要的理论指导意义，特别是从宪法基本权利的角度定位土地发展权，从而为土地发展权制度建构提供理论基础。鉴于在此领域的研究尚为薄弱，笔者呼吁法学界，特别是宪法与行政法学者，对土地发展权的宪法基本权利属性的研究能有更大的关注与成果的产出。

（2）行政法学界对土地发展权的研究主要是从土地征收视域中运用行政补偿基础理论探讨对不动产财产权受剥夺或过度限制时的法律救济问题为切入，引出这样一种观点，即国家对个体不动产财产权实行征收或征用等剥夺或过度限制时，不仅应当对该不动产财产权的现有价值进行补偿，而且应当对不动产原产权主体基于其所有权或使用权等基础物权而享有的对未来的发展性预期利益即土地发展权的补偿,① 体现了《物权法》对公民基础财产权利的充分保障,有利于法治国家政府的建立。行政法是土地发展权研究的重点领域,从 CNKI 数据库检索来看,其对土地发展权的研究还涉及土地发展权的性质、地位、制度运行等方面,研究成果较为丰富。② 这些学术成果为完善房地产征收法律制度乃至构建我国的土地发展权法律制度提供了论证思路与理论基础。

（3）经济法一开始不是土地发展权研究的主要领域,主要是运用经济法权基础理论对土地发展权的法律性质进行讨论。代表性观点认为我国土地发展权具有二重性,既是一项具有私权性的财产权,又具有浓厚的国家干预色彩,应当将我国的土地发展权定性为经济法意义上的权利。③ 然而,随着对本土化土地发展权法制实践的深入研究,运用经济法总则、经济法权、宏观调控等经济法基础理论研讨土地发展权的法律性质、制度机理的理论优势与方法论价值日益凸显。实证研究是土地发展权研究的一个重要的新兴领域,学术界不仅需要对土地发展权法制理论的论证解读,而且更加需要对土地发展权制度建构的实证研拟。当前,我国各地在土地利用管理活动中多运用市场配置机制,加强对公民不动产的物权保障,包括对表征预期增益的土地发展权的保障,类似土地发展权的实践模式应运而生,对此的实证研究也开始兴盛起来,形成了一大批有价值的学术成果。④

经济法作为研究土地发展权的新型领域,在未来对土地发展权研究中扮演着生力军的角色。因为我国各地正在进行着的类似土地发展权的政策试点,是一项围绕土地增量开发中发展性利益调控与分配的新型土地管理利用机制,属于经济法律关系范畴。

---

①代表作有黄祖辉、汪晖：《非公共利益性质的征地行为与土地发展权补偿》,《经济研究》2002 年第 5 期；刘国臻：《论我国土地征收收益分配制度改革》,《法学论坛》2012 年第 1 期；王海鸿、杜茎深：《论土地发展权及其对我国土地征收制度的创新》,《中州学刊》2007 年第 5 期；徐明月、曹涌涛、吴茂见：《从征收权的理论边界看我国农地征收制度的完善》,《学术论坛》2008 年第 3 期；田春雷：《论我国征地制度改革中土地发展权的配置》,《河南省政法管理干部学院学报》2009 年第 5 期；张良悦：《土地发展权框架下失地农民的补偿》,《东南学术》2007 年第 6 期；范少虹：《从土地权利视角看土地收购补偿》,《湖南行政学院学报（双月刊）》2010 年第 2 期；郭熙保、王万珺：《土地发展权、农地征用及征地补偿制度》,《河南社会科学》2006 年第 4 期；黎晓武、陈威：《生存权与发展权视野下的土地征用补偿制度研究》,《江西社会科学》2009 年第 10 期；杜丽霞：《土地征收中的社会发展与农民发展——以土地发展权为视角》,《河北大学学报（哲学社会科学版）》2011 年第 5 期；邹永昌：《土地发展权损失补偿的制度分析及对策》,《社会科学家》2009 年第 11 期。

②胡兰玲：《土地发展权论》,《河北法学》2002 年第 2 期；刘国臻：《论我国土地发展权的法律性质》,《法学杂志》2011 年第 3 期；陈柏峰：《土地发展权的理论基础与制度前景》,《法学研究》2012 年第 4 期等。

③刘国臻：《论我国土地发展权的法律性质》,《法学杂志》2011 年第 3 期。

④这些研究成果主要针对某地类似土地发展权实践而做的实证分析,代表作有：汪晖、陶然：《论土地发展权转移与交易的"浙江模式"——制度起源、操作模式及其重要含义》,《管理世界》2009 年第 8 期；何子张、曹伟：《土地发展权视角下的土地征用政策分析——兼论厦门"金包银"政策》,《规划师》2009 年第 1 期；北京大学国家发展研究院综合课题组：《还权赋能：奠定长期发展的可靠基础——成都市统筹城乡综合改革实践的调查研究》,北京大学出版社 2010 年版；张鹏、刘春鑫：《基于土地发展权与制度变迁视角的城乡土地地票交易探索——重庆模式分析》,《经济体制改革》2010 年第 5 期等。

土地增量利益关系应由经济法主导调整。因为土地增量利益关系是一种市场主体对"经济剩余权"分配与实现的新型利益调整法律关系。民法与行政法属于存量利益关系调整的部门法，不能全面调整土地增量关系。经济法是一种调整"剩余权"分配与实现法律关系的法律部门，能维持国家调控之基本框架下激励市场参与主体在追求物质生产增量利益最大化并实现社会分配的公平正义。① 运用经济法理论研究土地发展权实证问题，能有效充实土地发展权理论内容，因此是土地发展权未来研究的重点领域之一。

（4）民法物权法应当是土地发展权研究的主要领域，因为土地发展权作为一项独立的不动产财产权或称物权在英美不动产财产法理论与财产法律实践中已被确立。我国作为近似大陆法系成文法制国家，不动产物权制度及其体系也已基本成型并在实践中逐步完善。这不仅为土地发展权在民事物权法领域的基础研究研究提供了理论借鉴，而且对土地发展权的法制化，包括从立法、行政、司法等层面完善土地发展权的制度建设与权利保障等活动提供了制度基础。

在民法物权法研究领域虽然也产出了一些学术成果，② 但研究的深度与层次仍然不够，且多是从土地管理实证角度切入兼论对不动产财产权主体的发展性利益的保障，可归纳为不专业、不系统、不精深。不专业，是指从法学研究的视角，对土地发展权的研究缺乏从物权法基础理论的论证；不系统，是指缺乏对构成一项不动产物权的各项法制要素，如权利构造、地位及属性、权利保障与救济、制度建构等的统合化研究，而只是涉及其中一部分；不精深，是指物权法学界对在该领域的研究缺乏理论突破与创新，仅停留在"引进和介绍"层面，尚未能运用传统民法、物权法基础理论来解构土地发展权，从而使这一项新型不动产物权的各项法制要素以纯理论化呈现。土地发展权作为一项独立不动产物权，对其法律性质、法律地位、权利构造乃至制度构建等基本范畴的研究仍处于相对滞后的阶段，这应当成为物权法学界在完善我国不动产物权体系的使命下未来研究的重点方向。

（5）法理学主要运用财产权的自由与限制、公私利益平衡等分析土地发展权的理

---

① 吕甥、金俭：《土地流转中增量利益关系之经济法调整论》，《湘潭大学学报（哲学社会科学版）》2012 年第 6 期。

② 代表作有张锋学：《民法视野下的我国土地征收制度》，《广西社会科学》2012 年第 4 期；张力：《农村集体土地征收中被征收人的权利缺损及其补全——从以集体所有权为中心到以农民用益物权为中心》，《法学杂志》2012 年第 3 期；徐文：《改革抑或过渡：征转分离制度之价值、成本及改良》，《西南民族大学学报（人文社会科学版）》2012 年第 8 期；陈展图等：《物权法视野下的征地制度反思》，《农村经济》2009 年第 10 期；周建国：《论农村土地征收中农地发展权的法律保护》，《贵州农业科学》2010 年第 4 期；臧俊梅等：《从土地权利变迁谈我国农地发展权的归属》，《国土资源》2006 年第 6 期；万磊：《土地发展权的物权价值分析及保护对策初探》，《国土资源》2005 年第 10 期等。

论基础，作为对土地发展权的理论基础与制度价值的证成。土地发展权也具有较强的法社会学、法哲学背景，① 从此领域深入研究也具有深厚意义。

三、研究的价值

从上述对土地发展权研究的背景与现状的分析可知，土地发展权是一种在土地管理利用活动中非常重要的土地权利，在理论上是一种新型的不动产物权。目前在法学特别是民法物权法领域对其研究层次仍相当落后。土地发展权研究的价值可以从土地权利研究的价值与土地发展权研究的价值两方面来论述。

其一，土地权利的研究是土地法律制度研究中的重要环节，因为土地权利是一个动态发展的过程。土地权利如何发展，既是一个理论问题，也是一个现实问题。正确把握土地权利发展的轨迹，不仅有利于厘清土地权利发展的一般规律，推进正在发展中的物权法理研究，而且有利于为丰富和完善我国土地权利制度提供理论依据。②

从我国现行立法对土地所有权规定的内容来看，限于静态的土地利用权利内容。虽然国有土地和农民集体所有土地都有土地用途管制的内容，但这种管制只对土地所有权人行使所有权进行限制，没有赋予改变土地用途以新的权利。现代土地权利制度的发展表明，改变土地用途赋予以新的权利，土地权利已呈立体化趋势。土地权利制度设置的重心由静态和平面土地权利的规范，发展到动态和立体土地权利的规范。③ 土地发展权作为一种立体式与动态化的新型土地权利的性质与地位已被法学界普遍承认。

然而，如何从物权理论解构土地发展权，这方面的研究仍存在空白。这主要表现为：一是土地发展权作为一项独立的物权，仅在物权理论层面予以认可，尚未在法制层面得到确认。我国现行关于土地权利与管理的法律规范中没有规定土地发展权。二是对土地发展权的权利属性、构造、保障与制度构建等领域的研究仍非常滞后。目前法学界尤其是民法物权法学界对土地发展权的以上各研究领域仍没有展开专门研究。因此，从物权理论视角研究土地发展权对完善我国土地权利体系及其法律制度意义重大。

其二，从土地发展权的价值来看，权利（力）是法律关系及其研究的基本范畴。土地权利的设置和运行与经济发展方式密切相关。土地用途改变、土地利用集约度提

---

① 如金俭：《不动产财产权自由与限制研究》，法律出版社 2007 年版；程萍：《财产所有权的保护与限制》，中国人民公安大学出版社 2006 年版；刘明明：《论土地发展权的理论基础》，《理论导刊》2008 年第 6 期。
② 刘国臻、陈年冰：《论土地权利发展的三大轨迹及其启示》，《学术研究》2013 年第 2 期。
③ 刘国臻：《论我国土地权利制度发展之动向》，《甘肃政法学院学报》2008 年第 4 期。

高以及增加对土地的投入而产生的发展性利益的权利归属和利益分配问题，必须通过设置土地发展权予以解决。①"合理土地利用就是一个永恒的话题"②。土地发展权既是土地价值归属与所有的问题，更是土地利用的问题，既要研究其静态的权利范畴，更要探究其动态的现实范畴，这由两方面决定：

一是由土地发展权的内涵与法律性质决定的。我国法律规范主要是宪法基本法、民事财产法和房地产经济法，对土地所有与使用、价值归属与分配等存量性财产法律关系已有较为明确的规定，而对土地利用中的权利变动这一具有增量经济法、社会法属性法律关系的调整机制的法律规范则供给不足。我国现行土地利用与管理的法律调整机制主要由政府的土地使用权出让与划拨机制以及土地用途管制、土地利用总体规划等行政性审批与指令构成，应对增量动态性的土地权利的调节机制则存在制度上的缺位，这不利于国家对土地利用管理活动实施动态、微观与高效的法律调控。土地发展权是为在土地利用与管理实践中适应土地利用管制与多元化立体开发以及在这一过程中所生成的利益归属与分配的需要而设计的一项规划管理与利益分配制度。它能有效解决土地利用管制和立体开发利用中的矛盾冲突区域。③ 土地发展权的内涵与法律性质决定了人类从主观方面对其的价值需求。

二是由现阶段我国城市化土地开发现状与预期状况决定的。我国正处于城市化快速推进时期，土地利用是城市化过程中一项至关重要的环节。在这一环节中，由于土地利用方式与强度的变化而引起的权利变动以及价值的增减，使得政府针对土地管理的行政指令环节和措施更为密集，土地开发关系中各方当事人对于土地利益的争夺甚为激烈。加上在当前现实中，我国城市土地市场发育迟缓，土地资源不合理配置的状况并未得到有效改善，这在很大程度上与城市土地产权制度问题和改革中出现的利益分配摩擦有关。④ 隐性的各种土地交易行为不断突破现行法的禁锢，蕴含着土地权利人对土地权利市场化的利益冲动及寻求私法利益的保护诉求。它们亟须得到物权法的确认，否则，事实上形成民事利益真空就会使新的土地权利关系变得无序、失范，甚至阻碍通向社会福利最大化目标的制度创新。⑤

依据产权经济学观点，由于社会资源的稀缺性和人的需求的无限性，必然发生人们为争夺稀缺资源而产生的利益冲突和相互竞争，如果不建立合理的产权制度以明确

---

① 刘国臻：《经济发展方式转变背景下我国土地权利制度创新——以土地发展权设置为例》，吴志攀：《经济法学家（第九卷）》，北京大学出版社 2012 年版，第 615 页。
② 董黎明：《土地利用，一个永恒不断的话题》，《国外城市规划》2001 年第 1 期。
③ 孙弘：《中国土地发展权研究：土地开发与资源保护的新视角》，中国人民大学出版社 2004 年版，第 12 页。
④ 艾建国：《中国城市土地制度经济问题研究》，华中师范大学出版社 2001 年版，第 150 页。
⑤ 郭洁：《土地所有权一体保护立法研究》，知识产权出版社 2011 年版，第 1 页。

界定人们对资源的权利,以及在资源使用中获益、受损的边界和补偿原则,不但难以实现资源的合理配置和有效利用,反而会由于竞争秩序混乱而造成资源浪费。① 有必要配置土地发展权这一解决土地开发过程中利益冲突的产权制度规则。由于我国土地利用管理中需要土地发展权这一制度供给,因此,在理论上研究我国土地发展权的理论与实践法律问题尤为必要。

四、研究的思路、创新点及方法

(一)研究的思路

本书遵循从理论探讨到实证论证、从权利解析到制度构建、从横向挖掘到纵向延伸的认识规则,具体思路如下图:

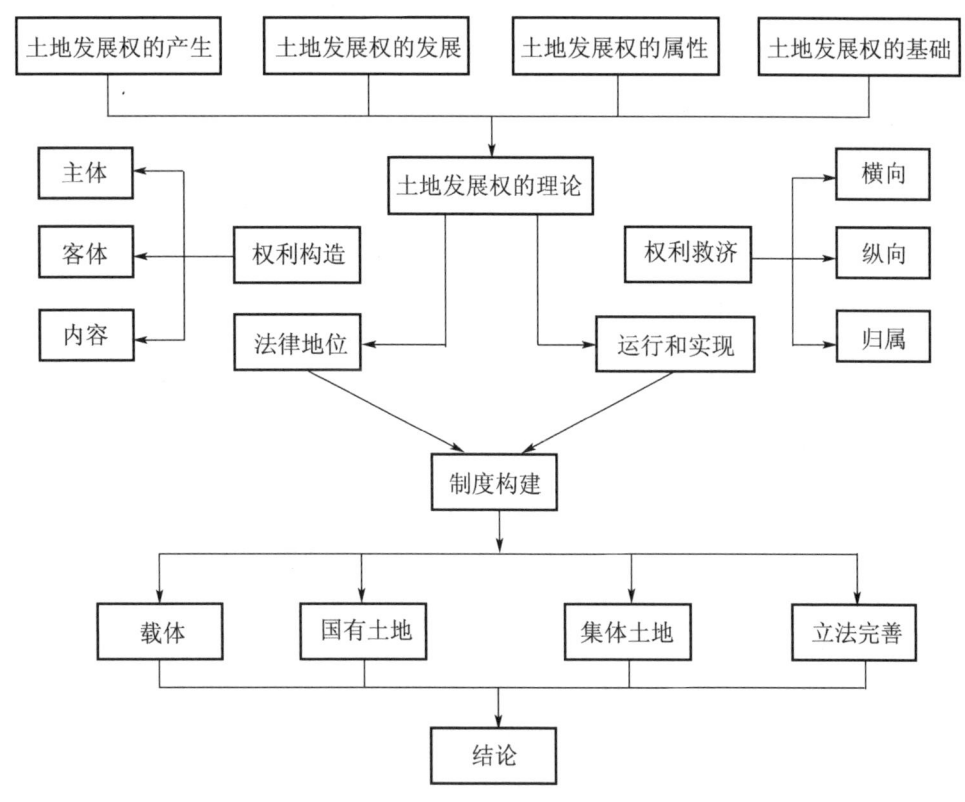

---

① 李玉峰:《中国城市土地制度的法经济学分析》,中国计划出版社2002年版,第47页。

（二）研究的创新点

1. 系统性地运用物权法基础理论研究土地发展权

从上述研究现状可看出，当前我国学术界还没有从法学理论的视角对土地发展权进行系统化研究。既有的研究较为零散，有研究土地发展权域外制度的，有研究土地发展权概念、内涵、法律性质及法律地位的，有研究征地制度改革与农地发展权的，有研究土地发展权制度构建的，等等。这些研究成果多集中在土地经济学、土地管理学领域，法学领域的理论成果较少，最重要的是对土地发展权的内涵、权利地位、权利构造、制度构建等基本法制理论问题还没有研究清楚。本书将在各部分现有研究成果的基础上，立足于权利制度整体架构层面，对土地发展权如权利性质、地位、构造、救济及制度等各法制要素进行系统化研究，目的是在物权法学理论上确立土地发展权是一项独立物权，将土地发展权的主体、客体、内容等物权要素论证清楚，这不仅能推进土地发展权的理论研究，而且是对我国物权法律体系的丰富与完善。

2. 运用物权法理论解构土地发展权的各项物权研究要素

研究物权的要素，一般包括物权的属性、地位、构造、救济等方面，如将上述四项要素论证清楚了，则一项物权的基础框架就基本建立起来了。土地发展权的权利属性、地位、构造、救济等要素是否符合物权基本特征，则是其是否构成一项物权的基础。既有研究成果虽对上述问题进行过初探，但没有按照物权基础理论及其他法学理论论证的逻辑进行，出现"只有结论、没有过程"的逻辑悖论。本文尝试从物权及其他法学理论的逻辑、理论与方法路径着手，全面解构与剖析土地发展权的性质、地位、构造与救济等法律问题。

3. 从现有土地权利体系中构建我国的土地发展权制度

土地发展权既是一项权利，又是一项制度。权利既是理论层面的，更是实证层面的。在我国现行土地权利体系中构建土地发展权制度，既是理论体系上的学术探索，更是土地权利制度与体系的实证进步。本文将从两个维度构建我国土地发展权制度，一是从权利来源与基础方面，构建国有土地上的发展权（包括国有土地所有权上的发展权与国有土地使用权上的发展权）和集体土地上的发展权的二维制度体系；二是再分别从上述两维制度体系细化，在国有土地上构建空域发展权、国有土地使用权收回预期评估、地价调控与住宅权保障联动三项机制。在集体土地上分别围绕《物权法》所确立的集体建设用地使用权、承包经营权、宅基地使用权这三项农地用益物权及一项集体土地所有权等四项农地发展权。

（三）研究的方法

（1）综合系统整合法。土地发展权是土地管理活动与土地权利体系中的一项重要类型，具有丰富的内涵与理论基础。在法学领域，土地发展权涉及公法、私法，它是宪法、行政法（土地管理法）、经济法、民法（物权法）、环境资源法共同关注的法律问题，对此需要多学科、全方位地进行研究。

（2）比较研究法。包括纵向比较与横向比较分析法。前者是揭示土地发展权产生与发展的不同历史阶段上的法制特征及其差异点，从而认识土地发展权发展的内在规律性。横向比较是揭示不同国家或地区土地发展权的法制差异，从而更全面地呈现该权利的内涵。比较研究法，有助于研究思路和视野的拓展。

（3）权利解构与建构法。土地发展权主体是一项不动产物权，遵循物权的一般理论解构及建构土地发展权，是物权法研究的基本逻辑及方法。同时也构成本文研究的主体。土地发展权能否成为一项法制层面的物权，一个重要因素即在于在物权法理论上能否将其成功解构及建构。这也是本法在土地发展权研究中运用的重要意义。

（4）实证研究法。土地发展权既是一项权利，也是一项制度。而权利与制度的运行都属于法制实证的范畴。通过对土地发展权法制实践的分析，借鉴国外法律的规定与具体做法，结合我国的特殊情况，分析我国土地发展权法律规范存在的问题，揭示构建我国土地发展权法律制度所应注意的事项。

第一章 土地发展权的产生

土地发展权的产生包括学理概念和权利形态两方面。作为学理概念的土地发展权最初是由美国土地管理法学者提出的。而作为权利形态的土地发展权在更早前的美国土地利用管理活动已然独立存在并实际运行。本章将首先探究学理层面土地发展权的起源与内涵,然后分析土地发展权在产生的法律原因,接着论述初创阶段的土地发展权的形态特征,最后论证土地发展权的产生对不动产物权制度及体系的影响及其重构的法律问题。

一、词源探究

土地发展权是一个"舶来"概念。其中文表达最初来源于英文意译。对土地发展权概念进行寻根溯源,有助于理解其概念内核和推断其发展脉络。

(一) 概念初源

土地发展权的词源是 transferable development right,又称可转移的发展权,首先是作为一个学理概念由美国学者杰拉尔德·劳埃德(Gerald Loyd)于 1961 年在其发表的 *Transferable Density in Connection with Zoning*(载于 Technical Bulletin No. 40. Washington: Urban Land Institute)一文中提出。这个概念后来又被美国学者查沃什(Chavooshian)、诺曼(Norman)、尼斯旺德(Nieswand)及康斯托尼斯(Costonis)等陆续引用,并逐步广泛地出现在土地用途管制与城市规划领域的论文中。[1] 查沃什等学者认为,可转移的发展权是城市化中的一项用于土地利用与管理的新概念,它可由政府或个体所拥有,在城市规划、土地用途管制与环境保护等活动中使用,它是一项在城市化过程中实施

---

[1] Peter J. Pizor, *Making TDR Work: A Study of Program Implementation*, Journal of American Planning Association (52:2), pp203. (1986).

环境用地规划和开敞空间保护的政策与法律工具。① 康斯托尼斯认为，可转移的发展权为政府实施城市景观保护提供了一项宪性保障，避免了违反因实施前述行为而对公民不动产财产权构成无公正补偿的实质征收（准征收）的宪法第五修正案条款的规定。政府在实施前述市政公益行为时，如实际侵害公民私有不动产财产权或有侵害之虞而已对后者的物质利益构成实质征收时，则政府必须给予公正补偿（等价于可转移的发展权价格），方可继续实施如规划、保护等市政公益行为。②

由此可见，土地发展权作为一项政策工具是在土地利用管理活动与私有不动产财产权保障之间的矛盾中产生的。学理上的"土地发展权"（land development right, LDR）概念来源于对"可转移的发展权"（Transferable Development Right）的直接意译。虽然，在 LDR 这一概念正式产生之前，无论在土地利用管理实务活动，还是在土地管理学理论上，一度将采矿权和空间权实质认定为土地发展权。如美国学者佩多维茨（Pedowitz）认为，最初由一栋建筑物之上空继续建筑超容积密度与层高的权利，原本属于土地所有权人。但其可将此部分的开发权以私权方式公开交易出去，以换取物质形态的开发权收益，这就在土地所有权人与土地开发者之间实现了空间权的交易。后来，随着交易范围的扩大（不限于在一栋建筑物之上空而扩展到不同建筑物之间的地上空间），空间权也逐渐突破传统的用益物权范畴，体现出追求更高物质利益的开发权范畴的意味，由此学界也将这种地上开发权交易由原空间权转移向上界定为发展权转移，即 Transfer of Development Right。③ 由此可见，土地发展权虽直译于 Transferable Development Right，但其最初的内涵却与此无紧密的关联，而更多与空间权（air right）、采矿权（mineral right）等具体的土地利用的权利形态有直接的关联。初创阶段的土地发展权的概念与内涵都处于不独立、不明确的状态。

（二）运行实践

土地发展权作为一项具有独立、明确内涵的概念其实是美国在土地利用管理实务活动中引入 Transferable Development Right（简称 TDR）和 Purchasable Development Right

---

① Chavooshian, B. Budd, Thomas Norman, George H. Nieswand, *Transfer of Development Rights: A New Concept in Land Use Management.* Urban Land, 32, (1973), pp11.

② Costonis, John, *Development Rights Transfer: Exploratory Essay.* Yale Law Journal 83, 1: 75 – 128 (1973) and *"Fair" Compensation and the Accommodation Power: Antidotes for the Taking Impasses in Land Use Controversies.* Columbia Law Review 75: 1021 – 1061 (1975).

③ Pedowitz, James M., *Transfers of Air Rights and Development Rights*, 9 Real Prop. Prob. & Tr. J. 183 (1974) and Marcus, Norman: *Air Rights in New York City: TDR, Zoning Lot Merger and the Well-Considered Plan*50 Brook. L. Rev. 867 (1983 – 1984).

（简称 PDR）这两项具体的运作机制后而正式确立的。TDR 是一项可交易的财产权，它起源于城市开发过程中旨在进行环境保护的开发权许可（development permits），但其核心是对因政府实施公益环境保护而限制公民私有不动产潜在开发权及其利益的市场化补偿（market compensating for restricted landowners）。这项机制在全美国大部分州、县都有运作。如 Pinelands National Preserve in New Jersey、Montgomery County in Maryland、Lake Tahoe in California or Nevada。

TDR 虽然是一项兼顾实施土地利用管理与公民私有不动产财产权保障的政策工具，但其本身已构成一项独立的不动产财产权。[1] TDR 是一项在全美国通行的土地利用管理机制，由 TDR 银行、运行状态、法律规范、项目的发起者、运行目标、权利的需求和供给等七项要素共同保证其成功地实施。其中 TDR 银行实施多种功能服务，包括交易市场的开启、为卖家和买家提供交易信息与机会、向 TDR 的转让方和受让方提供信用担保以及诸如金融扶助、场所提供与规则辅导、记录交易过程、发放交易凭证等辅助功能，它有效地提升了 TDR 市场的运行效率。总之，TDR 银行向 TDR 转让人提供受让人信息，使其尽速找到买家；向 TDR 受让人提供转让人信息，使其尽快找到卖家。TDR 银行还有一个重要功能，即在交易双方不能协商确定交易价格时，其有权主动定出市场合理价并让交易双方接受。[2]

在美国，TDR 作为一项在土地所有者和潜在开发者之间的开发权交易机制，它以自由市场经济为基础。市场失灵，它将失效。但其有时也会面临市场失灵的现象，出现市场功能障碍的原因，主要是在发送区和接受区的市场领域，地方政府不能完全掌握房地产市场运行的实时状况。地方政府常将 TDR 目标设定为将农用地的开发密度转移到城市开发区上，但如果作为接受区的城市开发区就在作为发送区的农用地的邻近地段或周边，那么此时将具体的转移密度和数量设置在何种程度才符合交易双方的利益平衡，这就不是单纯的市场因素能够解决的了。再如地方政府经常根据市场需求来设定允许接受区购买的 TDR 数量，但此可购买的 TDR 数量却取决于功能分区、买受人偏好、市场供给状况、具体不同的利用形态、对当地居民的影响及高强度开发者的意愿和能力等因素，而非单纯由市场决定。[3] 由此可见，虽然美国实行 TDR 市场化的运作，但其并不是绝对的市场化模式，也要受到地方政府某种程度上的宏观与微观的调控与规制。

虽然美国 TDR 体现出较强的市场化色彩，能通过市场机制快速实现开发权的转移

---

[1] Vincent Renard, *Property Rights and the Transfer of Development Right: Questions of Efficiency and Equity*, 78.1 Town Planning Review, 2007 (41–60).

[2] Michael D. Kaplowitz, Patricia Machemer, Rick Pruetz, *Planners' Experiences in Managing Growing using TDR Transferable Development Rights in the United States*, Land Use Policy 25, 2008 (378–387).

[3] Virginia McConnell, Margaret Walls, *U.S.A. Experience with Transferable Development Rights (TDR)*, Review of Environmental Economics and Policy, Volume 3, Issue, 2009 (288–303).

与调配,但仍存在特定潜在开发经济价值较小但保护的生态环境价值可观的区域。这些区域在用地需求面上面临着一定的城市化压力,在用地供给面上则维持用地农用意义重大,由于潜在的开发经济利益较小而很难找到接受发展权并实施的商业开发者(commercial developers),此时就需要政府出面购买这些区域的公共开发权来承担保护职能。这就是为克服TDR的市场失灵而产生的土地发展权补充机制可购买的发展权——(purchasable development right, PDR)。这项机制是建立在保障生态环境利益基础上的,即使将这些区域限定为保护用地,所获得的补偿也将大大超过其原本开发所能产生的预期收益PDR。主要存在于快速城市化与人口激增的区域,而在旧城区与人口老化的区域则鲜见。① 美国政府征购PDR的产生,开启了地方政府对土地利用管理活动的微观规制。

综上所述,作为政策工具或法律制度的土地发展权早于作为学理概念的土地发展权而产生。在实务制度层面,一般称作可转移的开发权(TDR)和可购买的开发权(PDR)。土地发展权(land development rights, LDR)只是在土地管理学理论或学理层面的称谓。尽管如此,土地发展权作为一项权利和制度,在其名称产生之时已客观存在,并随着土地权利运行的不断深化而逐步固化与定型。

二、生成原因

土地发展权为何从土地所有权中独立出来?其为何逐渐褪去采矿权和空间权的"外衣"而抽象成一项调整动态、立体和增量特征的新的不动产财产权?这就是其产生的原因问题。笔者认为,对土地发展权生成的探讨可分为学理和实务两个层面。在学理层面,与不动产财产权理论创新密不可分,不动产财产权理论随着不动产利用管理实践的拓展而不断地更新与发展。在实务层面,则与土地利用管理的变化密切相关。从近代到现代,全球范围的土地利用管理活动历经了由绝对、静态、平面和存量到相对、动态、立体和增量的转变。

(一) 客观原因

从客观的土地利用管理活动因素考量,土地发展权的产生是对土地动态、立体、增量开发趋势背景的回应。在近代以前,囿于人类土地利用的技术水平,也由于工业

---

①Peter Feather, Charles H. Barnard, *Retaining Open Space with Purchasable Development Rights Programs*, Vol. 25. No. 2, Review of Agricultural Economics, 2003 (369 – 384).

化、城市化刚刚兴起,房地的产权仅限于民事物权的存量交换层次,还未发展到以追求房地用途转变与强度提高而产生的增值收益的大开发时代,人类对土地利用的程度,在空间与价值两方面比较有限。一般就在地表之上的一定空间内进行木砖建筑的利用强度范围内,土地所有权、使用权完全能涵盖地表以上无限领域、无限强度的权利调节与救济,虽然在实践中尚不能从技术环节突破这一潜在开发领域,但这在世界各国近代民法规定中均有体现。例如德国《民法典》第905条规定:"土地所有权人的权利扩及于表面上的空间和表面下的底层。"从现代财产权观念来看,这实际上是将空间权纳入土地所有权、使用权的收益、处分权能中,并将其赋予土地所有权人。这就是土地发展权的初级层面的定位——空间权,指于空中或地中横切一断层而享有的权利,抑或对土地地表上下一定范围的空间的权利,包括空间地上权(以在他人土地之空中或地下有建筑或其他工作物为目的而使用其空间的权利,与建设用地区分所有权类似)和空间地役权(以他人土地之特定空间供自己或自己土地便宜之用的权利)。① 当然此时对空间权的界定和定位遵循的是不动产财产权理论中的土地所有权绝对主义。

自18世纪在西方资本主义国家兴起的工业革命,开启了给人类带来物质财富激增的工业化、城镇化进程。不仅使得建筑技术显著提高,出现了摩天大楼与地下铁道,而且大规模提高了房屋建筑与土地开发的广度与强度,调整不动产权利运行的不动产物权法律关系更加复杂化。土地所有权不再是绝对的权利至上,其内涵机理与运行范围均受到行政公权与公法一定程度上的限制。如在德国,民法典中的所有权,为一项全面性的权利。但对所有权,绝非不存在限制。上述所称之所有权人权限,仅在不违反法律或不损害第三人权利时,所有权人才得以享有。对所有权之利用,必须置于限制之下,也就是要受基于人类共同生活与组织化的群体需求而生之限制。② 又如在日本,对土地所有权的权能与运行的限制主要包括土地征收法、都市计划法、都市绿地保全法、国土使用计划法、都市再开发法、自然公园法、自然环境保全法、消防法、道路法、航空法、电波法、下水道法、河川法、森林法、渔业法、矿业法、采石法等特别法。③ 在美国,从20世纪初开始出现"财产权的社会责任说"理论。财产权的确包括国家保护的个人权利,但是对于个人和社会之间权利与责任的平衡却一直处于变动之中。尽管理性的人对于美国财产法中这种个人绝对财产权理念的相对化与社会化趋势是否有益观点不一,但是他们却不能否认这种趋势还在继续。④ 因而,基于受到默示担保理论、妨害原则、公共信托原则、环境保护论、征用权原则、警察权管制理论

---

① 梁慧星:《中国物权法研究(上)》,法律出版社1998年版,第348、351、353页。
② [德] 鲍尔·施蒂尔纳:《德国物权法(上册)》,张双根译,法律出版社2004年版,第516页。
③ [日] 我妻荣、有泉亨:《新订物权法》,罗丽译,中国法制出版社2008年版,第284-285页。
④ 王铁雄:《财产权利平衡论——美国财产法理念之变迁路径》,中国法制出版社2007年版,第365页。

等规则的影响，土地财产权至少受到水权、公共信托、航空、分区规划等的判例和成文法的限制。① 随着建筑学理论的发展，为工业化、城镇化背景中的转换用途与提高强度的房地产增量开发扫除了技术障碍。综上所述，动态、立体与增量的土地利用形态的趋势以及建筑技术的发展为土地发展权的产生创造了客观的物质基础。

（二）主观原因

从主观的法制建设视角分析，正是由于土地发展权所具有的独特属性与内涵，才使得土地发展权具有调整房地动态、立体及增量的发展趋势，在不动产物权体系中配置土地发展权具有理论创新与制度实践的双重价值。通常认为，土地发展权是从土地所有权中分离而独立出来的，运行于从较低利用效益与强度转向较高利用效益与强度的土地运行活动中。这种现象在当今土地动态、立体与增量开发中比比皆是。如在郊区城市化过程中，就会涉及农地转性转用的农地发展权现象，即将村属集体农用地转为国有建设用地，这中间会产生因性质及用途转变而产生的增值收益分配问题，又如在对城市国有土地及房屋实施改扩建时，会涉及因具体用途及强度的转换而产生的增值收益调节与分配问题。但由于土地所有权、土地使用权等传统不动产财产权及其体系具有仅够调整静态、平面与存量房地利益法律关系的局限性，房地产的动态、立体与增量开发权以由此所产生的对发展增益的分配权的配置就出现了"产权紧缺"问题。这种"产权紧缺"需要新增或发展产权来应对，土地发展权由此应运而生。

土地发展权的产生，是在不动产物权体系中通过配置调整新的权利运行来顺应新型房地运行法律关系，在经济学上称为"发展产权"。通过发展产权应对紧缺，使产权交易领域实现从无序过渡到法治过程中的和平利益。如果是由法律确立和保护资源的产权，那么对于各社会成员而言就没有建立私人武装的必要性了。个人变得没有武装，由此产生的国家权力垄断对保护产权所需要的资源少于私人武装为达到无序中的力量均衡所需要的资源。从无序中的力量均衡过渡到法治，无论法律的内容是什么，都意味着效率的提高，因为大部分武器都放下了而资源使用的生产力提高了。这就是从无序过渡到法律规范资源使用的根本优点。② 土地发展权调整动态、立体与增量房地开发法律关系的一般规则是，配置土地所有权后，土地使用权的范围是以依法取得该权利时的权利性质或正常使用价值为限，今后变更土地用途或提高土地利用强度则属于土地发展权区间。③ 土地发展权作为一项新的土地物权，虽然调整的是房地动态、立体与

---

① [美] 约翰·G·斯普兰克林：《美国财产法精解（第二版）》，北京大学出版社2009年版，第506页。
② Buchanan, J., *Die Grenzen der Freiheit*, zwischen Anarchie und Leciathan, 1984.
③ 胡兰玲：《土地发展权论》，《河北法学》2002年第2期。

增量的物权法律关系，但不论是在权利种类上，还是在权利内容上，均与物权法中的不动产物权及其体系保持逻辑上的密切衔接。

土地发展权作为一项以调整相对动态、立体和增量意义土地法律关系的新的财产权，在行使范围和运行特征方面具有如下法律特征：

其一，土地发展权能恰当地反映土地所有权或使用权的行使范围，体现了物权绝对原则与权利特定原则。物权绝对原则是指物权在本质上属于支配权，当一个物权主体具有法律规定的某种土地权利时，其他的权利主体不可能对同一权利客体拥有同样的土地权利。土地发展权所体现的物权绝对原则是当一土地发展权主体拥有法律规定的土地发展权时，其他种类的物权主体和拥有以其他地块为客体的其他土地发展权主体均不能侵害其土地发展权。物权特定原则是指物权的客体必须明确肯定是一宗土地或特定的数宗土地，或是一宗土地中明确指定的权利份额。土地发展权所体现的物权特定原则，既是指土地发展权与土地所有权、土地使用权等其他土地物权相比客体特定，又指不同于土地发展权客体之间的权利内容特定。[①] 土地作为财产权的客体，它本身不但包括地表的陆地延伸，还包括向地表上下发展的空间。世界各国在立法中逐渐对土地所有权进行适当限制并将土地各部分的权利分离开来，即使是同一块土地的地表、地面上空和地下空间这三个不同部分，既可以为同一个所有者所有，也可能为不同的所有者拥有，并且相较于土地所有权或土地使用权，土地发展权是基于土地利用的社会性、广泛性，从提高土地使用性能与优化收益分配的角度，其领域不仅包括地表，而且涉及对地上、地下空间的开发、利用。

其二，土地发展权是一种在土地动态、立体与增量利用活动中实施权利宏观调控的法律机制，所涉法律关系已超越传统民事物权流转，而上升为房地产调控主体基于公共利益与整体效益的高度，对具有社会性的房地产动态、立体及增量开发的权利（力）与利益调控的经济法律关系。创制土地发展权的目的在于实现对房地产开发增值收益的公平分配，既保证在土地用途改变或强度提高所产生增值收益时，将该部分增值收益进行公益与私益区分，对公益性增值收益进行国家化调控与社会化回馈，对私益性的土地增值收益则给予充分的保障。

三、初创形态

土地发展权产生于第二次工业革命时期。这一阶段以采矿业等重工业的兴起和城

[①] 孙宪忠：《论我国土地权利制度的发展趋势》，《中国土地科学》1997 年第 6 期。

市化的空间聚集为背景,因而土地发展权最初表现为采矿权和空间权的形态。这两种具体形态代表了土地发展权产生的雏形模式。

(一) 采矿权

初始或称雏形阶段的土地发展权是与土地所有权紧密相连的,而采矿权和空间利用权则为外在形态。土地发展权最初源于与土地所有权分离而产生的采矿权与空间权。第二次工业革命时期,采煤业空前发展,采煤工业体也随之兴盛。而19世纪奉行的土地所有权绝对理论将土地之上下无限空间及其资源的开发权和所有权一律赋予土地所有权人。由于土地所有权人并不都具有从事煤矿开采活动所需的专业技术和条件,因而具有采煤技术和条件的工场纷纷与蕴藏煤矿的特定地块的土地所有权人订立采矿地役权协议,赋予采矿人具有在其所有土地之下的特定区域进行探矿采矿的权利并享有一定的收益。随着西方工业国家采煤业规模的不断发展壮大,采矿业逐步发展成为当时的一类新型产业。为推动该产业的发展,国家不断制定法律赋予采矿主体以法定形式的采矿权,赋予其独立的权利内容与收益范围,并受不动产财产法的特别保护。由此,采矿权作为一项独立的物权被法定化。

由于相较于传统土地所有权的用益手段和功能范围,采矿权进行了相当程度的扩展,因而相对于土地所有权,其体现了对土地的功能发展。后来由于正式采矿之前所进行的探矿行为越来越具有独立性和重要性,采矿权又与探矿权一道发展为具有准物权属性的矿业权 (mineral rights)。准物权意义上的采矿权是从作为矿产资源所有权主体的国家矿产所有权中分离而独立出让的,对矿产资源行使占有、使用和收益的权能组合。采矿权人不仅享有占有、使用和收益权能,还享有对国家所有的矿产资源的特定部分的事实上的处分权。① 后来,出于获取垄断性的采矿权收益目的,土地所有权人自身纷纷引入资金,投入设备,向工场登记机构申请矿业公司登记,从事采矿业。由于所获的采矿收益数额巨大,甚至远远超过其行使土地所有权处分与收益权能所能获取的经济利益,对于这项利益及其所依据的权利进行独立的规制与保障就具有了显著的价值。土地所有权人凭借其所享有的土地所有权而在该所有权地块之下行使采矿权,就是土地发展权行使的原始形态之一。

(二) 空间权

不仅是采矿权,土地发展权的原始形态还包括空间权。狭义的土地发展权特指不

---

① 李显冬:《溯本求源集:国土资源法律规范系统之民法思维》,中国法制出版社2012年版,第57页。

变更土地用途而提高利用强度的权利。在不变更土地用途的前提下，要提高利用强度，则在客观上只能向地上或地下空间拓展（此处不讨论地下空间），因而这种形态的土地发展权与空间权的范畴就具有了一定的理论契合。在美国，空间法是用来调整高层建筑开发、区域内高密度建设活动中的权利运行及其法律关系的法律规范。在美国法中，Development Right（发展权）就是 Air Right（空间权）。美国土地发展权的重要运行机制 TDR 在城市范围内的运行也就是 Air Right 的运行。空间权一词表达出了"城市土地发展权实质及土地的空间利用"的权利实质，是许可空间权从 A 地转移到 B 地以便补偿 A 地所有权人被许可发展，但同时被视为因公共需要不适合发展的土地权利，当局又不便直接用土地规划权来排除土地这种不适合的利用，尤其在 Lucas 判例后。这里的关键是发展权从土地分离。① 空间权将一定空域作为土地所有权范围延伸所新产生的财产权客体，成为土地所有权人行使土地发展权的原始形态之二。虽然土地发展权的产生的初期表现为采矿权、空间权等具体形态，而不具有自身独立的形态特征，但是至少可视为土地发展权的雏形。这一时期的土地发展权具体表现为矿产开发权、空间开发权和收益权，而这些自然仅归属于土地所有权人。

四、产生与重构

一项新的不动产财产权的产生，既与当时经济社会发展对权利的需求密不可分，也与原有不动产财产权种类与体系机理与属性相融合。新型财产权的产生既会对原有各项旧的财产权及其体系构成冲击，也会给原有财产权体系及其各项权利带来新的功能和效用。土地发展权作为一项实证权利，已在我国土地权利制度的场域内产生并运行，而其作为法定物权或准物权正式在我国不动产物权或准物权体系中运行并受法律保护的前景也不遥远。在物权法理论上探讨土地发展权与法定不动产物权制度及体系的关系就成了物权法理论发展的当务之急。笔者先对土地发展权的内涵进行全面界定，然后揭示土地发展权与既有法定物权种类及其体系的兼容和冲突的两面性并分析个中原因，最后展望土地发展权与我国不动产物权体系融合的前景，即强化兼容性和克服冲突性。

（一）内涵及其物权性

土地发展权与不动产物权的契合，主要是从私权属性的不动产物权形态与内涵的

---

① David L. Callies, *Preserving Paradise: Why Regulation Won't Work*, University of Hawaii Press, 1994. pp96 – 97.

角度来分析土地发展权的私权形态与内涵，可分为两个论证阶段：其一，土地发展权的形态与内涵是什么？其二，土地发展权的形态与内涵与传统不动产物权的共性与个性分别是什么，共性是否大于个性？

其一，土地发展权是什么？这涉及土地发展权的概念与内涵问题。当前学术界对土地发展权的内涵认识存在一定分歧，存在"狭义说""广义说"和"混合说"三种。其中，"狭义说"认为，土地发展权仅指在土地原有使用性质限度内提高土地利用强度的权利，不包括改变土地使用性质的权利，持这种观点的学者较少。将土地发展权限定于不改变土地利用性质而仅指提高利用强度，虽然在土地利用管理实践中广泛存在，但其尚不能全面揭示土地发展权的本质，且这种情况下土地权利运行与利益分配关系并不复杂，不属于土地发展权法律关系，只需土地民法的调整即可。因而，狭义的土地发展权概念不具有独立的地位。

将其扩展开来，"广义说"认为，土地发展权是提高土地利用强度或变更土地用途的权利。持这种观点的学者较多。如：土地发展权是农地变更为非农用地的变更利用权；[1] 土地发展权是指土地变更为不同用途使用之权，如由农地变更为建设用地，或对土地原有的集约度的提高；[2] 土地发展权就是一种将农地转为建设用地而进行开发利用的权利；[3] 土地发展权是指某组织或个人变更土地用途而获得额外收益的权利；[4] 农地发展权又称土地发展权或土地开发权，是指将农地改为最佳利用方式的权利，也可狭义地定义为农耕地改为建设用地的权利；[5] 土地发展权，包括建设用地发展权、农地发展权和未利用地发展权，农地发展权仅指土地用途由农用地转为建设用地时的权利上升，主要包括国家通过征地将农用地转为建设用地和农用地依法被转为农村集体建设用地；[6] 土地发展权是土地变更用途使用和对土地原有集约度的改变权，包括农地发展权、市地发展权。

其中农地发展权指土地用途由农用地转为建设用地的使用权，主要包括国家通过征地将农村集体农用地转为国家建设用地，农村集体农用地依法被转为农村集体建设用地，国有农用地依法转为国有建设用地；[7] 土地发展权是将土地变更为不同使用性质的权利，它包括农地变更为非农用地的发展权即农地发展权，未利用土地变更为农用

---

[1] 沈守愚：《论设立农地发展权的理论基础和重要意义》，《中国土地科学》1998年第12期。
[2] 柴强：《各国（地区）土地制度与政策》，北京经济学院出版社2002年版，第105页。
[3] 王小映：《全面保护农民的土地财产权益》，《中国农村经济》2003年第10期。
[4] 杜业明：《现行农村土地发展权制度的不均衡性及其变迁》，《西北农林科技大学学报（社会科学版）》2004年第1期。
[5] 周建春：《中国耕地产权与价值研究——兼论征地补偿》，《中国土地科学》2007年第21期。
[6] 范辉、董捷：《试论农地发展权》，《农村经济》2005年第6期。
[7] 王万茂、臧俊梅：《试析农地发展权的归属问题》，《国土资源科技管理》2006年第3期。

地或建设用地的发展权,在农地使用性质不变的情况下扩大投入的发展权和在建用地上进行建设的发展权;① 农地发展权包含三个层次:一是在保持农地农用性质的条件下,农民有权进行农业结构调整,转向更高收益的作物生产的权利;二是农地变更为集体建设用地的权利;三是农地变更为国家建设用地的权利。② "广义说"既包括了在既有用途上提高利用强度的权利,也包括了变更土地用途的权利,比较符合我国土地发展权的实际情形。

"混合说"其实是在"广义说"基础上将空间权(包括地上和地下)与生态权纳入土地发展权范畴,认为土地发展权还包括在空间上向纵深方向发展、在使用时变更土地用途之权,分为空间(高空、地下)建筑权(space, underground building tenancy)和土地开发权(land exploiting rights)两类。③ 土地发展权的客体涉及地下、地上、地面上空的开发和利用;④ 土地发展权是突破原有土地利用形式,在空间维度上向纵深方向发展之权。⑤ 还有学者将生态权纳入土地发展权范畴,并将土地发展权种类扩展为农地发展权、市地发展权、未利用地发展权以及生态用地发展权。⑥ "混合说"基本内涵与"狭义说""广义说"一致,只是将不断发展中的土地发展权特殊实践的情形纳入其中,可以说这种学说的外延是不确定的。因而,"混合说"的土地发展权概念也不具有独立的地位。

其二,土地发展权的形态与内涵与传统不动产物权的共性与个性分别是什么,共性是否大于个性?要解答上述问题,我们应当先从基本理论入手探讨传统不动产物权关于属性、功能、内容、构造等方面的共性,再对照土地发展权的相关因素进行类比分析。不动产物权起源于罗马法,广泛运用于大陆法系国家,其在英美法中被称为不动产财产权。由于我国现行的物权体系深受传统大陆法国家法制的影响,且现行《物权法》中规定的各项不动产物权种类的称谓与内涵及其构成的权利体系与大陆法国家的规定相近,因而此处以我国《物权法》与大陆法普遍规定的不动产物权类型为例进行类比分析,两者也具有法律可比性。

从土地权利发展的历史来看,不动产权利种类及其体系随着人类社会的发展和需要而日趋丰富。20世纪之前,人类对不动产利用水平决定土地权利设置的重心在于静态的土地权利。罗马物权法设置了六种土地权利,即土地所有权、地役权、永佃权、地上权、典当权和抵押权。日本土地权利设置虽有十种,包括土地所有权、占有权、

---

① 侯华丽、杜舸:《土地发展权与农民权益的维护》,《农村经济》2005年第11期。
② 臧俊梅:《农地发展权的创设及其在农地保护中的运用研究》,南京农业大学2007年博士学位论文。
③ 胡兰玲:《土地发展权论》,《河北法学》2002年第3期。
④ 季禾禾、周生路、冯昌中:《试论我国农地发展权定位及农民分享实现》,《经济地理》2005年第2期。
⑤ 万磊:《土地发展权的法经济学分析》,《重庆社会科学》2005年第9期。
⑥ 刘明明:《论我国土地发展权制度的构建》,《安徽农业科学》2008年第15期。

地上权、永小作权、地役权、留置权、先取特权、质权、抵押权、入会权，但在基本内容上仍然与罗马物权法相一致。① 德国《物权法》中对土地权利规定的编排是土地所有权土地上的用益物权，前者包括一般形式和特殊形式，其中特殊形式包括农地所有权、企业所有权、住宅所有权、地上权、住宅使用租赁权、矿山所有权、船舶所有权，后者包括用益权、地役权、限制的人役权和实物负担。② 法国《物权法》包括土地所有权、地上权、地役权等。③ 我国台湾地区在土地上设置的权利，包括土地所有权和地上权、永佃权、地役权、抵押权、典权、耕作权等六种土地他项权利。④ 由此可见，一国或地区土地权利体系中所包含的权利种类不遵循唯一的标准和轨迹，而是与特定的法制环境与经济需求相关。土地发展权的产生符合经济发展与法治变迁的逻辑轨迹。

从以上大陆法系国家或地区土地权利及其体系设置来看，其体系最上位阶的权利类型均为土地所有权，而地役权、地上权、抵押权都是该体系所包含的重要类型，而其他各类型的土地权利则是各国或地区根据自身经济社会情况在某一特殊领域自行设置的。如我国台湾地区的永佃权是从日本物权法中的永小作权衍生而来的，日本民法规定"永小作人，即使因不可抗力致收益受损失时，也不得请求佃租的免除或减额"，⑤ 意思指农田承租人不得因不可抗力因素请求出租人减免租金数额，目的是严格固定农田租赁关系，维持农田主收益；而我国台湾地区的永佃权即"承租人支付佃租永久在他人土地上为耕作或畜牧之权"，⑥ 也是为了固化地主与承租户之间的稳定的租佃关系，保证地主的农地收益。永佃权的实质是使得所有人与使用人永久分离，影响农地合理利用，在现代社会不具有资源使用的效率，⑦ 因此永佃制在台湾地区已被小地主、大佃农所废除。

由上述国家或地区土地权利类型及体系可看出，一项土地权利的兴起与配置不是取决于理论对其研究的深入程度，更不是该权利所具有的特殊外观形态，而是决定于其能否有效回应当时当地经济社会发展的法制需求。土地权利设置在构建土地利用管理制度中占据极其重要的地位。土地价值的充分发挥，取决于土地资源的合理配置。

---

① 刘国臻：《论土地发展权在我国土地权利体系中的法律地位》，《学术研究》2007年第4期。
② 鲍尔·施蒂尔纳：《德国物权法（上册）》，张双根译，法律出版社2004年版，第513、183、695、708、728、735页。
③ 尹田：《法国物权法（第二版）》，法律出版社2009年版，第115、380、414页。
④ 郑玉波：《民法物权（修订12版）》，台湾三民书局1988年版，第17页。
⑤ 邹亚莎：《从一田二主到永佃权——清末民国民法对永佃制的继承和改造》，《政法论坛》2010年第6期。
⑥ 吕翾：《促进农民增收目标下两岸农地产权保障制度比较探析》，《湖南科技大学学报（社会科学版）》2013年第3期。
⑦ 王权典、张建军：《论农地承包经营权的物权法律性质与特征——以台湾地区永佃权为参照》，《中国农业大学学报（社会科学版）》2005年第3期。

土地资源配置的合理化，依赖于各种土地权利的健全和合理流动。① 对一项土地权利的界定与法制化，没有形式上的要求，只要其符合土地利用管理运行的发展规律，能使其运行得更具效率与公平，都可以成为一项独立的土地权利。

因此，土地发展权作为一项动态、增量特征的土地权利，虽然在外观形态与内在机理上与传统不动产物权具有显著差异，土地发展权具有现有不动产物权的一般属性，但又是一种具有特殊属性的物权。它既不像土地所有权、土地使用权那样拥有悠久的权源历史和深厚的理论现状，又不像土地承包经营权、宅基地使用权那样具体运行于某一具体领域，其能成为一项独立的土地权利不存在形态与内涵上的掣肘。土地发展权与传统不动产物权之间既具有本质兼容性，也具有一定的冲突性。

（二）兼容性

物权体系即物权的类型体系，它是指法律上、学理上对物权的基本种类所作的界分以及由各类物权的次级类型所构成的一个完整的系统。一个国家法律上所认可的物权，必须按照一定的标准进行分类编排，才会形成一个系统。而基于物权的自身属性和物权法定原则的贯彻，国家法律上承认哪些物权以及如何编排其体系，是物权法制定中的一个重大而基本的问题。②

我国不动产物权体系是指规定在物权基本法、特别法及单行法中关于特定主体、客体与内容的不动产物权种类及其组成的集合。从性质上讲，不动产物权是私权利群，不动产物权体系是私法权利体系。这种权利群与权利体系在一定时期内是稳定的，共同构成了一国不动产物权运行与保障的基本规则。然而，一个国家法律上所规定的物权种类，基于满足不动产物权保障的法制需求，会随着社会的发展和实际生活的需要而发展、变化。不动产物权体系又是一个发展的权利体系。如我国不动产物权种类与体系，《中华人民共和国民法典》（以下简称《民法典》）颁行前由若干民事基本法、单行法调整，作为民事基本法的《中华人民共和国民法通则》（以下简称《民法通则》）扮演了我国不动产物权运行与保障关系的原则性规范的角色，其第五章第一节"财产所有权和与财产所有权有关的财产权"规定了土地所有权、土地使用权和农村土地承包经营权等土地权利。不动产物权的具体类型规范则散见于各项单行的房地产法律、法规之中。如《中华人民共和国土地管理法》（以下简称《土地管理法》）历经数次修改，系统规定了土地所有权、土地使用权、农村土地承包经营权等土地权利。《城市房地产管理法》在土地权利方面主要规定了城镇国有土地使用权和土地权属登记制

---

① 王卫国、王广华：《中国土地权利的法制建设》，中国政法大学出版社2002年版，第14页。
② 刘保玉：《物权体系论——中国物权法上的物权类型设计》，人民法院出版社2004年版，第33页。

度；《农村土地承包经营法》规定了诸如家庭承包方式、发包方和承包方的权利义务，承包的原则和程序，承包期限和承包合同，土地承包经营的保护及流转的土地承包经营权制度；《城镇国有土地使用权出让和转让暂行条例》规定了国有土地使用权有偿出让、转让制度等。公民不动产物权在私法上的确立，有助于不动产财产权作为私权的一面在我国民法上获得保护与救济，也有利于我国民法规范体系的建立与完善。

《民法典》的制定，把一直由《物权法》《民法通则》《担保法》《房地产管理法》《土地管理法》及相关的法律法规所调整的那部分不动产物权内容如土地所有权、房屋所有权、土地使用权、宅基地使用权、承包经营权、不动产抵押权以及不动产权利登记等涉及不动产权利归属与利用等的内容，统一由《民法典》加以规定与调整。① 《民法典》确立的各项不动产物权所构成的体系，在传统民事物权法律关系领域，对静态、平面、存量型物权权益的保障基本有法可依，为应对动态、立体、增量型物权法律关系及其权益保障铺设了权利基础。

有学者从静态与动态的双重视角研究物权法，将物权的变动作为界分点，物权的概念、效力、类型、保护及限制、基本原则等问题是静态物权研究范畴，而物权公示、处分、取得等制度是动态物权研究范畴。② 这就初步提出了对动态土地权利研究的问题。尽管其对动态与静态的理解与土地发展权的动态性有所差异，但这至少从理念上高度深化了对物权特征的理解，也开始触及静态与动态物权体系之间的属性兼容问题。物权主要是指权利人依法对特定的物享有直接支配和排他的权利。不动产物权是法律民事主体依法对特定物——不动产享有直接支配和排他的权利。③ 不动产物权是物权法律体系的重要组成部分。从总体上看，我国已经形成以《宪法》为统帅，以《民法典》为主体，其他单行的房地产法律、法规为配套的土地权利基本形成体系，并正在进一步发展和完善。

在我国土地权利体系中，土地所有权居于中心，构成土地权利体系制度的基石；其他土地权利都是从所有权中派生出来的，或者是对所有权和使用权的限制而创设。这种土地权利体系只反映土地利用的静态和平面权利，未能反映土地利用的动态和立体权利。虽然国有土地和农民集体所有土地上都有土地用途管制的内容，但这种管制只对土地所有权人行使所有权进行限制，没有赋予改变土地用途以新的权利。现代土地权利制度的发展表明，改变土地用途赋予以新的权利，土地权利已呈立体化趋势。土地权利制度设置的重心由静态和平面土地权利的规范，发展到动态和立体土地权利的规范。

---

① 金俭：《原理·规则·适用：中国不动产物权法》，法律出版社2008年版，第12-13页。
② 如董学立：《物权法研究——以静态与动态的视角》，中国人民大学出版社2007年版。
③ 曹红冰：《不动产物权制度的理论和法律适用》，湘潭大学出版社2011年版，第12页。

由此可见，土地发展权的配置对于我国土地权利体系的建构与完善具有实质兼容性。在我国土地权利体系中配置土地发展权时，应具体拿捏好以下技术问题：一是重视与其他土地权利的协调。应既促进土地等有限资源的有效率使用，减少交易成本，又实现公平正义及权利的社会化，界定好土地上各权利类型之间的效力位阶。① 二是应明确土地发展权的私权属性，这关乎其法律机制设计，因为现代不动产法律体系有从公权到私法为主的调整土地利用法律机制的发展趋势。三是应确立和设置土地政府宏观调控的原则与机制。政府应多运用经济和法律的手段，对土地权利间接施加影响，包括对土地权利主体的限制和权利范围的限制，② 让土地权利高效、公平地运行。

从法经济学的角度，土地发展权与不动产物权体系也具有功能上的兼容。即使资源归属到排他使用权如个人所有权，也不能总是保证其高效使用。当资源对于其他有权使用者具有价值时，尤其如此。但是这个价值在所有者决定如何使用时仍然未被考虑到。在这种情况下，所有者会选择给自己带来最高利润的使用方式，虽然这样土地的总体使用效率会降低。这个问题无法通过个人所有权这个法律形式解决。这时需要发展全新的产权形式。③ 具有经济法宏观调控权属性的土地发展权在土地物权体系中配置，从应对土地增量开发的权利配置与运行角度都具有兼容效果。土地发展权与既有不动产物权种类及其体系的兼容性具有主导性。

（三）冲突性

土地发展权与现有法定的不动产物权种类及其体系必定存在一定的冲突，这主要是由土地发展权的性质所造成。土地发展权与传统土地物权的绝对性、平面性和静态性属性相比，具有显明的相对性、立体性和动态性特征，④ 属于非典型性物权。因而如果将其纳入我国现行不动产物权体系中，将不可避免出现一定的排异效应，这种现象产生的原因包括：

其一，土地发展权作为一项调整相对、立体和动态特征的土地法律关系，与既有物权体系及其法律制度主要调整绝对、平面和静态属性的土地法律关系之间会出现一定的功能排异。例如，某块土地因农转非而产生巨大的增值收益，土地发展权是以该增值收益为客体进行调整活动的，而既有法定土地物权种类诸如农村建设用地使用权、

---

① 崔建远：《土地上的权利群论纲：我国物权立法应重视土地上权利群的配置与协调》，《中国法学》1998年第2期。
② 操小娟：《土地利用中利益衡平的法律问题研究》，人民出版社2006年版，第24页。
③ 汉斯－贝恩德·舍费尔，克劳斯·奥特：《民法的经济分析（第四版）》，江清云、杜涛译，法律出版社2009年版，第540页。
④ 刘国臻、陈年冰：《论土地权利发展的三大轨迹及其启示》，《学术研究》2013年第2期。

土地承包经营权乃至宅基地使用权在该具体土地法律关系中主要负责原农地属性与用途情形和农转非后城市建设用地使用权属性与用途情形的权利占有、归属和利用等法律关系。由此可见，土地发展权与既有法定土地物权之间在法律关系调整的环节和时段存在一定区隔，而在实践中确实存在既有法定物权所不能覆盖的一部分特殊的物权法律关系，这就需要土地发展权进行调整。但是土地发展权要发挥其功能调整这一部分特殊的物权法律关系也必须同既有法定物权及其体系形成功能合力。但在目前看来，这种功能合力效应的形成存在理论盲区和实践真空。

其二，土地发展权作为一项新型财产权，会像其他新物权那样在产生的初始阶段与既有物权种类及其体系之间产生一定的功能冲突和机理排异。众所周知，土地发展权最初是由采矿权从土地所有权中分离出来，后伴随土地开发形态的复杂化而抽象形成一种表征土地动态、立体和增量开发权利的新型财产权，先前出现的矿业权也作为一项独立的财产权或准物权而独立存在与运行。矿业权概念的本质可以被界定为在勘查和开采许可证规定的范围和期限内勘查和开采矿产资源、获得矿产品并以获取收益为本质目的的权利。① 土地发展权是以调整因土地用途转变和利用强度提高所产生的增值利益法律关系为内容的新型权利，其运行也是需要依附于特定土地，因而也很可能会与我国既有的法定物权种类及其体系产生一定的冲突。我国土地上存在诸多权利种类，共同构成了一组权利群，这些权利包括土地所有权、国有土地使用权、土地承包经营权、宅基地使用权、"四荒"土地使用权、矿产资源所有权、矿业权、矿地使用权、抵押权、租赁权及房屋所有权等相关物权。② 这些权利都是直接依附于土地而行使，与土地发展权存在一定时空二维上的重合。

其三，既有法定物权或属于基础性物权，或属于功能性物权，不存在属性的交叉。土地发展权具有基础性物权和功能性物权的双重属性，如果在运行中不作具体区分以适用不同的物权效力规则，则其与既有法定物权之间很可能产生一定的权利冲突。关于基础性物权和功能性物权的分类，是有关学者根据不同物权类型的不同性质在法律体系和社会生活中的不同地位和作用而对物权作的学理划分。其中，物的归属与占用，一般处于较为稳定的状态，因其是物权运行的前提条件，故应遵循绝对保护原则，采取"物权法定主义"。而对物的流转和效用，则是物权交换价值的体现，本身就处于流动状态，故应遵循相对保护原则，采用"相对自由主义"。③

综观我国《民法典》中的土地权利体系可知，各项法定的土地物权，或是以调整土地的归属与占用这一绝对、平面和静态法律关系的种类，如土地所有权、土地使用

---

① 孔银屏：《矿业权概念及客体研究》，《法制博览》2017年第8期。
② 崔建远：《土地上的权利论纲》，《中国法学》1998年第2期。
③ 梁上上：《物权法定主义：在自由与强制之间》，《法学研究》2003年第3期。

权；或是以调整存量意义上土地的流转和效用的种类，如土地承包经营权、宅基地使用权等。而土地发展权，一方面是确立因用途变更或强度增加而产生的增值收益这一独立的物的客体的归属、占用的权利，具有基础性物权特征；另一方面是确立对上述增值收益的流转法律规则的权利，具有功能性物权特征。虽然基础性物权和功能性物权都属于《民法典》的调整对象，但对于具有这两种属性或特征的物权是否以及如何调整则没有定论。因为传统民法理论只认为，物权特别是所有权，其本来的目的只是实现对动产和不动产的现实占有、使用和收益。土地使用权作为一项独立的不动产物权，[①] 其目的是确立非所有权人用益土地所有权的权利。所有权对于所有物的使用价值和交换价值享有全面支配权，使用权对于所有物具有使用价值而不具有交换价值。土地发展权表征一定的预期利益或称潜在价值，可能不是以现实的权利或价值而是以虚拟的或未来的形态出现，但这种虚拟的或未来的形态确实是以实体的或现实的基础权利为支撑，而这种实体的或现实的形态背后即是土地所有权和使用权为支撑，这就涉及土地发展权与土地所有权、使用权与用益物权的冲突与协调。

（四）重构

综观以上对土地发展权与传统土地物权种类及其体系之间兼合与冲突的双重关系可知，如欲将土地发展权纳入现行土地物权体系中，就要做好两方面的法制工作：一是确立其作为一项动态物权的属性与构造，二是协调静态物权与动态物权在物权体系中的关系。前者是从强化兼合性的直接路径着手，后者是从削减冲突性的反向路径配合。以上正反两方面的思路可以具体化为四项法制步骤：

其一，参照传统法定物权明确土地发展权的法律属性和权利架构。土地发展权虽然是一项动态的土地物权种类，但毕竟属于广义的土地物权范畴，从理论上它也与传统的静态物权种类一样拥有物权构成的三要素（主体、客体和内容）和物权运行的四权能（占有、使用、收益和处分）。且随着土地发展权在土地权利运行实践中的普遍化与常态化，土地发展权的上述三要素和四权能在土地运行实践中已显现其独立形态和地位，只是上述要素与范畴尚未被现行物权法律规范所正式确认。这就要求物权法学界运用物权基本理论对土地发展权的构成要素和权能架构进行理论建构，这是引入土地发展权后重构不动产物权制度与体系的第一步。

其二，培育并强化土地发展权在土地物权体系及其法律制度框架内运行能力。在实现第一步的制度与体系构建目标后，就要求将其作为重点的培育对象。因为作为一

---

① 张少鹏：《"土地使用权"是独立的不动产物权》，《中国法学》1998年第6期。

第一章 土地发展权的产生

项新生的权利种类,其不一定能立即适应既有的法定物权制度的具体运行机制并充分融入其体系中。这就需要让其不断地在新的物权体系中运行并发挥其功能,因为作为一项法定权利在法律体系框架内运行与作为一项实证权利在土地法制之外游离迥异,这涉及对既有法制运行的各项要素的适应问题,不是在权利创设之初就能完全适应陌生的制度与体系。

其三,创设以土地发展权为核心的动态物权制度与体系。土地发展权是一项以土地动态利用活动中产生的发展增益为权利客体并以该增益的归属与流转法律关系为调整对象的新的物权种类及法律制度,这是其与其他种类的法定物权之间存在的显著差异。土地发展权产生于土地动态与增量利用的新开发时代,土地资源配置的复杂化对土地权利也提出了新的要求。一般说来,土地上的权利越是单一,意味着土地资源利用的效用越小,土地所释放出来的财富价值也越少。反之,土地上的权利越多元,意味着土地利用的效用越大,土地所释放出来的财富价值就越大。[①] 当今土地利用也从单纯以静态和存量的物权归属与流转提升到以动态和增量的权利流转与价值分享的新式形态,现行的静态土地物权体系及其制度也不能有效适应上述动态与增量土地利用形态的要求,动态与增量的土地物权体系及其制度呼之欲出。

其四,以土地发展权为核心的动态物权制度及其体系纳入整体的土地物权法律制度与体系中,并增设其与传统静态土地物权法律制度与体系的衔接机制。尽管静态物权与动态物权同属于民事物权范畴且在权利属性与权利构造方面共性大于个性,但两者在调整土地权利运行与利益关系中仍处于不同的阶段和时点,前者发生在特定物权在不同主体之间产生归属与流转法律关系的时段,后者发生在特定物权在类型转变所产生的归属与增值流转法律关系的时段。土地物权体系及其制度也逐步将动态与增量的物权体系及其制度囊括其中,并使其与现有的静态的物权体系及其制度共同在土地物权体系及其制度中运行。这就是土地物权体系重构的最后一个环节。

土地发展权与其他各项土地物权是要素与性质完全不同的独立物权。正因为各种不同的土地权利实际上是土地上不同利益在法律上的表现,土地发展权与其他各项土地物权之间表征着不同的土地利益。正如在我国城市土地所有权国有和使用权有偿出让制度中,虽然秉持土地使用权与建筑物所有权一体性原则,但也坚持土地所有权与建筑物所有权可分离原则,[②] 即使在现实中用"房地一体""房随地走"来形容房地之间的紧密关系,实践中也视"房地"为一个而非两个权利标的,但在该权利标的中的房屋和土地却承载着不同的利益价值与诉求。土地发展权在新的以静态和动态相结合

---

① 柳经纬:《我国土地权利制度的变迁与现状——以土地资源的配置和土地财富的分配为视角》,《海峡法学》2010年第1期。
② 陈甦:《论土地权利与建筑物权利的关系》,《法制与社会发展》1998年第6期。

的物权体系及其制度运行，需要有一个调适的过程。如土地发展权在调整权利实施与利益分配中如何才能与其权源土地所有权和土地使用权实现无缝对接？土地发展权如何弥补各项具体的农地用益物权种类在实现其权利主体对在该项物权的流转中所产生的发展增益的分享？国家行使对土地发展增益运行调整的宏观调控性质的土地发展权如何与私主体享有的作为物权性质的土地发展权协调？这些都需要土地发展权在土地物权体系及其制度中得到充分运行才能产生实际效果。以上就是土地物权体系重构的实证路径。

第二章　土地发展权的发展

土地发展权的发展是指在其作为一项独立权利生成之后,其外观形态和内在机理随着经济发展和法治进步的历程而不断创新的过程,具体来讲就是其模式的演进。土地发展权的模式是指其在权利构成与制度运行中所体现的机理与功能的特征与形态。对土地发展权模式的演进历程进行研究,有助于提升对其功能、属性、构造等权利实体内容的认知。笔者将首先梳理与分析国外土地发展权的发展历程与脉络,将其分为初级的私有化、个体化模式,中级的国有化模式以及高级的物权化模式,并重点论证各种模式的内涵机理,此为本章的重点;然后归纳分析我国土地发展权发展的模式类型与特征;最后从比较法的视角分析中外土地发展权发展的路径与逻辑。

一、雏形模式

(一) 初级私有化

土地发展权的模式是指其权利构成与制度运行所体现的机理与功能的特征与形态,它取决于法律规范对土地发展权的定性。目前学界对土地发展权的模式一般按国别分为英国的国有化模式、美国的私有化模式和法国的法定上限密度的部分国有部分私有等三种模式。这或许是在空间维度对土地发展权的模式所作的界定,但却不是遵循权利演进的逻辑而对土地发展权模式(包括性质与形态)所作的探讨,而模式命题恰恰应当论证的是作为权利形态的土地发展权在其演进历程中所表现出的性质与形态要素。土地发展权作为一项根源于对土地所有权实施公法上的限制而产生的新型财产权,其性质与形态的演进需遵循一般财产权的规律和逻辑。笔者认为,土地发展权从产生到现状,一共经历了四种模式:初级私有化模式、狭义的个体化模式、变型的国有化模式和高级的物权化模式。在这四种模式中,初级的私有化模式不具有很强的独立形态和属性,狭义的个体化模式与高级的物权化模式属于常态化模式,国有化模式则在特定时期具有常态性，但在整个土地发展权模式演进中则只能扮演补充的角色。

初级的私有化是土地发展权产生的雏形时期所表现出来的模式形态。这一阶段的土地发展权，或仍处于土地所有权收益和处分权能的权能束中，或刚与土地所有权的上述两项权能剥离而独立运行，它或许还不具有独特的权利内容，但已体现出一定程度上超出土地所有权的各项用益权能的行使的力度和范围而伸向更高强度、更深空间、更大收益等层次。此时的土地发展权还不具有独立的财产权地位，但其已因其的客观存在而由土地所有权人所感知，并受其支配。

狭义的个体化模式与初级的私有化模式同属于广义的个体化模式。这一阶段的土地发展权已具有完全独立的财产权地位，且随着各项他项物权的逐步产生及其体系的逐步形成，土地发展权的权源也愈发丰富，不仅是土地所有权，还有在英美法系中的第二层次的所有权，在大陆法系的土地使用权、用益物权的各种类。如在英国1925年的不动产法中规定的永业权（实践中的土地所有权）中就包含了开发权和限制权，前者是允许土地所有者改善其地产的权利，后者则是前者的相反，即授予不允许发展权的权利。[①] 狭义的个体化模式使土地发展权具有了更广泛的运行场域，也使土地发展权的理念得到更大范围的普及。

国有化是土地发展权广义个体化模式在长时期运行之后而产生的变种，这种模式不具有独立的意义，而只是作为公共利益代表者的国家对土地发展增益这一在大开发时代所急剧显化的土地价值行使收回或征收权，以强化对公共土地资源的管理。它不仅是对土地发展权个体化模式在运行中暴露出的弊端的因应，而且也是主动行使政府资源管理职权的表现。高级的物权化模式是土地发展权的终极模式。土地发展权事实上构成一项新型财产权，已无疑义；但其能否上升为一项法定物权或财产权，而受到大陆法系的物权法或英美法系的财产法的调整和保护，则是证明其权利地位的重要标志。物权法或财产法不仅是确立静态的权利内容，而且要促进土地发展权的动态流转，以使其作为一项表征土地动态、立体、增量价值的权利形式在土地利用管理活动中发挥其应有的功能与效用。

（二）狭义个体化

土地发展权最初是基于独立开采地下矿产的需要而使采矿权脱离土地所有权，之后又对土地进行空间纵深方向开发以及在性质上变更土地用途的再开发权利。土地发展权的权源是土地所有权，土地所有权人当然享有在其拥有的地块上行使土地发展权，在理论上拥有获取无限增益的权益。但并不能认为土地发展权归属土地所有权人是土

---

① 罗明：《对我国土地立法的思考——从英国土地法规体系谈起》，《中国土地科学》1995年第6期。

地发展权的唯一模式。不同国家实行不同性质的土地所有权制度,绝大部分资本主义国家实行土地所有权私有制,但也有国家实行国家君主虚有制,如英国、澳大利亚等,即全国的土地所有权归君主名义上总有,将所有和占有界分,通过占有来具体形式土地所有权权能。"凡对于具体的物,有事产上管领的力,能在某期间内支配物的用途,那就对于物,有了占有。"① 土地占有人承接国家土地所有权,并在其上行使使用、收益和部分处分权能。土地国有制度的国家,作为其代表的政府当然有权行使其所有土地之上的土地发展权并获得土地发展权益,尽管这是从物权总体层次上论述的。

　　土地所有权既可作为一项抽象的基本经济制度,也可作为一项具体的物权制度。在实行土地国有制的国家,作为抽象经济制度的土地所有权制度具有典型的公权属性,其一般不能进行自由交易,不能成为物权的客体和形式。但是作为具体物权的土地所有权,不论实行土地国有还是私有制度,均在某种程度上具私权即民事物权的性质,即其可以通过某种权利的形式自由交易。土地所有权具有私法功能,民法中的土地所有权制度是为市场经济秩序而设计的,其主要特征除一般支配性之外,还有作为核心权能表现的可让与性。② 土地所有权的让与权能不仅只在土地所有权人之间运行(正因为土地所有权具有可让与性,所以才能从其中剥离出土地发展权的可能性),更为常见的是从土地所有权中所衍生出来的各项用益物权(包括狭义的土地使用权)中所继续衍生出来的各具体种类的土地发展权,这些具体种类的土地发展权才构成其权利谱系的主体。

　　随着房地开发规模的扩大,不仅房地的市场价值日趋显化,由此带动土地所有权所蕴含的物权价值也显著提升,而且公共土地资源日渐紧缺,亟待提高其利用效率。土地所有权虽然作为一项具有私权属性的物权,具有物权上的价值。但由于土地资源的公共属性,其价值不能无限扩张并归土地所有权人所独享。加上土地所有权人也不是都有意愿和能力独立开发土地并获取开发增益的,而具备土地动态、立体、增量开发,产出土地发展增益的潜在开发主体很可能不能拥有土地所有权。因此土地所有权上的土地发展权实现在很大程度上取决于土地用益物权人的开发行为。

　　土地使用权作为一项具有市场可让与性的新型不动产物权而在土地权利体系中生成。土地发展权的传统理论认为,土地发展权是源于对土地所有权进行限制而生成的土地物权。而土地使用权也是剥离于土地所有权而生成的独立物权。土地使用权与土地发展权均是产生于土地所有权,两者应是互不隶属且位阶一致的关系,因此不能认为土地发展权也可以自土地使用权处而产生,换言之,土地使用权不是土地发展权的

---

①靳克斯:《英国法》,张季忻译,中国政法大学出版社2007年版,第236页。
②关涛:《我国不动产法律问题专论》,人民法院出版社2004年版,第92页。

权源之一，其主体不享有在其物权上的土地发展权。① 笔者认为，这种观点不符合土地使用权生成与发展的背景和权利属性和功能机理。土地使用权，是土地用益物权狭义上的名称，是以占有他人土地，就该土地加以使用，并获得土地的使用所带来的收益的他物权。② 土地使用权作为一项他物权，也具有同土地所有权一样的蕴涵土地开发潜在价值的权能。因为土地他物权相对于土地所有权而言，不存在派生性问题。

尽管土地所有权、使用权拥有使用、收益和一定处分的权能，事实上，权利不分大小，都是平等的，权利的范围和效力会有许多差别，但从权利来自于具有国家强制力性质的法律出发，任何权利的本质和地位都是相同的，权利之间不存在谁服从谁的问题，所谓他物权是所有权权能的派生或移转，当属臆想。③ 作为他物权种类的土地使用权，在物权的部分权能效力层面上说，其与土地所有权具有同等效果。土地使用权具有承载土地发展权的功能，当无疑义。这就是土地发展权生成与发展出的第二种模式，即权利个体化模式。该模式将土地使用权人及其他各类型用益物权人均纳入土地发展权主体的范畴，从而使其能够在更大范围之间运行，也只有土地发展权进入个体化模式，其作为一项财产权的理念才能深入人心。

二、国有化模式

国有化是土地发展权广义个体化模式在长时期运行之后而产生的变种，这种模式不具有独立的意义，而只是作为公共利益代表者的国家对土地发展增益这一在大开发时代所急剧显化的土地价值行使收回或征收权，以强化对公共土地资源的管理。它不仅是对土地发展权个体化模式在运行中暴露出的弊端的因应，而且也是主动行使政府资源管理职权的表现。根据国有化手段的公权手段色彩程度，又分为以市场为基础由国家参与调控和由国家主导国有化过程并将大部分土地发展增益收归国有两类，前者以美国土地发展权征购、法国"法定上限密度"为代表，后者以英国"土地开发者付费"和我国台湾地区土地开发许可制为例。本部分将先从私有权利运行的一般逻辑论证出发，逐一论述国有化模式各具体种类的内涵与机理，旨在更突出地论证其属于"个体化权利模式的变型"的过渡型特征，并为我国构建土地发展权国有化的运行机制提供借鉴参考。

---

①土地发展权首先产生于土地私有制国家，其权利主体当然是土地所有权。在我国，以土地使用用途变更为核心的土地发展权，只属于土地所有权的内容。参见刘俊：《土地所有权国家独占研究》，法律出版社2008年版，第352-353页。

②陈健：《中国土地使用权制度》，机械工业出版社2003年版，第10页。

③孟勤国：《物权二元结构论——中国物权制度的理论重构》，人民法院出版社2002年版，第20页。

（一）产生脉络与价值

以上初级的私有化模式和狭义的个体化模式其实均是广义的土地发展权个体化模式。土地发展权作为一项新型财产权，只能由民事私法主体所享有，当无疑义。但是国家作为公共利益的代表，在土地公共资源配置的法律关系中，基于公共利益维护的立场，从来不会也不应当缺席，只是其参与规制或调控的程度在不同历史时期与不同土地产权制度下会有所差异。

在第二次工业革命之前，由于现代建筑技术尚未成熟、工业化率所能支撑的城镇化速率和城市人口数量仍停留在相对低水平，加上农产业仍位于产业结构的主体，因此，城市对高层建筑的需求相对较低，政府没有必要建造太多的高层建筑来缓解城市功能的行使及人口增长的压力。城市规划也仍处于"自由状态"，仅须满足个人的居住和小生产层次需要即可。然而，随着第二次工业革命推动着生产制造业的发展和现代城市规划技术和理念的进步，城镇化成为不可逆转的趋势，城市人口的激增使得城市规划的全面整体化和高层建筑的建设迫在眉睫。这些趋势均推动了城市土地的动态、立体、增量型开发。而实施这种性质的土地开发主体也由个体开发者转型为代表公共意志和利益的国家。虽然在实行土地私有化的国家，国家也可能作为土地所有权的主体身份行使土地所有权的各项权能，如国家通过公益征收获得原属个人所有的土地所有权而变为国家所有权，但是在土地的动态、立体和增量开发时代，国家就不仅是作为土地所有者身份来参与土地开发利用活动，而且此时的国家基于公权主体身份还获得了一项主动规制和调控土地动态、立体和增量开发活动的新型权利。这项权利的性质不再单纯属于民事私权或行政公权，而是两者的融合——既扮演土地所有权人的角色参与公共资源开发与收益分配活动，又以公权主体的身份行使对公共资源开发与收益活动的行政监管。

国家分享土地发展权，即土地发展权的国有化模式，本质上说不是由于满足个体生理和心理上的需求，而是基于公共利益。这种模式不是土地发展权运行的常态，而只是基于某种公共利益的需要而在特定时期采用特定手段来行使其政治职能的表现。国有化模式不仅在实行土地私有制的国家存在，而且在实行土地公有制的国家的国有化程度更高。由此可见，土地发展权国有化并不是作为土地制度意识形态划分的标准，而只是一种对土地开发增益的调整手段。土地发展权国有化模式在许多国家或地区存在，也证明其制度具有调节单纯公有或私有土地所有权制度缺陷的功用。

（二）英国"土地开发者付费"

拥有土地发展权的国有化模式的国家地区均有相关具体的国有化运行机制。无论是衡平法系的英美两国，还是大陆法系的法德台等国家（地区），即使这些国家（地区）的土地发展权制度主体是个体化模式，但也均有土地发展权的国有化运行机制作为整体的补充。如在英美两国，都有所谓的"土地开发者付费"这一由政府主导实施的土地发展权增益公共回馈机制。如美国的土地开发者负担制度是美国土地规制政策中的重要规制工具，其制度核心在于对土地商业开发行为进行外部规制，其制度目标在于消除私人主体开发行为对公共设施与环境的负外部性，实现公共建设任务由国家转移至私人开发主体的制度功能。[①] 在美国，私人主体开发某块土地而产生负外部效应时，其必须采取措施将该负外部物质效应内部化，或者向国家支付特定数额款物来抵偿该负外部物质效应可能对国家和公众带来的损失。这实质上是将私人土地开发主体通过开发土地所获得土地发展权收益以支付费用的方式返还给公益代表者。国家参与到个体土地开发收益的分享。这在以奉行"私有财产神圣不可侵犯"和"市场至上主义"的美国比较不可思议。但是这在名义上实行君主总有制，实际上实行个体批租制的英国则容易理解。英国土地发展权国有化模式中，一个重要内容就是土地开发者付费，包括国有化前提下的开发权购买和私有开发增益的公共回馈。

英国土地发展权制度的产生与发展与土地产权的公共限制理论密不可分。英国既是世界上最早通过立法赋权保障私人土地产权的国家，也是最早通过规划立法限制土地开发的国家。1942年，英国为了应对本国土地战时开发管控的需要，出台了限制城市土地开发的《阿斯瓦特报告》，运用行政手段调节城市土地用途分区管制及土地增值收益分配等事项，规定由政府向现有的土地业主支付一定补偿金后统一征用土地的开发权，即所谓发展权的国有化。在保持土地私有前提下，任何私有土地只能保持原有使用类别的占有、使用、收益与处分之权，一切私有土地上变更使用类别的发展权收归国家独占。私有土地所有人或其他任何人如想变更土地的使用类别，在实行开发前，必须先向政府购买土地发展权。反之，如果政府土地使用计划变更导致私有土地原使用类别变更，从而降低土地的价值时，政府应按地价降低所造成损失的数额予以补偿。土地发展权的价值，以变更使用后自然增长的价值计算。[②] 这一政策在"二战"结束后被英国政府作为推动经济复苏、城市功能再造及缓和社会矛盾而推行的一系列"福利

[①] 卢超：《美国土地开发者负担政策及其司法审查议题》，《环球法律评论》2013年第3期。
[②] 柴强：《各国（地区）土地制度与政策》，北京经济学院出版社1993年版，第107页。

国家"法律政策而沿用。英国政府陆续颁布一系列法案来落实土地发展权国有化政策，①从而实现对土地增值收益的管理和补偿，控制土地投机，减少政府与公众之间的利益冲突，控制城市的发展。

英国的乡村规划制度是在土地私有、发展权归国家所有的基础上形成的，所以，英国政府对于乡村规划的控制主要体现在对土地开发权的管控上。② 对这一新型土地利用与管理机制，学术界评价褒贬不一。我国台湾地区土地法学者苏志超认为，"农地变更为建设用地使用，通常由粗放的建地使用变更为更高度集约式的建筑使用，都需要先经过缜密的整体的都市建设发展之规划，并有各种必要的适量的公共设施，此等公共设施用地及其兴建之各种费用，则构成实际的开发成本，此类开发成本系因特定土地开发而支出，应由受益之土地开发者负担，使开发权、开发价值及开发成本必须彼此相当"。

英国1947年《城乡规划法》中所建立的开发权及开发许可制度，不仅要求土地开发者负担全部开发成本，而且要收回因授予开发许可而可能产生的全部自然增值。此种构想实在是彻底的而且最公平的"平均地权"的制度。③ 而与之相反，自由派学者冯·哈耶克却对本国土地发展权国有化持强烈批判态度。他认为规划制度对城市土地使用的合理控制是必要的，"一个使得私人房产所有者的决策易于和公共利益保持一致的规则体系应当比针对其他类财产的规则体系更为具体，更符合特定的地方条件，这种'城市规划'的运作方式主要是影响市场和建立一些一般的框架条件，一个区或者一个地段的所有发展都应符合这些框架条件，但在这些框架条件之内，决策是留由各私人房产所有者作出的，这种'城市规划'是使得市场机制更有效发挥作用的部分努力"。④ 但是，从经济发展成本与受益激励的角度，他认为一个将个人的土地开发自由置于政府审核之下，依赖政治决策程序解决产业发展的效率性问题是不可思议的。"土地开发许可制实际上，授权该局的'对开发权的垄断'，不仅是针对土地，而且，就任何开发都需要一定土地，而这个局又控制了所有土地，它也掌握着所有类型工业开发的垄断权。它根本没有为有关土地用途的决定引入合理的因素，而是引入了一个毫无意义的因素，它使开发商在作出自己的决定时必须依靠的信息失去了真实性。他必须进行核算的成本与真正的社会成本更加不一致。"⑤ 而对土地发展权的有偿取得，冯·哈耶克

---

① 包括1947年《城乡规划法》、1967年《土地委员会法》、1968年《城市农村计划法》、1975年《土地公有化法》、1986年《土地开发税法》等。参见王郁：《国际视野下的城市规划管理制度——基于治理理论的比较研究》，中国建筑工业出版社2009年版，第23页。
② 叶裕民、戚斌、于立：《基于土地管制视角的中国乡村内生性发展乏力问题分析：以英国为鉴》，《中国农村经济》2018年第3期，第128页。
③ 苏志超：《比较土地政策》，台湾五南图书出版公司1999年版，第518页。
④ 冯·哈耶克：《自由宪章》，杨玉生、冯兴元、陈茅等译，中国社会科学出版社1999年版，第526页。
⑤ 冯·哈耶克：《哈耶克文选》，冯克利译，江苏人民出版社2007年版，第75页。

认为，这为土地开发和产业发展设置了巨大的投资风险，极大地抑制土地投资和产业发展。"开发商必须愿意拿一笔与预期收益相等的钱冒险，如果他的希望落空，他将一无所获；即使他的预期正确，他也没有任何获益前景。真的难以想象还会有比这更严重的惩罚性风险。在结果不确定的情况下，更为安全的做法是什么也不做，而不是拿资本去购买那些有可能被证明无多大价值的许可证。如果这种原则真像宣布的那样得到贯彻，只能证明它将对英国提高产业效率的前景造成最为严重的打击，对此难道还能有所怀疑吗？"① 冯·哈耶克的观点主要是从政府管制土地利用的低效率弊端来论证的，用来证明土地管制不仅不具有公平性，而且会失去宝贵的制度效率。

英国土地发展权国有化制度加强了政府对城市土地使用的控制，建立了土地开发活动的合理秩序。但是这种制度构建目标是以压抑土地开发投资市场为代价取得的。基于制度改革的考虑，1953年，英国保守党取代工党执政后，对土地发展权国有化制度作出调整。根据新法令，土地开发许可制度维持不变，但征收土地开发权，有偿移转土地发展权的规则被废除。而1976年，英国政府又以税率为60%～80%的开发土地税的形式，对土地发展权的移转索取对价。从1985年开始，开发土地税又被资本利得税替代。至此，英国的土地发展权制度较之1947年《城乡规划法》所规定的有较大调整，土地发展权虽然存在，但其通过税赋的形式实现，不再由土地所有权人支付土地开发自由的对价。土地发展权国有化机制被纳入税收制度中，不再单独运作。

英国土地发展权制度具有理论与实践双重价值。英国法将土地发展权从土地所有权中剥离，把解决土地私权与公权间的矛盾从被动的、消极的管制转变为主动引导、积极运用，这不仅在一定程度上解决了传统土地权利制度难以克服的理论难题和现实问题，而且还通过市场化的机制，在"私权"和"公权"间寻求更好的利益平衡点，推进了土地的有效利用。② 至此，土地发展权作为一种新型土地财产权，更是一种新型的财产权理念，使人们心中传统的所有权绝对化观念得到更新，土地是全社会共同的资产，土地开发增值收益应当全民共享。而土地发展权在实践层面价值更大，它解决了诸如城市土地增值收益的分配等传统土地权利不能解决的问题。

土地发展权的国有化是英国土地增值收益分配的基础，③ 英国政府具体通过征收土地价值税、发展利得税、土地增值费、发展征费及规划得益机制来具体落实土地增值收益分配的制度目的。④ "土地利用的决定，不能追随私人土地利用的现状，应该以公共部门为主体，根据公共利益，以选定最佳利用为原则""为了实现最佳利用的目的，应该对因公共决定而引起的地价下降给予补偿，还应解决吸收土地增价的问题"，即对

---

① 冯·哈耶克：《哈耶克文选》，冯克利译，江苏人民出版社2007年版，第78页。
② 张新平：《试论英国土地发展权的法律溯源及启示》，《中国土地科学》2014年第11期，第85－86页。
③ 张俊、于海燕：《国内外城市土地增值收益分配制度的比较与借鉴》，《价格月刊》2008年第3期。
④ 张俊、于海燕：《英国城市土地增值收益分配制度及其启示》，《商业时代》2008年第3期。

土地开发流转中的增量价值的宏观调控领域,许可开发建设的土地地价便上升,禁止开发建设的土地地价便下降。但地域整体的地价总额未变。土地利用管理不外是让土地价值移转。因此,把土地增价部分吸收回来充当土地减价部分的补偿,这样宏观调控以后,由土地利用的控制引起的增价和减价处于均衡状态。① 英国土地发展权的国有化在回收城市土地增值收益时,区分公益性用地与经营性用地,设计出不同的增量收益回收机制,在公益用地、工业用地上,政府的收益很有限,甚至是倒贴钱的,土地增值收益主要流向新的土地使用者。在经营性用地上,原土地使用者、开发商、新土地使用者均适当享有土地增值收益,政府以不影响其他主体各自的发展积极性为度,回收土地增值收益并将其回归至社区。② 总之,英国的土地发展权国有化是一项兼具效率与公平且更加侧重公平的政府实施土地开发与收益分配宏观调控的新机制。

(三) 美国"土地发展权征购"(PDR)

在英美两国,除"土地开发者付费"机制以外,还有一项名为"土地发展权征购"(purchasable development right, PDR) 的土地发展权国有化机制。土地发展权征购,又称发展权购买,是一项由美国各州及地方政府出于保护农地,特别是城市周边的优质耕地的需要,运用公共资金将土地发展权从土地所有者之处购进,从而使再开发土地的权利及其收益收归国有的制度。1974 年该机制在纽约州索霍尔克县(Suffolk County) 首推,马里兰州、马萨诸塞州等也相继推行。③ 土地发展权征购主要在地方层面运作,按政府参与度可分为两种模式:一是政府完全采取自愿出售发展权,即政府不采取农业分区管制措施,农地所有者完全依靠自愿的原则参与到项目中来,双方协商发展权购买价格,限制发展权行使的时间长久;二是政府在实行农业分区管制措施的基础上同时实行发展权国家购买制度,具有一定的强制性。④

土地发展权征购体现出政府作为土地宏观调控主体,在土地市场运行与土地管理领域运用市场与行政相结合的手段,对土地资源及其权益配置进行动态、远程调控,以达到高效协调的目的,发展权征购需政府出面出资,一般运用于发展权移转不能解决或解决成本过高,或基于重大公共利益需要政府调控的场域。在运作程序上,发展

---

① 赵尚朴:《城市土地使用制度研究——欧美亚各国城市土地使用制度探索》,中国城市出版社 1996 年版,第 35-36 页。
② 惠彦、陈雯:《英国土地增值管理制度的演变及借鉴》,《中国土地科学》2008 年第 7 期。
③ Mark R. Rielly, *Evaluating Farmland Preservation through Suffolk County, New York's Purchasable of Development Rights Program*, Environmental Law Review, Winter, 2000; Jess M. Krannich, *A Modern Disaster: Agricultural Land, Urban Growth, and the Need for a Federally Organized Comprehensive Land Use Planning Model*, Cornell Journal of Law and Public Policy, Fall, 2006.
④ 相蒙、于毅:《美国农地利用规划中农地发展权国家购买制度述评》,《世界农业》2012 年第 2 期。

权征购分为申请与初步审查、综合评估与价格确定、签约、备案与监督等步骤。① 首先，联邦和州将会立法，确定为公共利益目的而设立特定的发展权购买项目。为此政府会设立专门的农地发展权购买基金。在实施阶段，会根据发展权征购的不同模式，适用不同的购买程序。在政府完全自愿出售发展权模式中，通常由地方议会举行听证，决定是否通过地方政府提交的收购计划。而在农业分区管制发展权国家购买模式中，地方政府将会评估因管制带来的发展权损失，并对受损人进行补偿。受损人还可对是否补偿及补偿多少等事项向法院起诉。一般而言购买价格是农地公平市场价格与农业用途价格的差值。购买价格和购买时间均是政府与土地所有者协商，协商不成的则参照评估价格。② 在这一过程中，政府与土地所有者须各自行使和履行自身的权利和义务。政府的义务主要是向土地所有者支付发展权购买费用，并不得转让该发展权。土地所有者的义务是保证该土地原用途不变，并不得反向回购该发展权，但可保留继续原用途使用的权利。③ 土地发展权征购在政府与土地所有者之间确立了发展权公平交易机制。

尽管有学者认为，即使由政府通过 PDR 机制主导实施农地保护，但相较于 PDR，TDR 这一以市场为基础的发展权转让模式在对农地和开阔空间的保护上更具有优势。发展权转让的另一个最大的优势是其由私人，而不是由（政府）税收来支付对被购买的土地的保护。④ 这主要从市场效率的观点分析的。其实，纵然 TDR 具有更高效率的机制优势，但这两项机制是土地发展权整体制度中在不同层面的运行。发展权转让是发展权的一般性运行方式，在产权明晰界定、平台功能顺畅、未关涉重大公共利益之时能良好运行，发挥促进土地开发与增益协调的主导作用。而在出现初始产权界定不明晰、运作平台功能不完备或关涉重大公益事项之时，发展权移转的运行可能会遭遇卡壳，这时土地发展权征购即成为对土地发展权移转甚至土地发展权制度整体的必要补充，政府的土地宏观调控者角色在此时不可或缺。政府通过征购将部分土地发展权收归国有，既平复了该部分土地可能无限上涨的地价，又让其掌握了下一轮土地发展权交易的"本钱"。

（四）法国建筑法定密度规控

法国的土地发展权属于国家土地政策的范畴。法国政府通过购买土地发展权来实

---

① 刘国臻：《论美国的土地发展权制度及其对我国的启示》，《法学评论》2007 年第 3 期。
② 相蒙、于毅：《美国农地利用规划中农地发展权国家购买制度述评》，《世界农业》2012 年第 2 期。
③ Mark W. Cordes, *Fairness and farmland preservation: A response to professor Richardson*, Journal of Land Use and Environmental Law, Spring, 2005.
④ 张良悦：《美国的土地发展权与农地保护——城市化进程中农地保护的一种借鉴》，《经济问题探索》2008 年第 7 期。

施公共保留地储备与开发增益回收，实现国家对土地宏观调控职能。国家对公共保留地的政策，其目标有两个：公正性和有效性。国家购买土地的目的，首先是保障对城市的发展实行某种控制，纠正房地产市场进行过程中所不希望出现的偏差，减少地产所常常造成的无端发财的机会。① 因为一块未利用地的开发价值和预期收益，不是存量土地所有权价值的自动实现，而是由增量房地产市场运行产生的。法国地方政府通过预先购买某块土地，为日后回收这些土地的市场增值，将"增值"剥离于这些土地的市场价格，从而控制地价与调控整体房地产市场。但这种方式也有凭借公权垄断地产增值收益之嫌。通过公共保留地储备，不仅实现对城市公共开发增值收益的回收，而且为公益住宅建设与自然空间保护提供了大量有价值的保留地。由此可见，法国在城乡之间实行的公共保留地储备与开发增益回收既保护了城乡接合部的公共保留地，又让城市土地开发的增值收益实现均衡分享，体现了城市开发与保护的和谐统一。

在城市规划建设领域，法国实施"法定密度极限"②，旨在规控大都市建设及保障房地产业主权利。在城乡之间，实行统筹协调的发展调控机制。法国"法定密度极限"始于1975年《改革土地政策的法律》，虽然该法没有使用土地发展权的概念，但该法包含的"法定密度极限"制度和土地干预区制度实际上构成了法国的土地发展权制度。③ 法国将超过"法定密度极限"的开发权收归国家，将土地干预区的开发权赋予土地所有者（开发者）。土地开发者可以通过向政府支付一定费用购买超过限度标准以上的开发权。政府则通过是否出售开发权及调整超限度开发费标准对城乡土地开发建设进行调控。土地干预区制是在承认土地所有者拥有开发土地的权利基础上，赋予国家对那些极易遭受破坏的区域在出售土地时享有优先购买权，以减少地产市场自由放任所造成的盲目性和自发性，以达到长期保护的目的。④ 法国建筑开发的"法定密度极限"制度，实质如同土地发展权征购，国家行使特定区域的发展购买权，以保护该特定区域的环境。

法国秉持"城市历来建于农村"的理念，调整城乡开发用地转用及收益分配的法律规范完善。法国人认为，一块农业用地转变为非农建设用地，一般不是来自土地所有者的活动，而是由于房地产市场的作用。由地方政府预先购买这些农业用地，运用控制土地价格的机制，使增值部分脱离于土地价格。地方政府回收这部分增值后，再将土地按原价格投入市场，实现对房地产市场的调控。法国采取行政法、地价法、建

---

① 让·戈伊埃等：《法国四十年的土地政策》，江秋明译，农业出版社1991年版，第44页。
② "法定密度极限"也称容积率上限，是指政府对开发土地的建设权设定了一个上限，上限指标采用建筑面积与占地面积之比即容积率来控制，在上限指标范围内的建设，开发者有自主权，超过该限度则开发建设权归国家。
③ 汪振江：《农村土地产权与征收补偿问题研究》，中国人民大学出版社2008年版，第102页。
④ 高洁、廖长林：《英、美、法土地发展权制度对我国土地管理制度改革的启示》，《经济社会体制比较》2011年第4期。

筑法、市场法等多种立法形式，协调处理农用地转为城市用地过程中出现的各种问题。总之，土地发展权的运行规则主体蕴藏于法国的土地公法中。法国的土地发展权跨越城乡，在城市成为房地产市场调控的重要政策与法律手段。在农村则为农地保护发挥作用。

（五）德国规划预期价值补偿

大陆法系作为成文法制的典型代表，其发达的公法系统是其法制特色，而其公法对私法的适当限制也构成其公法条款的法制特色。在土地使用方面，对私有权最典型的限制体现为土地利用的技术性要求，即对土地用途、建筑高度、容积率等方面的限制。这种限制，主要通过城市规划、建筑条例等专门法来实现，目的在于控制与引导土地的使用方向、开发的强度，减少使用土地过程中的相互负面影响，保证公共安全。[①] 这些条款在基于公共利益适当限制公民财产权行使时又对其进行合理补偿的规定，构成德国的土地发展权补偿制度。

德国法律作为大陆法系成文法的典型代表，民事私法与行政公法均比较发达，并追求公私权之间的平衡协调。这也符合公私协调的新世纪物权法理念。正如有国内学者指出，《物权法》的通过对于建构完整的私法体系，加强私权的保护都具有重要作用。但是，私权觉醒不意味着私欲膨胀，私权保护也不意味着矫枉、放纵。公权与私权的关系也应该是和谐统一的，即对立统一与平等合作的关系。[②] 在德国，公法体系中有许多不动产财产权保障的规定，而在其私法体系中也有诸多限制私权行使及保障公共利益的条款，这是德国土地发展权的成文法规则。

《建设法典》的第1条第7款所确定的权衡是观点发现和规则形成的最主要方式，在公共利益之间，私人利益之间以及公私利益之间权衡成为规划裁量最主要的法律特征。[③] 在实践层面，1891年法兰克福市就首先使用土地分区的方法来管理城市土地，确定了城市土地利用的性质，建筑密度和容积率、建筑高度、间距和院落。这就构成了德国建筑公法领域的核心——建设法，这中间拥有大量的土地发展权公权配置条款。公法建设法是指在公共利益之下的土地的建设和其他使用应服从的规范和限制。其是指在建设性设施的建设、符合规定的使用、拆除和改建中关系到土地的建设性使用的允许、边界、秩序和促进的相关法律规范的总和，主要是关于土地使用的地方性规划

---

① 李玉峰：《中国城市土地财产制度的法经济学研究》，中国计划出版社2002年版，第75页。
② 徐铜柱：《社会治理中公权与私权的冲突及调适》，社会主义研究》2014年第2期。
③ Vgl. Schimdt-Aßmann in：Ernst /Zinkahn /Bielenberg（Hrsg），BBauG，1977，§ 1 Rn. 306f；Walter Krebs，Baurecht，in E. Schmidt-Aßmann F. Schoch（Hrsg.），Besonderes Verwaltungsrecht，14. Aufl 2008，S. 510ff；Soefer in：Ernst /Zinkahn /Bielenberg /Krautzberger（Hrsg），BauGB，2010 § 1 Rn 181f.

的规范。城市规划法设定了城市规划,明确了土地使用中的法律上的权利和义务,规范了地块的建设性使用和其他使用的准备和引导。

德国建筑公法中是调整公民不动产财产权与政府规划公权之间平衡协调关系的法律规范。相关法律规范有《建设法典》《城乡规划法》《空间规划法》《联邦自然保护法》《建筑秩序法》《空间秩序法》《田地重整法》《建设法典措施法》《地产交易计价原则的规定》《建设用地的法律规定》《规划图例的法律规定》等。其中《建设法典》既规范了作为过程的城市规划,也规范了作为结果的城市规划。中间规定了市镇制定建设指导规划时的程序性和内容性要求,建设指导规划又分为两个层次,即土地利用规划和营建规划。之后建设法的规定围绕着根据建设指导规划一块土地是否是可建设的,并根据城市规划的观点应如何建设,比如确定使用性质、楼层数等问题展开。一般建设法中还包括了规划补偿法的内容和大量的土地秩序的规范,这些规范服务于确定的规划想法的实施,比如土地重划、征收、土地开发准备以及自然保护的措施。① 在《建设法典》第35条的第3款中,立法者列举了妨害公共利益的情形,包括了违反土地使用规划,违反了环境保护法等法律中的专项规划,造成了对公共设施的不经济使用,损害了环境保护、风景保护和土地保护、文物古迹保护等地方的自然特征和风光,对农业的结构、计划用水或者防洪造成了威胁,导致产生了碎片化的开发,干扰了无线电通讯。② 德国1998年《国土规划法》规定,作为不动产财产权人不能在其土地上随意进行建筑,而必须在国家机构许可范围内进行。③

由此可见,德国基于公共利益对土地等公共资源进行公法上的限制而形成的对私有不动产财产权以及发展权保护的法律条款,主要存在于诸多公法规范中。众所周知,德国是一个公法与私法系统均非常发达的成文法国家,并且其公私法(权)理念互相贯穿与融合,可谓为公私法交融的典范。在德国,公民的私有财产权已作为公权力的一部分,上升为宪法所保障的公民权层面。"各国宪法规定人身权、财产权等公民在私人领域的权利,并不等于说宪法成了私法,它们没有改变宪法的公法性质,这些权利与其他宪法权利一样属于公权利。"④ 德国公法建筑法中对因规划与建筑限制而生成的利益的保障条款构成了土地发展权法律制度的主体,成为公私法之间利益平衡的协调机制,既维护了政府规划权的权威,又防止了其滥用。

---

① 李泠烨:《土地使用的公共限制——以德国城市规划法为考察对象》,《清华法学》2011年第1期。
② 李泠烨:《土地使用的行政规制及其宪法解释——以德国建设许可制为例》,《华东政法大学学报》2015年第3期。
③ 朱喜钢、金俭:《政府的规划权与公民的不动产物权》,《城市规划》2011年第2期。
④ 上官丕亮:《论公法与公权利》,《法治论丛》2007年第3期。

（六）我国台湾地区的土地开发许可

我国台湾地区在土地立法方面深受孙中山先生"平均地权、涨价归公"思想的影响。"地价高涨，是由于社会改良和工商进步？还是由众人的力量经营而来的？所高涨的地价，应该归之大众，不应该归之私人所有。"① 我国台湾地区著名的土地法学者林英彦教授也认为，"目前之土地市价，除了土地所有人申报而应归其个人所有的地价以外，尚包含庞大的自然增值额，这是应当属于社会全体的。所以，如果按照市价补偿，那无异将自然增值部分也视为个人财产来予以补偿，其不合理之情形至为明显"。② 因而，我国台湾地区施行了不同于英美传统国有或私有的土地发展权制度，而是构建起在当局主导下的"容积移转"与"增值收益公共回馈"双重职能运行的开发许可制。它是一项针对土地的规划与开发须经开发人申请并获得地政主管当局许可才能实施的开发收益权的配置、行使与管理制度，是从原土地使用分区管制改造衍生出来的。原土地分区管制中有一项步骤为"容许使用强度之规范"，主要通过建蔽率与容积率等工具实施。③

"容积移转"是"透过建筑容积移转制度之实施，其补偿额度之计算方法与基础不仅较具客观与公平性，当亦可合理提高公共设施保留地之损失补偿强度，进而减低其地主之不平心态"。④ "增值收益公共回馈"，旨在"纵使土地未受限制而得以变更使用，其变更为高强度使用之利得，其受益人仍须缴交一定额度之回馈金，并归全民共享之，以体现"国有民用"制度之意旨"。⑤ 这两项独立运作但功能互补的机制，目的"不外在于消除（吸纳）土地开发所带来之外部成本，以减缓开发行为对周围环境公共设施服务水准所造成之负面影响"。⑥ 开发许可制度也是介入土地用途管制与市场化土地发展权之间的一种过渡型土地开发利用调控机制，也可视为一种初级化的土地发展权。以开发许可制的完善为路径来构建市场化的土地发展权制度具有实践可行性。⑦ 无

---

① 孙中山：《三民主义》，岳麓书社2000年版，第200页。
② 林英彦：《土地经济学通论》，台北文笙书局1999年版，第174页。
③ 陈明灿：《我"国"农地移转与利用政策之探讨》，载《农地政策与法律》，台湾翰芦图书出版有限公司2005年版，第137页。
④ 陈明灿：《从财产权保障观点论土地之使用限制与损失补偿：兼论我国既成道路与公共设施保留地相关问题》，载《财产权保障、土地使用限制与损失补偿》，台湾翰芦图书出版有限公司2001年版，第107页。
⑤ 陈明灿：《我"国"都市土地整体开发与使用管制之法制分析：以都市计划法第17条为中心》，载《土地法专题研究》，台湾元照出版公司2008年版，第205页。
⑥ 陈明灿：《制度、授权以及协商制度：简评我"国"水源开发与回馈机制》，载《国土政策与法律》，台湾翰芦图书出版有限公司2006年版，第95页。
⑦ 金俭、吕翾：《论台湾土地开发许可制及其对大陆地区的启示》，《湖南师范大学社会科学学报》2013年第3期。

第二章 土地发展权的发展

论是台湾的土地法制理念,还是在土地利用管理制度,均体现了"发展权归公"的价值目标。

在我国台湾地区,发展权被广泛运用于解决公共设施用地之取得、古迹保存、山坡地保育、农地保护、既成道路补偿、新市镇开发、都市开放空间等。台湾地区的容积移转制度就是一个体现,其是依据"文化资产保存法""都市计划法"与"都市更新条例"等有关规定,分别适用于古迹保存、公共设施保留地、供公共开放空间使用土地及配合都市更新适用容积等用途,其主要分为古迹容积移转和公共设施保留地容积移转两种类型。其一,古迹容积移转,即受限制发展地区(如古迹)的容积一部分或全部移转至另一宗可建筑土地建筑使用。其二,公共设施保留地容积移转,即为了特定区域内的公共利益,原属一宗土地的可建筑容积,一部分或全部转移至另一宗可建筑土地使用。① 发展权移转还运用于台湾的古迹保护。②

一项完整的开发许可运作需经历规划、开发、建设三项许可步骤。在第一步"规划许可"环节,土地开发者向地政当局申请土地用途或开发强度变更并由后者核准许可。获准后即进入第二步"开发许可"。"凡(开发事项)符合分区之使用,目的事业为达成使用目的,必须配置、建设所需之公共设施、挖填土石、设计区划街廓、整理地界,应申请'开发许可'。"③ 获准后即进入第三步"建筑许可"。土地经用途变更后,开发者依据"建筑许可"申请建造建筑物。④ 台湾地区土地开发许可制的宗旨就在于将土地发展权分解为规划许可权、开发许可权和建筑许可权,并且实施分布分别许可制,每一步的许可权代表部分土地发展权,只有当获得上述全部三部分的许可权,才能获得全部的土地发展权并获得完整意义上的土地发展权增益。这就在程序上完善了土地发展权的配置与调控机制,既收紧了权利配置,又强化了权利调控,有效因应了台湾地区地狭人稠、环境生态系统脆弱而限制过度开发和二次城市化对建设用地高需求的岛情,并在两者之间实现了动态平衡。不仅如此,台湾地区土地开发"涨价归公"思想转化为制度层面,就诞生了土地开发许可制。至于台湾地区土地开发许可制所体现的城乡土地开发增益的公共回馈的具体机制与效应将在"制度构建"一章中重点论述。

---

① 任洪涛、黄锡生:《我国台湾地区都市治理制度述评及其启示》,《城市规划》2015 年第 3 期。
② 何颖芩、阮如舫:《历史街区更新的发展权转移运用——以台北大稻埕地区为例》,《北京规划建设》2010 年第 3 期。
③ 金家禾:《开发许可制对土地开发之影响之三》,《现代地政》2000 年第 9 期。
④ 吴清辉:《台湾之综合开发计划与发展许可制》,《人与地》1998 年总第 179 - 180 期。

三、物权化模式

高级物权化模式是土地发展权的终极模式。土地发展权在事实上构成一项新型财产权。但其能否上升为一项法定的物权或财产权，受大陆法系物权法或英美法系财产法调整和保护。物权法或财产法的功能不仅应当明确静态的物权或财产权的种类和内容，而且应当促进物权或财产权的动态流转。截至目前，在世界范围内能称得上已达到独立物权或财产权性质的土地发展权只有美国的可转移土地的发展权。笔者在此部分将从物权法和财产法的理论视角来重点论证美国土地发展权转移物权或财产权属性和特征。

（一）TDR 的产生背景

美国可转移的土地发展权（TDR）肇始于 20 世纪初工业化、城镇化引起的非农用地扩张与农地与其他自然环境资源保护的宏观背景之下。美国在 20 世纪初至"一战"结束时已基本实现现代工业化与城镇化。这一时期，以中重型产业为主的工业化和"摊大饼式"的城镇化导致城乡非农开发用地利用率低下，乡村农地资源大幅度减少，整个国家面临着可持续发展的重要关头。

为应对此情，美国政府先是根据庇古理论（关于经济行为外部性问题，庇古理论认为，由于负外部性的创造者的成本收益函数没有能充分包含与考虑该行为的全部后果，因此应由外部性的权威——如政府征税或其他强制方式来激励矫正），实施土地用途管制，以保护农地及其他自然环境资源。但由于土地开发的负外部性不能被农地保护这种正外部性完全吸收，土地用途管制难以持续。美国政府随后又依据科斯定理（科斯理论认为，外部性产生的原因在于产权不明晰。只要通过明晰产权，界定清楚产生某种外部性的权利的归属，在交易费用为零的情况下，相关各方通过协议自行达成资源的最佳配置），将代表土地预期开发权及其收益，从土地所有权中分离出来并设计成私有财产权模式的土地发展权，分配给土地所有权人，并允许该项权利通过财产权交易交易平台进行自由流转，以实现土地发展权及其利益的市场配置。政府只是在基于公共利益之情形下通过从私人主体手中购买土地发展权的方式（PDR）来实现对土地财产权市场运行失灵时的宏观调控。美国市场经济制度发达，其可转移的土地发展权制度也贯穿于自由市场经济思想，运作于产权自由交易机理，体现出效率优先的价值取向，在全美大部分州、县实际运行，不仅用于城市非农开发的调控与利益调节，而且在城乡之间实现有序衔接,保障非农用地供给以促进经济发展的同时,兼顾了经济发展与生态环境保护。

由此可见,可转移的土地发展权通过优化建设容量的空间配置格局,有助于实现土地的紧凑式开发和土地的高效集约利用,因而可以将其看作是实现理性增长的一个推进工具。不过,这只是该政策的衍生功能。除此之外,它的主要功能表现为,在进一步提高城市化地区开发强度的同时,还能够确保乡村地区的开放空间和农业用地能够得以"永久保护"。① "通过适用可转让的发展权,州——通常是通过它的市政当局——试图借助给予个体的土地所有者对旁边的或邻近的地块的发展权来补偿他们就其发展权所受到的损失,这些地块的基地权仍为原始的地块所有者保留着。"② 土地发展权的这种权利而非权力属性正是对既有土地权力管理模式的改革,而通过权利动态配置与增量运行土地管理新模式愈来愈发挥其制度优势。

(二) TDR 的发展脉络

可转移的土地发展权起源于美国。它产生之初并不具有其现状的全部功能,而只是应对19世纪末凸显的城市中心区私人的高层建筑开发与区域规划之间权利冲突与协调的问题。在美国城市化早期,无论是成文法还是判例对私人开发利用土地的空间范围都没有任何特别的限制,土地所有人有权在既有建筑技术条件下任意加盖建筑物。土地所有权是一项上及天空、下及地心的绝对性私有财产权,土地所有人有权根据意愿和条件向空间深处修建建筑物。这时期土地发展权尚未从土地所有权中独立出来,如果要说土地发展权已存在的话,那么其也是微弱地暗含于土地所有权之中。

随着第二次工业革命的不断推进,19世纪下半叶,资本主义国家的钢铁产业开始兴盛,钢铁在建筑工程中开始普遍应用,加之电梯的发明,使得高层建筑具备了建造和使用的条件,土地利用由此进入空间时代。与此同时,商业铺面逐渐聚集,城市的工商用地供给出现短缺现象,开始促使土地开发密度加大,首先就是地上空间的扩展和地下空间的催生。土地的空间利用也产生了人口过度聚集、城市交通拥堵和空气质量下降等一定的负面效应,亟须通过分区(zoning)管制来加以控制。③ 对此,以纽约曼哈顿为例,纽约市于1916年率先制定了旨在限制土地权利人对土地空间进行过度开发的城市规划方案,该规划方案的核心内容是"25%规则",当特定地块的所有人所建建筑物容积率(建筑的占地面积占整块土地总面积的比例)不超过25%,则其有权继

---

①马祖琦:《美国土地开发权转移制度研究:理论、评判与思考》,《现代经济探讨》2020年第2期,第119页。

②[美]理查德·A·艾珀斯坦:《征收——私人财产和征用权》,中国人民大学出版社2011年版,第203页。

③ *Development Right Transfer in New York City*, The Yale Law Journal, Vol. 82, No. 2, 1972 (339-342).

续向高空开发利用上空土地而不受限制。也即若其未利用地面积占整块土地面积超过75%，则其有权要求增加建筑物的高度。① 以上地块容积率规则不仅限于自有范围，在规划区域内，邻近地块及其上下空间如在容积率控制总量以内，可以通过购买、租赁等方式在需求人和供给人之间自由交易。② 这就使城市建筑物在空间和范围上得到一定程度的控制，避免了城市发展的过分膨胀。但是，由于这种单纯限制建筑物高度和密度的规划规则，只从独立的建筑物之间进行高度和密度的控制，但并没有划定城市发展区的整体范围，因而不能控制城市扩展的整体规模，且其未充分考虑人口增加对公共交通设施承载能力倾轧的因素，只是部分因应了城市发展的经济因素要求，而没有全面考虑城市发展的社会因素需求。1916年制定的规划方案的实施效果并不理想，诸如人口、空气、交通等大量"城市病"产生并日趋严重。

近半个世纪后，1961年，纽约规划委员会又颁布了1961年版规划方案，针对商业区经济资源容量控制的目标，将人口密度最高的商业区的容积率设定为15。但是此举引起了诸多房地产开发商与承租其办公楼的大公司的不满，他们认为这限制了他们的商业利润和办公规模。纽约市规划委员会于是对1961年版规划方案进行修改，新订两种变通措施。其一，开发商有权选择通过减少建筑物占地面积的方式将建筑物容积率提高20%（封顶），即容积率最多可从15增加到18。其二，对可开发的规划地块采取灵活解释的战略，将正在开发的地块和开发商在同一街区所有的其他土地一并囊括在可开发地块范围之内。不仅如此，开发商还可以通过租赁租期为75年以上的邻地来扩展可开发的规划地块面积。这就是将相邻地块的未来开发权通过租赁或购买的方式移转到自有地块上，从而实现自有地块的发展权。这实际上已形成了可转让土地发展权的雏形。③

纽约市于1965年颁布"地标保护法"，设立了地标保护委员会，并授权其依法将城市内某些建筑物指定为需保护的地标建筑物，所有人未经委员会的批准，不得擅自拆除该建筑物或改变其外观。由于商业开发能给地标建筑物的土地所有人带来预期的发展性收益，一旦建筑物被指定为地标，土地所有人将会蒙受巨大预期利益损失，因此作为补偿，委员会允许该地标建筑物所有人将其已获得但尚未使用的发展权有偿转让给相邻土地所有人，以获得开发权的补偿。这就是纽约市首例土地发展权转移项目，这项转移项目取得成功。

而在随后的修正规划中，规划委员会进一步放宽了可转让发展权的地块的产权和位置限制，由要求"相邻"和"同一所有权"扩展到"邻近"和"非同一所有权"，

---

① *Development Right Transfer in New York City*, The Yale Law Journal, Vol. 82, No. 2, 1972 (333 – 344).

② Michael Kruse, *Constructing the Special Theater Subdistrict: Culture, Politics, and Economics in the Creation of Transferable Development Rights*, 40 Urb. Law. 95, 2008 (100).

③ *Development Right Transfer in New York City*, The Yale Law Journal, Vol. 82, No. 2, 1972 (347 – 349).

即使不相邻的地块或不同所有权人之间也可自由进行发展权的交易。这样一来，地标建筑物的未利用容积率不仅可以转移到相邻的其他地块上去，而且可以转移到其他土地所有权人的其他地块上去。这扩大了容积率交易的范围，增加了发展权交易的频次和概率。① 虽然容积率交易仍存在一些限制条件，但规划委员会仍认为1968年的修正规划案既保障了地标建筑物的土地所有人的预期经济收入，又保护了城区历史文化遗迹和市政府的税收收入。②

纽约市另外一起著名的可转让的土地发展权案例是"宾夕法尼亚中央运输公司诉纽约市政府案"。1969年，纽约的中央车站被地标委员会指定为地标建筑。该车站的所有人——宾夕法尼亚中央运输公司认为在没有做出任何补偿的情况下即限制其开发利用的行为构成对私有财产权的侵害，并向地区法院起诉。为促使原告撤诉，被告规划委员会对该规划方案进行了修改，将涉及土地发展权的转移修改为：第一，宾夕法尼亚中央运输公司可以将中央车站未利用的土地发展权转移到在它控制下在任何街区的其他规划地块上；第二，允许中央车站超过20%这一最高接受容积率数量限制，将所有未利用的发展权转移到一个规划地块上。这样一来，接受这笔发展权的规划地块的容积率将可以达到34.5%。③ 该案最终以规划委员会的让步告终。该案首次确立了土地发展权的跨区移转。

可转移的土地发展权的实施引发了美国社会的广泛关注，其中的一些负外部性也浮现出来。尤其是在1970年规划委员会允许小城镇房屋转让其未利用的发展权后，潜在的可转移的土地发展权大量增加，受让可转移土地发展权地块附近的住户认为这会破坏他们的居住环境。④ 有学者提出了应对方案，如美国学者约翰·J. 康斯托尼斯（John J. Costonis）认为，应当创设土地发展权转让区。在这个区域内，不限于相邻的位置要求，土地所有人可以自由地转让可转移的土地发展权，⑤ 且土地发展权转让区作为一个整体规划单位，只扮演发展权重新存量配置作用，不发挥吸引增量发展权功能，因而不会增加该区域的拥挤程度。⑥ 为解决土地发展权市场运行不充分的问题，应当设立发展权银行（Land Development Bank），通过出售公有地标建筑的可转移的土地发展

---

① Michael Kruse, *Constructing the Special Theater Subdistrict: Culture, Politics, and Economics in the Creation of Transferable Development Rights*, 40 Urb. Law. 95, 2008 (101).
② *Development Right Transfer in New York City*, The Yale Law Journal, Vol. 82, No. 2, 1972 (351 – 352).
③ *Development Right Transfer in New York City*, The Yale Law Journal, Vol. 82, No. 2, 1972 (352 – 358).
④ *Development Right Transfer in New York City*, The Yale Law Journal, Vol. 82, No. 2, 1972 (361 – 367).
⑤ John J. Costonis, *Development Rights Transfer: An Exploratory Essay*, The Yale Law Journal, Vol. 83, No. 1, 1973 (86).
⑥ John J. Costonis, *Development Rights Transfer: An Exploratory Essay*, The Yale Law Journal, Vol. 83, No. 1, 1973 (88).

权为该机构提供启动资金。① 在土地发展权暂没有市场需求时，可由发展权银行购买可转移的发展权，甚至在土地所有人拒绝出售时，政府可经由发展权银行支付补偿资金的前提下，动用征收权征收该可转移的发展权并存入自有账户内，② 以实现发展权在淡季时的流转。康斯托尼斯所提构想进一步完善了可转移的土地发展权制度，为现今 TDR 制度的雏形。

（三）TDR 财产权属性论辩

从上述对土地发展权产生和发展的脉络可知，土地发展权是一项可自由流转的权利。但这项权利是否构成了私法上的法定财产权呢？美国是一个典型的判例法国家，虽然其也有成文的财产法，但其财产权种类主要集中在逐步积累的判例中。对可转移的发展权的法定财产权属性的判定，就应当回溯关于其发展的主要案例中，法官对其进行的权利界定。同时，也应当梳理美国财产法学界对可移转的发展权属性的研究脉络，从而判断其是否具有法定财产权地位。

最早发起土地发展权法律性质论争的是在 1974 年发表的一篇探讨空间权和土地发展权的论文。在该文中，作者认为土地发展权是一种不动产利益，但是否构成不动产财产权则没有定论。③ 由于英美法系财产法理论不精确地区分权利和权利的客体，权利的客体与权利本身具有一定的内涵重合，④ 因此英美法系学者常认为财产权乃是"一束权利"的集合，在这束权利中的各项权利可以分别分给不同主体行使。⑤ 土地发展权也是这一束权利中的一个子权利，它从土地所有权中分离，并且可以转移到其他土地上去。⑥ 这就解释了土地发展权的独立地位问题。

但在可转移的土地发展权制度下，如果可转移的土地发展权的接受区域超过基本

---

① John J. Costonis, *Development Rights Transfer: An Exploratory Essay*, The Yale Law Journal, Vol. 83, No. 1, 1973 (87).

② John J. Costonis, *The Chicago Plan: Incentive Zoning and the Preservation of Urban Landmarks*, 85 Harv. L. Rev. 1974 (574, 590).

③ James M. Pedowitz, *Transfers of Air Rights and Development Rights*, 9 Real Prop/Prob. &Tr. J. 183, 1974 (197 - 199).

④ P. J. Badenhorst, *WTBX Transfer Development Rights in America: Just Compensation, Fair Compensation or No Compensation?* 1987 J. S. Afr. L. 214, 1987 (216 - 219).

⑤ Pound, *The Law of Property and Recent Juristic Thought*, 25 A. B. A. J. 993, 997 (1939). See James M. Pedowitz, *Transferable Development Rights*, 19 Real Prop. Prob. &Tr. J. 604, 1984 (604).

⑥ John J. Delaney et al., *TDR Redux: A Second Generation of Practical Legal Concerns*, 15 Urb. Law. 593, 1983 (595); Edward H. Ziegler, *The Transfer of Development Rights (Part 1)*, 18 Zoning&Plan. L. Rep. 61, 1995; Franklin J, James&Dennis E. Gale, *Zoning for Sale: A Critical Analysis of Transferable Development Rights Program*, 2 - 3, 1997. See Jennifer Frankel, *Past, Present, and Future Constitutional Challenges to Transferable Development Rights*, 74 Wash. L. Rev. 825, 1999 (828).

第二章 土地发展权的发展

开发权实施超限额开发，它就必须从可转移的土地发展权的出让区或政府处购买可转移的发展权。这就涉及两块独立的土地财产权之间的关系的处理。难道单独的土地所有权没有涵盖对土地施行超限额开发权吗？为何还要购买可转移的发展权指标呢？可转移的土地发展权接受区与出让区之间究竟存在何种性质的法律关系？公共属性的地标建筑、农用地及开敞空间等的保护为何要对特定地块的私人超限额开发权进行限制，这是否侵害私有财产权？这些问题就涉及可转移土地发展权的合法性甚至合宪性问题，这个问题就是土地发展权权利属性与定位的第二个问题，这个问题是对土地发展权物权法定性的更高层次的探讨。

在美国财产法学术界，对可转移土地发展权的合法性以及合宪性的探讨早已展开。美国学者拉德福德（Radford）认为在 Suitum 夫妇诉塔霍湖区域规划区案（Suitum 案）和宾夕法尼亚中央运输公司诉纽约市案（Penn Central 案）中，美国最高法院的多位大法官如 Scalia、Brennan、Connor、Thomas 都支持将 TDR 界定为一项在类似征收活动中的缓冲机制。当政府公权力行为剥夺了私有财产的收益权能时，宪法授权给予土地所有者补偿，使其保持在金钱上未被征收的境地。如果政府不以"补偿"而只以"填补"的名义给土地所有者少量价值 TDR，则是一种逃避责任的行为。当然，这种判断是建立在大法官对发展权的性质和对公正裁决认识的基础上作出的。[①] 也就是说，美国学者拉德福德认同可移转的土地发展权具有私有财产权属性，并且在征收中应当获得公正的补偿。

美国学者马隆（Malone）在观察最高法院判决时认为，最高法院倾向于将对土地超额开发的限制情形判定为征收，并将财产所有权和潜在的发展权以超越其他权利的层次进行保护。虽然这样的做法会在一定程度上导致对征收标准适用的偏差和正当程序违法之间的冲突。毕竟这种判决趋向是注重其财产权性质的结果，而不是考量环境保护的规制措施和公共政策所产生的经济影响的结果。当然，TDR 作为一项土地利用管理的技术创新，其在征收中的价值补偿是一个复杂的计算过程，需要尊重规划部门专家的意见。农地、古迹、开敞空间就像空气、净水一样的"公共产品"，如果没有对其保护成本进行分摊的机制的规制，这些保护成本是不会成比例地落到受益人头上的。而当 TDR 较好地被制定与实施，其发挥在所有开发受益人中均衡分摊保护成本的功能。[②]

总之，美国学者马隆认同最高法院将发展权收益纳入征收补偿事项中的判决。康斯托尼斯也认为，私有财产的潜在开发权及其利益在部分程度上应被认定为构成一项

[①] R. S. Radford, *Takings and Transferable Development Rights in the Supreme Court: the Constitutional Status of TDRs in the Aftermath of SUITUM*, Stetson Law Review Vol. 5, No. 4, 1999 (686 – 699).

[②] Linda A. Malone, *The Future of Transferable Development Rights in the Supreme Court*, Kentucky Law Journal, Vol. 73, 1985 (759 – 793).

财产，并可分配给社区各土地所有权人。TDR 施行加强了政府对私人土地利用决定的经济规制。同时，它也将对自然资源保护的领导责任和行政负担加之于政府的肩膀上。政府不能允许让 TDR 所实施的特别利益分配为房地产开发商和过分热心的环保主义人士所俘获，而使其效果减弱、失效乃至运行瘫痪。TDR 的有效运行与诚实的公众回馈机制密切相关，它必须像其他资源保护那样，协调好发展权转移的成本与收益的关系，调整前后公权力与税收之间的关系，面对更大层次的社会和经济资源"转移"而产生的冲突的调处问题，避免与其他社区目标相冲突。[1]

美国学者巴罗斯（Barrows）和美国学者普伦古伯（Prenguber）主要从发展权（DR）的权利配置、发展区划定、成本负担、实施时间、行政决定、价值与数量等要素来分析 TDR 的运行过程。其中，价值和数量因素对 TDR 实施效果影响较大。通常根据评估 DR 的估价与数量来划分发展区，因而 DR 的价值评估应准确。被购买而用于各种类开发 DR 的数量也会影响 TDR 运行的成本。即使是在市场主导资源配置的美国，DR 的初始配置与需求也常常是由政治化的行政命令所决定的。DR 价格很大程度地决定了 TDR 运行中对限制开发区域内土地所有权人所能得到的补偿程度。DR 价格不是越稳定越好，一定幅度波动的 DR 价格可能更有利于 TDR 市场运行的充分度，而过于稳定的 DR 价格带来的结果却可能只是让一部分人分享过多的补偿，而其他人则获得比预期更少的补偿。DR 售出的时机也很重要，最好与 DR 潜在购买者的买进意愿同步，当然这具有相当程度的不可预测性，这既可能对有助于推进 DR 市场"讨价还价"机制的完善，也可能使 DR 市场变得更加投机，因为追求财富的 DR 投资者从低收入者或无现金者处购买 DR 会增加 DR 的市场需求。[2] 美国学者巴罗斯和普伦古伯主要是从对 TDR 市场运行机制的要素和实施效果两方面对 DR 这一权利运行的场域进行了全方位分析，可以认定可转移土地发展权的存在与运行符合美国财产法对财产权运行的财产法律规则，这也从侧面说明 TDR 作为一项实证上的财产权早已被美国财产法所确认并得到其实际保护。

在对可转移土地发展权的合宪性问题研究上，美国学者克莱纳（Kleiner）早在1975年在《耶鲁法律评论》上发表了一篇名为《可移转土地发展权的不合宪性》的文章，可谓为对这一法律问题的较早的学术探讨。该文作者认为，可转移土地发展权与市政规费机制存在相似性。市政规费是政府向土地开发者征收一定的管理规费，用于产权登记、实施城市开发管理服务和市政设施运营的城市管理制度。因此可以比照市政规费合宪性的标准来判断可移转土地发展权的合宪性。

---

[1] John J. Costonis, *Development Rights Transfer: An Exploratory Essay*, The Yale Law Journal, Vol. 83, No. 1, 1973 (75-128).

[2] Richard L. Barrows, Bruce A. Prenguber, *Transfer of Development Rights: An Analysis of a New Land Use Policy Tool*, American Journal of Agricultural Economics, Vol. 57, No. 4, 1975 (549-557).

在理论上，判断市政规费是否合法的两项标准分别为警察权理论和特别评估理论。警察权理论又分为特权和唯一可归因性两个核心要件。前者是指缴纳规费的主体就享有了其他主体没有的利益。后者是指新的市政设施的提供仅仅是由于特权主体而非其他主体的存在。这两个理论结合起来理解就是如果你享受了别人所没有的好处，那么你就须为所获的这种好处所产生的代价买单。购买可转移土地发展权的主体就享有了突破基本开发限额进行超额开发的特权，而其他人则不享有此特权，可转移的土地发展权因此符合"特权"要求。但不符合唯一可归因性要件的要求，因为城市超控制密度开发所造成的地标建筑物毁损的后果是城市范围所有开发者共同而非单个开发者造成的，因此不能归因于特定或唯一的开发者。要求其为某个特定的地标建筑物的保护支付费用的做法是不合理的。① 特别评估理论也包括了两个要件，分别为"特别利益"和"合比例性"。前者是指规费缴纳主体能享受到其他主体所没有享受到的利益，这种特别利益相较于警察权理论中的特权，只要比没有享受到这个利益的主体哪怕稍多一点的利益即可构成。后者是指所获特别利益应与缴费数额之间成比例。由此可见，可转移的土地发展权对于特别评估理论的这两项要件都不满足。因为购买可转移土地发展权的土地开发人并没有因此对受保护的地标建筑物享有特别利益，相反，他们和其他社会大众一样对受保护的地标建筑物享有同样的非物质利益。在所有社会大众都享有该利益之时，如果因其中的某一个土地开发者追求特别利益而要求其支付保护该处地标建筑物的所有对价，则也违反了上述合比例性原则。②

总之，除非 TDR 市场能够准确反映潜在的 DR 价值，否则 TDR 就会被土地所有者不断地提出质疑而不能适用，由此对 TDR 进行合宪性的理论攻击将可能成功。截至目前，最高法院已将 TDR 视为保护环境的基础措施，将实施 TDR 视为强索款物的征收行为，如果不能提供公正补偿，将成为攻击 TDR 的把柄，并导致 TDR 在此情况下的违宪。违宪的 TDR 不能被实施，由此又导致许多古迹建筑失去保护。③ 由此可见，该文作者虽然认为 TDR 在运用警察权理论和特别评估理论时都是违宪的，但如果将 TDR 认定为公正补偿的征收，则其就脱去了"违宪"的大帽子而转为合宪合法，这对于环境和古建筑保护都有正面效应。而对将 TDR 施行认定为征收的法律界定虽然不符合人们对其机理的原本期待，但也至少能让其暂时摆脱违宪的困局。

对 TDR 的私有财产权属性的理论探讨不仅是在财产法研究领域，而且包括法院的判例。在美国，有很多界定可转移土地发展权法律性质的判例。其中，宾夕法尼亚中央运输公司诉纽约市案（Penn Central 案）、诺兰诉加州海岸委员会案（Nollan 案）和

---

① *The Unconstitutionality of Transferable Development Rights*, 84 Yale Law Review. 1974 – 1975 (1115 – 1117).
② *The Unconstitutionality of Transferable Development Rights*, 84 Yale Law Review. 1974 – 1975 (1118 – 1121).
③ *The Unconstitutionality of Transferable Development Rights*, 84 Yale Law Review. 1974 – 1975 (1101 – 1122).

Suitum 诉塔霍湖区域规划局案（Suitum 案）这三个主要案例共同确立了土地发展权的独立财产权地位。在 1972 年的宾夕法尼亚中央运输公司诉纽约市案中，① 纽约中央车站的所有人宾夕法尼亚中央运输公司准备利用中央车站的地上空间修建新办公楼，但由于中央车站已被市地标委员会划定为地标建筑，因此即便其为土地所有者，在该地标建筑上仍不得擅自兴建建筑物，除非经地标委员会同意。此时，根据可转移的土地发展权制度，作为土地所有者的宾夕法尼亚中央运输公司可以通过转移其土地所有权上未利用的发展权获得开发权以兴建办公楼，但它却直接引用美国宪法修正案第 14 条的正当程序要求，诉称其土地财产权被地标委员会实质征收，请求得到公正补偿。

联邦最高法院确定此案中两个争议的关键问题，其一是地标委员会的规划行为是否构成征收。其二是如果该规划行为构成征收，则预期发展权能否得到公正合理的补偿？虽然法院最后判决认为该规划行为不构成征收，因此也无所谓发展权受损而应得到合理补偿。但也有大法官认为，如果被划定为地标的建筑物给土地所有者带来了不合理的权利负担，地标委员会和其他市政机关必须制定一个能让土地所有者从中获得合理财产权益回报的方案，除非土地所有者不接受该方案。这时地标委员会有权建议市政府在一定期限内通过行使征收权来维护需保护的地标利益，否则地标委员会就应当同意土地所有者的开发建设申请。② 由此可见，宾夕法尼亚中央运输公司诉纽约市案尽管没有明确土地发展权的财产权地位，但至少从侧面肯定了土地所有者拥有土地预期开发收益这样一种权益。政府在行使管制权而侵害这一权益时，除非行使征收权来合法剥夺这一权益，否则其必须认可和保护土地所有人的这项权利。

上述案例说明的是仅有征收权的行使能够合法限制或剥夺土地发展权。但是否不行使征收权，而在赋予土地发展权过程中附加若干条件也符合土地开发权益的保障呢？回答是否定的。在 1987 年诺兰诉加州海岸委员会案中，③ 法院判决即使不行使征收权，政府也不能"无必要联系"地限制或剥夺土地所有人的土地发展权。该案主要情节如下：诺兰想要获得政府的建设许可，政府同意给予建设许可，但附加了一个给予公众穿越海滩的通行役权的条件。诺兰认为政府所附条件无效，于是上诉至最高法院。最高法院审理认为，政府行使警察权管制土地用途的目的是为了消除危及公共利益的公害，本案中政府所附条件所要求的通行役权并不是为了消除公害，与管制的目的之间没有"必要的联系"，因此所附条件无效，政府只能通过征收的方式获得该通行役权。④ 从该案中可以看出，土地发展权至少已上升为一项可被私人主体所享有的权益，即便不构成对其整个财产价值剥夺的征收，而只是施加程度不深的限制，基于宪法修正案

---

① *Penn Central Transportation Co. v. New York City*, 438 U. S. 104 (1978).
② *Penn Central Transportation Co. v. New York City*, 438 U. S. 104, 112 (1978).
③ *Nollan v. California Coastal Commission*, 438 U. S. 825 (1987).
④ *Nollan v. California Coastal Commission*, 438 U. S. 825 (1987).

财产权保障条款的规定，也应当认定该限制构成类似征收，应当给予适当补偿。Nollan 案在 Penn Central 案的基础上，进一步确立了可开发利益作为一种法定权益而应受到法律保护。可开发利益可以被认为已经成为一项准财产权。

在美国法中，对 TDR 的合法性探讨总是与其是否构成实质征收的问题相提并论。在 1997 年，Suitum 诉塔霍湖区域规划局案对 TDR 与征收的关系作出了否定式的界定。1972 年，Suitum 夫妇在美国内华达州购买了某地块用于建造退休后居住的房屋。1989 年，Suitum 夫人准备修建房屋时却发现该地块已因塔霍湖区域规划局的河流环境区域管制条令而被限制开发。作为补偿，塔霍湖区域规划局赋予土地所有人有限的 TDR，但这些 TDR 只能用于河流环境区域以外的其他土地上，Suitum 夫人仍无法在该地块上修建房屋。于是，她以未补偿即征收违反正当程序为由向法院起诉。被告塔霍湖区域规划局辩称，Suitum 夫人尚没有出售这些 TDR，没有实际利益受损则导致诉讼请求不成熟。地区法院采纳了被告的意见。原告 Suitum 夫人不服提起上诉，1997 年，最高法院作出了判决，多数法官认定 Suitum 起诉行为成熟。Scalia 大法官也对 TDR 的征收和合理补偿的关系发表了意见：TDR 与被限制开发利用的土地本身没有任何联系，TDR 只是用来确定如何构成合理补偿，与判断规制行为是否构成征收无关。① 也就是说，TDR 可作为一项征收补偿的评估客体，即确立其财产权客体的地位。在英美法系财产法中，一般不区分权利和权利的客体，因此事实上该案也确立了可转移土地发展权的财产权属性。

综上所述，无论是美国财产法中的理论学说，还是法院系统的裁决判例，基本上都确立了 TDR 的财产权属性。不仅为私主体确立了一项新型财产权，而且也通过该私有财产权的市场运行达成了公共利益的保护目标。如在美国，就有为保存古迹、农地、开敞空间、生态用地、实行土地用途管制、兴建中低收入者住宅而转移 TDR 的实践。

美国擅长运用市场手段解决非市场问题。美国联邦政府积极推动全国性历史文化遗产保护立法，地方政府也在积极探索遗产保护的其他激励办法，包括开发权转让这一市场化运作手段。② 纽约市允许地标建筑物的所有权人将其未使用的容积率移转至其他土地上（该土地不要求与地标建筑物相邻，并且该土地所有者可以与地标建筑物所有人不同），该地标建筑物所有权人通过容积率移转而获得一定的经济利益，既可减少所有权人的抵触，又可以有效地保护历史文化遗产。③ 又如，新泽西州将转让发展权应用于土地利用法规，市政当局可以将发展权从历史文物区、自然保护区或其他需保护地区转移到那些需要开发建设的地区。成为保护区的土地所有者可以出售其开发建设

---

① R. S. Radford：*Takings and Transferable Development Rights in the Supreme Court：the Constitutional Status of TDRs in the Aftermath of SUITUM*, Stetson Law Review Vol. 5, No. 4, 1999（686 – 699）.
② 张如彬：《美国的历史文化遗产保护及其与其它发达国家的发展比较》，《中国名城》2011 年第 8 期。
③ Development Rights Transfer in New York City, 82 Yale L. J. 351 – 352（1972 – 1973）.

权给开发者，相应地其所有的土地将会受到约束性协议的制约，永久地保护起来。① 发展权转移在环境生态保护领域发挥着重要作用。美国学者普吕茨（Pruetz）曾统计了181个 TDR 计划，其中有近三分之二即 120 个左右的 TDR 计划最开始都是为环境保护而设计的。② 马里兰州也利用发展权转移作为土地使用规划管制的主要方法。如每一地区公布纲要计划的时候，将制定每宗土地的使用类别。一切可允许开发的私有土地都将指定一定数量的发展权。土地所有权人必须具有足够数量的发展权方得以实行开发。土地所有权人一旦出售其全部发展权，从此将不能开发其土地，除非其再度买回足够数量的发展权。③ 纽约长岛以 TDR 为手段，以达到鼓励兴建中低收入者住宅的目的——政府授权事务委员会可以考虑对非营利性社团增加住宅发展的密度，并在中低收入者有能力购买的范围内保证及维持出售或出租房屋的建造成本。旧金山出台优惠分区使用办法，对房屋开发者的经济援助，增加楼地面积比率的优惠，鼓励其提供公共使用的土地，为中低收入家庭提供平价住宅。④

这些 TDR 实践不仅促进了作为私有财产权 DR 的流动，而且为保护公共利益提供了市场化机制，实现了私权保护与公益保护的双赢。TDR 作为土地发展权的最高级的物权化模式，最初在美国法中被承认。可以说这是美国法对全球土地权利法治的重要贡献，值得其他国家借鉴。

四、我国模式的发展

（一）土地发展权的中国化

法治的本土化研究已逐渐兴起并成为一项具有方法论意义的研究范式。在对新兴的法律权利或制度进行学理探究与制度解构的过程中尤其如此。本土化的研究范式所具有的积极意义在于它有利于克服单纯理论引进、学理借鉴为模式的学究式学术弊端，避免单纯的西式研究对本国法制环境的不兼容。方涧和沈开举认为，当下最重要的是剖析土地发展权法律属性和权利结构，考察和论证具体应以怎样的方式将土地发展权植入中国的法律土壤，建构土地发展权制度的本土化方案。⑤ 这些话语对具体事务研究

---

①郭文华：《新泽西州的"发展权转让（TDR）"》，《国土资源情报》2011年第9期。
②王永莉：《美国土地发展权及生态保护概览》，《西南民族大学学报（人文社会科学版）》2010年第12期。
③张俊等：《土地发展权移转的国际比较研究》，《改革与战略》2008年第1期。
④Jerome G. Rose, *The Transfer of Development Right*, Center for Urban Policy Research. New Brunswick, New Jersey.
⑤方涧、沈开举：《土地发展权的法律属性与本土化权利构造》，《学习与实践》2019年第1期。

具有指导意义。本土化研究遵循从一般到特殊、从普适到具体、从理论到实践的一般逻辑进阶,能避免单纯的实证化、碎片化而缺乏理论性、整合性的研究弊端。是为学理层面的本土化。

我国在关于土地发展权的学理探究与制度实证两方面也存在本土化路径。在学理层面即对土地发展权的属性、内涵、目标、架构、机理、实现、制度等法律要素的探究。在实证层面则是对各地方类似土地发展权的实践模式的特征机理等进行制度类型化分析,为土地发展权制度的构建提供模式基础。目前,法学界对土地发展权学理的探究集中于如下方面:(1)属性。土地发展权究竟是私权(财产权)还是公权(行政权),或是具有公私二重性(经济法权利)?(2)内涵。一般将土地发展权界定为一项变更土地用途或提高使用强度之权,那么该权利要件包括主体、客体与内容是什么?权利构成的形态究竟是处分权、收益权还是调控权?(3)目标。基于对其属性二重性的探讨,土地发展权的目标定位是否也具有二重性,即是否既要保障个人或组织等私主体享有对房地产开发中的现实的或预期的增值收益,也要保障国家作为公权利主体对土地开发中的增量开发享有宏观调控权与配置权?(4)架构与定位。土地发展权是否已构成一项独立物权,或仅是准物权?如其构成一项物权,那么其在现行土地物权体系中的位阶是什么?其与土地所有权、用益物权(包括各项土地使用权类型)之间的关系是什么?(5)机理。土地发展权运行究竟是政府主导还是市场主导,或者是两者相结合?(6)实现。土地发展权运行的场域和机制分别是什么?土地发展权受到侵害时如何救济?(7)制度。我国土地发展权制度需要调整的领域及设置的机制包括哪些?

以上对土地发展权学理要素的探讨,是回应及提升我国现实中出现的土地发展权实践的学术要求。在实践层面,则主要针对土地发展权的各种地方实践模式或机制的合法性、可行性、类型化分析。一般认为,我国各地方类似土地发展权实践源于两方面因素:一是我国现行行政主导型土地利用管理制度与土地动态、增量及空间利用管理活动之间的结构性矛盾(如发展与保护、效率与公平、政府与市场)以及在此过程中而产生的利益关系调整,亟待新型土地权利的配置,而恰在此时,国外土地发展权概念与制度可能成为我国土地利用管理改革实践的新的权利与制度供给。二是当前我国土地利用与管理实践中存在大量涉及土地发展权的问题。这些问题的解决需要以调整动态、增量及空间为特征的权利与制度的配置与运行。围绕这些问题的解决所产生的法律关系可称为土地发展权法律关系。这种法律关系的调整已经超越了传统的垂直指令型的行政管理关系和平行等价交换型的民事流转关系,而是一种既有平等型主体,又有不平等型主体及其相互之间的复合型法律关系,需要适合多元型法律关系调整的新权利和新制度来进行有效应对。土地发展权正是一项适合于调整纵横双维土地法律关系的新的权利。

我国各地方类似土地发展权的机制实践根据国外土地发展权制度传统分类标准也可分为土地发展权征购和土地发展权转移。前者以广州海珠区政府征购万亩果园、广东"三旧"改造、"一揽子发展权补偿"政策、浙江等省试行"片区综合地价"征地补偿、厦门"金包银"征地发展留用地补偿等案例为代表，后者以重庆"地票交易"和浙江"折抵指标有偿调剂""基本农田易地待保""耕地易地补偿"以建设用地指标交易为内涵的发展权移转为代表。以上仅是我国地方上类似土地发展权实践创新机制或模式的代表。这些实践蕴含了土地发展权转移、征购及补偿的法治理念及制度内涵。作为土地发展权中国化研究的重要实证素材，运用法制标准优化与检视其可行性与障碍性，使其能从法律权利与法律制度的层面得以确立，并融入我国土地利用管理法律制度中。是为实践层面的本土化。土地发展权的中国化就是我国土地发展权发展所探索出的最新成果，在理论上总结这些法制创新对完善我国土地法律制度具有促进作用。

（二）土地发展权的流转

土地发展权转移是一项"舶来品"，其运行机理是由土地使用受限制的土地所有者将其土地上的土地发展权转让给受让人，土地发展权受让人因此获得土地发展权并支付对价。土地发展权受让人将购得的土地发展权与自己土地上的土地发展权叠加，可以对自己拥有的土地进行额外的开发。[1] 我国的土地发展权实践中类似TDR（法律内涵不完全相同）的机制主要有重庆"地票"交易和浙江三项建设用地开发指标流转机制。下文将省去对这两项发展权实践模式的单纯介绍而着重分析其契合发展权转移的机理特征及其在我国现行土地利用管理制度中的合法性、可行性法律问题。

1. 建设用地使用权上市流转：重庆"地票"交易

简要地概括，"地票"的正式法律名称是"建设用地挂钩指标"，特指农村宅基地及其附属设施用地、乡镇企业用地、农村公共设施和公益事业建设用地等农村集体建设用地复垦为耕地后，可用于建设的用地指标。这种可交易地票，包括农村宅基地及其附属设施用地、乡镇企业用地、农村公共设施和农村公益事业用地等农村集体建设用地、经过复垦并经土地管理部门严格验收后产生的指标。[2] 地票交易是一项土地供给与收益机制的创新，通过盘活存量农村建设用地，获取新增耕地指标，并利用这些指标，通过正式的指标交易市场与城市建设用地需求方进行指标交易，由此获得内含发展权收益的增量建设用地指标，可谓为一项增量建设用地供给与增值收益分配的改革。一项完整的地票交易运行程序包括复垦、验收、交易和使用四个环节。

---

[1] 刘国臻：《论美国的土地发展权制度及其对我国的启示》，《法学评论》2007年第3期。
[2] 参见《重庆农村土地交易所管理暂行办法》第18条。

研究地票交易的学者对其合法性与可行性的探讨,存在不同观点。沈萍认为地票交易具有适法性和可行性,只是需要完善相关配套机制。其观点的支撑点主要有:(1)地票交易有国务院以及国土资源部等中央机关的文件作为法律依据;①(2)重庆市政府也制定了关于地票交易及其运行的地方性规定,实施地票交易有法可依。②而地票交易在当前实际运行中容易出现的复垦耕地质量和数量保障、地票复垦手续繁杂及合理的利益分配机制的缺失、复垦宅基地后的生存保障、地票持有人权利保障及地票登记等问题则可以通过完善相关机制来获得解决。③与其相反,刘俊等虽认为地票交易存在一定的适法性,但其既缺乏一套公平的确定因农村宅基地复垦为耕地而增加的城市用地指标市场价值的制度,也不存在一个类似于西方土地发展权转移过程中的容积率的一个公式,无法将农村宅基地复垦后所形成耕地所减少的价值与等量增加的城市建设用地的价值有机地联系起来。且地票交易的启动权在政府行使征地权,而不是主动在土地所有权人或使用权人之间进行,因此其与西方土地发展权制度间存在根本性差异。④这两种观点在地票交易的适法性问题上不存在实质分野,只是在可行性及与西方土地发展权转移制度理论契合性两个方面存在一定差异。也有学者认为地票交易与西方土地发展权转移TDR具有一定的理论契合度,至少可说是我国土地发展权转移的雏形。"在土地地票交易模式中,通过将农村集体建设用地和宅基地的使用权转变为农地承包经营权,还原了农地即耕地的初始状态,然后再将此耕地进行非农开发的权利即土地发展权通过地票指标的形式同城市进行交换,这实质上形成土地发展权利还原机制。"⑤

地票交易通过土地增值收益显化与分配,"释放级差土地收入的巨大能量,把本来属于农民的财产权利真正还给农民,并经由打破城乡壁垒的土地合法流转与统一的土地市场交易,形成农民与各相关利益方共同分享城市化土地增值的新格局"⑥,提高了农村集体和农民在城市化进程中增值性收益分配份额。在四川成都也有类似地票交易的"还权赋能集体建设用地直接入市"型试点工作,中心在于允许农村集体建设用地直接进入市场交易,打破农村土地非经征收变为国有不得用于非农用途的限制,使农民可以直接和集体建设用地使用权人进行市场交易,突破国家对建设用地一级市场的

---

①主要是2004年10月国务院《关于深化改革严格土地管理的决定》和国土资源部《关于规范城镇建设用地增加与农村建设用地减少相挂钩试点工作的意见》和《城乡建设用地增减挂钩试点管理办法》。国务院《决定》第2条第10款、第5条第21款,国土部《意见》第1条第1款、国土部《办法》中对实施以建设用地指标增减挂钩为机理的地票交易运作进行了授权规定。
②2008年11月17日重庆市人民政府第22次常务会议通过《重庆市农村土地交易所管理暂行办法》。
③沈萍:《地票交易制度的创新、困境及出路》,《经济法论坛》2009年第7卷,第239页。
④刘俊、杨惠、白庆兰:《地票的制度基础与法律性质》,法律出版社2012年版,第76—77页。
⑤张鹏、刘春鑫:《基于土地发展权与制度变迁视角的城乡土地地票交易探索——重庆模式分析》,《经济体制改革》2010年第5期。
⑥北京大学国家发展研究院综合课题组:《还权赋能:奠定长期发展的可靠基础——成都市统筹城乡综合改革实践的调查研究》,北京大学出版社2010年版,第2页。

垄断。① 如成都市郊区的三道堰镇政府采取与承建商采取联建的方式推动旧城改造，向其承建的房屋颁发"城镇房屋所有权证"，以吸引外资来建设本集体土地。蛟龙工业港通过作价入股的方式租用集体建设用地，解决中小企业发展对用地需求的问题，然后再申请使用土地利用计划内指标，完善变更土地用途或性质的手续，成功探索出在集体建设用地上直接发展工业的用地新模式等。② 这种将农村集体建设用地直接入市流转的实践创新，不仅能让农村集体组织能够参与城市化收益，而且其实质体现了对集体建设用地的发展权的承认。重庆的"地票交易"采用市场化的交易平台，尤其体现了其TDR属性。

2. 建设用地使用权跨区流转：浙江模式

浙江的跨区域土地发展权流转是在建设用地指标管控机制下摸索旨在突破现行建设用地计划管理对工业城镇化中建设用地供应约束而进行的土地开发权及发展收益权分配机制改革。现行建设用地指标管控体制使"在规划指标和计划指标总量上，无法满足快速增长的建设用地需求。在空间布局上，规划的新增建设用地在空间上与实际需求也不完全匹配。在补充耕地数量上，由于补充耕地量与建设占用耕地量挂钩，使耕地补充潜力较小而用地量较大的地区很难达到'占补平衡'的要求"，③ 因此针对上述刚性管控机制带来的以上三项效果缺陷，分别构建"折抵指标有偿调剂""基本农田易地代保"和"耕地易地占补平衡"三项具有可操作性的市场机制，实现跨区域土地发展权交易。

其中，"折抵指标有偿调剂"主要在某一行政区划内实施，该机制引入"折抵指标"和"复垦指标"两个概念，前者是指经过土地整理新增有效耕地折抵建设用地指标。后者是对按规划集中迁建的农村居民点和工业企业，已经退宅还田、退建还耕的面积，可在新址等量置换农用地，作为新的建设用地。④ "基本农田易地代保"是指委托方（经济较发达的区县）每减少一单位基本农田，代保（经济欠发达的区县）方需相应增加一单位基本农田。⑤ "耕地易地占补平衡"是指耕地后备资源稀缺的地区所需的耕地可由耕地后备资源丰富的地区代为补充。这两项机制可以跨行政区划实施。浙江

---

①2007年8月，成都市颁布施行《集体建设用地试验区流转管理办法（试行）》，实质上启动了集体建设用地试验区流转试点工作，参见倪怀敏等：《四川省城乡一体化建设的法制调研与立法建议》，四川大学出版社2010年版，第103页。

②北京大学国家发展研究院综合课题组：《还权赋能：奠定长期发展的可靠基础——成都市统筹城乡综合改革实践的调查研究》，北京大学出版社2010年版，第167－169页。

③汪晖、陶然：《建设用地计划管理下的土地发展权转移与交易——土地计划管理体制改革的"浙江模式"及其全国含义》，《中国经贸导刊》2009年第1期。

④汪晖、陶然：《建设用地计划管理下的土地发展权转移与交易——土地计划管理体制改革的"浙江模式"及其全国含义》，《中国经贸导刊》2009年第1期。

⑤陈霄、温丙存：《土地发展权跨区域流转的现实与前景——一个分析框架》，《经济体制改革》2020年第1期。

省经济社会存在相当的不平衡性，各地市建设用地指标供给与实际需求之间存在突出矛盾。"折抵指标有偿调剂"充分利用各地在使用折抵指标上的边际收益和通过土地整理获得折抵指标的边际成本各不相同而产生的交易空间的客观规律来充分实现区域间建设用地供给平衡和需求满足。"基本农田易地待保"和"耕地易地占补平衡"则在我国土地用途与利用规划两项管制措施下，其实施面临突破指标计划配置、基本农田保护等制度与政策障碍。

对土地发展权移转的"浙江模式"，实务界与学术界基于不同立场有不同看法。学术界内部也存在认识上的差异：一种观点是认可，认为浙江的类似土地发展权移转，虽不是建立在个人对土地发展权的交易机制之上，而是地方政府为突破土地计划管理模式对工业化、城市化中建设用地供应约束而采取的应对性方案。① 但通过"折抵指标有偿调剂""基本农田易地代保"和"耕地易地占补平衡"三项具有可操作性的市场机制，实现了"跨区域土地发展权交易"。② 而不认可的观点认为，在地方政府实际握有耕地非农化权的制度安排下，无论是用计划手段还是用市场手段来配置耕地非农化权，都会在耕地保护正外部性的作用下失灵，"浙江模式"作为一种自发性质的市场，在一定条件下，其失灵所带来的损失会超过计划失灵的损失。浙江模式并不能有效解决耕地保护外部性问题，而只能是纠正土地利用分区管制所带来的效率损失。③ 由此可见，在土地发展权转移的浙江模式虽然在效率上具有巨大价值，其公平性、可行性尚需实践论证。

（三）土地发展权征购

美国法律规定，各州及地方政府用公共资金按市场价格向土地所有者征购土地发展权，土地所有者将土地发展权卖出后，仍然保留农地继续耕种，虽没有改变土地用途以求得更大发展机会的权利，但仍可以出售土地所有权。④ 这是土地发展权征购的运行机理。我国类似土地发展权征购的实践模式多种多样，归纳的案例有：广州"万亩果园"限制开发"征转分离"保护机制；广东"三旧"改造"一揽子发展权补偿"机制；浙江、福建、广东试行"片区综合地价"征地补偿机制及厦门"金包银"征地发展留用地补偿机制等。

---

① 汪晖、王兰兰、陶然：《土地发展权转移与交易的中国地方试验——背景、模式、挑战与突破》，《城市规划》2011年第7期。
② 汪晖、陶然：《论土地发展权转移与交易的"浙江模式"——制度起源、操作模式及其重要含义》，《管理世界》，2009年第8期。
③ 张蔚文、李学文：《外部性作用下的耕地非农化权配置——"浙江模式"的可转让土地发展权真的有效率吗?》，《管理世界》2011年第6期。
④ 高洁、廖长林：《英、美、法土地发展权制度对我国土地管理制度改革的启示》，《经济社会体制比较》2011年第4期。

1. "临时性征转分离":广州万亩果园模式

位于广州珠江南岸市中心的"万亩果园",占地一万余亩,与北岸白云山遥相呼应,被誉为广州的"北心南肺"。但自20世纪90年代以来,由于城镇化引发大规模房地产开发、市政基础设施建设及当地村民违章建房,大量的农业用地被占用,果林面积锐减。为保护这片珍贵的自然遗产,广州市国土部门决定施行"只征不转"的建设保护思路,即由政府将湿地内的集体土地征为国有,通过立法确保其农用地性质保持不变,作为永久生态用地。① 2007年广州市海珠区政府与"万亩果园"所在的龙潭经济联社签订租地保护合约,约定先由政府出资,按每亩每年1500元的标准向果农租地,租期10年;再由龙潭经济联社与其所属1113户果农签订土地承包合同,最后龙潭街道代表区政府与龙潭经济联社签具租地合约,将果农土地集中后建设成一个农业生态公园,收益65%归果农,35%归政府,政府收益部分用于公园生态系统改造。这被称为"龙潭租地"模式。该模式运用美国土地发展权征购制度思想建设农业生态公园的做法,使广东地方政府通过规划控制保护果林但牺牲了果农的部分发展权;而政府租地建生态公园,又对果农的土地发展权进行补偿。这是地方政府积极运用权力,赋予果农土地发展权,推进法治建设的有益尝试。② 龙潭模式在珠三角其他地方也被效仿实施。

广州"龙潭租地"模式是征转分离创新的代表,而征转分离作为土地管理法制中的新概念,也广泛运用在其他领域。所谓"征转分离"是指土地征收和农用地、未利用地转用的相对分离,即在土地利用总体规划和城市规划确定的建设用地范围内,将重点发展区域和近期建设项目用地涉及的集体土地先行征收,再根据开发需要和年度土地利用计划指标等情况实施转用,以供建设项目使用。③ 征转分离、先征后转与我国台湾地区土地开发许可制以及美国土地发展权征购机理相似。PDR从耕地"产权束"中分离出土地非农化发展权,并由政府购买,耕地拥有者得到相应补偿,必须保持耕地农用,并可交易除土地发展权外的其他土地权属,非农化只有在耕地拥有者购回发展权时才能够发生。④ 征转分离是按照农地转用与土地征收审批分开的思路,先批准征收后再批准转用,具体包括先征后转、先转后征、只征不转、只转不征、只补不征、

---

① 陈国栋、孙洪悦:《碧水绿地润花城——广州市海珠区以"只征不转"方式建设保护万亩果园湿地的做法》,《中国国土资源报》,2012-12-15(1)。
② 刘国臻:《论我国地方土地权力配置体制创新——以土地发展配置为视角》,《学术研究》2011年第11期。
③ 目前各地正在实施征转分离的试点。如国土部批复天津和成都的两个试验区。2008年和2011年天津市和成都市分别制定了《关于天津滨海新区土地征转分离实施方案》和《成都市"转征与实施分离"用地审批方式改革试点工作方案》,开始部级征转分离试点。此外,云南、湖南株洲、广西、上海浦东、北京、安徽合肥等地都已开始征转分离试点。
④ 陈美球、魏晓华、刘桃菊:《海外耕地保护的社会化扶持对策及其启示》,《中国人口资源与环境》2009年第3期。

只租不征等几种形式。先征后转适用于交通、基础设施等重点民生工程建设。先转后征适用于土地利用总体规划允许建设区内政府实施统征的项目。只征不转适用于设施农业。只转不征适用于征地留用地和退出征地范围的非公益性项目用地。只补不征适用于线性工程等规划控制性用地。只租不征适用于大规模的生态控制用地。① 可以预见，征转分离项下的诸种机制创新将成为我国所要构建土地发展权征购的重要模式。

2. "向存量要增量"：广东"三旧"改造模式

广东"三旧"改造是广东省特有的关于旧城镇、旧厂房、旧村庄的改造模式。广东珠三角地区多年来粗放型工业化及大饼式城市化，造成城乡土地利用集约度普遍不高。非理性"圈地"等土地违法违规行为不仅造成土地大量闲置浪费，更危及耕地保护的基本国策。珠三角区域人多地少、开发密度高，耕地及后备建设用地资源匮乏，土地供需矛盾十分尖锐。传统粗放型土地利用发展模式难以为继，必须摒弃以土地规模经营扩张换取经济发展的老路，转向通过房地整理改造等方式问存量要增量、向效率要空间的新路。由此，"三旧"改造政策应运而生。"三旧"改造的政策内涵与机制创新就包括丰富的土地发展权运行与增值收益分配的机制创新，体现为一系列表征发展权让渡、补偿及分享的土地开发税费改革。

广东"三旧"改造模式探索城市内源式发展中的增值收益的公平让渡、补偿及分享的新模式，着重对城中村转制后原集体组织成员（现城市社区居民）的原集体建设用地及个体房地产用益物权发展性收益权的尊重与保障。当前，我国城中村改造中失地农民土地财产权利的贫困主要表现为农民使用土地的权利、处分土地的权利和获取土地收益的权利被排斥或被剥夺，因而缺乏获取土地的使用权、处置土地财产、决定土地用途和享受土地转让收益的应有权利。② 在城市化过程中，因土地用途改变，土地利用集约度提高而产生的巨大经济利益的权利归属和利益分配必须借助土地发展权制度予以解决。土地增值收益及管理方法的种类不确定，有学者认为主要包括土地使用权出让金、房地产税费、土地储备和公共设施配套要求等，③ 其中土地使用权出让金和房地产税费是主体。"三旧"改造政策中对土地出让金和房地产税费的改革，表征了土地发展权运行及收益分配机制的创新。"三旧"改造对土地增值收益分配改革的要点归纳如下：

其一，对土地增值收益的回收机制进行改革，创新出土地出让金分期缴付和减免制度，并初步构建土地出让金的合理公平分享机制。如广州市旧村整治改造政策，就区分出让方式（公开或非公开）的不同，分别实行改造成本先行拨付和出让金延期缴

---

① 李珍贵：《"征转分离"是一把"双刃剑"——基于各地实践与探索的分析》，《中国土地》2012 年第 5 期。
② 李志明：《空间、权力与反抗：城中村违法建设的空间政治解析》，东南大学出版社 2009 年版，第 97 页。
③ 田莉：《有偿使用制度下的土地增值与城市发展——土地产权的视角分析》，中国建筑工业出版社 2008 年版，第 54 – 61 页。

交的规则。① 这表明，成本先行拨付方式的公开出让改造用地时出让方先行拨付成本款项用以冲抵受让方（改造方）已支付的出让金，增强了改造方的资金实力，加快改造项目的更新速率和缩短了发展权回收的周期，由此所获发展权利益已超过改造成本清偿数额；出让金延期缴交规则赋予了村集体通过非公开出让的方式获取改造用地的优惠条件，并给予出让金延期缴付政策，这通过降低了实施改造的准入门槛，激励村集体实施改造的积极性。

其二，释放并分享级差地租Ⅱ增值收益的规则设定。②"旧厂房改造时工业项目符合规划要求增加的容积率，免缴增加容积率部分的地价款；对于不改变土地用途的旧厂房的改造，与其相关的配套生产性服务业的用地面积的使用上可达7%。这意味着改造用地的最多7%的面积，在变更用途发展服务产业时，不须办理土地用途变更手续，不须补缴商业用地与工业用地之间的差额土地出让金收益，由原集体土地上的工业用地使用权主体分享这部分发展权收益。

其三，通过确权登记规则的创新，将增量收益通过土地出让金减免的形式予以让渡。③ 这是在确权程序上的创新。例如，对同时符合城市规划和土地规划并属于政府划定改造项目范围的工业旧厂房，即使是建设在集体土地之上，在程序上仍予以确权认可，这事实上是对集体建设土地进行非农建设并变更产业用途而产生的增值收益的客观承认，让土地发展增益具有了客观凭证。

其四，有条件承认农村集体主体对集体建设用地开发的发展权收益。④ 农村组织利用符合土地规划和城乡规划的集体建设用地实施"三旧"改造时，在申请征为国有获批后，仍可由其自行改造或合作改造。亦可保留为集体土地性质，由村集体经济组织自行改造，进行除商品住宅开发以外的其他经营性开发。这样规定事实上有条件地承认了农村集体对其所有的建设用地享有再开发权和发展收益分配权，这就极大地提升了城中村集体组织参与城市化改造的积极性。

其五，创新城乡建设用地指标挂钩和一体规划开发的新模式。⑤ 以广州的旧村改造为例，在土地利用政策上，实施各类性质用地的连片整体改造，涉及边角地、夹心地、插花地，可以通过土地位置调换等方式，对原有存量建设用地进行调整使用。涉及新增建设用地的适用增减挂钩政策并予以优先保障；在对集体旧厂房用地流转上，可在按基准地价的30%缴纳国有使用权出让金后进行交易。

---

① 参见《广州市人民政府关于广州市推进"城中村"（旧村）整治改造的实施意见》第（九）项。
② 参见《佛山市推进旧厂房改造的指导意见》（佛府〔2007〕68号文）。
③ 参见广州市《关于推进"城中村"（旧村）整治改造的实施意见》。
④ 参见广州市《关于旧厂房改造土地处置实施意见》。
⑤ 参见广州市《关于推进"城中村"（旧村）整治改造的实施意见》《关于旧厂房改造土地处置实施意见》。

其六，广东在旧城改造中对被拆迁实行"溢价补偿"模式。 广州市地方立法规定的市场评估价外"溢价补偿"模式，虽然与上位法之间存在某种程度的不一致，其立法动因往往是推动拆迁矛盾的顺利解决、限制旧城改造的冲动及体现被拆迁人的无形损失等理由，但在被拆迁房屋的静态财产价值上增加一部分补偿，这实际上是将拆迁范围土地因拆迁后新建设形成的发展权益向被拆迁人适当分配的表现。这种溢价补偿机制正是我国当前土地征收制度改革的要点。

"三旧"改造中牵涉征用集体土地中有相当比重并非基于公共利益，而是出于商业性开发建设；但补偿农民仍参照土地转用前的用途标准，不仅损害了农民财产价值利益，也影响其长远生计保障。坚持土地公有制的前提，兼顾国家和农民集体利益，深化集体非农建设用地制度改革，势在必行。

首先，对于一定时期城镇规划区内的集体土地，可依法征为国有，实行"转权让利"的非农建设用地有偿使用制度——即将已确定为城市规划区内的原集体土地先征为国有然后出让，政府将获得出让金部分或全部返还给原农民集体。其中对于纯公益的项目，政府可按原土地用途作适当补偿；对于属于经营性项目用地征收按实际商业用途的地价返还给农民集体，国家可以税收形式与村社集体分享土地收益。其次，对于城镇规划区以外的非农建设用地，可实行集体土地有偿使用制度——即指对某些集体非农建设用地，在集体所有制性质不变的前提下，由使用者向集体组织逐年交纳土地使用费的制度。土地使用费的收取标准，由土地管理部门统一规定，使用费由农民集体组织按年收取，专户储存，分别用于村社土地开发、公益事业和公共设施建设。对于实行有偿使用的存量集体非农建设用地，在本集体组织内部流转的，可以不征为国有，只进行使用权变更登记；向本集体组织以外流转的，由新的用地者按"转权让利"程序办理国家建设征地、出让手续；农民集体可以集体土地资产联营、入股用于非农业建设的，报市、县政府批准的，可以不被征为国有，但集体土地股份不得转让。同时，在明晰产权、规范管理的前提下，允许集体非农建设用地依法进行流转，其形式可以采取转让、出租、联营、入股和处分抵押等。土地利用总体规划确定的城市建设用地规模范围内的旧村庄改造，由村社集体组织申请将集体建设用地改变为国有建设用地后，可与外来投资者进行合作开发建设。旧村改造原则上自求平衡，规划用地面积范围内符合规划设计条件的多余地产收益，全部返还村社发展壮大集体经济并有助于解决历史遗留问题。开发节余土地可由政府收储或挂牌出让，其收益全部用于落

---

①《广州市城市房屋拆迁管理办法》第25条规定："被拆迁房屋的货币补偿金额，根据房屋的区位、用途、建筑面积等因素，以房地产市场评估价格确定。本市历史旧城区范围内被拆迁住宅房屋的补偿金额，按照房地产市场价格增加20%确定。"

实农民社会保障,以解决其后顾之忧。这也与我国正在实行的城乡建设用地直接入市和统筹运行的土地制度改革的宗旨吻合。

3. 转农为商:发展留用地的厦门"金包银"模式

经济发展留用地制度,是指政府在征用集体权属的土地时,按被征地面积的一定比例核定留地指标,让被征集体经济组织建造标准厂房、铺面,或出租或自营发展二、三产业,壮大集体经济,其经营收益以股份形式在村民中分配并安置失地农户。实证证明,村留用地既有利于村级经济壮大,在农村公共财政缺位的情况下,土地出租收入成为公共品提供的重要来源,而且土地分红也成为发达地区农民分享土地级差收益的重要途径。建议中央出台专门的政策,就留用地的比例、使用办法、收益分配原则等作出具体规定。① 由于能兼顾政府、开发商、农村集体及农户的利益诉求,发展留用地制度在东南沿海集体经济发达的地区广泛试行。本部分以厦门"金包银"模式为例阐释这种机制创新的内涵特征。

厦门在以往征地过程中,出于降低补偿成本的考虑,绕开村庄建设用地而直接征用农村集体耕地,形成城中村与村办工业区混杂的隐患。为解决该问题,厦门推出"金包银"政策,将在工业集中区周边的村,按工业集中区开发建设要求统一规划,对村庄外围进行规划改造,为工业集中区提供配套生活服务设施,并逐步对村庄内部进行环境整治和改造,使村庄环境和村民住房得到改善的改造工程。② 具体来说,"金包银"工程就是在工业集中区、开发区被征地村的外围,按人均15平方米预留发展用地,进行统一规划,引导被征地农民利用征地款集资入股建设公寓、商贸小区等环村商业带设施,为工业区提供生活配套服务,使被征地农民逐步实现"三个一":一套自住房、一套出租公寓和一份经营性项目股份收入,从而获得稳定的收入来源。③

"金包银"模式的实行产生了较大的绩效。一是破解了征地难题,实现了地方政府与农民利益的双赢。农民在丧失土地后,获得了"出租房""店面"等新的生产资料。二是探索了新农村建设的新模式,避免了城中村的出现。三是统筹了城乡发展,创建了较低成本的农民工生活区,提高了工业园区竞争力。"金包银"立足于低成本、重实用,在农村发展用地上为进城务工农民规划、设计、建设了生活区。这不但减轻了农民工的生活负担,同时也提升了其生活质量。④ 总之,厦门"金包银"是一项将农民的

---

① 刘守英:《中国的土地产权与土地市场发展》,载《农村土地制度改革:国际比较研究》,社会科学文献出版社2009年版,第149页。
② 牛君:《新农村建设的新思路:厦门"金包银"工程探析》,《厦门理工学院学报》2007年第2期。
③ 易虹、刘晓芳:《被动城市化进程中失地农民安置现状调查——以厦门"金包银"工程为例》,《城市问题》2012年第6期。
④ 何子张、曹伟:《土地发展权视角下的土地征用政策分析——兼论厦门"金包银"政策》,《规划师》2009年第1期。

利益放在第一位,将农村城镇化与工业化有效结合,将工业发展与农民长远利益统筹考虑的土地发展权实践创新模式。发展留用地模式在全国其他地方也有类似机理的尝试,如广东南海在集体资产转制中保留一定比例的用地留作集体资产运营公司土地使用权资产等。

4. 一劳永逸:"区片综合地价"的市场化补偿模式

征地区片综合地价,是指在城镇行政区土地利用总体规划确定的建设用地范围内,依据地类、产值、土地区位、农用地等级、人均耕地数量、土地供求关系以及当地经济发展水平和城镇居民最低生活保障水平等因素划区片并测算的征地综合补偿标准。这项机制及其运行拥有完善的法律评估依据和机制,[1] 传统实务中对被征农地的价值评估运用的方法有农地价格因素修正法、征地案例比较法和年产值倍数法,测算的结果加权平均确定征地补偿标准。该机制遵循了同地同价、保护农民土地权益和保障农民长远生计相结合、与原补偿标准相衔接、区域间平衡与可比等原则。

首先,根据土地利用类型、区位条件、客观收益水平、供求状况、人均耕地数量等条件基本相同的农用地,其补偿价格应基本相同,以保证对被征地农民的公平性;其次,在制定征地区片综合地价时,应考虑农用地对农民的生产资料功能,征地补偿价格要能切实保障被征地农民合法权益,也必须充分考虑土地对农民的社会保障功能,保证被征地农民生活水平不因征地而降低;再次,在确定征地区片综合地价水平过程中注意与原补偿制度的衔接,做到平稳过渡。所确定的征地区片综合地价水平应不低于原补偿标准,与当前市场平均补偿价格水平相当;最后,按照规定的征地区片综合地价内涵、评估方法,充分考虑所在行政区的实际进行科学测算,所确定的征地区片综合地价水平应与周边地区可比,并以省为单位进行平衡。而"区片综合地价"在理论上属于"评估剩余法"范畴,剩余法全称为"准建设用地基准地价剩余法",主要从土地作为建设用地用途来考虑土地的价值。准建设用地,就是按照土地利用总体规划和城市规划划定为建设用地而现状为农用地的土地。剩余法是以综合性建设用地预计价格为基础,扣除基础设施投资费用和国家所有权收益部分,得出征地区片综合地价。剩余法考虑了农民对土地的发展权带来的增值收益的分享。[2]

学术界对区片综合地价的内涵功能存在不同的评价,形成了两种观点。一种认为区片综合地价补偿考虑到了预期收益和增值收益,保障了被征地主体的发展权利益。但区片综合地价法的计算公式中涉及更多的变量因子,更为复杂难懂,技术性更强,

---

[1] 主要有《宪法修正案》、《土地管理法》、《国务院关于深化改革严格土地管理的决定》(国发【2004】28号)、《农用地定级规程》(TD/T 1005 – 2003)、《农用地估价规程》(TD/T 1006 – 2003)、《关于完善征地补偿安置制度的指导意见》(国土资发【2004】238号)、《关于开展制订征地统一年产值标准和征地区片综合地价工作的通知》(国土资发【2005】144号)及各项地方性规定。

[2] 李彦芳:《征地区片综合地价测算方法与验证标准研究》,《中国土地科学》2007年第1期。

选取何种变量、变量之间的函数关系如何、每个变量所占的比重系数是多少，都将直接影响最终补偿数额。① 2005 年国土资源部制定的《征地区片综合地价测算指导性意见（暂行）》中有"征地区片价可采用农地价格因素修正、征地案例比较和年产值倍数法等方法进行测算，也可以根据本地区实际情况采用其他合适的方法进行测算，征地区片价原则上应在两种或者三种方法测算结果的基础上综合平衡确定"的规定，根据国土部的规定，各地方纷纷制定了本地区的实施细则，全国约有数十个具有行政规章立法权的行政单位（包括省、省会所在地或较大的市）制定了"区片综合地价"的地方性规定，② 并在实践中取得了良好的效果；而另一种观点则认为"区片综合地价"虽然克服了年产值倍数法同地不同价、补偿随意性的诟病，但造成了"同地不同价"的新矛盾，导致土地收益率更高的农户（往往成为"钉子户"）因不能得到更高的补偿而对合法的征收进行抵制，因忽视了其他一般被征收主体身份转换后的社会保障成本而不能做到对居民损失的完全补偿。③ 这就涉及对实行区片综合地价补偿机制的评估标准与程序规范问题。

在我国，实行"区片综合地价"就涉及对农地发展权这一表征非农化用地预期的事先评定。已有学者对农地发展权的价格评估方法作出界定。通过集体土地有偿使用价格贴现和国有土地纯地租等农地发展权量化机制与集体土地所有权价格相加，并剥离国家收益后可以确定征地区片地价。④ 也有学者基于土地发展权理念改进了征地区片地价的测算方法，引入土地发展权分享的理念，将建设用地出让金纳入区片综合地价之中，将出让区片内的平均建设用地出让金、农地经营性收益和广义土地开发费用等三项收益种类归为土地发展权收益，分别针对以上三项收益确定其在国家、农村集体、农民之间的分享比例，⑤ 综合区片补偿制度也作为一项在全国范围内普遍铺开的征地补偿改革，实现了土地发展权的公平分配，也提高了征地的科学性。

总之，各地类似土地发展权政策与法制实践实施不仅是我国土地发展权权利运行与制度构建的有益探索，而且是改革和完善我国行政管制型土地利用管理制度的重要突破口。当前体制下，国家通过严格限制基本农田事实处分权、所有权处分权、自主

---

① 屈茂辉、周志芳：《中国土地征收补偿标准研究——基于地方立法文本的分析》，《法学研究》2009 年第 3 期。
② 据不完全统计，全国制定了"片区综合地价条例"的省级政府有甘肃省、青海省、陕西省、贵州省、江西省、河南省、黑龙江省、辽宁省、内蒙古自治区、湖北省、山东省、天津市等。
③ 熊金武、黄义衡、徐庆：《农地征收补偿标准的困境解析与机制设计——基于信息不对称下的一个讨价还价框架》，《现代财经（天津财经大学学报）》2013 年第 1 期。
④ 王顺祥等：《给予农地发展权视角的征地区片地价确定演进》，《中国土地科学》2008 年第 8 期。
⑤ 吴宇哲、彭毅、鲍海君：《基于土地发展权分配的征地区片综合地价研究》，《浙江大学学报（人文社会科学版）》2008 年第 6 期。

经营权等三项物权权能,对基本农田实行最严格的用途管制,独占基本农田发展权,①而现行的农地产权制度在保留土地产权集体所有并赋予农民土地的收益权的前提下,未赋予农民土地的其他权利,这种模糊的产权造成了农民的土地产权"残缺",这些权利就包括土地分配、土地调整和土地用途的决定权以及土地收益的谈判权利等。② 在城市化过程中需要进一步明晰农村集体建设用地的产权界定,加大产权保护力度,落实产权实施主体,增强农村集体经济组织、农民的产权实施能力,确保农村集体建设用地的增值收益不损害农民、农村的利益。③ 对于各地类似土地发展权的政策与法制实践,应当从学理和实证的双重角度对其具体机制进行理论上的可行性和制度上的合法性,哪些机制契合哪项法学基础理论,哪项政策在制度层面具有适法性或存在非法性,实现既在法制框架内完善现有政策实践,又能推动现行法制的改革目标。

五、中外之比较

上文对英美法系、大陆法系的各国或地区与我国的土地发展权法制与政策实践的"前世、今生及未来"进行了梳理,从整体上来看,英美两国作为土地发展权理论与法制的发源地,土地发展权已无缝嵌入其不动产财产权体系,虽两国价值目标、权利属性、运行模式等方面存在一些差异,但土地发展权作为一项独立的物权的地位已经确定。大陆法系中,法德两国及我国台湾地区的土地发展权融入公法财产权公权规制的条款中,其物权属性与市场化运作的机理特征不明显,但其对公民不动产预期价值的保障从价值内核上契合了土地发展权理念,因而其也可纳入土地发展权制度之中。在此意义上讲,英美两国的土地发展权是这项权利及制度的本体,法德及我国台湾地区的土地发展权则属于变种。

我国在土地发展权权利配置与制度构建领域仍处于起步阶段,需要借鉴英美法系和大陆法系各国或地区的经验,因此对我国与以上各国或地区关于土地发展权的比较法分析实属必要。本部分将从纵横两个维度进行,前者从土地发展权的生成缘由、实行现状及发展趋势来纵贯土地发展权的"前世、今生及未来",后者具体地从发展与保护、效率与公平、政府与市场三个面向来深刻剖析中国大陆与两种法系中土地发展权的价值与特征,为我国土地发展权的权利配置和制度构建提供丰富的经验借鉴。

---

① 周四丁:《论基本农田发展权的国有途径》,《法学杂志》2011年第3期。
② 陈瑞莲等:《破解城乡二元结构:基于广东的实证分析》,社会科学文献出版社2008年版,第65-66页。
③ 刘元胜、崔长彬、唐浩:《城乡建设用地增减挂钩背景下的撤村并居研究》,《经济问题探索》2011年第11期。

(一) 生成原因

　　一项法律权利与法律制度的生成，与一国或地区的社会经济发展所需的法制背景密切相关。任何一项制度都有其存在与运行的经济社会基础，这一制度不仅受到既存的经济社会制度的影响，而且将会对既有的经济社会制度带来变革。土地发展权也不例外。我国正处于尚未完成之转型中的土地制度改革的阶段，在土地领域面临着诸如征地、农村集体建设用地、农地承包经营权等宏观制度改革的艰巨任务，而这些问题都与变更土地用途和转变利用属性这一非农化用地过程的实施权和分配权的配置和非农增值利益关系调整机制严重扭曲有关。①

　　如有学者认为，我国房地产税收制度尚未建立，政府在无法获得因其在公共基础设施投资所产生的土地增值收益，转而将土地出让金收入这一本来应为土地所有者的收益作为其自身的收入，导致国家与土地各项物权的私主体之间对这一利益的争夺白热化；并认为只有设置土地发展权，按照经济发展的水平和要求评估和实现土地发展权价值，对土地发展权价值收益进行合理分割，才能使各利益主体和诉求都得到满足。② 又如，在宅基地整治与城中村改造活动中，由于宅基地发展权在主体和客体两方面模糊性的原因，导致地方政府、农民集体组织和农民三方对土地发展权权益的无规则争夺。③ 在这三方争夺中，市县政府与村集体和农户之间围绕节余建设用地利用和挂钩指标价值的纷争又构成核心矛盾。④ 难怪有学者指出，只有合理界定国家和所有者之间的发展权收益比例，才能实现发展权收益分配的公平与效率。而体现农地非农化开发增值收益的实体发展权作为农村集体土地国有化增值的主要来源，应由政府和农村集体共同分享。⑤ 笔者赞同这一系列观点并认为，从某种意义上来说，我国大部分的土地利用管理活动均是围绕土地开发权及其增值收益分配权而展开的，这就是在增量上做文章。

　　我国各地出现的类似土地发展权实践尽管具体机制各异，但都是围绕解答这一权利配置与实施难题而产生的。土地发展权是一项独立的可转让的物权种类，在价值上是对土地进行变更用途及更高强度开发所生成的预期价值的对价。英国创立的土地发展权国有化就是将本由土地私人开发主体享有的发展权无偿收归国有的过程，虽然因

---

①陶然、汪晖：《中国尚未完成之转型中的土地制度改革：挑战与出路》，《国际经济评论》2010年第2期。
②张良悦：《中国土地利用管理制度的困境》，《现代经济探讨》2009年第1期。
③吴远来：《农村宅基地产权的模糊性与土地发展权权益竞争》，《中国市场》2012年第11期。
④严金海：《农村宅基地整治中的土地利益冲突与产权制度创新研究》，《农业经济问题》2011年7期。
⑤何元斌、林泉：《城中村改造中的主体利益分析与应对措施——基于土地发展权视角》，《地域研究与开发》2012年第4期。

为没有补偿而为公众所诟病，但却为政府通过权利手段进行全国土地市场实施宏观调控提供了产权基础。而在20世纪中期，美国由于新科技革命及现代化进程中最后一波城镇化的速度加快，农地流失、生态环境破坏、城市立体开发与功能分区等城乡土地利用的新问题不断出现，因此设计出土地发展权转移和土地发展权征购两项土地权利与管理机制，旨在通过资源市场配置的机理来达到土地利用与管理的高效率，并保障国家在房地产市场调控与财产权规制过程中对公民不动产财产权的预期价值。

我国的土地问题不仅表现在城市化的非农转用过程中，而且也大量存在于已城市化的区域内，也就是城市存量土地变更利用的问题，即狭义土地发展权概念所界定的不变更用途而提高利用强度所产生的权利运行与分配的问题。有学者指出，在我国城市范围内存在着地方政府、各类企业以及国有土地使用权个体三类利益主体。各类主体均有自身对于提高利用强度所产生的发展权分配的权利诉求，因此应当创设城市土地发展权制度来解决这一问题。① 笔者认为，无论是广义的非农化转用过程中的土地发展权问题，还是狭义的存量意义上的城市范围的土地发展权问题，都需要首先确立土地发展权的权利地位并构建其法律制度。然而，我国现行法律制度中尚没有明确土地发展权的法律地位与运行规则，但我国各地实施的类似土地发展权的实践，在政策层面应该可以说取得了较大的理论与实务进展，不仅各地结合自身实际探索出适合特定经济社会发展和土地管理层次水平的具有地方特色的模式实践，为构建全国统一的土地发展权制度提供了实证素材，而且在更高层面上通过配置土地发展权及制度构建，改革和完善我国土地利用管理制度提供了实证切口。我国各地实行的类似土地发展权实践虽在价值目标、运行机理、实施程度等方面存在些许差异，但它们生成的缘由具有鲜明的中国特色，归结起来有两点：

其一，从发展价值角度，是对城市建设用地指标管控制度束缚的突破。有学者称，我国土地发展权的起源是建设用地管理体制，② 意思是现行建设用地管理体制中的行政指标化管控机制确实束缚了城乡发展建设对增量建设用地需求的供给，相当程度上限制了符合城乡规划及用地规划的市场发展速度。现行建设用地管理体制是通过土地利用总体规划和土地利用年度计划，将全国建设用地供应量的控制性指标自上而下层层分解，从而确定每块土地的用途。土地利用总体规划确定了每一地区10～15年内可新增的建设用地总量，并在空间上落实到某一具体的地块，而新增建设用地的规模主要取决于建设占用耕地的规划指标。在满足了规划指标后，土地利用年度计划确定了各个地区当年新增的建设占用耕地数量，即农地转用的年度计划指标。只有同时拥有规划指标和计划指标，才可以合法转换为城市建设用地。

---

① 高荆民、何芳：《变更利用中城市存量土地产权制度分析框架》，《经济论坛》2010年第3期。
② 段潇潇、张占录：《城市化过程中的土地发展权》，《理论与实践》2012年第9期。

从学理上解读，这种建设用地管理制度本质是土地权力而非权利的行政配置而非市场流转，这种土地权力配置体制是一种以土地利用总体规划与年度占地计划相结合的管理模式，因涉及技术操作上的缺陷而效率低下。中央土地管理调控部门在制定涉及各地区、各部门、各种经济类型的各类用地的年度计划时，所依据的不是经市场化运作生成的有充分市场化因子支撑的变量型的土地信息，而是由本机构通过固定化的行政普查而确立的非更新的失真信息。加之土地资源市场配置的信息千变万化，在客观上几乎不能在制定计划前取得完整而准确的信息。从中央土地管理调控机关主观能力来讲，远程计划制定再分层投射实施的管控机制在实际中也是很难实现的。因为用地预测、指标分解的事前图上作业都要求有较高的信息搜集和处理能力。中央土地管理调控机构通过事前调研并预测分析确定的全国耕地保有量、基本农田保护率、建设占用规定量等规划指标，在从上至下层层分解，从中央到乡镇的漫长过程中，无论是时间上可能出现的滞后性，还是空间上可能出现的移位性，都会使预定计划与实际需求之间存在实实在在不可调和的矛盾。因此，从促进发展、实现各主体发展权的角度，我国类似土地发展权的实践就是在行政资源有限配置的夹缝中为寻求建设用地增量开发所酝酿生成的新型权利及机制。

其二，从保护价值角度上看，是对我国基本农田保护和补充耕地数量两项低效运行机制弊病的改革，旨在满足发展的增量建设用地供给的情况下保证我国耕地及生态自然资源的保护，实现可持续发展战略目标。正是由于面临着空间的自然资源与生态环境保护的空前重要的任务，因此我国才会实施空前严厉的土地利用行政管控制度。土地用途管制即是显例，其中建设用地指标、基本农田保护及补充耕地等三个指标任务是其实施的具体环节，这三项指标一旦确定，一个地区未来新增建设用地的总量和时空布局就确定下来了，也即我国的土地发展权是通过土地利用规划的方式实现初始配置。而在配置计划的制定过程中，往往由于信息的不对称和主观能力的不足，发展权指标计划不能实现对实际的用地需求的真实反映，使得沿海地区无法获得足够的用地指标以满足地区发展的需求，而一些欠发达地区的用地指标则高于它们的实际需求，这就导致了地方政府有交易指标的冲动，使得该保护的地区擅自突破用地指标管制而环境生态及自然资源受到人为侵害，可以发展的地区由于得不到更多的发展权指标而丧失了发展的机会。有些地方政府通过采取一些关于发展权收益管控新措施新机制来应对这一矛盾。

如有些地方政府制定城市开发占用农地过程中开发主体须缴纳新增建设用地土地有偿使用费。根据《新增建设用地土地有偿使用费收缴使用管理办法》（1999年8月4日财政部、国土资源部财综字［1999］117号发布）的规定，土地有偿使用费的30%上缴中央，70%收归地方。上缴中央的土地有偿使用费作为中央财政的基金预算收入，专款专用，专项安排用于中央确定的耕地开发整理重点项目、示范项目和补助项目，以土地整理的形式将资金反馈给地方；地方政府收取的土地有偿使用费作为地方政府的基金预算收入专项用于地方组织的土地整理项目，土地有偿使用费成为土地整理的重要资金来源之一，既满足了城市发展的需要，同时反哺农村，实现了对农业基础设施的综合整治，有效增加了耕地面积，提高了耕地质量，改善了农村地区生产和生活条件，体现了发展权的理念。也有部分地方建立了基本农田保护补贴制度。如广州市为加强基本农田保护力度，于2011年出台了《广州市基本农田保护补贴资金管理试行办法》，该办法明确了补贴对象为承担基本农田保护任务的农地承包户和农村集体，规定从各地土地出让金、土地有偿使用费和财政中筹措补贴资金，补贴资金每年发放一次，主要用于补贴农户参加社会养老保险、支出农村合作医疗制度等费用，实现了对于基本农田发展权的补偿。

在规划指标和计划指标以外，地方政府每年获得挂钩指标，依据城乡建设用地增加挂钩政策，通过宅基地复垦和空心村合并及工矿废弃地复垦，增加的有效耕地面积，为城市扩展创造了预算外的新增建设用地指标。我国的土地整理和增加挂钩等实践原理与美国土地发展权转移具有一定的制度契合性。土地整理、宅基地复垦和工矿用地等复垦产生了多余指标，实质是农村腾退出了土地发展权成为"发送区"，城市使用了转移的土地发展权成为"接受区"，城市给予农村补贴相当于发展权的对价。我国的土地发展权转移实践一方面缓解了城市用地的供需矛盾，另一方面农村地区取得了发展权的收益，为下一步的土地整理提供了资金支持，促进了农业适度规模经营和农村集体经济发展，为新农村建设和城乡统筹发展搭建了新平台。这也体现了在存量建设用地指标与时空范围内通过增量开发与收益调整新型机制来实现就地发展。土地发展权在农地保护中所体现出来的价值是与其"发展"名号"形不合神合"之体现。

（二）制度现状

美国土地发展权移转的兴起和发展，根植于英美法系之财产法的制度结构之中，土地发展权是土地产权束中的一项权利，当事人可以将这一项权利从产权束中自由分离、创设和让渡给他人。我国的土地产权制度则根植于大陆法系之物权法的框架中，而在物权法的框架下，物权形态和内容概依法定，土地所有权、使用权等不具备英美法的产权束的特性，无论是所有权人、使用权人等当事人都不能自由创设法定类型之外的土地权利形态。① 这样，比较中外土地发展权转让的理论与实践并实行制度引进，就必须从我国独特的土地物权制度出发，进行本土化的理论再创造和制度再创新，② 而

---

① 孙宪忠：《确定我国物权种类以及内容的难点》，《法学研究》2002年第1期。
② 蕲相木、沈子龙：《国外土地发展权转让理论研究进展》，《经济地理》2010年第10期。

不能在不结合我国现行土地权利制度实际的情况下单纯配置和构建土地发展权及制度。如国外关于土地发展权转让的原始理论认为，土地发展权是从土地产权束中自由分离、创设和让渡给他人的权利，是一项法定财产权种类，因此有些国家就通过判例的形式创设土地发展权这一新的土地权利类型。而有的国家则是在土地管理实践中通过划定发送区和接受区这种项目运作的方式具体应用，而不在土地权利体系中新设土地发展权，这些都是土地发展权配置与运行的具体做法，不能一概而论，只能灵活运用。

与其他国家或地区对比，当前我国类似土地发展权地方实践具有鲜明的中国特色，主要表现在：其一，政府主导，行政色彩浓重。我国类似土地发展权的市场化水平偏低，是典型政府主导型，在行政层面上操作的土地发展权。其二，只针对存量土地且平面化操作与运行。我国当前的土地发展权实践主要涉及因土地用途（性质）转换而出现的发展权配置与交易，对于其他两类即建设用地开发强度的提高（实际生活中常出现的建筑容积率、空间开发权配置及收益调控等旨在盘活存量用地实现就地发展）和新增建设用地指标交易（实现跨区域土地发展权流转，促进区域平衡协调发展）的模式，或者被法律规范忽视，或者被其实际禁止。我国的土地发展权在操作形式上也较为格式化，发展权指标的购买与落地两个环节分开运行，出让区（出卖区）的发展权主体补偿与接受区（购买区）支付分开。其三，土地发展权流转的空间范围受限。美国的土地发展权转让，作为其主要的土地利用规制政策，基本依靠市场运作进行，产权的界定明晰，市场机制完善，政府主要以宏观方式对运行土地发展权交易市场进行调控，弥补市场不足，防范交易风险，克服可能出现的市场失灵。而在我国，土地利用管理是以政府行政配置为主，而以发展权的市场化交易为辅，且这种市场化交易不是建立在明晰的产权界定与完善的市场机制前提下的，交易的范围受到很大的限制。[①] 一般仅限于某一行政区划内，而暂不允许跨区域进行。最后，土地发展权尚未法制化，通行的是在土地利用管理中引入土地发展权理念，目前的土地发展权运行仍处于理念层面而未涉及制度层面，但制度化却是我国土地发展权发展的趋势。

如果从比较法的视野来分析，这种行政化主导的具有中国特色的土地发展权雏形实践与美国的市场化主导的土地发展权制度成型之间具有重要的对比借鉴价值，比较的视角和方面如下：

其一，权利来源与运行机制不同。在美国，土地所有权是由一产权束或称权利群构成，其项下各权能可以相互分离。美国土地发展权转移政策的实现过程中，一方面，由于市场机制的引入，发送区土地所有者可以按照市场价格获得应有的土地发展权收益；另一方面，由于政府是整个政策实施的监督者，其对于发送区土地的开发行为进行了严格的监管，从而使得发送区土地所有者"既不想，又不敢"进行非农开发，这

---

① 方丽、田传浩：《土地发展权转让、市场机制与中国土地利用规制创新》，《中国房地产》2012年第7期。

就使得美国土地发展权转移政策在农地保护方面取得了良好的效果。① 在我国，目前对建设用地实行计划管理，由地方政府垄断，无论是作为用益物权人的农民个体还是作为所有者的农村集体，都没有权利自由实现土地用途的变更。这是因为我国的土地发展权转移和交易只能由政府主导。

其二，制度的目的定位不同。美国实行土地发展权移转和交易主要是为了保护自然环境或历史文化古迹。而我国目前仍处于城市化发展阶段，农村人口和劳动力主要向城市集中，土地发展权移转和交易不是为了保护经济欠发达地区粮食主产区耕地和自然环境，更多的是为了给发达地区提供更多的用地空间，促使资本和劳动力在整个国土空间上实现有效配置。美国的土地发展权虽身处高效的市场化体系，但重在强调保护国土的价值定位；而我国正处于各项事业发展的进程中，土地发展权的配置与运行要满足城市建设开发的资源权利需要。

其三，实现权利运行途径不同。在美国，土地发展权被判例确立为一项独立的财产权，也可称物权。因此在土地发展权转让计划中，发达区土地所有者自愿将土地发展权从产权权利束中分离，经量化后，转让给接受区土地所有者以实现其价值。土地发展权移转是以土地所有权人个体为单位的主体在市场上进行谈判和交易实现的。而在我国，市、县级地方政府从上级政府规划中获得年度建设占用耕地指标，按指标允许的开发量来对农地进行转用、征收和出让，指标价值的实现过程是通过农地转为建设用地的指标的出让来实现的，收入由地方政府获得，纳入地方财政收入，土地所有者通过政府对财政收入的公共支出行为受益。

最后，农民权益保障不同。美国土地发展权归属于土地所有权人，无论其土地发展权是被政府征购，还是被转让给其他土地开发者，原土地所有权人在原土地继续耕种时都能得到一笔可观的收入，从而激发了原土地所有权人保护农地的积极性。而我国无论是原有的计划管理模式还是指标转移模式，土地发展权转移和交易的主体都是地方政府。作为农村集体土地所有者的村集体和实际使用者的农民，在这个过程中是被动的，这与我国土地发展权的归属有着深刻的联系。地方政府对城市建设规划范围外农村地区的耕地和宅基地进行整理和复垦，以此获得建设用地指标，再将这些指标转移到城市近郊，用于工业开发区建设和城市扩张。在这过程中，无论是农民还是村集体都没有参与进来，只能被动地接受地方政府的安排和补偿。② 但我国也在不断探索让农村集体与离地农民主动积极地参与土地发展权分享的实践模式，如某些劳动力输出与输入大省，对口实行"离乡又离土"的外迁劳动力"带指标入省"，即赋予离地

---

① 顾汉龙、冯淑怡、张志林等：《我国城乡建设用地增减挂钩政策与美国土地发展权转移政策的比较研究》，《经济地理》2015 年第 6 期。
② 施思：《中国土地发展权转移与交易的"浙江模式"与美国比较研究》，《世界农业》2012 年第 10 期。

农民在迁入某一省级行政单位时，如能带入一定单位的土地指标，就可以将该土地指标置换为迁入地的城镇户籍、住房及社保等当地居民待遇。这实质就是中国化的土地发展权收益在农民集体与农户之间进行个体化分享的模式实践。

我国的土地发展权实践也面临着一些政策风险与法律障碍，如权利运行的市场风险、耕地保护、土地用途管制、城乡发展规划等问题。以浙江的土地发展权跨区交易等机制为例，由于异地补充耕地、折抵指标交易、基本农田易地代报等这些类似土地发展权转移在实践操作中暴露出效率问题，如"占好补差"、虚报数字等，对国家耕地保护目标的实现产生了极大的负面影响，好的耕地不断减少，而好的建设用地不见产生，因而当前学术界对"指标交易"这种类似土地发展权转移的模式仍存在着"合法性"争议，国土部门更是直接宣布其违法并予以叫停。①

虽然从制度改革与发展的长远价值来看，学术界与实务界的这种片面的看法与做法是消极无为的，不利于我国土地利用与管理制度的改革创新。其实对于这些地方实践的各类具体模式，应当从其实践的法制基础是否充分、运行中是否逾越法制强行性规范等角度进行具体问题具体分析。从这一理性态度分析，其实这些地方实践的具体模式不都是逾越法律的。至少"异地补充耕地交易"是"合法"的制度。因为《土地管理法》第31条规定，"没有条件开垦或者开垦的耕地不符合要求的，应当按照省、自治区、直辖市的规定缴纳耕地开垦费，专款用于开垦新的耕地"，而发生在地方政府间的异地补充耕地交易可以视作"占用耕地的"地方政府"没有条件开垦"，而在缴纳了"耕地开垦费"后由其他地方负责垦造耕地。② 但是，这也给学术界尤其是法学界提出了"土地发展权的法制兼容性"的问题。土地发展权的配置与制度构建的首要是要符合现行法律规定，如果抛开法律但求创新，那么土地权利的运行将不会更顺畅高效而将是低能混乱。总之，我国土地发展权各地方的模式实践具有鲜明的地方特色，与全国统一的土地法制存在或多或少的差异。对于地方土地发展权实践中的合法性分析，既要以现行土地权利与管理法制为基础，也应当有预判权利变迁的前瞻视野。

（三）发展趋势

由上可知，欧美等国的土地发展权在价值定位、运行机制、制度构成各具特色和优势。随着我国社会主义市场经济体制的建立和不断完善，以及城市化进程的加快，土地使用性质变更而凸显的发展性利益的分配和权利归属越来成为人们关注的话题。

---

①汪晖、陶然：《论土地发展权转移与交易的"浙江模式"——制度起源、操作模式及其重要含义》，《管理世界》2009年第8期。

②童菊儿、严斌、汪晖：《异地有偿补充耕地——土地发展权交易的"浙江模式"及政策启示》，《国际经济评论》2012年第2期。

第二章 土地发展权的发展

我国有必要借鉴国外土地发展权制度的经验,配置土地发展权,解决现有土地权利制度不能解决的现实问题,推进我国土地权利的法制建设。① 虽然我国的土地权利性质和体系与欧美等国存在差异,但这并不妨碍我国对其土地发展权制度加以借鉴。与此同时,我国土地发展权的配置运行与制度构建具有本国特色,拥有与其他国家或地区不同的发展脉络和制度前景。

英国的土地发展权具有诸多优势:采取发展权国有化,将土地开发增量收益纳入政府收入,作为调控政府与全体国民分配土地增值收益的宏观手段,注重发展权的公平分享。美国的土地发展权的优势和特色在于:发达完善的发展权产权界定与交易市场,在实现土地资源高效配置的同时,能够消除非个人努力而导致的土地增值,补偿因分区政策而开发受限的土地所有人,保证公平;能够减缓政治压力,特别是来自试图把土地卖个开发商的土地所有人的压力;能够促使土地所有人避免利益分裂,联合成统一的群体;能够大大减少因土地分区规划所带来的申诉和争议及相应的成本;能够用较低成本保护农地、开敞空间、历史遗迹、环境敏感区;能够促进城市的理性发展和扩张;能够在技术上避免征收土地,减少社会矛盾。② 我国台湾地区的"容积移转"与土地开发增值收益公共回馈共同构成土地开发许可制,是台湾地区土地发展权的重要组成部分。其中,容积移转是类似开发权的市场配置机制,能使开发主体通过容积自由交易实现发展利益实现,且政府也能凭借其握有的容积指标来实施城市建设规划的宏观调控。其实,在德国的公法规范中的财产权保障条款对于在动态的建筑容积率调整中兼顾政府基于公共利益促进行使的规划调整权与该权利作用范围内相对人不动产财产权利益的保障,对完善我国城市土地发展权制度具有借鉴意义。

我国城市的土地发展权运行主要是在已出让的建设用地上进行的容积率调整。它的作用在于维护国有土地的发展权收益,防止国有资产流失,并维持政府、开发商与土地原产权人之间的利益平衡。一般来说,某块建设用地的容积率增大,则表征其开发强度的提高和预期开发收益的增加,反之则相反。在容积率增加的诸种复杂的情形下,既要使开发商有利可图,又要使国家取得相应的土地资产收益,就需要在国家和开发商之间进行经济利益上的平衡。③ 土地开发增值收益回馈,是台湾地区在实施城市化及旧城区改造过程中借鉴日本的"开发利益公共还原"理念及《都市计划法》规定的"受益者负担"规则而产生的。日本的这项制度的运作手段主要有由项目主体收购

---

① 刘国臻:《论我国土地权利制度发展之动向》,《甘肃政法学院学报》2008 年第 4 期。
② 陈柏峰:《土地发展权的理论基础与制度前景》,《法学研究》2012 年第 4 期。
③ 蒲方合:《建设用地容积率调整中的利益平衡机制研究——以土地使用权已经出让的建设用地容积率的调整为视角》,《经济体制改革》2010 年第 3 期。

项目周边土地、向土地所有者征收项目负担金及一般土地税收三种,[①] 旨在将由政府或社会组织主导投资开发建设所产生的增值收益部分收归国有,作为下轮次市政建设的公共资金之用;部分作为公共财富归全社会共有,实现城市发展成果的全民分享。从这个意义上讲,容积转移和增值收益公共回馈的终极理念上是统一的。由此可见,上述国家或地区的土地发展权的价值、机理各具优势或特色,可成为构建我国土地发展权各个运行机制的借鉴。

我国当前正处在土地改革、住房商品化、快速城市化时期,大量的基础设施不断修建以及众多的旧城改造使得产权纠纷和政府征地不可避免,有关产权的立法和对侵权问题的探讨必将是一个漫长的过程。在土地发展权方面,我国与英美法系、大陆法系国家相比仍不够完善,主要体现在:缺少法律对私人财产的保障,造成政府负担过重,没有公平的机制来应对房改,以及土地改革当中出现的新问题。针对私人产权的纠纷,尤其是政府行为所造成的纠纷,如何变行政管理为法治,限制政府权力的滥用是物权法立法的一个主要目标。通过立法可以监督政府和开发商的行为,使得利益受损的私人业主有法律依据和司法途径来取得赔偿,或者否决不合法的建设。政府调解纠纷的任务可以适当地、逐渐地转移给司法部门。而政府征地权力的行使也应该有法律章程可循,避免商家滥用政府权力谋取私利。[②] 土地发展权在新时期扮演着调整城市化进程中存量产权增量开发及其利益的重要角色。

然而,任何制度的引进或构建均要与一国经济社会既有制度相配合,与一国既有国情与改革目标相契合。土地发展权制度的引进与建构也不例外。倘若我国直接照搬欧美或其他国家、地区的土地发展权制度且这一制度能在实践中有效运作,上述优点应该也可以体现出来。然而,上述国家或地区的土地发展权制度与我国相关制度有着相当不同的基础,全面借鉴会涉及一连串的制度变动。例如,我国近乎采取土地发展权国有模式,如果要转换为美国土地发展权定额私有模式,制度转换的成本会非常高。尤其不能不考虑的是,全面赋予所有土地以发展权,国家要限制农民开发就必须买断其发展权,这会让中西部地方政府有限的财政能力雪上加霜。倘若国家无力买断农民的土地发展权,就很难阻止农民低度开发土地,从而造成土地浪费,并使严格的更低保护政策落空、土地用途管制制度虚化。此外,土地发展权制度的成功运作依赖于严格的外部条件,包括法律制度对权利的明确界定、科学合理的分区规划政策、公众对发展权制度的充分认可、政府对市场的高效监督等。在美国,这些背景性条件在一些地区也很难全部具备,土地发展权转让制度的实际运作效果也因此难以符合预期。目

[①] 王郁:《开发利益公共还原理论与制度实践的发展——基于美英日三国城市规划管理制度的比较研究》,《城市规划学刊》2008 年第 6 期。

[②] 邢锡芳:《土地规划和政府对私人不动产的侵权——从政府征地和土地管理法规条例谈美国土地规划的法律基础》,《北京规划建设》2006 年第 3 期。

前，我国多数地区，很难在短时间内达到美国式的土地发展权制度成功运作的背景性条件，因此全面借鉴美国制度模式的时机并不成熟。当然，具备条件的地区，可以尝试以项目的形式进行土地发展权改革实验，然后根据实验的成效谨慎决定是否应当在更大范围内推行这一制度。

当前我国土地权利运行与管理中存在大量的土地发展权问题。如城镇化带来的土地发展权问题。随着城镇化率的不断提高，伴随而来的是房地产开发热潮。房地产开发必然会发生农用地转为建设用地并提高土地利用的集约度，农用地转为建设用地和土地利用集约度的提高所产生的发展性利益的权利归属和利益分配没有相应的土地权利制度予以解决，由此造成社会分配不公。而房地产开发商没有为土地发展权支付对价。再者，我国农村集体土地征收法律制度中，尚未确立土地发展权补偿机制，造成了土地转用的增值收益归征用者所有，土地所有者不能分享。这是现行土地政策根本缺陷之一。用于基础设施建设的划拨土地按原用途补偿，实际上是要被征地农民承担一部分基础设施建设成本，而出让土地也参照划拨土地按原用途补偿，则是剥夺了农地所有者分享土地转用的增值收益。这是现行土地问题日益严重的症结之一。①

而要遏制土地征用权的滥用，就必须对农村集体土地的利益重新分配，发展集体建设用地的流转和交易，打破对农地转用的国家垄断，改变政府对集体土地的用途管制，让地权所有者直接参与市场交易过程，主导土地要素的定价权。通过农村土地用益权直接谈判，使土地流转的利益真正回到农民手中。现行农村土地制度的最大受益方是地方政府，未来土地改革的最大受益方应该是人民。② 还有一个方面，就是土地发展增益将主要由占有特殊位置土地的城郊农民享有，这必将催生土地食利者群体，加剧社会分配不公。在农村集体土地发展权制度建构中，也应当考量不具有区位优势、征地机会而世代务农的大田农民对于作为公共资源的土地发展权收益的分享权利。这也是构建我国农村集体土地上土地发展权制度的根本原因和内容。

另外我国在城市土地上缺乏对土地增值收益的公共回馈制度。城市土地增值是指由于城市经济发展和土地投资以及对土地的规划和管理等而形成的地价上涨。包括：（1）随着社会的发展、经济的增长、人口的增加，人类对土地需求日益增大，从而造成土地的供不应求，引起的土地增值；（2）城市政府对城市基础设施如交通、供电、供水、通信和公共设施如学校、医院、文化及商业设施等进行投资改造，使城市土地开发利用能获得更高的开发收益，从而导致地价上涨而引起的土地增值；（3）由于城市规划变化，使土地利用条件发生改变，在变化方向有利于土地高效利用时，引起地价上涨而引起的土地增值；（4）土地利用者对土地进行投资改造，提高土地效用引起

---

① 张曙光：《博弈：地权的细分、实施和保护》，社会科学文献出版社2011年版，第24－25页。
② 杨勤法：《房地产宏观调控政策与法律》，北京大学出版社2011年版，第67页。

的土地增值等四种。① 若按照一般财产权规则，对以上四类土地增值收益的分配，在土地公有的体制下，第一种土地增值属国家所有；第二和第三两类增值源自城市政府对土地的投资及规划条件改变，故其增值收益应归城市政府所有；只有第四类的增值属于土地使用者的贡献，增值收益应归土地使用者所有。②

然而这种分配制度突出了土地发展权权源的国有属性，而忽视了农村集体所有属性和个体用益物权权源属性，造成的结果是中央政府获得了因非农建设用地数量的绝对减少而使其供不应求而引起的土地绝对增值。各级地方政府获得了由其行使土地开发权而产生的土地相对增值。城市开发中所产生的绝大部分土地增值都归代表国家的各级政府占有。虽然国家也可以作为社会公共利益的代表，通过财政投入基础设施建设的手段将其获得的土地发展权益的一定比例返还给社会公众，特别是通过城乡统筹建设的方式间接返还给农村集体经济组织和农户个体。但这毕竟不是国有土地发展权与集体土地发展权冲突处理与协调运行的法治机制。

另外，在城市国有土地上进行旧城改造，就涉及对一些城市私房、划拨土地上的住房的拆迁，其土地使用权的补偿价格如何补偿？通过旧城改造的建设用地重新规划使用以后，土地价值大幅提升，原土地使用权人是否能够独享这部分增值利益？对于因区位因素而不能直接参与城市化与旧城改造活动的国有土地使用权主体，其能否分享一部分因区域整体改造所产生的增值收益？土地的公共权利属性能否通过一种权利机制得到普遍分享，以改革当前城市发展中对土地发展增益分配失衡的现象？笔者认为，这就是构建我国城市国有土地上土地发展权法律制度的重要使命。

---

①丁成日：《土地价值与城市增长》，《城市发展研究9卷》2002年第6期。
②王文革：《城市土地配置利益博弈及其法律调整》，法律出版社2008年版，第196－197页。

第三章　土地发展权的法律性质

土地发展权的定性与第四章将要论证的权利构造是一对既独立又关联的范畴。土地发展权的定性是指对土地发展权的法律性质及其在土地权利体系中的地位的探究。而权利构造则是在定性的基础上，从财产权视角解构其权能构造与功能机理。定性是权利构造的理论前提，权利构造是定性的理论深化。

一、范畴缘起与论证思路

（一）范畴缘起

土地发展权的法律性质与地位、内涵与权利构造等共同构成土地发展权的实体理论范畴。笔者认为，土地发展权在土地权利体系中的层次位阶、土地发展权的权利内涵与构造等实体论基础问题取决于对土地发展权的法律性质判断，也就是说土地发展权的性质决定了对土地发展权的位阶、内涵与构造等实体要素的认定。土地发展权的法律性质，是土地发展权实体理论中的重要范畴之一。但法学界尚未有对此问题的专门探讨，仅有个别房地产法学者在论证土地发展权理论体系时从旁侧涉及过，论证的角度是对域外典型土地发展权模式所具有的法律性质的解析。这些成果是深化对此问题研究的基础。

刘国臻教授是对该领域有着较为完整研究思路的学者。他先后发表过三篇有价值的学术论文，[1] 分别对英国、美国及我国的土地发展权制度所凸显出的法律性质进行了独到的分析，指出英国的土地发展权的国有化安排，使对土地发展权的占有、使用、

---

[1] 刘国臻：《论英国土地发展权制度及其对我国的启示》，《法学评论》2008年第4期；刘国臻：《论美国的土地发展权制度及其对我国的启示》，《法学评论》2007年第3期；刘国臻：《论我国土地发展权的法律性质》，《法学杂志》2011年第3期。

收益和处分的权能归属于政府，其土地发展权具有公权力属性。美国的土地发展权移转和土地发展权征购能使土地发展权在市场上自由配置与流转，国家及地方政府几乎不干预土地发展权市场化运作，土地发展权收益归属原土地所有权人。美国的土地发展权具有不动产财产权属性。对于我国的土地发展权，刘国臻以各地类似土地发展权的实践机制为案例，并重新审视公私两分法的局限性，认为将土地发展权单纯界定成公权或私权，都不符合我国类似土地发展权的制度实践，他指出土地发展权既作为一项财产权具有私权性，又作为国家对土地利用关系的干预具有公权性，因而将我国的土地发展权定性为经济法意义上的权利。这种从"私法－公法－经济法"和"私权－公权－经济法权"的论证思路具有一定合理性，但其观点值得商榷。

（二）论证思路

以上几乎构成法学界对土地发展权的法律性质研究的全部成果。但是，这些成果仍未能完整揭示出土地发展权的法律性质。如果将土地发展权定性为一项私法属性的独立的物权或财产权，那么其权利的内涵与构造是什么？如果将土地发展权定性为具有政府公权利属性的新型权利，那么作为公权利主体的政府如何行使这项新型权利，与行使其他典型行政公权利相比是否具有独特的模式？如果将土地发展权定性为一项经济法权，那么其具体包括经济法权项下的何种权利范畴，其运行的机制为何？只有从法学理论与法制实践的层面对这些疑问作出解答，才能说对土地发展权的法律性质与所处位阶层次、权利构造等基本实体问题的认识提升到了一个新的高度。笔者认为，土地发展权在本质上不应该被定位为一项公权利，至多包含若干成分的公权利属性。①

本章的立论点以及探讨的焦点是土地发展权的物权性和准物权性，因为当前法学界特别是民法学界更认同"土地发展权是一项独立的物权或准物权"的观点，笔者也赞同这一观点。但法学界对土地发展权的民事物权属性及其内涵的解析与外延构造的解构是缺乏严谨深刻的学术论证过程的，因而学界对土地发展权的认识仅停留在概念层面，对"该权利是如何运行的？""该权利包括哪些权能"这些实体性问题仍相对模糊，从而使土地发展权虽在实践中客观存在，但在理论上不能得到正式承认且在我国的土地权利法制建设中得不到创新。本章将遵循单刀直入的论证逻辑，在标题中直接亮出自己的观点，并将具体的理论分析论证包含在对作者观点的论证过程中。在观点上，笔者认为土地发展权不是用益物权种类之一，而是一项新型独立的不动产物权，其与现行《物权法》与物权法基础理论中与土地所有权、土地使用权并处同一位阶，

---

① 公权利是私人主体在公法（调整公权力与公权利之间关系的法）上的权利，其与私人主体在私法（调整私权利之间关系的法）上的权利相对应。参见上官丕亮：《论公法与公权利》，《法治论丛》2007年第3期。

并包括主体、客体和内容的权利三要素。但与一般土地物权不同的是其主要仅包括收益和处分两项权能；如果在物权实证体系中暂时不能确立土地发展权的独立物权地位，那么在公法理论的角度可以将其认定为一项新的准物权种类。土地发展权具有公权与私权的双重属性。

二、土地发展权是一项超越用益物权的权利

（一）论证逻辑

用益物权作为罗马法中的古老概念，被各大陆法系国家或地区物权法理论与民法典物权编所继受。我国《民法典》第 323 条也规定，用益物权人对他人所有的不动产或者动产，依法享有占有、使用和收益的权利。从内涵上讲，用益物权是指以支配他人之物的使用价值为内容的物权，这已成为法学界的通说。① 由其概念可知，用益物权具有三个方面的法律特征：其一，用益物权的物权价值是以该物的使用价值为基础，是为其区别于担保物权的重要特征；其二，用益物权以他人而非本人之有体物为权利客体，是为其与土地所有权和使用权之区别所在；其三，用益物权的权能只包括占有、使用和收益三项权能，而不包括处分权能，这三项权能的行使也是具有一定程度和性质上的边界。

笔者认为，这是用益物权与土地发展权相区别抑或说土地发展权是超越用益物权的一项新型独立的物权的原因，也是本节要详细论证的观点之一。我国法学界对这一问题之前没有做过专门性探讨，也没有形成所谓的"肯定说"和"否定说"之争，因此笔者为了更加全面深刻地论证土地发展权与用益物权的关系而设置了围绕诸如对以上几种学说进行比较的逻辑思路，从学术论证的角度看，土地发展权与用益物权之间的关系可分别定位为："肯定说"，即土地发展权属于用益物权体系项下的种类之一，这主要是从外观层面的界定；"否定说"即土地发展权不能归属于现行用益物权体系项下之具体种类之一，即直接否定土地发展权的用益物权属性。"不隶属说"又称"平行说"，即土地发展权与各项用益物权种类乃至作为狭义用益物权范畴的土地使用权不存在权能上的隶属关系，而是超越用益物权权能范畴或根本与用益物权在权能属性上不

---

①对用益物权理论研究的主要成果有屈茂辉：《用益物权制度研究》，中国方正出版社 2005 年版；房绍坤：《用益物权基本问题研究》，北京大学出版社 2006 年版；王效贤、夏建兰：《用益物权制度研究》，法律出版社 2006 年版；尹飞：《物权法·用益物权》，中国法制出版社 2005 年版。以上成果对用益物权基础理论的分析思路和观点较一致，因此构成了我国民法学界对用益物权研究的通说，因此也被作者引用来进行土地发展权与用益物权关系论证之用。

相干而独立的新型物权。土地发展权或许具有独立的物权地位和独特的权利构造。笔者将分别论述这三项观点的理论支撑，并结合土地物权体系完善的法制背景来定位土地发展权，使土地发展权的配置更准确地反映现行土地权利运行的客观机理与法制需求。

（二）用益物权的属性与特征

持土地发展权符合用益物权功能并属于用益物权体系项下的一项新型种类的观点（即"肯定说"）是从土地发展权与土地所有权之间的关系、土地发展权与用益物权之间的关系进行比较的论证思路得出的。法理论据主要有三项：

其一，从来源上看，用益物权是以所有权为基础而产生的权利。这是从母权与子权关系的角度来论证的，所谓"母权－子权"结构，是指这样的法律结构：定限物权派生于所有权，所有权是定限物权的母权，定限物权是所有权的子权，[①] 一切定限物权与所有权之间关系的界说均应遵循此项具有方法论意义的理论结构体系。尽管用益物权是一种独立于所有权而独立存在并运行的权利群，但其作为支配他人之物的一种物权，这就表明用益物权与他人之物的所有权之间存在着一种天然的联系。财产利用是财产归属的最终目的，财产归属是财产有序利用的基本条件，在财产归属和财产利益普遍分离的时代背景下，财产利用和财产归属之间应该是一种平等互利的协作关系，具有同等重要的价值和地位。[②] 而依据土地发展权的通说概念，其最初源于采矿权能从土地所有权中分离而独立行使与运行的财产权观念，是将提高土地利用强度或转变土地用途而进行开发的权利从土地所有权权能中独立出来而生成的新型物权。与此类比，土地发展权虽然也成了一项独立的物权，但其只有在其母权土地所有权得到明晰有效的配置后才会生成并运行。来源层面的用益物权与所有权的关系界定，是初始阶段两者关系的界定，即土地发展权是不能脱离所有权而存在的，在其运行环节则不必然仍与所有权纠缠成一团，其具有独立运行的能力。

在我国，土地所有权与土地使用权的分离运行，且土地使用权能作为一项能流动有价值的物权类型，土地发展权也能称得上是以土地使用权为基础而产生的权利。

其二，从运行上看，用益物权是所有权行使的一种形式。土地所有权作为一种支配权，依据行使的主体不同，可分为直接行使与间接行使，前者的主体是土地所有权主体，后者的主体是非所有权主体。行使的依据，前者是凭借权能当然可享有之，而后者则根据法律特别规定或当事人特别约定。与用益物权作为所有权运行的一种方式类比，土地所有权人一般也享有该块土地的发展权，即土地发展权是源于土地所有权

[①] 崔建远：《母权－子权结构的理论及其价值》，《河南财经政法大学学报》2012年第2期。
[②] 孟勤国：《论中国民法典的现代化与中国化》，《东方法学》2020年第4期。

凭借其所拥有的所有权及其各项权能所拥有的对其客体进行动态、增量、立体意义上的开发利用所产生的增值收益及对其的占有、使用、收益及处分（特别是后两者）的权能。这项权利在土地开发层次及强度低下的初级商品经济年代与土地无偿利用及不可流转的社会主义计划经济条件下是包含在土地所有权的收益、处分权能之中而未独立出来，而在西方资本主义社会化大生产与我国社会主义市场经济时代，土地作为资本要素在社会财富生产中发挥着重要的基础性作用时，法律有必要配置新型权利来保障对土地及其他不动产进行动态、增量、立体开发及其增值收益的收益、处分权，土地发展权应运而生。但是土地发展权在生成初期及尚未完全市场化运行之前，其与土地所有权的收益、处分权能所及的范围与运行的模式仍比较相似，因此从逻辑上将土地发展权认定为土地所有权收益和处分权能的一项行使方式具有一定的法理基础。

其三，从功用上看，用益物权是对所有权的一种限制。土地所有权的行使边界不是无限度的，而是应当受到社会公共利益的规制。这是所有权社会化理念的题中应有之义。而限制土地所有权人仅能直接行使所有权的法律规则在市场发展要素日趋流动的商品经济肇始以降，愈发显现出其限制商品与资本要素流通的弊病。在此双重背景下，用益物权作为促进市场权利与价值要素流动的新型权利类型在法律上产生并从所有权中独立出来，并作为所有权人行使所有权的一种方式而存在。有学者将这种限制归纳为四种情况：在用益物权依法成立后，所有人不能随意取消之；所有人在行使所有权时，不得妨碍用益物权人行使权利；所有人不能随意变更用益物权人对所有权的义务内容；用益物权具有优先于所有权的效力，[①] 这是从设立、运行、内容及效力四维层面来论证用益物权对所有权功能的规制与调节。土地发展权作为一项突破对土地所有权各项权能原有行使广度与深度的以动态流转、增量与立体开发为内容的新型物权，其也体现出对土地所有权的限制涵义。

在土地发展权被依法确立后，所有人不能随意取消之。如在政府在其行使的国有土地所有权或使用权上，有偿出让该块土地的使用权并赋予开发权人转变土地用途进行商业性开发的开发权及收益权，那么政府不得在出让后无法定事由地予以收回而必须按出让合同履约；所有人在行使所有权时，不得妨碍其上土地发展权人行使其发展权，如农村集体经济组织在对其所属的某块农田上设置出让一项土地承包经营权给其成员，那么其就不能再直接享有该块农田提高经营技术而生产出的优质耕作价值的收益权能；所有人不能随意变更土地发展权人对其母权所有权的义务内容，如所有权人出让一块待开发用地后，不能擅自变更出让合同约定的开发任务而向受让人施加负担更重的开发义务而侵害相对人的发展收益权；土地发展权具有优先于所有权的效力，如从理论上讲，土地发展权拥有对某块土地开发增值收益的优先分配权和处分权。

---

① 房绍坤：《用益物权基本问题研究》，北京大学出版社2006年版，第48页。

(三) 土地发展权与用益物权的区别

持土地发展权因不符合用益物权结构特征及功能属性而不属于用益物权的观点（即"否定说"），对"肯定说"进行了扬弃，直接否定了土地发展权的用益物权属性，持这种观点的学者主要依据如下三项法理论据：

其一，用益物权的行使须直接支配他人之物，土地发展权行使不必支配自身或他人之物，也可以间接支配或不支配自身或他人之物。用益物权是他物权，即用益物权不能在自己的物上设定，仅仅能够在他人之物上设定，且用益物权体现为对他人之物的"用益"，只能是对他人之物产生负担，而这种负担的一般情形是"容忍义务"，而不是积极的行为。① 而土地发展权在行使上可与土地所有权、土地使用权相分离，非土地所有权人可以行使他人享有所有权或使用权之地块上的发展权，且因为土地发展权是以土地开发中的发展性权益为客体，所以行使中不必以直接支配他人的土地所有权或使用权为限，而可以仅是无形的增量权利为运行的客体，如土地发展权主体通过向土地所有权、土地使用权主体购买其上的土地发展权而单独持有该土地发展权，并通过表征土地发展权的建设指标、容积率在要素市场上配置与流转而实现土地发展权，这种建设指标或容积率或许还只具有虚拟票据的形态。

其二，用益物权的内容是利用物的使用价值，而土地发展权的内容主要是收益与处分发展性利益。用益物权不同于担保物权是为获取对物的交换价值，其直接支配的对象是物的使用价值，也就是由用益物权人对物本身加以直接的使用并获得收益，因而用益物权的实现一般以占有标的物为前提。用益物权所能支配与获取的这种对物的使用价值与土地发展权相比仅具有静态、存量与平面意义，以各国用益物权体系为例，诸项用益物权仅包括占有、使用、收益三项权能，不包括处分权能，不能变更用途、性质或显著提升利用强度，不能实施立体开发，未超出一般"使用"权能的界限，不需要公共利益机构的宏观配置与调节。而土地发展权的内容则显著超出了用益物权对物使用的范围与强度而达到对土地用途的变更、性质的转换、空间的立起、价值的提升的维度，且这一权利及权益已脱离原所有权或使用权的权能所及而独立为一项新型的法益，需要配置新的权利予以保障与调控。土地发展权较之于用益物权有着更为复杂庞大的利益关系。

其三，用益物权的客体是不动产，土地发展权客体是发展性利益或权利。将用益物权的客体限制于不动产，主要是从不动产物权法律规制的复杂性与其保障的法律成本的两个维度考虑的。动产物权以占有为公示方法，占有的公示效力仅能表现出极为简单的法律关系，而不动产物权以登记为公示方法，登记的公示效力则是之于内容复

---

① 李永军：《论我国民法典上用益物权的内涵与外延》，《清华法学》2020 年第 3 期。

杂且价值量庞大的权利义务的不动产物权法律关系。动产流转的法律关系至多借用不动产债权手段即可调整。用益物权是以使用、收益为目的而设定的。因此，物的使用价值如何，将直接影响到用益物权的设定。关于用益物权客体的界定，应该严格限定用益物权的客体为不动产。① 而土地发展权的客体是发展性利益，这不是传统民事流转所产生的存量利益，而是价值量更大且需要政府进行宏观调节的增量利益。增量利益是指劳动产品超出劳动的费用而形成的剩余，② 作为社会化大生产的产物，需要调整人们在社会化生产中生产和实现剩余并相应地进行剩余的分配和再分配关系的经济法调整。土地发展权既具有与用益物权相似的占有、利用、收益的传统权能，也具有后者不具有的处分权能，而更为独特的是，其具有经济法属性的宏观调控权及剩余产品再分配权。土地发展权的运行不需要也不必然能够以直接占有标的物为要件。这种权利的形态或许不能单纯用有体物来衡量。

（四）因超越用益物权而独立

持土地发展权与各项用益物权种类乃至作为狭义用益物权范畴的土地使用权，不存在权能上的隶属关系，即"不隶属说"或"平行说"在"否定说"基础上，更加明确了土地发展权与用益物权的关系，即土地发展权在位阶上与土地所有权和土地使用权平行，在运行上与土地所有权和土地使用权分处不同时点和环节，在结果上发挥不同的功能效用，土地发展权明显超越用益物权的功能。笔者持这种观点，主要是基于如下论点和论证思路作出的判断：

其一，从概念的界定与种类的廓清上，用益物权及其体系不是无止尽的，土地发展权不能构建在用益物权体系之中。用益物权的概念随社会经济的发展而产生新的变化，应社会发展需要产生新种类，随着社会的发展变迁、经济基础的变化导致新的用益物权产生，用益物权的权能表现出在原有基础上逐渐拓展的趋势。③ 笔者认为上述的概括不仅在方法论上具有廓清用益物权体系范围的意义，而且也能用来界定土地发展权与用益物权的范畴。如在种类界定上，用益物权一般是对于特定经济发展时期特定领域中不动产利用的具体情境中，土地承包经营权是我国特有的用益物权概念，是为了在农村集体土地所有权之下促进农户个体经营积极性而在实践中出现并逐步完善成型的具有鲜明实证、地域色彩的一项新型用益物权。宅基地使用权则是为了保障农村集体经济组织成员住有所居的权利而配置的在其自有宅基地之上建造自用房屋及其他构筑物的具有我国特色的一项新型用益物权。

---

① 房绍坤：《民法典物权编用益物权的立法建议》，《清华法学》2018 年第 2 期。
② 陈乃新：《经济法理性论纲——以剩余价值法权化为中心》，中国检察出版社 2004 年版，第 56 页。
③ 薛生全：《用益物权的价值取向及立法指引》，《法学杂志》2018 年第 12 期。

由上可知，用益物权产生于特定的法制实践背景，运行于特定功能的场域，具有较稳定的内涵且外延不宽广。土地发展权则与其差异较大，其既非产生于特定的法制实践背景，也不运行于特定的功能场域，并且内涵与外延具有显著的不稳定性与不确定性，具有较强的普适性和理论性。如土地发展权不是产生于某一特定领域的法制实践，理论上的渊源是不动产社会化生产所产生的增量利益；其不是运行于某一具体的不动产利用场域，理论上却存在于一切不动产增量开发利用场域。土地发展权的内涵和外延具有广阔、不稳定、不确定的特征，其内涵包括变更土地用途（使用性质）和提高利用强度这两个抽象的场域，具有不稳定性，其外延可囊括土地所有权及所有用益物权，甚至担保物权之上的增量利益关系的调整，具有广阔、不确定性。土地发展权的概念（内涵）不具有天然的确定性，其体系（外延）不具有天然的稳定性。这是对土地发展权在其权利构造、体系建构、属性定位、制度构建等法制创设工作中难以实际开展的根本原因。

其二，从内容规定的前瞻性与立法设计的层次性上，从世界各国或地区与我国用益物权体系的产生与发展趋势来看，其不具有明显的前瞻性，一般是对在实践中已有的以特定不动产为客体而行使占有、使用及收益的特定活动或机制的事后回应，土地发展权从概念的提出、内涵的确定、运行的模式、体系的建构、制度的定位等领域均是对现代社会土地增量开发中所产生的增值收益的分配法律关系调整的主动回应。其一，从其概念与内涵角度，土地发展权的创设无论从理念的提出还是制度的建构，从时间上看都要早于国际人权法上的发展权理念的提出和相关制度的建构。最先提出土地发展权概念的英美两国所创设的土地发展权制度实现了传统土地产权制度理念的超越，体现了其作为一种财产权的转移性价值或预期性价值所产生的发展利益的动态性特征。① 其二，从运行模式、体系建构与制度定位角度，我国现行土地用益物权体系由国有土地用益物权与集体土地用益物权构成。该体系存在严重的二元结构缺陷，国家加之于集体土地用益物权的各种束缚导致集体土地资源难以实现优化配置而长期处于低效利用状态，② 这就决定了当前我国类似土地发展权实践的运行机制也会存在城乡二元化特征。如国家土地所有权、国有土地使用权等城市范围内的土地发展权的权能较舒展、运行更顺畅，而农村范围内土地承包经营权、宅基地使用权、集体建设用地使用权上发展权权能不彰，运行不顺。流转是充分释放农村集体土地发展权价值的重要途径。

从农地承包经营权家庭联产承包与统分结合的双层经营体制改革其实是该用益物权彻底物权化的过程，基于财产增值功能和融资担保功能的最大化，积极消除影响支

---

① 朱未易：《论物权法上的土地发展权与人权法上发展权的制度性契合》，《政治与法律》2009 年第 9 期。
② 王崇敏、李建华：《论我国土地用益物权体系重构的逻辑理路》，载《物权法立法专题研究》，法律出版社 2012 年版，第 270 页。

配农地承包经营权交换价值的因素的社会保障功能，使农地承包经营权流转完全自由化。但当前在农地承包经营权法律关系中各主体之间对基于该用益物权的发展权的争夺已超越对用益物权收益权能范围内的存量利益而提升到经济法意义上的增量来源分配权，这就需要更加充分释放与发挥农地承包经营权的财产增值功能和融资担保功能，使其资本化、货币化。① 这就决定了即将要构建的农地承包经营权之上的发展权制度不能配置在原有的用益物权体系与权能的范畴内，而应当与用益物权体系平行配置并融入经济法权的运行机理。其他农村集体土地上的用益物权的发展权制度构建机理也与此相同。

由此可见，将土地发展权定位于用益物权种类之一，仍只能囿于用益物权权能运行、体系构建与制度功能发挥的事后应对性，而不利于其发挥出土地的发展权在应对土地增量开发及其利益调整方面的机制运行、体系设置与制度功能的前瞻性。土地发展权应定位成一项与用益物权互不隶属的独立物权。虽然土地发展权与用益物权间互不隶属，但基于制度设计的稳定性与实践的可行性，我国在土地发展权的体系与制度的构建环节中，可攀附在现有土地所有权、使用权以及其他用益物权及其体系中配置具体独立的土地发展权。

三、土地发展权是一项新物权

国外土地发展权的初始形态为采矿权，现代形态主要是空间开发权。无论是采矿权抑或是空间开发权，都是一项私法上的权利。在我国，因主要涉及城镇化过程中农转非增益调整活动，土地发展权常被用作土地用途转变中所产生增值收益权。无论是国外的采矿权和空间开发权，抑或是国内的农地发展权，都是一项私法意义上的财产权。该权利经过不断运行，最终将达成法定化目标，并受到《物权法》的保护。笔者将首先分别界定采矿权、空间权和农地发展权三个层面土地发展权的私物权属性，然后总结出其私物权属性的一般结论。

（一）采矿权是一项独立的物权

在法学界，有学者将土地发展权定位为空间建筑权和土地开发权的组合，并将土地开发权作为土地发展权的核心，即土地所有者或使用者变更原土地使用性质的权

---

① 高海、欧阳仁根：《农地承包经营权权利属性的跨越与流转障碍的克服——以民法用益物权向经济法权利的跨越为路径》，《南京农业大学学报（社会科学版）》2010 年第 2 期。

利。① 土地开发权与土地发展权，英文表述都是 land development right。尽管有学者认为两者是内涵不同的概念，②但笔者认为，两个概念只是在转译时采用了不同的用词，在内涵上没有实质差异，但两者存在权能上的侧重。土地开发权强调特定主体主导一项土地变更用途或提高强度活动实施的权利，实质为"处分权"。土地发展权则侧重对某一特定土地变更用途或提高强度所产生的增值收益的分配，即"分配权"，但土地发展权也含有一定处分权能的属性。

采矿权是土地开发权最早的形态。当时矿产资源开采业伴随第二次工业革命而兴起，对土地的开发主要是对地下矿产资源的采掘和利用，这种开发权随着采矿业的发展而逐步形成并被法律确认，最初就是采矿权。后来随着矿产资源开采所处的环境和条件复杂化，且勘探技术日趋提高，矿产资源的勘探在整个矿业活动中的地位日益重要，遂又逐渐衍生出独立的勘探权。勘探权和采矿权合二为一就形成了现代意义上的矿业权。矿业权在我国的界定，是指在依法取得的勘查许可证规定的范围内勘查国有矿产资源，并在没有违反法律的禁止性规定的情况下取得采矿权的权利。国家作为间接获得矿产资源价值的所有人，让符合条件的非所有权人直接行使矿产资源的权能。③从国有矿产资源中分离出来矿产，将其设立矿产物权。这样矿产资源所有权与特定部分的矿产物权之间，性质相同但权利内容有明显不同。④有学者将矿业权界定为用益物权范畴，⑤笔者赞同此观点。因为我国《矿产资源法实施细则》第6条就规定了采矿权就是从国有矿产资源所有权中分离出来，并出让给个体开发者行使占有、使用、收益和一定处分的权利。

在我国，设置物权化土地开发权具有法治可行性。城市市区的土地、经依法没收、征收和征购的城市郊区和农村集体土地属于国家所有。地方政府以土地所有权主体的身份，实际行使各项土地物权的权力，不仅是土地的管理者，更充当土地的实际占有支配者。前者是行使土地行政公权力的身份（主要内容是人身权），后者是行使土地公权利的身份（主要内容是民事属性的财产权）。对于后者应当将其和土地他项物权分别对待，从土地民事物权的权利束中分离出来形成一项具有独立地位的法定物权，并具有对抗相对第三人和绝对任意人的物权效力。土地开发权与土地发展权之间存在一项重要区别，即土地开发权以具体的物质形态为处分客体，因而对其行使须以占有标的物为前提。

---

①胡兰玲：《房地产法新论》，中国法制出版社2012年版，第118页。
②如学者沙文韬认为，土地开发权是一个较新的法律概念，是通过分配土地开发容积率的方式，解决不同土地所有权人在空间维度上支配土地开发容量的利益冲突问题的权利。参见沙文韬：《中国土地开发权制度研究》，华东政法大学2008年博士学位论文。
③李建华、李靖：《采矿权法律性质的再认识》，《国家检察官学院学报》2017年第6期。
④康纪田：《矿业法论》，中国法制出版社2011年版，第88页。
⑤李显冬：《溯本求源集：国土资源法律规范系统之民法思维》，中国法制出版社2012年版，第57页。

地方政府作为我国土地的管理者和直接支配者，具有作为土地开发权主体的条件。地方政府作为行政主体的土地开发权具有物权客体的特征。物权作为支配特定独立物的权利，其客体是具体且特定的物。这就使作为权利主体的地方政府具有了土地开发权行使的明确对象和范围。地方政府直接支配所辖行政区域内特定独立且具有排他性的待开发土地。

物权的排他性是指在同一物上不得成立数个不相容的物权。地方政府一般先由土地储备机构进行"三通一平"等一级开发工作，再通过市场公开出让，获得一级开发的增值收益，或者直接将这部分储备地对外抵押，获得二级开发的增值收益。这就是地方政府运作土地开发权日常的轨迹。当然，地方政府独占土地开发权也给农村集体和农户个体的土地财产权带来较大侵害，这是因为我国基本法律将土地开发权定位于国家开发权和国家收益权。我国《宪法》第10条第1、2款分别规定了"城市的土地属于国家所有"和"城市郊区的土地除依法属于国家所有的以外其余属于农村集体所有"。由该条第1款"顺理成章"地推导出"城市化→土地国有→政府征收土地→农民交出土地"链条，由此剥夺了农民在城镇化过程中的土地开发权，使大量农民在中国城市化的进程中丧失了其土地的财产性收益。[①] 而在我国现行的土地物权体系中，土地开发权尚未纳入其中，因而其也不受保护，这种非法定物权性质的土地行政管理与开发权不能进行产生物权效力的经济活动，因此不能解决土地开发过程中土地发展权问题。随着我国市场经济进一步发展和现行流转和管理制度的逐步深化，土地开发权作为一项新的物权种类亟待法定化并反映现实中相对、动态和立体的土地运行新的权利需求。

（二）空间权是一项独立的物权

空间权在权能上补充了用益物权范畴内土地分层地上权对于土地立体利用开发活动中增量型权利配置与利益调整的需求，符合"不转变土地性质而提高利用强度"的狭义土地发展权功能机理。但从空间权的理论内涵来看，空间权只是土地发展权内涵的一部分，不能涵盖土地发展权的全部属性与功能机理，将土地发展权仅定位于空间权并置于土地物权体系中具有一定的局限性和片面性。

狭义范畴的土地发展权特指不变更土地用途而提高利用强度的权利。从权源视角分析，狭义土地发展权是直接脱离于国有建设用地使用权而生成，并超越用益物权属性的地上权、地役权的权能范畴，与空间权范畴相契合。建设用地使用权包括国有与集体两类。其中，国有的建设用地使用权是具有物权属性并由国家有偿出让由受让人进行静态、存量与平面的开发利用的独立物权，是我国用益物权体系中最重要的一项

---

① 曲相霏：《消除农民土地开发权宪法障碍的路径选择》，《法学》2012年第6期。

权利。它的存在形态主要是对其权利所及的地表进行开发利用。而地上权与地役权是一对内涵不同的范畴，前者是基于建设用地使用权而在其空间上方一定界限内进行开发利用的权利，而后者则是由供役地和需役地双方主体意定，后者可行使前者部分权能的权利。

地上权确切地讲应称为土地分层地上权，我国《民法典》"用益物权编"第345条对地上权进行了规定，建设用地使用权可以在土地的地表、地上或地下分别设立。有学者认为土地分层地上权在内涵属性及运行范围上仍处于用益物权范畴的土地使用权，而没有达到空间权的属性与范畴，"在已设立单一的土地使用权情形下，基于土地对空间的吸收，空间利用的设立主要是从地上权人处获得"。这种权利虽名为"空间地上权"，实则为"空间利用权"。土地所有权人和用益物权人可以对地表及其一定范围内的空间行使权利，除此之外的空间可以作为空间权的客体。① 笔者赞同这一看法，并视这项理由为其与空间权相区分的根本原因。正是由于地上权所具有的用益物权属性，采用地上权制度无法解决空间利用的独立性问题，这就需要运用空间权制度来补充。因为空间权是一项调整土地的立体利用而产生的独立的物权。我国《物权法》中没有对发展权意义上的空间权作出规定，该法第136条仅是对"土地分层地上权"的规定，属于用益物权范畴。空间权的设定有利于明确空间的归属，从而有效利用空间资源，空间权并不必然依附于土地。空间权是一项独立的利用权或用益物权，具体独立于土地建设用地使用权和地役权。② 这就使空间权具有了一定的超越用益物权而调整增量立体式开发利用法律关系的意味。这也是空间权与土地发展权之内涵契合的初始。国内有学者认为，土地发展权包含土地地表、地上、地下的全部空间，符合我国广义空间地上权的学理概念和建设用地使用权的相关法律规定，其与空间权的内涵可以画等号。③ 这种观点有一定道理。因为在城市范围内，提高土地利用强度的利用一般表现为拓展土地开发的上下空间，而美国法律即是用空间法来调整这种高层建筑开发、区域内高密度建设活动中的权利运行及其法律关系。

在美国法律上，development right（发展权）就是 air right（空间权）。美国土地发展权的重要运行机制 TDR 在城市中的运行也就是 air right（空间权）的运行。空间权一词表达出了"城市土地发展权实质及土地的空间利用"的权利实质，是许可空间权从 A 地转移到 B 地以便补偿 A 地所有权人被许可发展，但同时被视为因公共需要不适合发展的土地权利，当局又不便直接用土地规划权来排除土地这种不适合的利用，尤其在 Lucas 判例后。这里的关键是发展权从土地分离，④ 且土地发展权的客体也符合我国空间权的客体。

---

① 崔文星：《民法典视野下空间物权体系的解释论》，《江汉论坛》2020 年第 11 期。
② 秦彪、张民安：《〈民法典〉空间所有权制度研究》，《河南社会科学》2021 年第 3 期。
③ 叶芳：《冲突与平衡：土地征收中的权力与权利》，华东政法大学 2010 年博士学位论文。
④ David L. Callies, Preserving Paradise: Why Regulation Won't Work. University of Hawaii Press 1994. p. p. 96 – 97.

有学者认为,土地发展权的客体不是土地开发密度或容积率,因为土地开发密度仅是对开发容量的度量标准,不是土地开发自由空间规定性本身;容积率是判断土地开发密度数量标准的一个数据表达,更不是客体。① 但是,开发密度或称容积率作为空间权的计量工具,是用来勾勒土地发展权的有形空间的,因为无论是在地上、地下或地表,土地发展权是有形依存于土地空间内,且其可为一般不动产物权同样的登记、公示、转让。将土地发展权定位于空间权,符合土地发展权的部分机理,但存在片面性:其一,我国现行法律仅规定国有土地使用权拥有土地增量开发权,而集体建设用地使用权仅享有不改变土地用途的土地存量开发权,其他类型的农地用益物权也如此,在这样的制度设计下,土地发展权制度无法建构并运行在农地用益物权体系之内;其二,空间权侧重于从立体的角度定位土地发展权,而忽略了在实践中更普遍存在的转变土地用途而产生的土地发展权纷争的法律现象,首先,诸如土地承包经营权、宅基地使用权、地役权等农地用益物权在用途转变中产生的增值收益,其权利人是否享有分配权?其次,这种制度安排默认了国家对其所有的城市土地和农村集体土地分别直接或间接占有转用中的增值收益,忽略了这部分收益的公平分享。最后,这种制度安排也实际斩断了用益物权的担保物权化过程(如农地承包经营权资本化、股份化、证券化)中的发展权收益显化的途径,不利于农地资本化价值的显现。因此,将土地发展权定位为空间权显著限缩了其制度功能。

空间权定位的土地发展权在土地物权体系中的位阶见图 3-1。

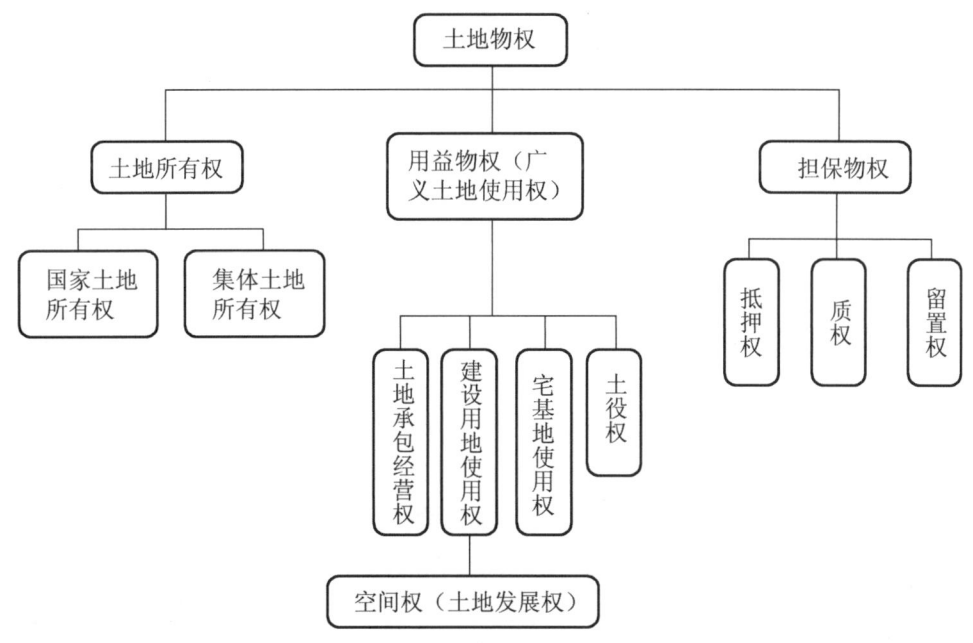

图 3-1 土地发展权在土地物权体系中的位阶

---

①沙文韬:《我国土地开发权制度研究》,华东政法大学 2008 年博士学位论文。

(三) 农地发展权是一项独立的物权

土地发展权乃是将土地从利用效益较低的用途或较低的利用程度，向利用效率较高的用途或利用程度的转变，以此获取土地收益的财产权。① 按照权源、运行范围与属性的不同，包括变更土地用途的农地发展权和提高利用强度的市地发展权。市地发展权，在我国是指城市国有土地所有权与使用权范围内政府和受让国有土地使用权的个体在不转换国有土地所有权权属及国有建设用地使用权属性的前提下对其拥有所有权或使用权的地块增加用益强度并获取增值收益的权利。在我国市地发展权虽然在法律上没有明确规定，但其内涵与权能构成却以其他形式与内涵的权利类型所表现，在实际中运行并在事实上受到物权法律规范的确认与保障。其实，市地发展权形态在英美两国早已出现，只是在称谓上有所区别。

英国市地发展权的形态运作于其城市土地增值收益分配的公共回馈机制中，市地发展权初始分配于国家和社区，再次细化回馈于具体的私有房地产业主。美国的市地发展权形态运作于土地发展权转移（TDR）中，主要运行于城市土地规划中各开发权私主体。根据城市建筑规划确定的发展权份额与自身实际开发需要，通过发展权交易这一市场机制来对发展权的指标以及潜在收益价值进行转移与调剂。在我国，市地发展权主要表现为往地上和地下进行深度开发的空间权、国有土地使用权收回与城市房地产征收过程中对国有建设用地使用权的调整及其价值分配与补偿的收回权及其收益分配权、房地产市场调控与住宅保障事业中房价内所蕴含的土地社会孳息（增值）部分的显化与分配等。

无论国外还是国内，市地发展权仅涉及不转用土地权属与用益属性的情况下对宏观性发展权收益进行配置与调节的事项，不涉及因土地权属与属性变更而产生的国家土地监管执法与各用益物权之间发展权之位阶比拼，因此其权利形态和运行的法律机制包括救济在各国或地区比较容易建构与完善，我国的市地发展权的权利形态与运行机制在事实上已被不动产基本法律规范所确认与设计，如《民法典》第 345 条对空间权的规定就是对在某一地块地表之上下特定范围内业主进行空间开发及收益分配的权利配置。《城镇国有土地使用权出让和转让暂行条例》《中华人民共和国土地管理法》及各省、自治区、直辖市的《实施细则》或《办法》如《山东省城市国有土地使用权出让转让规划管理办法（2004 修正）》《娄底市城市国有土地使用权出让转让规划管理办法》等，其中规定了对收回的国有土地使用权的评估补偿引入市场潜在收益要素的

---

① 汪晓华：《土地发展权与土地利用规划权关系之法理释明》，《河北法学》2019 年第 12 期。

标准等。由此可知，市地发展权不改变土地用途与性质，其虽然也属于土地发展权的范畴，但是其权利性质、运行机理并不复杂，可以在现行的已较完备的土地所有权与使用权法律规范与保障法制框架内嵌入并予以同范式一体化规定，即可完成对市地发展权的制度构建。

土地发展权项下另一重要范畴即农地发展权。笔者认为，农地发展权才是我国土地发展权制度的重点与核心。土地发展权与农地发展权之间的关系定位，很大程度上取决于农地发展权的功能与外延。土地发展权不仅是由于其创设的主要目的在于保护农地、自然资源、生态环境及社会公共利益而称作农地发展权；更为根本的是，只有在涉及农地属性和用途转用情形，以农地发展权为核心的土地发展权制度才有理论上的实际意义和实践上的实际功效。尤其是在我国土地权属与利用的城乡二元结构与政府垄断农地转用的审批权与收益分配权的体制下，构建与完善我国农地发展权制度，对于提升各项农地用益物权行使中收益与处分权能效用、纠偏政府农地管制与规划行为、激活城乡一体开发领域建设用地配置具有重要作用。但是，我国现行关于农地发展权的法律规范与制度仍处于乏善可陈之阶段，个中的法制原因在于学理上对农地发展权内涵、构造、功能等理论要素的认识有限；在法制实践上，与我国《物权法》中对农地发展权内涵定位及其与各项农地用益物权关系及运行机制规定的缺失有关。

农地发展权概念源于土地管理学，尚未被物权理论与体系确立独立地位。截至目前，对其内涵的学理界定分为"广义说"和"狭义说"两种。其中，"广义说"对农地发展权的内涵作出尽量宽泛的界定，将在土地承包经营权权能内在农村土地农业用途不变的情况下通过集约化开发形成土地增值，农民有权自由调整农业作物从而提高农业生产效益和农地利用效益；而将在从单纯农业属性的土地承包经营权向用途变更及开发属性的变更为集体建设用地的权利，即农村农用土地转变为农村建设用地，传统农民通过农地流转将土地交由其他农地经营主体采用现代农业经营模式，从事规模化、集约化、现代化的农业经营从而增加农地效益；以致在突破用途管制，从集体权属与农业用途的三项法定农地用益物权和集体建设用地使用权变更为增量开发属性的国家建设用地，是农村农用土地通过国家征收转变为国家建设用地。① "狭义说"则仅指农用地变更为国家建设用地的权利，代表性论述为"将农地变更为非农地的变更利用权"或"一种农地可转为建设用地进行开发利用的权利"。"狭义说"浓缩了农地发展权概念的内核，因此持该说的学者较多。

笔者认为，"广义说"中提高土地利用强度之权能被建设用地使用权的使用权能和收益权能所吸纳，而其"处分"权能在事实上受到城市规划与建筑规划的限制而处于"休眠"状态。在我国城市化格局快速推进、城乡二元型土地权利结构与运行机制之

---

① 丁德昌：《农地发展权的法律属性与权利结构》，《政治与法律》2020年第1期。

下，将土地发展权定位于农地转用过程中发生的土地性质和用途变更而产生一项新型独立物权的农地发展权具有更深的实际意义，因为我国土地发展权以农村集体土地为其客体，土地发展权基于对土地的用途管制产生，而国家作为国有土地所有权人的同时也拥有规划土地用途的权力。对国家所有的土地而言，所有者即是管制者，因而不存在用途管制问题，也就不存在土地发展权问题。农村集体虽然拥有集体土地所有权，但须严格依照国家规划的用途管制行使，无法通过所有权制度实现对土地的自由开发和增值收益分配。因此，土地发展权仅适用于农村集体土地，享有集体土地发展权的主体是农村集体。① 因而没有必要将农地发展权的内涵界定地过于宽泛，农地发展权既不包括不变更农地属性与用途情况下农产业结构的调整之情形，也不包括在集体所有权不转用的情况下集体诸项农地用益物权向集体建设用地的属性与用途转变之情形。以狭义的范畴界定我国土地发展权的内涵，有效契合了改革农地转用增值收益分配这一破解城乡二元土地权利体系活动的重点与核心。

有学者运用产权的公共领域理论分析了我国农地发展权的非清晰排他性，因此在权能行使和利益边界上具有模糊空间。农地发展权在我国具有特殊的地位，从产生到发展，是在农地产权公共领域演化进程中逐渐得到清晰界定的排他性权利。而现阶段国家垄断农地发展权的安排事实上成了阻碍农地发展权私权自由流转的制度障碍。② 这就是我国农地发展权总是表现为政府非农征收权和规划管制公权力而不是农村集体经济组织和各类农地用益物权主体的私物权的根本原因。

在我国，将土地发展权定位于农地发展权，也与我国《民法典》物权编已确立的农地用益物权类型在权能特征、运行与民事物权救济机制等领域相兼容。前者，将土地发展权定位于农地发展权，并将其置于《民法典》物权编用益物权分编中土地承包经营权、集体建设用地使用权、宅基地使用权、农村地役权等四项农地用益物权项下分别针对其对"使用""收益""处分"权能在逾越一定限度或边界的行使（使用与处分权能）及所生成或预期生成的增值部分收益权能而独立生成一项新型物权即农地发展权，符合民事物权的机理与构造，因而能在不致大幅度冲击现行农地物权法律体系情况下引入农地发展权，并在实践运作中不会出现较深程度的权利间的兼容障碍。在学界，许多学者也从理论上认可了农地发展权的物权属性与地位。农地发展权是土地发展权的核心内容，农地发展权是一种为了谋求农地发展利益从属于农地所有权的用益物权。在本质上，农地发展权是农民产权的延伸，具有产权所具有的排他性、可度

---

① 姚宇：《论新型民事权利的立法转化——以土地发展权为例》，《西南民族大学学报（人文社科版）》2018年第5期。
② 高丹桂、张志强：《基于产权"公共领域"理论的农地发展权演化分析》，《华东理工大学学报（社会科学版）》2008年第4期。

第三章 土地发展权的法律性质

量性和可转让性的基本特征。① 农地发展权是政府代表国家行使的调控社会经济的一种权力,② 其可以和土地所有权相分离,并不以占有土地为其行使要件。

笔者认为,农地发展权的权能包括积极与消极两种。积极权能包括:

其一,使用权能,即在突破物的原始性能和用途情形下对物施以增量利用的权能。农地发展权不以对物的占有为前提。如国家对集体农地发展权实施规划限制,农用地不得擅自变更为城市建设用地,在现行制度下,国家作为事实上的农地发展权主体在行使其权利时并不以实际占用农用地为前提。农地事实上仍为农村集体土地使用权人所占有。农地发展权主体对其利用权能的行使一般伴随农地的权属变更与属性转用,这必然对存量意义上的土地使用权及其权能范畴的行使进行某种程度突破,或多或少地冲击或挑战以调整存量物权利益的《民法典》的法制功能,但是农地发展权的创设与定位也将从物权法本身之维度充实与完善农地物权保障制度,特别对《民法典》物权编中已有的四项农地用益物权种类的使用、收益及处分权能的充实与完善。农地发展权的利用、收益和处分权能显化的方式与渠道多种多样,如有序推进土地股份、证券、信托等是撬动金融杠杆、促进农地产权流转与规模经营、显化农地发展权的新型营农创新机制。总之,农地发展权的使用权能是其土地发展权变更用途和提高强度的重要表现。

其二,收益权能。收益权能和处分权能,既是农地发展权在属性和功能上具有独特性的重要标志,也是其和传统农地用益物权在属性和功能方面区隔的主要表现。因为从发展权的权源来看,土地发展权意味着对土地再开发利用以获取更大的价值和效用,这是对处分权和收益权的行使。③ 处分和收益两项权能构成农地发展权的核心。下面分述这两项权能:

农地发展权的收益权能,是指各农地用益物权(土地承包经营权、农村集体建设用地使用权、宅基地使用权及农村地役权)主体是否具有凭借其所享有的以上各项农地用益物权而自然分享其各项用益物权之上关于预期属性和用途转变而享有的现实或潜在增值收益的权利。农地发展权的收益权能,由于对农地发展权的定位不明确,究竟其属于国家集所有权与宏观调控权于一体具有公权利属性的新型农地物权,还是归属农地所有权人的农村集体及农户个体的传统农地物权,因此农地发展权的收益权能没有确切的要素,包括主体、客体和内容。农地发展权在理论上越来越被接受为一项为农村集体土地产权主体分享农地增值收益的新型权利供给,这就主要涉及农地发展权的收益权能。

---

① 丁德昌:《论农地发展权的法律保障》,《湖南社会科学》2015 第 5 期。
② 丁国民、林龙:《中国农地发展权利益协调机制研究》,《华中农业大学学报(社会科学版)》2017 年第 6 期。
③ 季禾禾、周生路、冯昌中:《试论我国农地发展权定位及农民分享实现》,《经济地理》2005 年第 2 期。

农地发展权收益权能的实施又分为初始创设与具体细分量化两个环节，而实施这两个环节的主体都是国家。农地发展权创设的权利属于国家，其内容的细分和量化的权利也属于国家。国家根据规划和用途分区设定具体地块的发展权。国家可以委托县级以上地方政府以行政辖区为单位设定农地发展权。基于促进土地资源合理配置与土地利益持续均衡的目标追求，我国农地发展权在内容设置上要求体现公平与效率。既要体现对产权的尊重，即体现农民集体作为农地所有权人应享农地发展权利益，也要谋求农地理性效用最大化，即注重农地资源稀缺性和土地资源效用发挥更优，还要秉持利益分配各方均衡。在权利运作上，对于农地发展权主体而言，既包括发展过程的参与自主权，也包括发展利益的公平占有权，同时，秉持权利交易成本的节约性。[①] 农用地变更为建设用地所产生的具体增值收益在实践中先以土地出让金的形式上缴国家，再由国家依照不明确的补偿标准返还给原土地使用权人。这种表征农地转用所生成的增值收益的土地出让金已超越了土地使用权的收益权能范畴而归属于农地发展权的收益权能。

总之，在农地转用与政府征收活动中，农地发展权已被定位为一项保障原属集体或农户个体诸项农地用益物权的增值性收益或称发展权利益的新型权利配置。农地发展权的设立、价值补偿与转让，不仅使得建设者占用耕地的经济门槛提高，社会占用耕地的成本上升，间接起到耕地保护的作用，更重要的是它让农村集体与农户个体分享农地转用的增值收益配置了权利类型，从根本上维护了农民的土地财产权益，体现了社会公平。[②] 农地发展权是从农地所有权中分离出来的一种用益物权，是农地产权人将自己拥有的农地变更现有用途而获取利益的权利。农地发展权是由于土地用途变更后土地价值的激增，形成了土地发展增益。这些增加的收益中有失地农民的贡献，他们也应该获得应得的份额。[③]

其三，处分权能。民事物权的处分权能是指物权主体凭借其所有权而行使对该物权在主体、客体和内容上的处置或变更。处分权能是衡量一项物权独立性与功效性的极为重要的权能形式。而对于农地发展权而言，处分权能应该说是其核心权能，也是其区别于《民法典》中所规定的传统农地用益物权种类的最显著特征。农地发展权的处分权能的行使主要表现在：在主体上，农地发展权主体能自由流转其所享有的发展权能。在我国，农地发展权的权源是国有和集体土地所有权、使用权，因而农地发展权的主体也随着其本源权归属的差异而不同。农地发展权的本旨是农转非过程中开发权和增值收益分配权，即谁享有进行农转非开发的决定权、实施权及对这一过程中产生的增值收益分配权、求偿权。对上述各项权利行使的前提就是要求对农地发展权各

[①] 王曦：《优化农地发展权的实现机制——对"集中居住"问题的思考》，《开放导报》2017年第2期。
[②] 侯华丽、杜舰：《土地发展权与农民权益的维护》，《农村经济》2005年第11期。
[③] 胡中华：《论农地发展权的构造》，《中国地质大学学报（社会科学版）》2014年第5期。

具体主体能对其农地发展权各项权能进行自由处分,以达到各类型农地发展权实施要素和增值收益能充分运行并显化;在客体上,因农地发展权是改变土地用途之权,由此农地发展权主体拥有变更土地原有农业用途之权利。这就使农地发展权超越了传统法定的农地用益物权即土地承包经营、集体建设用地使用权、宅基地使用权以及农村地役权不包括改变农业用途的处分权能。当然,行使农地发展权改变农地用途,必须符合城乡建设用地开发整体规划及土地用途管制的规则;在内容上,农地发展权是职权与职责相一致的权利。如果农地发展权没有处分权能,权利主体不得任意抛弃、转让。权利主体在行使其处分权能而变更农地用途转为更高用益价值之时,如不遵循农地用途管制、规划限制与农转非法定程序,则其行使行为效力不充分。农地发展权主体也有权排除他人对其权利的非法干涉,如果其权利受到侵害,其可以主张物权请求权以排除妨害并消除影响、赔偿损失。这就涉及农地发展权法律责任与救济。

农地发展权的救济机制与法律责任承担形式具有一定特殊性:

其一,一般不动产民事物权如果受到国家公权力侵害,是否可以主张适用国家赔偿?而农地发展权作为一项新型不动产物权,对其因受到国家公权力侵害而施加的权利救济是否包括国家行政赔偿?笔者认为,传统不动产民事物权因其已作为法定物权种类为《民法典》所确认,对其的救济也自然适用于《民法典》物权编中规定关于物权保护的事项。而对于农地发展权是否能比照适用《民法典》物权编中的物权保护与救济规则,应当对公共行政行为的合法性予以界分。对农地发展权的侵害是国家行使公共征收权、规划权等变更土地用途的行为而引起的,这必然要涉及土地所有人或使用人利益的调整,甚至会损害权利主体的经济利益。但如果国家实施变更土地用途的行为是为了实现社会公共利益,则这就属于作为私物权的农地发展权必须容忍的范围,只要其受损权益价值小于或等于不变更土地用途而会致公共利益现实或可预见潜在的损失,则国家对由此带来的农地发展权损失不负任何赔偿责任而只需适当的补偿。如果农地发展权主体违反国家变更土地用途的决定而造成损失,不但国家不予补偿,而且要追究违规方的法律责任。

其二,对农地发展权是否适用行政救济(行政复议、行政诉讼)机制,这就涉及国家变更土地用途行为的属性,是具体行政行为还是抽象行政行为?如果属于前者,则当然能适用行政复议与行政诉讼程序。如果是后者,则只允许个体农地发展权主体主张个体权利救济时附带向变更决定机关提出合法性审查。有学者认为,农地发展权是一项具有国家经济主权性质的权利,表现为国家凭借宏观调控与微观规制的手段对土地变更用途活动进行整体效益调节,既能让具有国有资产属性的城乡建设用地在全国整体及区域范围中配置符合安全和效率准则,又能使权利主体分享建设用地资产因安全和效率运行而产生的发展性利益。因此,国家实施的土地用途变更行为就不属于纯粹减量的行政管理的属性,而具有增量的宏观调控属性。当然,即使将国家变更土地用途的行为界定成行政行为，然其究竟属于可复议可诉讼的具体行政行为，抑或是可复议不可诉讼的抽象行政行为？

这应结合变更土地用途决定机关的层级决定等级、决定效力所及的范围、受损发展权利益价值等若干项标准综合判断。一般认为，如作出某项变更土地用途行为的决定机关及其发布的决定、命令事项层级高，效力所及范围广且受损发展权利益价值大，即可认为其属于《中华人民共和国行政诉讼法》（简称《行政诉讼法》）第13条第（二）项规定的排除行政诉讼的"行政机关制定、发布的具有普遍约束力的决定、命令"事项，不属于行政诉讼受案范围，但属于能够依据《中华人民共和国行政复议法》（简称《行政复议法》）6条第（五）、（六）、（九）、（十一）项与第7条第一款第（二）、（三）项规定提起行政复议。① 对于复议、诉讼的程序则适用于《行政复议法》《行政诉讼法》的一般规定。

综上所述，将土地发展权定位于农地发展权，实质是将土地发展权定位于一项与现行法定用益物权并列的新型用益物权，农地发展权虽然在占有、使用两项权能上仍部分依存于其他法定用益物权种类，但在收益、处分权能以及救济制度上则具有了独立物权的地位。因为农地发展权的收益权能的内涵是农转非增值收益的分配权，处分权能是实施农转非的决定权。农地发展权作为可以独立支配的发展权源于农地的所有权，它的财产属性以及它是一项受国家公权限制的财产权等特征，表明了农地发展权是一项独立且受限制的权利。② 农地发展权既作为一项民事权利受到《民法典》的保护，也受到行政法律救济机制的保护。一项权利如果受到公私法的双重保护，其必然已是一项被普遍承认的权利。将农地发展权定性为一项私物权，已是水到渠成之事。

以上将土地发展权定位于采矿权、空间权和农地发展权三种具体形态，并通过对这三种具体形态的土地发展权的法律性质进行界定得出其是独立物权的结论。当然，抽象意义上的土地发展权相对于上述三种具体形态，更具有抽象层面的内涵与属性。因而笔者在第四节中将从更为抽象的物权理论层面来论证土地发展权的物权属性。这不仅是对上述三种具体形态土地发展权属性理论概括，而且也是为第四章"土地发展权的物权构造"作理论铺垫。

农地发展权范畴的土地发展权在土地物权体系中的定位见图3-2。

---

①《行政诉讼法》第6条第（五）、（六）、（九）、（十一）项分别对因行政机关侵犯相对人合法的经营自主权、变更或废止农业承包合同侵犯其合法权益、申请行政机关履行保护财产权利而其不依法履行义务、其他合法权益的行政诉讼救济。第7条第一款规定了可以在复议时一并提出审查申请的县级以上地方各级政府及其工作部门和乡、镇政府的规定。

②彭新万、崔苗：《我国农地发展权配置与实现路径的理论与策略分析——农民、农村集体与国家分享视角》，《求实》2015年第11期。

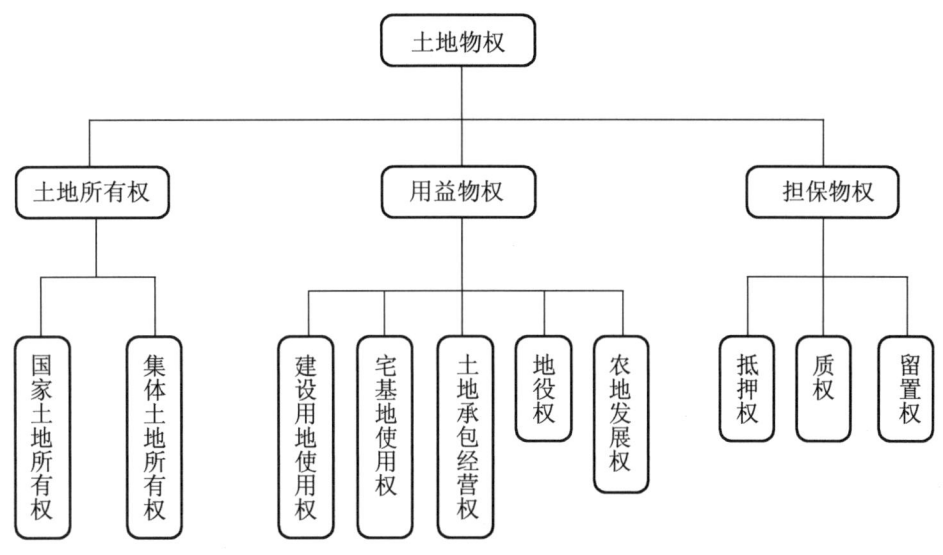

图 3-2 土地发展权在土地物权体系中的定位

(四)观点续争与结论定夺

土地发展权是否是一项独立的民事物权?这个问题不会因上述对采矿权、空间权和农地发展权的私物权属性而息止。土地发展权的物权属性,不仅对其自身的定位和发展至关重要,而且会对土地物权体系及其制度产生重大影响。对于前者,既然农地发展权是一项独立的物权,那么其他种类的土地发展权能否也构成一项独立的私物权?其何时能被法定化而受《民法典》的保护。对于后者,我国的土地发展权的权源主要有土地所有权和土地用益物权(广义土地使用权)两类。前者自不待言,后者是我国独有的法律制度,其独特性在于它是制度性的所有权(公有制两种所有权形式)转变为可有限转让或处分的权利的财产权的必经之路。我国不动产物权体系实际上是以土地使用权为基础、为核心。① 土地发展权的引入是否会冲击土地使用权的基础、核心地位?其究竟会对既有的土地物权体系产生何种性质和程度的影响?这就是土地发展权的物权属性界定成为民法学界长期争执不下的理论问题的根本缘由。

在我国民法学界,对土地发展权是否可以成为一项独立的物权,存在三种不同的观点和看法:一是"否定说"。② 此种观点认为,发展性利益不应当成为权利的客体,

---

① 高富平:《土地使用权和用益物权——我国不动产物权体系研究》,法律出版社 2001 年版,第 166 页。
② 如刘俊认为,土地发展权是土地所有权五项权能(设定权、使用权、收益权、发展权和回归权)之一项而不是一项独立的物权。参见刘俊:《土地所有权权利结构重构》,《现代法学》2006 年第 3 期。

发展性利益属于土地所有权、土地使用权及其他用益物权（包括建设用地使用权、土地承包经营权、宅基地使用权及地上权）的使用和收益内容，应当包含在以上权利的具体权能之中。如果将土地发展权作为独立的物权形态，可能造成相关物权之间的冲突。建设用地使用权的"使用权能"已经包含了对土地强度提升及用途转变的权利，其"收益权能"也已涵盖了发展性利益，土地发展权属于建设用地使用权的范畴，归建设用地使用权人所有。所以，土地发展权不能成为独立的权利而存在。

二是"独立说"。① 无论是古代罗马私法还是近代大陆法系民法典，均将物作为一个开放的、发展的范畴。对物的概念界定应适应实践发展的需要，不能为了维护逻辑结构的周延而牺牲了本应发挥的作用。为了适应实践发展的需要，应当对物权客体的范围作适当拓展，这就为土地发展权进入物权体系克服了客体上的障碍。我国《民法典》在物权编担保物权分编中规定的"浮动抵押"制度，也是以一项物权在未来一段时间浮动的价值为标的进行抵押，在这其中就承认了对一项物权未来增值收益的抵押权能。以此铺开，对于适用于一般物权的《民法典》规定的其他一般实体与程序规范，如土地发展性利益能够通过登记的公示方法加以确定、转让、抵押等，并且发展性利益的价值在房地产增量开发背景下越来越高，将土地发展权作为一项独立的物权或称财产权，有利于进一步提高对其价值的显化与优化分配。此种观点还认为，土地所有权和各种类的土地使用权中的若干权能难以包括土地发展权（分配权），主要是因为土地发展权客体的特殊性，它不是指对一般房地产存量开发所产生的原有性质或强度所表征的开发价值，而是指转用或提高用益强度所产生的增值，即体现出的发展性利益。

三是"综合权利说"，也称"混合权利说"。② 此种观点认为，土地发展权不是物权法体系中的一个新的物权种类，而是对在房地产增量属性开发所产生的发展性利益上所设定各种增量物权权益群。该观点认为，土地发展权可以作为一组权利群而不是一项单一的物权。这种权利群中的具体权利种类是物权法体系中既有的物权种类，而其组合在一起就构成了土地发展权。

以上各种观点都有各自的道理，首先必须要看到，不承认土地发展权为独立的物权，并不等于房地产发展性利益不能成为一种权利客体，或者权利人不能针对发展性利益而享有某种权利，"否定说"不仅不承认土地发展权能够成为一种独立的物权，甚至不承认发展性利益本身可以成为一种权利客体，此种观点在现代土地增量开发社会显然是不能成立的。如前所述，在现代社会，由于市场经济将商业资本植入房地产开

---

① 王楚云：《论土地发展权的物权属性》，《广西社会科学》2019 年第 6 期。
② 如刘国臻认为，土地发展权是一种调整相对、动态和立体的土地物权法律关系的新的复合型物权。参见刘国臻、陈年冰：《论我国土地权利演进的三大轨迹》，《学术研究》2013 年第 2 期。

发活动中,使当前的房地产开发具有于以前计划经济时代单纯建楼所复杂得多的属性和特点,商业资本渗透进不动产投资领域,这就使得房地产具有越来越多的财产价值,特别是与开发前房地存量价值相比而产生的较之社会一般投资利润的发展性利益,且这种权益能为权利人所支配和利用,并通过一定的公示方法表现出来,所有发展性利益能够作为独立的权利客体为权利主体所支配,这种利益属性已经超出土地所有权和土地使用权对于财产权存量利益调整的范畴,具有独立的相对动态和增量权利调整的法律意义。

土地发展权"独立说"和"综合权利说"都认为,发展性利益是可以作为权利客体的。所不同的是,针对土地发展权是应当成为一项独立的物权,还是仅仅作为一项有若干项权能有机组成的权利群范畴而存在的问题,两者存在不同的看法。我国《民法典》对此没有直接的规定,但其中针对土地所有权、土地使用权(包括用益物权之下的各具体的种类)所享有的收益权能部分是否涵盖对各自用益过程中所产生的发展性利益的分配,是不明确的。其实,我们应当区分不同属性和功能的土地所有权和各类型的用益物权,来分别探讨其使用和收益权能中是否包含对发展性利益。首先,对于土地所有权,根据法律规定,其主体在我国只有国家和农村集体,其中国家是基于主权者地位而享有城市国有土地所有权,而农村集体则是基于特殊生产组织的地位而取得其所占范围内农业用地所有权。而我国法律又规定,对城市国有土地是允许进行转变用途的建设性开发的,而对于农村集体土地,即使是建设用地属性,也是不允许进行转变农业用地属性的增量性质开发的。

由此可见,单从法律规定的定位和逻辑推演,在我国,作为城市土地所有权的国家是对发展性利益这一土地发展权客体是享有分配权的,也就是说是土地发展权的主体。而农村集体则应被限制不能进行转用增量开发,其不享有增量开发的使用和收益权能,因而不享有对转用开发所生成的发展性利益的分配权,也即不享有土地发展权,不是土地发展权的主体。其次,对于我国《民法典》中规定的各具体种类的用益物权,因其具有了完整的占有、使用、收益和处分权能而被赋予独立的物权地位。但因其具有不同的具体属性和功能,所以对其中是否包含对发展性利益享有占有、使用、收益和处分权能,则应当分别认定。这就涉及土地发展权与各用益物权种类之间的法律关系问题。笔者这种观点也得到一部分农地法治研究学者的认同,如陈小君教授将我国农地权利体系囊括集体土地所有权、土地承包经营权、集体建设用地使用权、宅基地使用权、地役权、自留地(山)使用权、抵押权和其他权利(包括征收征用补偿权、债权性利用权、社会保障权、成员权和土地发展权等)。上述农地权利体系中,集体土地所有权为第一层次的原权利,是农地权利体系的核心。其他权利以外的各项权利是第二层次的权利,是农地权利体系的基础。而包括土地发展权在内的其他权利是第三层次的权利。[①]

由此可见,土地发展权在我国农地权利体系中具有独立的内涵与地位,已经成为一项民事物权,拥有其自身完整的包括主体、客体和内容的物权要素,且诸要素在土地权利运行实践中具有灵活的形态。那么土地发展权的物权要素及其构造为何?其为何能发挥其独有的制度功能?这就是本文第四章"土地发展权的物权构造"中要重点延伸并继续论证的法律问题。

[①] 陈小君等:《后农业税时代农地权利体系与运行机理研究论纲》,《法律科学》2010年第1期。

第四章　土地发展权的物权构造

上一章对土地发展权进行了定性，将土地发展权确立为一项新型物权。本章将循此思路，继续对其物权构造进行学理透视。笔者认为，土地发展权的物权构造包括一般物权所具备的主体、客体和内容等物权法律关系的三个方面。所谓物权法律关系，就是物权主体之间对特定主体支配的物所产生的权利义务关系。物权法律关系包含主体、内容和客体三个要素。[①] 通过对我国土地发展权的物权结构进行分析，一者有助于加深对其私物权属性的认识，更重要的是为我国土地发展权法律制度构建提供权利基础。本章将按照物权权利构造的一般逻辑，依次从主体、客体和内容三个要素对土地发展权物权构造进行建构。

一、土地发展权的主体

土地发展权的主体是关于谁能基于产权主体身份拥有对土地用途变更和性质转用的决定权以及对由此产生的发展增益的收益分配权。在国外，土地发展权的主体一般是土地所有权人。在我国，由于土地产权形态的多样性与土地发展权来源的多元性，土地发展权的主体具有多元多层的特征，总之较国外土地发展权主体模式复杂。土地发展权的主体是土地发展权物权构造的前提要件，准确界分我国土地发展权的主体，对我国土地发展权制度构建具有重要基础意义。

（一）既有观点及评述

从土地物权理论分析，对于土地发展权的主体，法学界存在争议：一种观点认为土地发展权以土地所有权人为权利主体。这种观点的论点是：土地发展权与土地所有权虽然分离而具有独立的法律地位，但两者具有很大关联性。"土地发展权应当促进所

[①] 杨立新：《物权法（第四版）》，中国人民大学出版社2013年版，第22页。

有权人更好地支配土地，而不是削弱所有权的支配收益。在特定的开发总量限制下，土地发展权制度应当使所有权人最大限度地获得土地开发容量"，"可通过交易制度增加特定的交易主体，但这些交易主体只能服务并服从于土地所有权人的最终支配，这些主体不能长期持有土地发展权，不能成为土地发展权的最终支配人"。① 另一种观点认为，土地发展权主体可以是土地所有权人和土地使用权人。② 这两种观点构成了这一领域的主要争议点。

从土地发展权归属实证层面分析，对土地发展权的归属则主要从国有土地所有权和使用权之上的土地发展权和农村集体所有土地及各项用益物权种类之上的土地发展权两方面来研究探讨的。绝大多数学者赞同城市国有土地所有权和使用权之上的土地发展权归国家所有。主要理由是国家获得了土地发展性利益，有利于加强国家对土地的宏观调控能力。而对于我国农村集体所有土地以及在其上各项具体的用益物权种类之上的土地发展权（即农地发展权）的权利归属则存在显著分歧，学术界主要有三种不同内容和价值趋向的观点：

第一种观点认为土地发展权应归国家所有，土地权利人若要变更土地使用性质必须先向国家购买发展权。大部分学者依据的是土地因用途改变而产生增值的来源主体是国家，即"涨价归公"的观点。如沈守愚认为，土地发展权的权源是国家主权。对非公益性主体的土地使用者在相关规划与计划允许下变更土地用途，除了给予集体和农户应有的补偿外，还要向国家购买发展权。③ 胡兰玲主张将发展权与土地所有权分割处理，以发展权属于国家的方式将公共投资产生的开发利益返还给社会，认为土地发展权应归属于国家。④ 贾海波根据产权理论，从农地保护目的出发，认为在实行社会主义公有制且人多地少的中国，农地发展权职能由国家行使。⑤ 张友安认为，土地发展权归国家所有，有利于土地供应参与宏观经济调控，有效地实施土地利用规划与实现城乡间统筹发展。土地发展权归属于国家更具有可操作性和现实针对性。⑥ 对此有学者持不同意见。如刘国臻认为，土地发展权国有化、制度功能与土地用途管制制度功能重叠，无法产生更高的绩效，其结果仍然不能因解决土地使用性质变更而产生的发展利益分配和权利归属问题。⑦ 总之，其实是在对土地发展权国有前提下的具体制度设计，学术界也不是铁板一块，各种观点之间存在着众多侧重点。

第二种观点认为土地发展权归土地所有者（即农民集体）所有，国家可向农地所

---

① 沙文韬：《中国土地开发权制度研究》，华东政法大学2008年博士学位论文。
② 刘国臻：《论土地发展权在我国土地权利体系中的法律地位》，《学术研究》2007年第4期。
③ 沈守愚：《论设立农地发展权的理论基础和重要意义》，《中国土地科学》1998年第12期。
④ 胡兰玲：《土地发展权论》，《河北法学》2002年第3期。
⑤ 贾海波：《农地发展权的设立与权利属性》，《中国土地》2005年第10期。
⑥ 张友安、陈莹：《土地发展权的配置与流转》，《中国土地科学》2005年第5期。
⑦ 刘国臻：《论美国的土地发展权制度及其对我国的启示》，《法学评论》2007年第3期。

有者购买发展权,或允许农地发展权在市场上交易与流转。赵琴、刘明明认为,在界定土地发展权的归属时应当尊重农民的土地产权,不能因为国家宏观调控而抹杀了土地产权。① 沈志远也认为,若将农地发展权归于国家所有,在征地时,农民集体会丧失土地因转变用途所获得增值收益的请求权基础,损害了农民权益,因此应将农民集体纳入土地发展权主体范围。② 其他学者观点也大同小异。

这种观点主要是从尊重农村集体产权、保障农民权益的角度来阐述的。但在我国现行的农地转用制度下,农地发展权实现的主导权在国家,而非农民集体。若将农地发展权归农村集体,则运行成本巨大,操作困难。农地转用带来的土地增值来源于全社会的贡献,若将其单独分配给农民个人或集体经济组织,都存在着巨大的争议与不公。这种财产权绝对主义也不符合土地发展权相对权的属性。

第三种观点认为农地发展权应该由国家和农村集体共同分享。这种观点为较多学者所接受。如季禾禾主张,由国家作为法律主体行使与管理发展权,地方政府作为国家代理人具体行使征地权,可通过建立农民基本生存保障体系的形式来落实农民对发展权的分享。③ 臧俊梅根据我国社会性质和土地制度特性,界定出农地发展权在公法领域属于"全民公有",在私法领域属于"国家私有",国家可以通过无偿授予农地发展权给所有农村集体成员的方式将农地发展权还给农民。④ 万磊认为,土地发展权的归属实际上是土地增值收益的分割问题,主张农民发展权应归属农村集体,为均衡各方利益及维护国家管理权威,政府可用税收杠杆等经济手段来均衡增值收益。⑤ 其他持同样立场的学者观点也大同小异。

这种观点所代表的制度设计兼顾了效率与公平,具有最大公约数效应。但在具体设计国家、农村集体与农民共享农地发展权的制度方案时仍存有较大的争议。在我国特殊的土地制度背景下,土地发展权制度的设计与实现则更为复杂与困难,对土地发展权的归属问题的探索不能仅仅从理论层面分析研究,而应结合土地发展权的配置、流转与实现等全过程一并考虑,探索出符合现行法律规定与各方实际与利益的最优方案,才能实现土地发展权效率与公平的价值。

上述关于土地发展权归属不同模式的分析,判断的标准其实就是效率与公平价值取向的反映。而国外运行这一对价值取向建构土地发展权归属体系的经验值得我国汲取。在国外,关于土地发展权归属也存在两种不同的制度设计模式:一种是将土地发展权归属于土地所有权人;另一种是将土地发展权归属于国家或地方政府。这两种不

---

① 赵琴:《农地发展权的设置问题研究》,华中师范大学2007年硕士学位论文。
② 沈志远、吴钊:《简论农地发展权在我国的创设》,《新学术》2007年第6期。
③ 季禾禾、周生路、冯昌中:《试论我国农地发展权定位及农民分享实现》,《经济地理》2005年第2期。
④ 臧俊梅:《农地发展权的创设及其在农地保护中的运用研究》,南京农业大学2007年博士学位论文。
⑤ 万磊:《土地发展权的法经济学分析》,《重庆社会科学》2005年第9期。

同模式设计的价值取向各有不同。土地发展权归属土地所有权人的模式，主要是基于效率的考虑；土地发展权归属国家或政府的模式，主要是基于社会公平的考虑。如在美国，土地发展权是土地所有权的一部分而归属于原土地所有权人，经过几十年的发展，美国的土地发展权已经形成了一套行之有效的制度，并为越来越多的人所接受。在英国，土地发展权归属于国家或地方政府。英国1947年《城乡规划法》规定，一切私有土地将来的发展权移转归国家所有而由国家独占。而上述因不同价值取向而产生的土地发展权归属的不同模式，在实践中产生的效果也有差异。可见，土地发展权归属模式的问题不能一概而论。

国内学者在论证土地发展权归属时已对效率与公平的价值取向有所涉及。笔者认为，基于土地发展权的属性及其制度价值，我国的土地发展权归属应当坚持公平与效率相统一、更加注重公平的价值取向。因为我国实行土地的社会主义公有制，这为土地发展权归属的制度设计同时满足公平和效率提供了可能和制度保障。在追求效率价值的同时，又要充分考虑公平，坚持公平与效率的统一，更加注重公平，是我国土地发展权归属制度设计的根本价值取向。基于此，我国土地发展权归属的制度设计可以是：其一，土地使用性质变更而产生的发展利益而形成的土地发展权归土地所有权人所有；其二，土地使用性质不变，但对原土地增加投入所产生的发展利益而形成的土地发展权，归土地使用权人所有；其三，对因土地属性转换与用途变更所产生的发展增益分配如果单纯依据上述两种规则分配将违背公共或社会整体利益时，则由国家以土地管理者或宏观调控者的身份，在此时将土地发展权按一定标准分属于中央政府和地方政府。这样的制度设计，既能做到公平，又能产生效率。正如有学者所指出的，设置土地发展权，按照经济发展的水平和要求评估和实现土地发展权价值，对土地发展权价值收益进行合理分割，以使中央政府、地方政府、被征地农民、整个社会（包括农地使用的集体农民和城市居民）的利益主体和诉求都得到满足。[①] 由此，我国土地发展权的主体种类及其模式具体划分将在下文进行讨论。

（二）所有者主体：各级政府和农村集体经济组织

土地所有权是土地发展权的源泉，后者随着土地利用形态复杂化和增量价值显化而独立为一项新型物权种类，所表征的是土地动态利用中所产生的增量物质利益。在土地发展权剥离于土地所有权而未独立运行之前，土地所有权人当然也享有对所属地块进行包括变更用途属性权和收益分配权在内的增量开发权，只是这种权利行使的幅度和所表征的价值有限而不需要作为一项独立的权利予以界定并配置。但是随着土地

---

① 张良悦：《中国土地利用管理制度的困境》，《现代经济探讨》2009年第1期。

利用形态的日趋复杂及所表征的利益价值成数量级增长，对于引致上述土地利用形态与价值变化趋势的变更土地用途属性或显著提高利用强度的土地权利也就逐步剥离于土地所有权中的使用权和处分权能而成为一项独立的权利，这就是土地发展权。既然土地发展权是一项独立的权利，那么土地所有权人能否享有由其土地所有权之上所产生的土地发展权呢？笔者认为，无论在国外，还是在我国，土地所有权人是土地发展权的原初主体，土地所有权人当然能享有在其所有权之上所产生的土地发展权。具体言之，我国城市和部分郊区土地的所有权归属于国家，个体（包括自然人、法人及其他组织）不能成为城市土地所有权主体。由此可见，在我国，以土地所有权主体身份的土地发展权主体是中央政府、地方政府和农村集体经济组织。

其一，在我国，作为国家土地所有权主体的国家是享有因土地使用性质变更而产生的发展利益的土地发展权的主体。正如《中华人民共和国宪法》（下称《宪法》）规定的由国务院及地方各级政府代表国家行使土地所有权一样，包括中央政府和各级地方政府行使全国城市及部分郊区范围内因公共用地、未利用地的用途变更或性质转用而产生的发展利益的占有、使用、收益和处分权能。这是土地所有权主体享有土地发展权的表现之一。中央政府和地方政府行使土地发展权各项权能的区段和时点有所不同，可谓各有分工。中央政府作为全国城市土地总有权人，除行使直接归属其的企业单位（如中央直属企业）、事业单位（如国家森林公园）和其他不属于任何私主体所有的公共用地、未利用地之上的土地发展权外，不具体行使坐落在各地具体地块之上的单笔土地发展权。因为中央政府以土地发展权主体身份参与土地发展增益分享，"一是可以均衡地区财力差异；二是可弱化地方政府收益动机，减少其土地出让中的短期行为和对土地收益的依赖；三是有利于加强中央的宏观调控能力"。① 这是由中央政府的政治角色所决定的。

而地方政府包括省（自治区、直辖市）、地市、县（区）、乡（镇）则是在中央政府授权下直接具体行使特定区域或地块土地发展权的主体。不同层级的地方政府行使土地发展权的资格与权限存在差异。如地市、省级政府有权通过征收土地增值税或向下级政府提取土地出让金等方式获取部分土地发展权收益，下级地方政府则无此权限。地市级政府享有通过实施城乡规划和用地管制而获取部分预期土地开发权，县、乡两级政府则无此权限，其只能执行地市级政府的规划与管制方案。由于我国在省以下存在四级政府，各级地方政府又具有各自分享土地发展权的权限，且我国实行分税制体制，将土地开发收益划作地方政府的重要税源，因而各级地方政府是参与我国国有土地上土地发展权分享的主要的所有权主体。这本可以为各级地方政府提供稳定的税源及财政收入，但如果各级地方政府凭借其所有权主体身份过度参与土地发展权收益分

---

① 张立彦：《中国政府土地收益制度研究》，中国财政经济出版社2010年版，第180页。

配而不向公共事业作均衡回馈，这就会无限刺激各级地方政府的卖地冲动，进而导致盲目投资与债台高筑，引发无穷的地方债务风险。

目前，我国土地发展增益分配集中于市、县二级地方政府，这就造成地方政府越来越依赖低价征收农民集体土地，然后出让，获得土地出让金收入以维持地方财政支出。一些地方政府不可避免地陷入低价征地、高价出让，增加财政收入，创造政绩的"土地财政"泥沼。① 这就是我国土地发展权制度构建中需要解决好的中央政府与地方政府作为国有土地所有权主体在土地发展权收益环节的分享机制的效率与公平的问题。总之，国家作为土地发展权所有权人主体会带来正反两方面的效果。

其二，位于城市规划开发区与进行非农开发的城乡结合地段的农村集体经济组织也是土地发展权的所有权主体之一，当然享有对其范围内集体土地用途变更所产生的发展利益。一方面，我国实行土地的社会主义公有制，在土地所有权制度上只存在国有土地所有权和农民集体土地所有权，不存在国外土地归私人所有的情况。在土地发展权归属问题上，因土地私有产生社会不公的条件不存在。② 另一方面，我国《宪法》《土地管理法》及其实施条例明确了国有土地和农民集体所有土地的范围，因而确保了土地发展权归属于土地所有权人不会产生社会不公平。我国目前的土地权利体系无法为农民集体提供参与土地增值利益分配的权利基础，创立土地发展权并将之归属于土地所有权人之后，农民集体作为农地的所有人当然地享有土地发展权。③ 作为非国有的土地发展权主体，农村集体经济组织也是作为一个群体而非个体享有土地发展权。

农村集体经济组织凭借其所有的农村集体土地所有权而享有的土地发展权的主体制度安排包含以下要素：一是根据《土地管理法》第10条和《物权法》第60条对农村集体土地所有权主体制度安排的规定，④ 我国农村集体土地所有权上的土地发展权主体包括村农村集体经济组织（含村内各该农村集体经济组织或村民小组）和乡（镇）农村集体经济组织两类。以上各类型农村集体经济组织虽然在成员人数、区域范围、财产规模及经济实力等方面存在差异，但是作为土地发展权主体的权利能力和实施土地发展权的行为能力均一律平等，并都具有承担因土地发展权合同违约和权利侵害而引起的民事负担的责任能力。二是上述各类型的农村集体经济组织作为农村集体土地的所有权主体行使在其上的土地发展权时均须遵循《宪法》《村民委员会自治法》等

---

① 刘国臻：《论我国土地征收收益分配制度改革》，《法学论坛》2012年第1期。
② 刘国臻：《土地发展权研究》，载中国社会科学院法学博士后流动站主编：《中国社会科学院法学博士后论丛》，中国社会科学出版社2008年版，第250页。
③ 刘明明：《论我国土地发展权制度的构建》，《安徽农业科学》2008年第15期。
④ 我国《土地管理法》第10条规定："农民集体所有的土地依法属于村农民集体所有的，由村集体经济组织或者村民委员会经营、管理；已经分别属于村内两个以上农村集体经济组织的农民集体所有的，由村内各该农村集体经济组织或者村民小组经营、管理；已经属于乡（镇）农民集体所有的，由乡（镇）农村集体经济组织经营、管理。"

农村集体经济组织治理基本法律规范中关于村民委员会、村民（代表）会议职责和职权行使的规则，并遵循民主管理与民主监督的各项事项。农村集体经济组织行使土地发展权的各项权能也需参照遵循《民法典》中对集体所有权主体的包括程序、监督、责任等方面的规则。

目前法学界对集体土地征收法律问题的研究，普遍认为农村集体经济组织作为所有权主体而应当然享有的集体土地所有权和建设用地使用权、土地承包经营权、宅基地使用权等农地用益物权，在国家主导实施的征收活动中，其所有权、使用权和发展权的权能和价值被严重侵害和压抑。如单飞跃、范锐敏将农民的土地发展权界定为包括农民的土地承包经营权、土地征用的知情权和求偿权等内容，并认为这些权利及其价值在土地征收过程中被严重侵害和压抑。①

也有学者将我国农村集体土地上的发展权的主体界定为国家和农民的二元架构，前者是显性主体，后者是隐性主体，两者之间因国家征地制度和集体土地流转活动而矛盾尖锐，认为应当在法律上确认国家作为集体土地发展权的唯一主体并在国家征地和集体土地流转活动中给予农民充分的补偿。② 笔者认同单飞跃、范锐敏的观点而不认同戴中亮等人的观点。实践中，作为所有权主体而享有的土地发展权的农村集体经济组织在集体土地征收过程中权利受到侵害是不争的事实，但是不能因此就忽视或矮化其作为所有权主体而享有土地发展权的地位。相反要在我国农村土地权利法制上强化对农村集体经济组织的土地所有权和发展权主体的地位。

总之，将变更土地用途而产生的土地发展权及其发展增益归属于土地所有权人，符合波斯纳所言的"财产权的法律保护就在于产生有效地利用各种资源的激励"效用，③ 为我国土地所有权主体提高土地利用效益提供了法治激励。

（三）使用者主体：国有土地使用权人和集体土地用益物权人

我国实行城市国有和农村集体所有的土地所有权制度。土地所有权不可以自由流转，其严格来讲不属于民事物权。在我国，替代土地所有权进行流转的土地权利种类是土地使用权。土地使用权作为在我国土地权利体系中最为普遍的一项物权，其实际具有了与土地所有权同等的占有、使用、收益和处分权能，并能实现产权的清晰界定。土地使用权是一个广义的实务概念，在学理上包括了国有建设用地使用权、集体建设用地使用权、土地承包经营权、宅基地使用权和地役权。由此，我国土地发展权的使

---

① 单飞跃、范锐敏：《农民发展权探源——从制约农民发展的问题引入》，《上海财经大学学报（哲学社会科学版）》2009年第5期。
② 戴中亮、杨静秋：《农村集体土地发展权的二元主体及其矛盾》，《南京财经大学学报》2004年第5期。
③ 波斯纳：《法律的经济分析》，中国大百科全书出版社1997年版，第30页。

用权主体就包括国有建设用地使用权受让人、集体建设用地使用权人、土地承包经营权人、宅基地使用权人和地役权人。

国有建设用地使用权受让人，简称国有土地使用权人，是指通过合同或其他形式从土地所有权主体的国家处有偿取得原属国家土地所有权的占有、使用、收益和处分权能的民事个体（包括自然人、法人和其他组织）。国有土地使用权人必须通过有偿受让而非无偿划拨的方式取得国有土地使用权，因为无偿划拨的国有土地使用权本身不具有物权价值，因而其也不能衍生出同样具有物权价值的土地发展权。作为受让城市国有土地使用权的个体有权分享一部分在其特定土地使用权上因变更用途开发所产生的发展增益。受让国有土地使用权人是土地变更用途的开发主体，属于社会主义市场经济的合法经营者范畴，其经营国有土地并获取收益的权利与利益已经得到《宪法》《民法典》《公司法》等公法与民商事法律规范的确认。《宪法》明确了我国的社会主义市场经济制度。市场经济不仅要求保持开放、自由、竞争、法治的运行模式以确保资源的有效配置，而且也确立了市场面前人人平等的原则，要求确立各市场主体以平等的地位和保护。

国有土地使用权人是个体式的土地经营者，也是因增量经营土地而产生的发展增益的分配主体，其通过一定程序受让国有土地使用权，然后进行自主开发经营，并分享由此产生的土地开发增益，这不仅能更大程度上提升市场经济场域中土地增量开发经营主体的经济激励层次，加快工业化和城镇化进程，而且对培育我国市场经济主体和完善民事物权主体法律制度具有长远功效。因此，对于土地使用性质不变但对土地增加投入所产生的发展利益而形成的土地发展权，归土地使用权人所有，即在城市国有土地使用权受让人（使用权人）具有在不变更土地用途而增加开发强度所产生的增值收益的开发权和分配权。

农村集体建设用地使用权，简称为集体土地使用权，是指脱离于农村集体土地所有权而由农村集体经济组织行使不改变农地用途和属性但可以提高利用强度的集体用益物权。在我国，按照权属和权能差异，土地使用权可分为国有建设用地使用权和集体建设用地使用权两类。前者由受让人享有并具有完整的物权权能，能自由流转和充分收益。后者则是受到国家土地公权力限制的定限物权，具有完整的占有、使用权能，但在收益和处分权能方面受到一定限制，特别是对处分权能的限制，就产生了集体建设用地流转不畅的法律难题。

集体建设用地流转有助于推动其价值物权化和配置市场化。而公法对其的限制又阻碍了其权能和价值的发挥和显化。而集体建设用地使用权之上的土地发展权（制度）就是在此背景下产生的。如有学者归纳建设用地使用权指标捆绑挂钩流转、"折抵指标又有偿调剂""基本农田易地代保"和"易地补偿耕地"这一三位一体的跨区域土地发展权交易、地票交易等形式的集体建设用地使用权的发展权交易模式。① 在我国农村与城市郊区，农村集体经济组织享有对在不改变农地属性的前提下增加种植强度与投入或改进农业技术提升经营生产率而产生的增值收益的开发权和分配权。前者称为市地发展权，后者称为农地发展权。对于前者，我国《城镇国有土地使用权出让和转让暂行条例》对其有相反的规定，有偿受让土地使用权期限届满，土地及其建（构）筑物无偿收归国有，这不利于激励房地产开发商的建造经营积极性，而如果将该项权利即土地发展权赋予作为土地使用权人的房地产开发商，无疑有利于更有效地调动其开发积极性。对于后者，我国《物权法》赋予农村集体建设用地使用权，农村经营个体有土地承包经营权、宅基地使用权等法定用益物权，但是上述主体对以上各项用益物权种类中的收益、处分权能的行使却受到法律的诸多限制，因而有必要从立法权利配置的层面，为这些权能的行使提供充分的制度保障。这就是在用益物权之外新生成土地发展权的权源基础。

在我国，各项农地用益物权均能产生对应的土地发展权。如土地家庭承包经营，我国现行立法缺少对土地承包户增加投入而形成的发展型利益的保护。实践中存在承包户严重挫伤了其对承包地的增量投入的积极性，这不仅不利于对作为耕地甚至基本农田的承包地的保护，而且不利于农业的长期稳定发展。正如有学者所指出的，在土地承包经营权权属法律配置方面，由于土地规划的原因，现阶段农民土地承包经营权的客体不但有农业用地，也有集体建设用地。并且由于规划的调整，事实上在城市周边区域农民土地承包经营权的客体很多是集体建设用地。那么这就存在一个重要的问题，即农民土地承包经营权中是否包含土地发展权。② 笔者认为，土地发展权应是土地承包经营权的组成部分，土地承包经营权人应享有土地发展权交易所带来的收益。土地承包经营权不仅其实质是农业经营权，其实现程度取决于农业经营的投入和产出效率，而且其也是农地收益权，土地承包经营权人可流转该权利以扩大农业经营规模或增加其他生产要素投入，不过其也会按照对土地未来价值的预期或多或少保留一部分土地权利，③ 这部分权利就是土地承包经营权之上的发展权。又如宅基地使用权，一般物权理论强调其社会保障功能，而轻忽了其资产功能。

其实，在推进我国农村土地资产流转法治建设的背景下，推动宅基地使用权的资产化并进而实现其发展权利益的最大化与分配合理化，也是今后宅基地使用权制度发展的一大方向。而就建设用地而言，我国已建立起比较完善的土地有偿使用制度，国

---

① 孙鹏、徐银波：《我国集体建设用地流转态势与走向判断》，《重庆社会科学》2011 年第 10 期。
② 吴越、沈冬军：《土地承包经营权法律配置的制度"瓶颈"与制度选择》，《河北法学》2011 年第 4 期。
③ 揭明、鲁勇睿：《土地承包经营权之权利束与权利结构研究》，法律出版社 2011 年版，第 139、141、142、144 – 145 页。

有土地使用权配置基本市场市场化,因而对通过有偿途径获得国有土地使用权进行开发建设所产生的发展性利益赋予土地发展权加以保护,是市场公平原则的基本要求。

总之,农村集体经济组织是集体建设用地使用权及其上发展权的主体,各类农地用益物权主体也分别是该用益物权之上土地发展权的主体。在集体建设用地使用权上的发展权实现途径上,有学者指出应当首先明确集体土地使用权的用益物权属性,并允许集体建设用地直接入市,再建立一套与城市建设用地恰当衔接包括集体建设用地的取得条件和程序、内容、期限和分配等事项的物权法规范和土地管理法规范。① 笔者赞同这一设想,并认为集体土地所有权之上的土地发展权都可通过流转的思路破题切入,并保障其在流转的发展权利益。

(四) 管理者主体:中央和地方各级政府

一般物权理论认为,土地发展权的权利来源是土地所有权和土地使用权。土地发展权作为一项物权,其主体也通常只能是其上位物权的主体,如土地所有权人、土地使用权人以及其他各类用益物权人。即使是国家也只能以国有土地所有权人的身份享有土地发展权。但土地发展权是基于公权力对土地私有物权的限制而产生的,其具有浓厚的公权利属性和因素。

土地发展权与现行土地管理法律规范所确立的土地规划和用途管制一道,共同构成行政公权主体对土地权利运行的调控与规制,也从反面对后两项制度建构起缓冲空间。在我国,城市地方政府作为公共利益的代表和国有资产的管理者,对因国有公共用地和未利用地上变更土地用途而产生的增值收益行使分配权、经营权,不仅有助于实现由国家或社会大众推动的城市化土地增值收益的"涨价归公"与"大众回馈",实现土地国有资产的保值,而且国家凭借其比土地一般经营主体更具优势的经营实力,能进一步推动城市土地这最大一笔国有资产的持续稳定增值。当然,也由于国有土地所有权与出让给个体的国有土地使用权存在着在区域间一定的上下位权利重合的冲突,因此国家行使该权利的同时必须处理好与已出让国有土地使用权之间的收益分配关系,因而后者作为一项基本民事权利,应得到民法的切实保护。

有学者指出,我国现行严厉的农地用途管制直接束缚了农民土地发展权的实现,应当以土地发展权贴现来分摊土地用途管制的成本,因为其只表达了国家意志而未体现工业化和城市化加速进程中农民占有土地现实和潜在的升值空间和兑现可能。作为一种独立物权的土地发展权,在城镇化土地资源稀缺的情况下,应当具有表征土地预

---

① 吕军书:《物权制度下我国农地新政探微》,《政治与法律》2010年第8期。

期收益的功能，尽管这种收益具有较大不确定性。① 这就需要国家向农村集体经济组织和农民个体让渡并保留这部分表征预期收益的升值空间和兑现可能的土地发展权。

城市地方政府作为国家政治权力的行使者，也具有土地发展权的民事产权人和宏观调控人的双重身份。地方政府分享土地发展权收益的范围广泛，既包括变更土地用途，也包括不变更土地用途而提高开发强度（密度），但分享的额度是有限的，分享的程序是补充性的。对于地方政府以民事所有权主体身份分享土地发展权，主要对城市市区内增加开发密度的提高所产生发展性利益的分享。开发密度有三个衡量指标：高度（一般用层数来衡量）、建筑密度（建筑基底即地表面积占总地面积的百分比，建筑密度越低，空地率越高；空地率较高时，绿地率越高）和容积率（一定范围土地上的建筑物建筑面积与土地面积的比率，也可以用一定范围建筑密度与平均建筑层数之积来测算）。

以开发密度三个应用指标中最为重要的容积率为例，其高低度是城镇国有土地使用权出让金收取数额的决定性因素。有学者甚至称"容积率是土地发展权最核心的内容，或土地发展权的具体表现即是容积率"。② 地方政府依据出让某一个体开发主体的容积率的容量来确定对其收取的土地出让金数额，以此来提取其所分享的土地发展权。而作为宏观调控人的地方政府，出于对土地资源运行的整体利益考虑，通过对容积率在各开发主体之间配置实施宏观层面的调配管理，能实现对土地运行市场的宏观调控功效。这就是土地发展权的宏观调控权属性的具体表现。

容积率已成为城市土地开发利用的一项非常重要的控制性指标。地方政府通过在具有较高的土地生态环境价值和社会价值，较低经济价值的地带配置较低额度的容积率，而在个别较高经济价值，较低的土地生态环境价值和社会价值的地块配置较高额度的容积率来实现对土地市场整体运行的效率性与公平性的调节，从而实现城市发展的可持续性和发展权利益分配的公平性。

关于土地发展权主体的论证，还需补充一点：在实行土地私有制的国家或地区，基于权源理论，土地发展权的主体由土地所有权人占有。在我国，由于实行土地所有权与土地使用权分离的制度，土地发展权存在两个层面的权利来源，分别是源于土地所有权和土地使用权的土地发展权。因此，其主体可以由土地所有权人（包括中央至地方的各级政府、各农村集体经济组织）、土地使用权人（城乡建设用地使用权人）甚至独立的土地发展权人。由于土地发展权相较于土地所有权、土地使用权属于派生性权利，故其权利主体的形态也具有派生性，即体现在随着其权源形态的不同而有不同的存在形态。这就使得其主体具有一定的特殊性，当土地所有权与建设用地使用权尚

---

① 陈家泽：《土地资本化的制度障碍与改革路径》，《财经科学》2008年第3期。
② 孙弘：《中国土地发展权研究：土地开发与资源保护的新视角》，中国人民大学出版社2004年版，第110页。

未发生分离时，在某一单位土地上仅存在原始的土地所有权（或一定层级政府代表国家享有，或某一农村集体经济组织享有，不存在其他主体形态），此时土地发展权的权源仅限于土地所有权，此时土地发展权包含在土地所有权之中，其主体也就是土地所有权人，包括代表国家的一定层级的政府与某一农村集体经济组织。

但必须强调，虽然此时的土地发展权蕴含在其权源的土地所有权之中，但其已经是一项独立的财产权利或称物权，仅由于其与作为其权源的土地所有权此时共同属于同一主体而未显现存在。但其作为一项独立的财产权利或称物权的地位已然存在，其并不只是土地所有权之下的一项具体权能，而这是由其权利客体或称内容的独立性所决定的。当土地所有权与建设用地使用权发生分离，或者当土地发展权移转给非土地所有权人或土地使用权人享有时，土地发展权也具有独立存在的形态与价值。这时的土地发展权主体具有了独立的地位。也就是说，当土地发展权为土地使用权人或其他非土地所有权人享有时，土地发展权具有了经济上的财产权意义，其主体对基于土地所有权或土地使用权等权源而享有的预期性的发展利益，体现为对其实施各类具体的用益形式来支配和利用存量建设用地使用权时，对其中产生的内含其基于自身的劳动力权而生成的发展性利益享有支配与分配的权利，这就会在土地所有权人与建设用地用益权人之间就发展性利益的创造与分配发生一定的冲突，从而有必要通过法律确定其归属。因此，土地发展权的主体能否独立存在，很大程度上取决于法律上是否承认独立的土地发展权制度。

二、土地发展权的客体

（一）既有学说评述

物权法律关系的客体，就是物，是指凡是存在于人身之外，能够为人力所支配和控制，能够满足人们某种需要的财产。[①] 发展性利益可以成为权利客体，对土地开发利用而产生的发展性利益予以保护，已为20世纪以来英美等国实施的土地发展权制度所确立。而发展性利益的客体在实践中又表现为一定的空间、开发容量或配额以及动态开发权，不仅包括有体物，也包括权利。

（1）空间权说。该说法认为土地发展权表现为一定的有体空间，谁能在一定空间上继续开发土地，谁就享有了土地发展权。如"所谓土地发展权是对土地在利用上进

---

① 杨立新：《物权法》，中国人民大学出版社2019年版，第24页。

行再发展的权利,即在空间上向纵深方向发展之权"。① 该说法所称的空间确实能构成土地发展权客体的一部分,但不能囊括全部的客体。

(2) 开发容量说。有学者认为,土地开发权支配客体的具有与一般的不动产物权类型相区分的特殊性,即土地开发权的客体是土地开发容量。土地开发容量表征了土地使用者开发土地、利用土地资源自由与限制的界限。将土地开发容量界定为一项可被土地所有权人自由支配并处分的权利客体,并进而以一定的产权关系为基础固定有助实现其市场配置。② 该学说明确揭示了"开发容量"作为一项独立的民事权利客体,并将其定位为土地发展权客体之一。这种观点可以说将开发容量说与空间权说、容积率说并列放置,予以同等对待。

(3) 容积率说。有学者认为在分析空间权的种类与体系时,依"空间权是否可以转移之标准,可以分为可移转的空间权和不可移转的空间权",而类似美国土地发展权移转性质的空间容积率移转制度,即属于可移转的空间权,转移的对象不是空间,而是土地上未利用的容积率。③ 该说法对空间说观点进行了抽象化,提炼出空间权的实质是容积率的观点,相较于空间权说,可以说是一大进步。

(4) 开发权(动态利用)说。该观点认为土地发展权反映了土地权利发展的动向,其是解决土地动态利用而产生的权利义务关系问题而产生的,与空间权解决的是土地立体利用而产生的权利义务关系之间各自独立,④ 因而土地发展权肯定不是空间权。该观点没有阐明土地发展权的本质特征,而只是对于其功能的一个方面进行了描述,因而不能作为认定土地发展权客体的核心要素。

(5) 土地开发配额。该说法认为土地发展权是由国家指标控制并通过一定的市场机制分派给各具体开发主体的开发权和增量收益分配权。土地发展权体现了国家对土地开发的微观控制。而土地开发配额就是依据容积移转机制来实现的。⑤ 该说法增加了国家对土地发展权运行调控施加宏观或微观影响的因素,将土地发展权的私权性与归国家宏观调控的公权性相结合,具有一定的合理性和实证性。

以上各种关于土地发展权客体的学说均具有一定的学理性,但观点之间并未在一个层面上进行界定。因而,可以"容积率说"为主体,融入其他观点的合理成分对土地发展权客体进行界定。在实践中,土地发展权的客体多表现为容积率的转移,简称"容积移转"。"容积"一词内涵丰富,这既能吸收"空间说""开发容量说"关于空

---

① 胡兰玲:《土地发展权论》,《河北法学》2002 年第 2 期。
② 沙文韬:《我国土地开发权制度研究》,华东政法大学 2008 年博士学位论文,第 17 - 19 页。
③ 陈祥健:《空间地上权研究》,法律出版社 2009 年版,第 7 页。
④ 刘国臻:《论土地发展权在我国权利体系中的法律地位》,《学术研究》2007 年第 4 期。
⑤ 金俭、吕翾:《论台湾土地开发许可制及其对大陆地区的启示》,《湖南师范大学社会科学学报》2013 年第 3 期。

间、容量这些构成容积率因子，又能将"动态利用说""土地开发配额说"中关于国家对容积率实行调控配置的因素囊括进来。但从法律关系客体界定的层面来说，容积率不能成为土地发展权的客体的全部内涵概括。因为根据现行物权客体一般理论，物权的客体是物权指向的对象，也就是被设定了物权的财产。[①]

我国《民法典》将物权客体界定为动产、不动产和某些财产权利。而容积或容积率很难直接界定为上述客体范围的任何一项。其实，无论是容积还是容积率，体现或表征的是一项财产权利，一项增量型财产权利。这是物权客体对有体物的突破的具体表现，反映了现代增量大开发时代下承载物权利益的客体扩大化的新趋势。从法经济学理论来界定，凡具备独立的经济价值及排他的支配可能性两项要件，即为物。[②] 因此，从财产权理念看，发展性利益是一项蕴涵物质利益与价值的物，土地发展权的客体可归为一定的发展性利益。

（二）发展性利益界定

土地发展权的客体是在土地动态、立体、增量开发过程中所产生的发展性利益。这种发展性利益主要是指基于某项土地所有权或土地使用权而产生的对于同一客体之上预期性发展利益的分享。在现代财产法中，发展性利益尽管不是一种有体物，但是它可以为人们所分享，体现出一种基于公民权与劳动力权所应分享的经济价值。在土地资源日趋紧张而价值井喷的大开发时代，各主体对房地利益特别是发展性利益的争夺愈演愈烈。谁获得了土地发展权的分配权，谁就享有了获得这种巨额房地产发展性利益的权利。因此从权利规范与保障的角度审视，当前我国不动产物权法律体系中缺乏以这种不动产发展性利益为客体的权利类型及其物权调整机制，因而对这种权益的配置处于无序状态，实践中乱象丛生。

在现代社会，由于房地产资源的不可再生性和有限性，使人们必须不断地投入到对房地资源及其利益的争夺，为了更有效地利用土地、配置资源以及分享权益，这就必须使对房地产增量开发利用及其产生的发展性利益的分配活动法治化，因而需要从物权法治的角度，将土地发展权作为一项独立的财产权利或称物权来加以确认。正是这一原因，我国物权法学界应当将土地发展权界定为独立的财产权，并受《民法典》的保障与法律关系的调整，原因在于：

其一，这是由土地发展权民事物权的基本属性与《民法典》是民事物权保护基本

[①] 尹田：《物权法》，北京大学出版社2013年版，第34页。
[②] 周林彬：《物权法新论——一种法律经济分析的观点》，北京大学出版社2002年版，第102页。

法的法律定位决定的。《物权法》是财产法,以规范人对财产的支配关系为内容,① 而人对财产的支配关系即物权关系。而且物权关系范围不仅包括已被《民法典》正式确立的所有权、用益物权、担保物权,还应当包括其他新生成的物权关系,也即物权关系是一个发展的概念。而土地发展权从权源角度来说是脱胎于土地所有权或土地使用权的一种新型独立的物权,就是因为现代社会房地增量开发时代已经到来,对房地发展性利益的显化与调整需要配置一项新的权利类型。因此土地发展权法律关系也能成为一种新型物权法律关系而受到《民法典》的专门调整。《民法典》作为我国民事物权确认与保障的基本法律规范,其对于各项不动产物权的调整与保障在各部门法中具有最高的法律效力。将作为独立财产权的土地发展权纳入我国《民法典》中,不仅有利于确立土地发展权基本民事物权的权利定位,以使其更好地运行与得到保障,而且有助于完善和巩固《民法典》作为民事基本不动产财产权保障的法律规范的法律地位。

其二,作为土地发展权客体的不动产的发展性利益,是建设用地及其上房屋相较于开发之前存量价值的社会化的增量利益。这种利益是通过土地发展权这一权利来实现的,可以将土地发展权与社会化的发展性利益合并起来统称为土地发展权益。从物权法理论角度看,土地发展权之所以可以成为一种应当受到《民法典》调整的权利,是因为它和土地、房屋这两类不动产具有内在联系,它表征的发展性利益这一权利也符合物权法规定的一般民事客体,也涵盖了物权这一有形物体所包含的权利客体的原理。"土地、房屋等不动产的所有权对于国人,意义非凡。……就人们日常生活与财产构成而言,不动产所有权主要指向土地所有权(使用权)和建筑物所有权。"②

如果说这一发展性利益与某一特定的房地客体不相关,也就是说该利益不是产生于该房地所有权而是其他要素,则该发展性利益就是该特定房地客体的发展性利益,该房地产所有权人也不能基于土地发展权而享有其上的土地发展权收益。作为土地发展权客体的房地产社会化发展性利益,非简单的房地产存量价值本身,而是一种开放性的价值要素构成,但它也是确定的,即可以通过客观的价值评估手段予以确定。

土地发展权的发展性利益的价值与其本体房地产价值直接相关,也与其他经济社会要素有关,尽管这些要素需要分类界定,但是其在评估之时是可以通过技术手段绝对确定。土地发展性利益也可以通过物权公示、登记制度予以外在化。同时,权利人享有的土地发展性利益也必须是特定的,每个人的权利只能基于特定的房地产客体而行使,不能延伸到其他主体所享有的房地产范围之上,否则将构成对他人该项权利的侵害。

其三,作为土地发展权客体的房地发展性利益,是与土地所有权和土地使用权密

---

① 陈华彬:《民法物权论》,中国法制出版社 2010 年版,第 33 页。
② 金俭:《中国不动产物权法——原理·规则·适用》,法律出版社 2008 年版,第 81 页。

切相关的。在土地发展权没有从土地所有权和建设用地使用权中独立出来或独立利用时，它常常是包含在土地所有权和建设用地使用权之中，作为一项具体权能而存在。反过来说，土地发展权的存在与运行不能脱离一定的客体（这里指某块特定土地）之内的所有权或使用权，一旦离开了作为其权源的土地所有权和土地使用权，土地发展权至少在权利来源角度失去了母权的支撑。但这并不意味着土地发展权必须被包含在土地所有权和建设用地使用权之中，其仍然具有一定的独立性。因此，房地发展性利益主要体现于土地所有权和土地使用权的出让和转让行为过程中，它产生与运行的轨迹已独立于土地所有权和使用权的各权能。

最后，房地发展性利益可以通过一定的方法予以公示。房地发展性利益作为一项物权客体，其变动应履行物权变动一般公示规则。物权公示原则，是指"物权的各种变动必须采取法律许可的方式向社会予以展示，以获得社会的承认和法律保护的原则"。[1] 物权公示，最根本的作用是给物权的各种变动提供有公信力的法律基础。[2] 尽管房地发展性利益具有价值，可以为人所有，但如果它不能为人所确定和支配，尤其是无法通过一定方式加以公示，它将难以形成为一种物权。作为物权，它必然需要登记和公示，从而起到界定产权、定纷止争的作用。当然，在现代社会，由于在评估和登记的技术层面对其进行确定成为可能，这也有助于促成我国房地发展性利益评估与登记制度的构建。因此，房地发展性利益在物权程序法上与一般物权遵循同样的规则。

三、土地发展权的内容

（一）既有观点评述

土地发展权究竟应当如何表述，各国家或地区立法、判例和理论学说并不完全相同。第一种观点认为土地发展权是超越土地所有权的一般使用权能边界而提高土地利用程度和改变土地用途的权利，即所谓利用权说。[3] 第二种观点认为土地发展权不仅包括改变土地利用程度乃至用途的权利，还包括了对发展性利益的分配权，而后者更具有统领价值，即所谓分配权说。[4] 土地发展权表明权利人对于客体和空间所享有的控制权，表现在法律上就是利用权与分配权。第三种观点认为土地发展权主要是基于土

---

[1] 孙宪忠：《中国物权法总论》，法律出版社2014年版，第301页。
[2] 崔文星：《民法物权论》，中国法制出版社2017年版，第67页。
[3] 胡兰玲：《土地发展权论》，《河北法学》2002年版第2期。
[4] 刘国臻：《论我国土地征收收益分配制度改革》，《法学论坛》2012年第1期。

所有权或土地使用权而对一定地块的发展性利益享有的权利，就性质而言，土地发展权属于不动产财产权之一种。① 由于基于土地原始性权源而产生的发展性利益具有显著的经济价值，权利人在土地所有权一般使用权能的基础上进行超限增量价值开发与分享，因而与传统的土地所有权的用益权能的占有、使用、收益乃至处分权能是不同的。此种观点并未确定土地发展权的内涵，而只是从权利客体的角度来进行定义。上述各种观点都认为，基于土地所有权或土地使用权而产生的超限额增量发展性利益可以成为新型权利的客体，所不同的是对于土地发展权的内容的界定上存在着分歧。

（二）复合型法律关系

笔者认为，土地发展权内容是复合型的，非单一权利及其种类所能囊括。土地发展权的内容首先包括了一般物权所具有的物权确认请求权、物权请求权、排除妨害请求权以及损害赔偿请求权。物权确认请求权是指当物权归属发生争议时，物权人有权请求法院确认其享有物权的权利。物权请求权又称为"物上请求权"，是指当物权的正常状态遭受或者有可能遭受不法侵害时，物权人请求加害人为一定行为或不为一定行为，以恢复物权的圆满状态的权利。② 排除妨害请求权和损害赔偿请求权分别属于事中和事后救济权；其次，土地发展权的内容是分配权。各主体基于各自的土地所有权或土地使用权，在实施超限额度的使用、收益基础性权能之外所产生的发展性利益，主要为取得对其价值的分享，而不论其产生的过程与形态为何。

土地发展权是指公民、法人或其他组织在基于其所享有的土地所有权或土地使用权而对某一块土地实施超限额度开发所产生的较土地原有价值的发展性利益的分配权，并具有排除他人干涉的权利；最后，土地发展权的内容表现在其权利运行、价值生成及其收益分配等环节在时空两域具有一定程度的交错性。这主要表现在土地发展权人在实施超限额度的增量开发（土地发展权的运行）与其分配该发展性利益（价值生成与分配）两环节进行的空间场域与时间维度存在一定程度的错位。这是土地发展权及其运行的一项重要特征。

如在我国重庆、浙江等地实施的城乡建设用地统筹开发的指标交易跨区交易与发展性利益分享创新实践中，承载城市建设用地使用权转用开发的交易指标在地区内跨区域流转，其实质是各区域土地发展权的运行，而实施指标交易的目的是弥补用地紧张地区建设指标不足的缺陷，并实现各地区发展利益的平衡保障，这一过程即可谓土地发展权的价值生成与分配环节。这两个环节在实施的时空场域均不相同，前者是在

---

① 这种观点主要为物权法研究学者，如江平、王利明、刘国臻等。
② 尹田：《物权法》，北京大学出版社2013年版，第242、244页。

建设用地指标发送区与接受区之间进行；后者先是在接受区主动获得发展性利益，而后通过利益回馈机制将一部分发展性利益返还给指标发送地区。土地发展权的创设，突破了传统的土地存量开发与利益分配的法律调整观念与机制的束缚，开创了土地增量开发与发展性利益分配的新型的法律调整观念与权利运行机制，有利于土地增量开发法律关系的调整与发展性利益的公正分配。同时，土地发展权源于对土地所有权或土地使用权的限制，故其在内容上也具有一定的限制性。

发展不是无限制的，土地发展权运行与发展性利益分配也不是无限制的。由于土地发展权是具有公权属性的私权利，因此对其运行的限制也体现在公私法两方面，一是土地发展权必须在既有的土地权利体系内，遵从物权法中既有土地物权类型的运行的一般规则，如果土地发展权人在行使土地发展权时，发生侵害其他土地权利主体的其他类型的土地权利，应当承担侵权责任。我国《民法典》规定的建设用地使用权、土地承包经营权、宅基地使用权及地上权等几类用益物权，与土地发展权部分权能具有相似性，《民法典》对其主体、客体、内容、效力及权利保障等规定，只要符合《民法典》对一般民事权利规定的基本原则，则该规定也同样适用于土地发展权。土地发展权人因其他主体侵害其土地发展权，导致其发展性利益受损，有权像《民法典》规定的其他权利种类一样，寻求司法救济。但同时，土地发展权人行使其土地发展权也必须符合《民法典》规定的一般民事物权运行规则的规定；二是土地发展权也必须符合国家及政府各项维护社会公共利益为宗旨的公权力法律法规及政策有关限制其运行及调节发展性利益分配的规定。这体现了公法基于社会公共利益对作为财产权的土地发展权的适当限制，且应遵循一定范围和适当补偿的规则。[①]

如从中央到地方的各级政府对我国耕地等农业农地实施土地用途管制，包括基本农田在内的耕地及其他农业农地非经有关机关批准，不得转变用途为城市建设用地。虽然土地发展权是一种转变土地用途的权利，但这种权利的运行也不能逾越国家土地管理与耕地保护政策规定的界限，而只能在国家有关政策与法律许可的范围内运行。又如城乡规划许可是指人民政府为了实现一定时间内城乡经济社会发展目标，确定城乡性质、规模和发展方向，合理利用城乡土地，协调城乡空间布局和各项建设的综合布置和具体安排。

政府对城乡经济建设及一体化发展作出的事前规划，具有行政法上的强制效力。城乡规划的实施可能会给城乡土地用益物权主体（包括房屋所有权人与各类土地使用权人）的房地权利带来一定的限制甚至剥夺。这种限制甚至剥夺如果符合法律规定的强制性实体规定，并履行法定程序，则相关房地权利人必须服从与忍受这种规划对其权利的限制，但是公权力主体也必须对房地相关的权利人的发展性利益（基于土地发

---

① 程萍：《财产所有权的保护与限制》，中国人民公安大学出版社2006年版，第467–469页。

展权)进行适当补偿。需要强调的是,土地发展权是房地产业开发发展到一定层次,需要政府通过宏观调控手段对房地客体的增值进行调节的情况下产生的一种具有经济法意义上发展权属性的权利,其对发展性利益及其法律关系的调整也开始超越一般民事用益物权对存量民事物权收益权的调整或保障界限,因此,土地发展权限制性体现一般不包括通过合同等法律手段及强度,而是远远超过了合同法上的限制强度。这也就是土地发展权区别于通过设定地上权、地役权及城乡建设用地使用权、土地承包经营权及宅基地使用权等方式限制其运行及权能的手段,对土地发展权的限制一般来自效力更加普遍、强度更大的国家行政公权及宏观调控经济法权方面。

总之,土地发展权在性质上属于物权的范畴,应当受到《民法典》约束。土地发展权作为一项民事权利,丰富了民事权利体系。同时土地发展权的产生,也进一步地丰富了民事权利客体的内容,扩展了客体的范围。民事权利的客体并不限于物,也包括权利或称权益。当然,土地发展权虽然为一种新型的权利,但是房地发展性利益可以独立于房地本体。现代物权法中的不动产所有权以及其他物权并不必然包括对不动产发展性利益的占有与支配。土地发展权具有自身特色的法律内容已为客观之事实。

第五章 土地发展权的公法限制

综上所述，土地发展权作为一项独立的私物权，当无疑义。但从上述对土地发展权的产生、发展路径及其内涵的界定可知，其毕竟不是传统调整绝对、静止、平面和存量型物权的权利，而是规制相对、动态、立体和增量的以私权为核心但蕴含公法上公权利因素的复合型权利。土地发展权因受公法的诸多限制而具有鲜明的公权利属性。那么，公法限制对土地发展权的法律性质和权利构造产生了何种影响？能否借用公私权混合性的准物权及其理论来描述甚至界定公法限制下的土地发展权的定性和架构？笔者认为这种观点是符合物权和准物权理论逻辑并在实践中能够成立。需强调的是，尽管土地发展权背负公法限制，但其基本属性仍是民事物权，是第一性的权利。而由公法限制所导致其所具有的公权利属性，充其量只能算第二性特征。对土地发展权的公法限制的理论探讨，有助于更加全面地透析土地发展权的产生、来源与实际运行样态。

一、逻辑缘起与论证思路

（一）逻辑缘起

综上所述，从私法（权）的视角，可将土地发展权界定成一项独立的不动产物权。但是，土地发展权的物权定位似乎不能立即被物权法理论所确认。我国《物权法》中未将其纳入法定物权范畴即是明证。那么这是否就直接否定了其物权特性呢？笔者认为，不然。物权定位与物权特性是有差别的，前者是指已被物权法律规范所承认的具有正式物权效力的法律形态，后者是指尚未被物权法律规范所正式承认但其正在物权形成期且具有一定物权效力的法律状态。因此，不能因为一项物权不具有正式的物权法律地位而否认其具有一定的物权属性。同时土地发展权产生于国家对土地利用关系的干预，具有明显的公权力属性。因此，直接将其纳入《民法典》中的私物权体系中不太恰当，有必要先从公私权利混合的属性全面界定土地发展权的属性地位，再根据其公、私权利属性的权重来构建其法律规范。这时，具有公权利色彩但仍以私权为本质的准物权理论进入我们的视野。

准物权（quasi-property）的概念是随着近些年物权法学界对矿产、野生动物、水以及渔业等资源利用与保护的关注而被提出并作为一系列新的物权法律制度而构建的，但该概念尚未被《民法典》正式确认，仅在学理层面作理论探讨。但是在实务层面，关于矿产、野生动物、水以及渔业资源的开发利用与保护的权利保障机制却已然存在。观察上述四项已被法理所确认的准物权种类可知，这些权利尽管在客体上超越了一般物权客体的范围和价值，但其仍可以作为有价值的物看待而作为私物权的客体。但是，这些物权因其高价值性和公共利用性，对其开发利用，又不能像一般物权那样实行自由创设和转让的模式，而必须借助于国家的公法授权并受其监管。这就是准物权运行的一般规则。

土地发展权表征的是土地发展增益，这种利益不是一般民法上的绝对私有化、静止固定、存量交易性质的权利价值，而是由作为公共开发主体的国家主导房地产社会化大开发所产生的具有公权利属性、动态变量等新的权利价值。这种权利及其价值虽然从主体上来源于土地所有权、土地使用权等基础物权，这在现实中通常表现为房地的区位。但也有部分来自于国家公权利行使，如国家发展战略规划中优先发展的地区，其土地增益的速度比较快；某地方政府转变某块农地用途实施城市化开发，该区块就能分享到土地开发增益等。有谁能说拥有这些区域土地所有权或国有建设用地使用权的主体就可以坐拥其地利优势而独享该发展增益呢？恐怕这既不公正也会造成严重的道德风险。

因而，由国家出面对由其和土地所有权私主体（在我国为农村集体经济组织）和土地使用权及各类用益物权私主体共同创造的土地开发增益进行合理分享，这就涉及国家对于具有公私权二重性的土地开发增益的投资与分享的制度进行法治化构建。这其实和准物权中矿产、渔业、水及野生动物资源的开发收益制度本质相同，以上资源的所有权主体和承包经营主体也不能独享其开采利用收益，国家必定要在其中实施宏观调控和部分价值回收。国家既有可能以产权主体的身份行使对土地发展权的占有、使用、收益权能，直接行使对土地发展增益的占有权，又有能借助其微观管理者和宏观调控者的身份间接规制或调控普通的土地开发主体对土地发展增益的处分权能。这正如国家既可能对某块矿藏或海域内的渔业资源由其自身成立自然资源开发公司直接行使对矿藏或渔业资源的占有、使用、收益权能，更可能出于市场效益原则将该矿藏开发权或渔业权的部分收益和处分权授予具有一定资质和经济条件的市场主体来具体行使，自身仅保留对该矿藏和海域渔业可开发价值的占有权能。

以上是对土地发展权进行准物权分析的逻辑起点，仍处于理论上的或然性层面，该逻辑所引致的学理探讨不一定能得出肯定的结论。但如果能通过缜密的论证思路实现这两个范畴的合理嫁接，则无疑是对土地发展权定性这一重要理论范畴的创新，所引发的学术效应必将是土地发展权公法性的直接证成。土地发展权的公权因此得到量化。国家作为公权力主体调控和分享土地发展权才具有合法性和正当性。这也会对我国土地利用管理制度产生间接而深远的影响。

（二）论证思路

其实从物权产生的基本理论分析，也可以认为物权与准物权虽分属于不同理论范畴，但之间具有逻辑上的承接关系。物权通常是法定意义上的，即以是否被物权基本法律规范所正式确认作为其存在与合法的唯一依据，具有较强的应然性价值。而准物权虽然也有学者认为其可以归入物权基本法律规范调整，[①] 但是其主要仍作为一项物权法中的学理概念提出，其不具有法定物权的地位，也不主要受物权基本法律规范的保护与调整，也可认为其不属于狭义的私物权，其仅作为一项独立的权利在财产权法律关系中运行，具有较强的实证性。即便是一项法定物权，在其被物权基本法律规范所正式确认前，其不具有物权属性，而只是一项实证的不知名权利，或许就是准物权。如土地承包经营权在《物权法》制定之前，主要由执政党政策文件和各地方实施意见所规范，此时能将其视为法定物权吗？当然不能！但能否视其为一项正在成长的准物权？恐怕并无不妥！再如渔业权，现今理论将其定位为一项准物权，这个"准"字是否就预示了其正式物权化的目标和结果呢？恐怕谁也不能轻易地否定这种推断吧。从物权生成过程的理论角度分析，一项不具有纯粹私物权法律定位的财产权，可能构成物权与非物权之间的过渡状态，即准物权。土地发展权也应符合这一理论规律。

结合上述对准物权与物权关系的理性揣测，本章将首先探究土地发展权的公私权混合的属性，分析公法对其限制的领域和影响，再从理论层面阐述准物权的法律内涵与要素架构，尤其突出其公法授权性和私权本质性的双重特征，并以此作标准，分析土地发展权与准物权之间的理论契合点，包括发展性契合、公权性契合、客体特殊性契合、类比性契合。最后参照某类既有的具体准物权种类的权利构造来尝试对土地发展权的准物权构造的解构分析。得出的结论是土地发展权是一项受公法限制的物权，一定程度上符合准物权的权利特征和内涵。

[①] 如王利明在其《〈物权法〉立法建议稿》中就将一部分准物权种类纳入其中，并初步规定了其运行的制度。

二、土地发展权的公权性

(一) 公私权划分概论

关于公法与私法的划分,从以下几个方面来展开。首先,从法律保护的利益角度看,公法的"公"更多地体现在代表公权力的行政、司法机关保护"公共"利益,私法的"私"则更倾向于强调保护"私权",即平等的民商事主体即市民社会的利益。其次,公法指向的公权力是以规范权力为逻辑出发点,强调"权力法定"原则,法无明文规定不可为,把权力的行使限制在"笼子"里,避免与民争利;私法是以保护市民权利为立法原意,适用"权利推定"原则,在不违反道德和不侵犯他人权利前提下,法无禁止即可为。最后,公法的法律关系主体为了公共利益采取"国家或政府主动介入"的原则,私法适用的是市民"意思自治"原则;公法的实施多以国家强制力或宏观调控手段,私法主要调整的是市民社会衣、食、住、行和市场主体平等的民商事关系。① 土地发展权作为一项财产权,具有先天的私权性。英国的土地发展权国有化模式和法国的"法定上限密度",是将土地发展权作为一项独立权利,从土地所有权中分离出来而归属于作为公权力主体的地方政府。

美国的土地发展权归原土地所有者所有的制度设计,是将土地发展权规定为土地所有权人所有,但可与土地所有权分割处分,该发展权可以在各主体之间自由流转,自然也是一项财产权利。英、法、美等国的土地发展权符合土地权利发展变化的一般规律。我国的土地发展权虽然是在我国特色的土地权利活动与制度中诞生的,但其也必然具有鲜明的土地发展权的公私权二重性。

土地发展权的生成源于国家对土地利用关系的干预,具有明显的公权力属性。土地发展权与现行土地管理法律规范所确立的土地规划和用途管制一道,共同构成行政公权主体对土地权利运行的调控与规制,也从反面对后两项制度建构起缓冲空间。一方面,土地发展权在整个土地权利体系和土地开发利用过程中凸显其"警察身影"。这正如有的学者所说:土地发展权实际上与其他土地权利相伴而生,因为人类最初使用土地的目的,除了耕作之外,安居立所的重要性显然不言而喻。② 另一方面,由于政

---

① 代中现:《论我国法治路径之变革——以公法与私法规范配置为视角》,《中山大学学报(社会科学版)》2020 年第 3 期。
② 甘藏春:《当代中国土地法若干重大问题研究》,中国法制出版社 2019 年版,第 183 页。

府土地行政管理警察权的存在,土地所有权和使用权受到限制,因而只能将原本蛰伏其中的土地发展权从中分离出来,并予以单独的调整与保护。

由此可见,土地发展权与普通财产权的"高自由度"不同,具有明显"限制性"的警察权色彩。对比例原则综合考察可知,比例原则的要义在于禁止过度,精神在于矫正强势利益对弱势利益的不当侵害,宗旨在于通过对手段与目的匹配性审查达至保护私权免受恣意干涉。比例原则融入民法的价值部分在于能够为民事立法提供更为科学合理的考量思维、为民事司法在裁判中实现个案正义提供可操作的调节工具,同时为公益介入私益提供精细限制方式。① 但也有学者不赞同土地发展权的"警察权"属性,而将土地发展权的这种公权规制属性理解并定性为一项经济法意义上的权利,并认为"将土地发展权定性为经济法意义上的权利,能够准确反映土地发展权的本质特征,有利于土地发展权制度的贯彻落实"。②

笔者认为,土地发展权所具有的公权性不能单纯地认定为一项行政管制权,而应当是一项在国家基于协调本国土地流转过程中发生的权利运行法律关系中所被运用的具有公权利属性的动态性私权,以保障个人在土地利用过程中的安全。"土地法上有种强有力的潜在价值,即个人在社会上的安全和地位——它们来自有关财产的权利——应受法律保护"。③ 而经济法是调整在国家协调的本国经济运行过程中发生的经济关系的法律规范的总称。④ 经济法在直接调整市场经济各生产要素间的调配、收益分配以及市场平稳运行的活动发挥着举足轻重的作用。经济法公私二重性,也促进其在相对、动态、立体和增量的土地法律关系中发挥独特作用。

(二) 土地发展权公私权二重性表现

土地发展权的运行也体现出公私权的二重性。现代土地关系动态、立体式的发展脉络,使得传统的公权与私权难以很好地调节土地法律关系,公私两分法的局限性日趋凸显,经济法的特殊价值能克服这一局限性。经济法中治理与善治的目标在于实现政府、市场、公民社会的良好合作与互动,要实现政府治理的现代化,首先要厘清政府与市场、社会的边界,培育多元共治的治理体系,构建以政府为主体,市场及社会公众力量共同参与的协作治理机制。⑤ 经济法不仅扮演着维持经济秩序与平衡利益关系的被动性权能之角色,而且具有促进与调节经济发展的主动性权能,即经济发展权。

---

① 杨翔宇:《论比例原则在民法中的地位》,《河北法学》2017 年第 12 期。
② 刘国臻:《论我国土地发展权的法律性质》,《法学杂志》2011 年第 3 期。
③ [新西兰]迈克尔·塔格特:《行政法的范围》,金自宁译,中国人民大学出版社 2006 年版,第 275 页。
④ 杨紫烜、徐杰:《经济法学(第六版)》,北京大学出版社 2012 年版,第 21 页。
⑤ 赵宁:《论土地利用规划权力的经济法属性》,《社会科学家》2015 年第 2 期。

经济发展权是指经济法主体国家、组织和个人参与、从事经济建设，并能够享受这些发展带来的利益的权利。发展权包括参与权和收取两方面的权利。发展权不同于个人自由与个体发展权，是一种集体的权利与自由，这种集体的权利与自由必然会惠及个体自由与权利，这是中国新发展理论对世界人权理论体系与制度实践的重大贡献。① 经济法所具有的这些特性，是传统调整存量利益法律关系的民法和调整减量利益法律关系的行政法所不具备的。因为民法手段不能解决土地资源供需的宏观矛盾和微观市场失灵问题。土地关系的国家干预也不能单纯地依靠行政管理行为。而土地发展权制度的出现则表明了经济法介入土地法律关系调整时代的出现。

土地关系的经济法律调整是经济法规范的重要构成部分。经济法调整在国家调节社会经济过程中发生的各种社会关系，保障国家调节，是促进社会经济协调、稳定和发展的法令规范的总称。经济法是现代社会的法，适用于现代社会经济发展所产生的新型的土地利用关系。经济法形成的两大法域对土地的宏观与微观利用关系都具有规范意义。从国家调控行为来看，土地利用关系分为宏观总量调控和微观市场规制两个方面。

我国土地宏观调控的目标是保持耕地总量的动态平衡，均衡建设用地的供需关系，保证土地资源在国民经济各部门、各用途之间的优化配置。土地宏观调控作为政府宏观调控土地资源配置、土地利用方式和土地市场运行的重要手段，在供给侧结构性改革中具有重要作用。② 用经济法保护私有财产权与私有经济具有以社会整体利益为本位，着眼于宏观经济领域，弥补市场自身运行的缺陷并基于国家的经济职能，以可持续发展战略为价值取向的动态性保护特征。③ 土地发展权所具有的公私权二重性的具体功能可定位如下权利形态。

（三）经济发展权

剩余权分为剩余控制权和剩余索取权，前者是指在限定的特殊用途之外决定资产如何被使用的权利，后者是指收益分配优先序列上"最后的索取权"。④ 前者除包括投资者对剩余索取权、投劳者对剩余激励权、经营管理者对剩余提成权的分配和享用，还包括对扩大再生产的追加（即进行投资、重复并扩大财富的创造以及将剩余作为消费的追加）、满足个人的发展需要的权利。⑤ 后者即经济安全权，是指人们对经济安全

---

① 姜涛：《发展权的国内法属性及制度保障选择》，《法治现代化研究》2019年第2期。
② 程子腾、高峰：《供给侧结构性改革中的土地宏观调控战略框架设计研究》，《现代管理科学》2017年第6期。
③ 宁金成：《私有财产权、私有经济的价值与法律保护》，郑州大学出版社2008年版，第287－290页。
④ 朱一中、王韬：《剩余权视角下的城市更新政策变迁与实施——以广州为例》，《经济地理》2019年第1期。
⑤ 陈乃新：《经济法精神之展开》，中国政法大学出版社2005年版，122－123页。

所平等享有的权利,可分为经济整体安全权和经济持续安全权。① 剩余权从本质上说就是发展权。

经济法中的发展权即经济发展权,是指国家、组织和个人参与、从事经济建设,并能够享受这些发展所带来的利益的权利。发展权包括参与权与收益权两个方面。发展权的实质在于对人类社会的经济资源进行合理的配置,即提供平等的发展机会、获得增量利益并共享这些利益。发展权这种促进普遍发展的功能是当代权利共享理念的反映。我国土地发展权即是对土地发展收益这一社会化生产中的"剩余"所享有的收益性的权利。土地发展收益是在土地开发利用过程中,因改变土地用途或使用强度而发生的土地交换价值和土地使用价值上升所溢出的剩余利益,是土地社会化生产关系参与者都意图参与分配的客体。

土地开发利用法律关系的参与者,包括政府、企业以及个体投资者参与土地发展权收益的方式就是行使其剩余分享权和剩余实现权。前者是指作为管理者的政府,作为投资者的政府、土地房屋开发企业、土地方式投资的个人,作为生产者的土地开发企业等三方各以其在土地开发利用中的地位与贡献力大小,参与增量性土地利益分配的权利。后者的行使主体主要是国家或政府,表现为国家或政府针对在土地发展市场参与分配的主体(如企业与个人)盲目地分享剩余权时,采取措施,调控实现剩余权时的秩序,维护分配参与者的个体利益以及整个分配市场机制的健康有序运行。

(四)经济分配权

分配权是指包括国家、企业和个人等在内的特定主体按照一定的原则、制度和方法对可供分配的财产和利益在不同社会主体之间进行划分和配给的权力和权利的总和。② 经济法中的分配权,即经济分配权,是指国家、组织和个人享有社会收入增长所带来的利益的权利。③ 分配权是发展权的实现。发展权包含可以享受发展所带来的利益,分配权则是要实际上解决如何公平受用这些利益的权利。土地发展权作为我国的经济分配权中的一项,是指如何在国家、企业与个体之间既体现公平又促进效率地分配土地发展收益。

分配权兼具公法和私法双重属性。具体来说,国家享有的分配权利,是以各级政府及其相关部门为代表的国家,基于社会整体利益的考虑,按照法定规则和程序,通过制定分配规则、干预分配过程、矫正分配结果等诸多方面分配权力的行使,多途径、

---

① 陈乃新:《经济法的重要范畴:剩余权与经济安全权》,《法商研究》1998 年第 6 期。
② 孟庆瑜:《分配关系的法律调整论纲》,《法律科学》2004 年第 2 期。
③ 程信和:《经济法基本权利范畴论纲》,《甘肃社会科学》2006 年第 1 期。

全方位地介入分配活动，占取和支配大量的社会财富。而各企业和居民享有的分配权利，主要是在国家和法律划定的自由或自治空间内，着眼于个体生存与发展的需要和自身利益的最大化的追求，从事社会财富的市场与创造活动，并主要通过平等协商的办法和途径行使分配权利。国家的分配权是其基于土地所有权主体和公共利益代表者身份所享有的，具有天然性。

目前在我国土地发展权分配关系中，国家作为公权力主体，主要通过宏观调控措施要干预土地发展权的分配。例如，国家在土地出让中收取土地出让金，收取土地使用增值税，推进以土地国有化为中心的城市化建设等措施无一不是国家在促进土地增值过程中参与土地发展收益的分配。而各权利主体则是通过市场化的投资行为来实现，无论是房地产企业还是个体投资者。土地房屋开发商高价受让国家出让的建设用地进行房地产开发，而后再出售的行为，即是典型的对土地发展权的收益。居民个人动用个人存款进行的炒楼行为，目的也是想通过土地投资获取数额可观的增值收益。从这一角度来说，土地发展权收益是一项财产性收入。土地发展权也就是赋予投资者的一项增加财产性收入的手段方式与权利。

（五）宏观调控权

当社会整体经济利益事关全局或整体经济安全，或与个体利益产生剧烈冲突，唯有迅速救济方能最大限度地维护和实现社会利益时，"社会"就更倾向于将其权利赋予国家代为行使，而国家作为社会利益的监护人也会自觉地借助公权力的强制性充分确保这部分利益实现的高效性。这类社会经济权利具体表现为政府经济管理部门代表行使的宏观调控权、市场规制权等。① 作为宏观调控权的土地发展权，具有警察权之公权力与财产权之私权利的二重属性，是警察权与财产权利益的平衡妥协的产物。

土地发展权是一种经济法公权。经济法公权的生成，是人们为了缓和自发的剩余权冲突所导致的经济不可持续、不可普遍发展，最终有可能消灭社会生产力，而让渡给国家并由其担负起对市场公共性、整体性、全局性等问题行使的一种经济控制权。② 土地发展权是一种国家干预为主导的经济法意义上的权力，"经济法实现自己的价值追求，维护社会秩序和社会利益的基本方式就是公权力介入市场的自发秩序，将权力因素与资源、财产因素相结合，以实现社会正义"。③

国家干预是土地用途法定形态变更的实质，土地发展权遵循国家干预之经济法理

---

① 郭琛：《论社会整体经济利益的权利化》，《甘肃政法学院学报》2010年第3期。
② 陈乃新：《经济法理性论纲——以剩余价值法权化为中心》，中国检察出版社2004年版，第214-215页。
③ 胡智强：《论经济法视野中的公权力》，《郑州大学学报（哲学社会科学版）》2005年第6期。

念。在经济法律关系中，公权力对权利的保护具有积极性、主动性和干预性。这里的国家干预，是一种积极的、适度的国家干预。

其一，积极的干预。这是从国家干预的性质的角度来论证的。积极的干预的实质是指作为国家公权力的土地行政管理权对作为土地私权利的土地所有权或使用权进行一种间接的、事先、事中与事后相结合、政策调控指导型干预，而非单纯直接的、事后的以及行政指令型的干预。首先，说其是间接的干预，是指相较于传统的利用土地行政管理权的直接干预方式，土地发展权在土地利用与权利分配活动中通过产权界定与交易的方式对其进行间接的干预。政府干预的是权利与制度构造，而不是与特定开发主体的讨价还价。土地发展权实现了国家公权与土地所有权（使用权）的低成本衔接，实现对土地开发个体决策进行约束的制度化。① 其次，将其定为事先、事中与事后相结合的干预，是指运用土地发展权方式进行干预，具体是通过土地开发前的权利配置、开发过程中的权利交易方式与事后的政府对权利的调控等三项环节来实现对土地开发活动的全程干预。最后，说其是政策调控指导型的干预，是指土地发展权对土地开发过程所作用的是一种在权力与权利关系中进行均衡化与非均衡化的影响，而不是单纯的单向性"命令－服从"的管理模式，属于一种双向性的"指导－配合""作用－反作用"的"柔性"模式。

其二，适度的干预。这是从国家干预程度的角度来论证的，而干预的程度包括两方面：干预范围和干预手段。所谓干预范围，是指土地用途变更过程中两种调节机制（国家干预和市场配置）的相互作用的边界。根据制度经济学"交易费用"理论观点，选择国家干预机制还是选择市场机制，取决于它们各自交易费用的高低。土地资源具有基础性与经济性，变更其用途会产生巨大的外部性（表现为正外部性的溢价与负外部性的损价）。在调整时需要均衡市场与政府两种制度各自的调节成本与总体效果。一般而言，政府干预机制对于变更土地用途的场合有较强的规制作用。反之，在对土地用途的限制性和适宜性没有发生根本改变的场合，市场机制具有较强的调节作用，并且这两种机制的作用范围不是固定不变的，国家可从维护社会整体效益的高度来绕开市场机制而直接对土地用途变更行为进行调整。

土地发展权对土地利用与权利调整方面，针对土地用途变化的不同情形，干预行为所体现出的政府性与市场性的范围处于不断变化且此消彼长的动态平衡中。所谓干预手段，是指针对土地用途变更时干预主体采取何种性质的方式，如法律手段、经济手段抑或是行政手段，对变更行为进行调整规制。笔者认为，这三种不同性质的干预手段有其各自较为独立的作用场域。首先，针对一国范围内的宏观总体上的土地用途变更，国家干预适宜于用法律手段来调整。其次，在中观层面的常态化干预情形之下，

---

① 孙弘：《中国土地发展权研究：土地开发与资源保护的新视角》，中国人民大学出版社 2004 年版，第 93 页。

运用诸如财政、税收、金融等经济手段来调节土地用途变更关系。最后，主要在微观层面且非常态化情形下，在坚持依法行政与程序法定原则下，政府可运用行政手段来直接干预土地用途的限制性和适宜性已发生根本改变场合的土地法律关系。

三、准物权的内涵及基本理论探讨

（一）准物权的内涵

准物权的概念随着近些年物权法学界对矿产、水、渔业及野生动物等资源的物权法律制度建构研究而被提出。上述各项权利对国家、社会及人们的重要性日趋显著。与此相应，矿业权、水权、渔业权、狩猎权等相关的在划分所有权人与使用权人之间的利益、权利、义务的边界等准物权理论研究愈发重要。不是属性相同的单一权利的称谓，而是一组性质有别的权利的总称。一般通说将准物权界定为包括了矿业权（mineral rights）、取水权（water rights）、渔业权（fishing rights）和狩猎权（hunting rights）等。① "从定义角度描述，准物权是与典型物权有所不同的物权，而非物权以外的权利"。主要在于"就绝大多数准物权而言，主要是在其客体具有特殊性方面同典型物权区别开来"②。这项论述不能认为是对准物权下了法律定义。因为它没有对准物权的主体、客体、内容以及属性等要素进行全面概括。

准物权仍然是一个不确定的法律称谓。正因为它不具有明确的理论内涵定义和客观范围，因而对其内涵、特征属性及范围的探究才有广阔空间，尤其是在物权的客体方面。因为依据上文可知准物权与一般物权的区别主要在于客体的不同，因而在探究一项新型民事权利是否能构成准物权，主要是要考察其与一般物权在客体上所具有的特殊性。

目前，即使是对准物权具有一定深度研究的学者也仍未能准确界定准物权的通用概念，但是这并不意味着准物权的一般内涵是难以界定的。笔者在仔细研读民法学界对目前被公认的四项典型的准物权种类的准物权理论的研究并抽象其共性，认为准物权内涵的界定可从权利来源的公权性、权利调整的公法性、权利要素的复杂性、权利价值的宏大性以及权利内容的复合性等五个方面来思考。

其一，权利来源的公权性。准物权为何产生？从既有准物权种类的内涵与特征可

---

① 崔建远：《准物权研究（第二版）》，法律出版社2012年版，第18页。
② 崔建远：《准物权研究（第二版）》，法律出版社2012年版，第21页。

知,其应当是剥离于既有的更加上位的法定权利而产生的,因为既有的准物权种类均是以一定的有体物及其价值以及对该有体物的所有权或使用权作为基础的。一般而言,在一项具有完整权能的物权之上,要存在另一内容的其他物权,要么是通过双方合意而在一物之上设立新的物权,即意定物权,如抵押权、质权等;要么就需要法律的明确规定,如在一物之上设置留置权,否则新的物权不可能凭空产生。但是在当今社会,生产资料数量日趋紧张,对其需要加强并进行系统的保护,通过设定物权就是实现保护目标的重要方式。但在法律文本上设置新的物权,具有高成本和滞后性的弱点。因为一项物权要通过法定化程序,通常要经历立法者的反复探讨和论证,以及冗长的立法程序,这就需要付出昂贵的立法成本。不仅如此,即便通过了立法程序而成为法定物权,其也可能因为权利实践的变化而出现新的运行难题及保障困境,需要重新立法或法律解释。这又势必耗费新的立法资源并且不断地产生立法滞后于实践的现象。

因此,通过设置物权保护特定稀缺资源可能并不是最佳的方式。但是如果通过政府公法性的行政授权将特定有价值的物或资源的利用与收益甚至一定的处分权授予给特定的市场主体,由后者实施相关活动,则不仅发挥了市场配置资源的基础性作用,保证了效率性,而且也保留了政府作为公权主体对公共属性的自然资源行使微观管理以及宏观调控的公权力,维护了公平性。正是循此思路,准物权作为一项被特定层级政府授权给私主体行使的具有公权利属性的私物权而产生,准物权具有浓厚的公权利属性。

其二,由准物权的公权性可知,对准物权实施保护与规制的法律规范不限于民事私法如物权法或财产法,而是既包括民事私法,又涵盖行政公法的复合法律体系。如在我国,对于水权、探矿权、采矿权、养殖权、狩猎权、采伐权、放牧权等资源开发及收益权,由于其权利内涵是以具有物质利益的特定质量的自然资源为客体而行使的开发权和收益权法律关系,因而其必然受《民法典》等私权法律保护规范的调整。但又由于以上各项权利的行使涉及具有公共属性的自然资源的收益和处分,对公共利益会产生实际影响,因此国家作为自然资源的管理者就会对该类自然资源物权的私法关系进行介入调控,具体为对上述自然资源物权行使行政许可规控。

这其实与物权理论不冲突,因为以物权所依据的法律的不同为标准进行划分,物权可分为普通物权(又称民法上的物权)和特别物权(又称准物权)。普通物权是指由民法典规定的物权。特别物权指由特别法规定的具有物权性质的财产权。特别物权相较于普通物权,在取得程序和权利性质方面具有较强的行政干预性,并且在法律适用上遵循特别法优先原则,只有当特别法没有规定时,则适用民法中的一般规定。[1] 特别物权在各国(地区)物权法律体系中大多有规定,如日本法中的特别

---

[1] 陈华彬:《物权法》,法律出版社2004年版,第87页。

物权就包括了矿业权、租矿权、采石权、渔业权、入渔权、铁道财团抵押权、工场财团抵押权、渔业财团抵押权、证券抵押权等。① 这些特别物权受物权特别法和物权法的双重调整。

其三，权利要素的复杂性。由上可知，准物权也称为特别物权，与普通物权一道统称为物权。构成物权内容主体、客体和内容等三要素也同样适用于准物权，只是准物权的物权要素与普通物权相比具有更加复杂内容的特征。准物权主体相较于普通物权主体，群体或法人性特征明显，资质要件要求更高。这是由准物权的价值宏大性和客体物质构成的复杂性决定的。典型和非典型的准物权一般以广袤范围内特定自然资源为客体，以对其的利用权和收益权为法律关系内容，这些自然资源相较于普通民法上的物具有更高的价值属性，围绕其占有、使用、收益和处分的特殊物权法律关系也具有更加复杂的内容。由上可知，准物权客体的高价值性决定了其内容的复杂性和主体的高资质性。

其四，权利价值的宏大性。准物权是在一定空间区域内，对特定质量和数量的自然资源行使占有、使用、收益和处分行为形成的财产权。准物权是一项财产权，当然具有可为物质衡量的价值。财产（权）既可以是一些实实在在的物，也可以是一些抽象的权利或权益。财物和权利都是财产（权）。通过财产（权）的使用，能够达到他的各种目的。财产权为有效地使用各种资源（包括人力、物力、财力、技术），提供了激励。② 尽管作为财产权具体形态的是物，或是权利、权益，但其都具有可被市场所界定为一定的价值并为财产法律规范所认可的属性。准物权的具体形态可以是物，也可以是权利或权益，在这方面其是与普通物权一致的。只是其市场价值或实际交易价格相较于普通物、权利或权益，可能成数量级倍的大于后者。正因为如此，准物权所依托的物、权利或权益就具有了公益属性，公权力机构也开始介入其产生、运行以及消灭的整个物权过程。

最后，权利内容的复合性。由上分析可知，准物权本体是一项财产权，具有典型的私权性。其又因为公共属性而受到公法的限制而具有一定成分的公权性。因此在关于准物权的产生、运行和灭失所形成法律关系就涵盖私权法律关系和公权法律关系两套体系。其中，私权法律关系（简称公法关系）就是针对准物权的产生、运行、流转以及消灭等过程中各主体之间关于其占有、使用、收益和处分权能行使的法律关系。公权法律关系（简称私法关系）就是公权力机构对于上述准物权的私法关系进行公法管理以及协调私法关系中在各主体之间发生的权利、义务和责任的法律活动。这两者之间，私法关系是基础，公法关系是补充，共同维护准物权法律关系的和谐运行。

---

① [日] 我妻荣、有泉亨：《新订物权法》，罗丽译，中国法制出版社2008年版，第285页。
② 樊延桢：《财产（权）》，中国人民公安大学出版社1999年版，第6页。

综合以上对准物权内涵与特征的分析，可将准物权的概念归纳为一项由作为公权利主体的政府基于公共利益对具有公益属性特定自然资源通过行政手段授权给作为市场主体的私个体或组织行使对上述特定自然资源使用权能、收益权能和一定处分权能而生成的兼具公私双重属性的新型财产权。

（二）准物权与物权的关系

笔者认为，不只是在客体方面构成了准物权与一般物权的主要差别，其实在主体、客体与内容这个物权理论三要素中，准物权与一般物权既存在一定关联，也存在一定差异。

如在主体上，一般物权的主体具有广泛性，即自然人、法人和其他组织均能够成为一般物权的主体，并且成为一般物权主体一般无须履行公法上的特定程序如许可、特许等。而准物权则是具有典型公私二重性的权利种类，虽然包括自然人、法人或其他组织在内都有可能成为准物权的主体，但是准物权的形成和运行代表了国家基于特定自然资源所行使的公法管理行为，由于该准物权种类具有较大的经济价值，因而也对其主体提出了一定的资质条件的要求，不是任何自然人、法人或其他组织都能实际成为准物权的主体。

又如在客体上，一般物权的客体通常是有体物和权利。前者如一张桌子、一间商品房，后者如一项发明、对他人交付的物享有的质权。可以认为，一般物权的客体具体明确，能为主体所明显感知。而准物权的客体是特定范围的自然资源或物种。这种客体通常具有经济价值高、空间范围广等特点。即便其能够被物权法律技术所特定化和具体化，但在一般观念中仍难以将其认定为一项特定的具体的物权。再如在权利的内容上，对一般物权而言，就是调整对其占有、使用、收益和处分的法律活动。而对准物权虽然也是对其行使上述四项权能的法律活动，但是行使的具体形态如何，则是"无实践就无发言权"。

如果将准物权和一般物权视为两个独立的法律概念，两者内涵存在本质区别，那么是否可以推定一项不构成一般物权的财产权就有可能构成准物权呢？准物权与一般物权之间究竟是左右平行的关系，还是上下种属关系？两者之间的权利属性是否一致？准物权的物权因子程度如何？其与普通物权的物权因子是否仅是程度上的差别，抑或具有本质上的差异？如果要认定土地发展权构成一项新型的准物权种类，应遵循怎样的法理推理的逻辑呢？笔者认为，对以上问题的解答，是揭示土地发展权的准物权属性理论上的前提，也是进一步探究公法层面的土地发展权内涵的理论基础。

对于上述问题，笔者认为：（1）准物权与物权是内涵迥异的两种权利，两者既不是左右平行关系，也不是上下种属关系，但可以是独立兼容关系，即两者相互独立，

第五章 土地发展权的公法限制

但可能混为一体。在英美法中没有物权的概念,在财产法理论上使用的是财产权的概念。而在大陆法系国家,物权是物权法律规范中的一个重要而基本的概念,并且实行实体上的物权法定和程序上的公示公信原则。一项权利能否成为物权,不是看其是否已在现实中存在,而是看其是否被成文的物权法所规定并在运行中所公示。由此可知,一项实证的权利不一定是一项法定物权。财产权与物权的关系,不同学者理解不同。有的认为财产权就是物权,两者内涵一致;① 有的认为财产权是物权的上位概念。财产权包括物权、债权和其他权利。② 笔者也认为物权作为一项法定权利,只是财产权谱系中的一部分。而财产权包括非法定物权以外的其他权利,应当属于物权的上位概念。

物权通常是与法定绑定的。物权与其他非法定的权利种类一起,共同构成财产权体系。物权属于一个独立的理论范畴,其种类具有一定的封闭性,其运行范围具有一定的独立性,通常只在法律所确定的范围和规则内进行,与其他财产权种类不具有必然的联系。而准物权作为一项具有公权属性的财产权,属于法定物权以外的权利范畴,虽然与法定物权一起同属于财产权概念之下,但两者无论是权利种类、法律效力,还是在运行规则与场域等要素上均没有直接的关联性。两者之间似乎从来就是各行其道,不相来往。

(2) 物权是一项纯粹的民法私权,准物权是具有鲜明公私复合性的公权利财产权。物权是受《民法典》规定并受其保护的法定权利。《物权法》是大陆法系国家或地区关于私有民事权利保护的基本法。如古罗马时期《物权法》设置了土地所有权、地役权、永佃权、地上权、典当权和抵押权等六种土地物权。日本的《物权法》也规定了土地所有权、占有权、地上权、永小作权、地役权、留置权、先取特权、质权、抵押权、入会权等十种法定土地物权。③ 德国《物权法》中对土地权利规定的编排是土地所有权土地上的用益物权,前者包括一般形式和特殊形式,其中特殊形式包括农地所有权、企业所有权、住宅所有权、地上权、住宅使用租赁权、矿山所有权、船舶所有权,后者包括用益权、地役权、限制的人役权和实物负担。④ 法国《物权法》包括土地所有权、地上权、地役权等。⑤ 我国台湾地区"民法典"物权编中规定了土地所有权和地上权、永佃权、地役权、抵押权、典权、耕作权等六种土地他项物权。⑥

我国《民法典》中也规定了国有的土地所有权和土地使用权、集体土地所有权和

---

① 张宇飞:《财产权的性质及其保护的两条路径——兼论宪法与物权的关系》,《山东警察学院学报》2007年第5期。
② 胡志刚:《物权与产权、财产权的概念及其区分》,《中国房地产》2008年第7期。
③ 刘国臻:《论土地发展权在我国土地权利体系中的法律地位》,《学术研究》2007年第4期。
④ 鲍尔·施蒂尔纳:《德国物权法(上册)》,张双根译,法律出版社2004年版,第183、513、695、708、728、735页。
⑤ 尹田:《法国物权法(第二版)》,法律出版社2009年版,第115、380、414页。
⑥ 郑玉波:《民法物权(修订12版)》,台湾三民书局1988年版,第17页。

建设用地使用权、地役权、土地承包经营权、宅基地使用权等法定物权。以上大陆法系各国或地区的物权法律规范中所确定的物权种类均是典型的民事私权。准物权是由国家通过行政许可的方式授予具有一定资质的私主体行使一定范围的具有公共属性资源所有权及其他用益权的权利。从准物权的具体行使主体——自然人、法人或其他组织和客体——具体特定的自然资源来看，其具有私权属性。而从准物权的内容——国家授权对具有公共属性的自然资源所有权及其他用益权的行使活动来看，其又具有典型的公权力色彩。因此可以认为准物权是具有公私复合属性的非典型财产权。

（3）从字面理解，一项权利如果尚不能构成一般法定物权，那么其在构成法定物权之前可能处于准物权状态。物权既是一项严密的理论范畴，又是一项内容具体确定的权利形态。因而不是每项财产权都能构成物权，准物权就不是法定物权，而属于具有一定物权属性但尚未法定化的财产权。一项新的物权的产生必定要经历一定的过程，或者在其他权利中独立出因应特定权利需求的新的物权要素，或者与现有物权不具有任何联系而只是因应现实产生的新的权利需求。总之，它的产生不是一蹴而就的，其可能经历萌芽、生长、雏形、成型、法定等一系列阶段。

在各个不同阶段，其所表现的物质形态、所具有的权能和效力、所发挥的功能和作用都是不相同的。例如，我国《民法典》规定的土地承包经营权，其在改革开放之前是不存在并运行的，而是寓于农村集体土地所有权中。在后来改革开放以家庭联产承包责任制为基础，统分结合的经营体制为目标的改革时萌芽，首先确立了15年的权利存续期，并且以承包户个体与集体经济组织签订承包合同为其生效与运行的合法性凭证，至此其作为一项合同债权而正式产生。再后来不断通过中央涉农政策来延长其存续期（耕地最长30年），其作为一项合同债权得以继续成长。后来又有中央政策文件和地方性立法规定，赋予土地承包经营权在30年存续期届满后自动续期且不用履行相关手续。

土地承包经营权开始作为初级物权形态而存在，这就是现在法定土地承包经营权的雏形。最后在2007年我国通过了《物权法》时被正式确立为一项法定物权，完成了其成型与法定化历程。

由此可见，一项法定物权在其萌芽之时，可能还不具有物权属性；在其成长之时，也可能还不具有法定地位。其实，准物权作为一项理论范畴的出现，恰恰因应了不能被法定化的物权或正在物权的成长定型阶段的某项财产权所具有的运行规则和法律保护的法治要求。如作为准物权典型种类之一的狩猎权，因其客体的不确定性，所以尚不具有法定物权地位。关于其客体的理论论述有"一定的狩猎场所说""野生动物说""野生动物资源说"和"狩猎权的客体既包括特定的狩猎场所，也包括生活于其中的特定种类的可猎捕野生动物,从而呈现出复合性的特征"等观点,[①] 在这几种观点中,无论是狩猎场所、野生动物(资源)还是两者的结合,在客体内容界定前均有"特定"这一限定词,但这一"特定"的范围和程度到底有多大、有多深,则不是现有的物权法调整技术所能够界定的,在现行物权法律体系中尚不具备将其法定化的技术条件,因此就将其归入准物权范畴。狩猎权作为一项准物权,其最终的结局是迈向以特定狩猎场所和特定野生动物资源这一为具体明确客体的法定物权。准物权可能构成一项法定物权的过渡状态,也可能是一项法定物权在生成与成型过程中的路径。

(三) 准物权理论的特征

以上探讨了准物权这一特殊物权本身的内涵和权利特征,而研究其准物权理论是物权法理论体系自成一体且具有独特的意义和价值。准物权理论所具有的独特的价值,笔者将其归纳为外延上的发展性和功能上的弥补性,并认为准物权理论的这种特征和价值对土地发展权的准物权属性分析具有思路指引和内容契合的作用。土地发展权的准物权属性也就是其公法限制在权利上的实质体现。

1. 外延上的发展性

由上对准物权的内涵和特征进行的分析可知,准物权的内涵具有静态不确定性和动态发展性(弹性)。主要表现为在理论上尚未有对其内涵的准确界定,而只是采取列举的形式对具体形态与种类的权利进行列举并分设制度。根据准物权现有理论分析,其应当能够囊括一切由国家进行公权利授权对具有公共属性自然资源开发利用和收益的权利种类,而不只限于现今已经被准物权理论所承认的矿业权、水权、野生动物狩猎权和渔业权四类。正是由于准物权静态内涵的不确定性,才使划定其权利种类外延边界没有统一标准。这不仅无益于准物权理论的发展,也对其他和上述四类准物权类型一样而应当受到准物权法律规范保护的新的财产权的准物权定位和制度构建产生拖累。

如有学者从旅游资源经营权的权利取得的特殊性、权利目标的多层次性、权利客体的复合性、对应义务的复杂性等特征论证其具有的准物权属性,[②] 但是既有的特殊物权体系中却没有旅游资源经营权的法定地位。又有学者从碳减排量的自然属性及其所承载的利益关系决定了其作为权利客体的适格性的理论出发,认为碳减排量已成为一项区别于其他权利客体的独立的权利客体。碳减排量具有"非典型"的资源性客体特

---

① 崔建远:《准物权研究(第二版)》,法律出版社2012年版,第40页。
② 梁树恩:《论旅游资源经营权的准物权属性》,《社会科学家》2013年第5期。

征，复合资源性物权客体的标准，因而林业碳汇权具有准物权属性，① 但林业碳汇权仍旧只是一项理论概念。有学者在这基础上进一步运用准物权理论来构建碳排放权的物权规则，并运用其交易机制解决大气环境容量的冲突与利益协调等法律问题，② 这就为碳排放权的物权交易机制提供了物权规则；也有学者循此思路认定与碳排放权具有相同属性的排污权为一项与一般的民事权利相比具有较多公法义务的特殊的准物权；③ 甚至有学者将以更广阔范围的海洋环境容量（一种基于海水的自净能力而产生的特殊海洋资源）为客体形成的海洋排污权界定成一项以权利人对海洋环境容量进行使用、收益为内容的准物权，因为其具有可感知性、可确定性和相对的可支配性而具有成为物权客体的可能；④ 也有学者将经由行政许可获得的无法被人显性感知的无线电频谱资源使用权界定成准物权，适用民法规范并可自由交易。⑤

由此可见，目前由于学界对于准物权一般理论中的内涵、范围和形态等要素尚未有共识和边界，因而对一些在特定自然资源和无形财产资源进行利用中所形成的新的类似物权的权利是否具有财产权、准物权甚至物权属性，能否纳入后者范畴体系中进行运行与调整的事项没有统一标准。不仅是以上新近出现的特殊权利，即便是对已在物权法学界长期争论的财产权也因为准物权体系外延的不确定性而使得这些权利的属性、地位和制度等法律问题长期悬而未决。如海域开发权是否是一项物权？《物权法》没有对其进行规定，根据物权法定原则其不能视为一项物权。但是在我国迈向海洋性大国的征程中，在开发利用海域资源日益活跃的今天，海域作为一项能够被技术化明确的物，其价值早已彰显。尽管对其定性有不同方案，也可将其塑造成一项物权，但在现今其权利尚未有任何一项方案的定论前，准物权定性方案在笔者看来，至少是一项优于物权定性的一种方案。总之，内涵和外延是一对既对立又联系的范畴体系。

准物权的内涵是其外延的基础，外延是其内涵的延伸。准物权的内涵应当是其一般理论规定即总则性规定，其外延应被认定为其具体的种类的边界，即所有被纳入准物权范畴的权利种类相对于准物权总则性理论而言就是其外延范畴。鉴于此，准物权的外延具有发展性是毋庸置疑的。准物权的形态随着经济资源的发现和开发，其范围将不断扩大。在理论上，准物权就是一个权利群的范畴，不像物权那样具有严格的法定性，不必形成固定的准物权体系。总之，对于权利的准物权定位应持开放的态度，这样才能在准物权理论探索中不自我设限，才能趋近于准物权理论的"森林"。

---

① 林旭霞：《林业碳汇权利客体研究》，《中国法学》2013年第2期。
② 杜晨妍、李秀敏：《论碳排放权的物权属性》，《东北师大学报（哲学社会科学版）》2013年第1期。
③ 邓可祝：《排污权削减补偿问题研究》，《法治研究》2011年第10期。
④ 邓海峰：《海洋环境容量的物权化及其权利构成》，《政法论坛》2013年第2期。
⑤ 张新锋、郭禾：《无线电频谱资源使用权的开放性设计》，《现代法学》2012年第2期。

2. 功能上的弥补性

准物权在目前尚不具有来自物权法的定位，但其作为一项独立的财产权已经被特殊的物权法（非民法典中的物权法）所确立和调整。相对于民法典中物权法所确定的物权种类与体系，特殊法中的物权种类在数量和范围上宽阔得多。例如我国《物权法》中仅确立了土地所有权、国有土地使用权、土地承包经营权、宅基地使用权、集体建设用地使用权、地役权等法定物权（除担保物权外）。这些物权种类涵盖了城乡社会经济发展对土地利用的主要形态，但相对于趋近无限的土地利用的广度和深度，普通物权种类仍然相对有限。如对人类生产生活所必需的水、动植物、空气及其他自然资源的利用，普通物权就没有设定直接与之对应的物权种类。这就需要通过准物权理论和制度来补充。如对于水资源的利用，有学者认为私主体可拥有水权，它是一项包含对水资源占有权、使用权、收益权和处分权在内权利束体系的准物权。①

有学者更进一步认为，不仅水权本身具有财产权属性，即便作为其产生的公权利来源的"水权许可"虽属于一般行政许可而具有公法效果，但其也具有一定的私法效果，通过许可，被许可人可获得准物权属性的水权。"水权许可"具有准物权取得的私法效力。② 对于野生动植物资源的利用，有学者将狩猎权的客体界定为特定的狩猎场所和生活于其中的可猎捕的野生动物，其内容包括狩猎场所使用权、狩猎行为实施权和取得猎捕物所有权的权利。因其与一般物权在优先效力、追及效力和物上请求权方面相比具有特殊性而应定性为准物权。③ 这些新型准物权种类在特殊物权规范中的确立，填补了民法物权法对于这类型准物权运行规则与权利保障的法律漏洞，为我国物权法律体系的完善和公民物权的保障发挥了促进作用。

四、公法限制的结果：准物权属性辨析

准物权具有范围的发展性与种类的多样性特征。笔者准备从宏观和微观两个层次分析土地发展权的准物权属性。先是在宏观层次探讨准物权内涵的发展性和种类的多样性，接着从微观层面探究土地发展权与准物权各要素构成的理论与实践方面的契合性，最后得出土地发展权具有准物权属性的结论。当然，土地发展权与准物权之间的理论契合性是探究土地发展权法律定性的一个新视角和新假设。由于这项研究仍在于起步阶段，不能立即做到面面俱到，笔者也尽可能从全面的角度来进行论证，当然这

---

① 张莉莉、王建文：《水权实现的制度困境及其路径探讨：以水权的内涵解读为基点》，《安徽大学学报（哲学社会科学版）》2012 年第 5 期。

② 王洪亮：《论水权许可的私法效力》，《比较法研究》2011 年第 1 期。

③ 戴孟勇：《狩猎权的法律构造——从准物权的视角出发》，《清华法学》2010 年第 6 期。

些论证不可能是全面的，随着理论思考的深入，新的观点和结论将会不断地产生，既有的观点也会不断被证伪和证成，笔者提出的观点就当抛砖引玉，提请物权法学界继续深入探讨。

（一）发展性契合

笔者在上部分"准物权理论的特征"中已得出了准物权内涵外延的发展性的结论。此部分是进一步分析其内涵外延发展性产生的原因。笔者认为，准物权概念或内涵具有极大的外延扩张性，其能不断地容纳新型权利进入。原因在于：首先，目前对准物权概念或内涵的界定就具有明显的不确定性，不能达到"下定义而明内涵"的目的。目前对准物权理论有深厚研究的崔建远教授对准物权也未能下准确的定义，而只是对将其认定为一项"与典型物权相比具有较大特殊性，但仍然属于物权范畴"的这一似是而非的论调，尽管在定位、特征、构成要素、效力等方面进行了一系列方法论的切入以及诸项理论观点上的辩驳，而在其所说的与一般物权最为重要的区分点"客体"的研究上未有明确的结论产生。这不仅不能说服受众其自身关于"准物权仍然属于物权范畴"的观点，而且对于哪些权利属于准物权，哪些属于一般物权的界限也是模糊不清的。既然如此，在其描述准物权概念时所列举的矿业权、取水权、渔业权和狩猎权四项准物权，就不一定是准物权的全部种类。

从反向推理来认定，准物权的种类不止这四项，而应是动态发展的。其次，正是由于准物权内涵的不确定性，其与一般物权的内涵界限也就不是十分明确。任何一项尚未被《物权法》所明定的物权种类，从实证上将它可能构成准物权，而从学理上则其可能已构成一项独立的一般物权，只是物权法律规范尚未正式确立而已。崔建远教授为将准物权与一般物权予以明确界分，试图将客体是否具有特殊性、客体的构成是否具有复合性、权利是否具有排他性或优先性、权利是否具有公权色彩、权利的取得方面是否需要行政许可或特许、权利的追及效力是否具有特殊性、权利是否贯彻一物一权主义等因素，均作为判断某种权利是否属于准物权的标准。[①] 即便这些标准能够成为界分准物权与一般物权的参照标准，但是某项具体权利的客体具有何种程度的特殊性、复合性、排他性、追击力及有限性等的判断标准的界限在何处，又是一个新问题。即便如此，笔者仍试图从准物权要素的各个方面来与土地发展权进行理论嫁接，以此来论证土地发展权具有准物权属性而属于准物权的一项新类型的假设。这项论证在土地发展权的法学研究领域中属于一项新的研究和新的视角，不仅对于发展和完善物权以及准物权相关理论具有积极意义，而且对完善土地发展权理论也有所裨益。

[①] 崔建远：《准物权研究（第二版）》，法律出版社 2012 年版，第 22 – 23 页。

（二）对比性契合

准物权与土地发展权均不属于用益物权，但两者之间应该存在一定关联。用益物权是民法所固有物权类型，是他物权的一个种类，是对以占有、使用以及收益为内容的各种他物权的概括称谓。① 有学者将准物权与用益物权之间的区别概括为：准物权由行政许可取得，用益物权由所有权权能分离所得；准物权的客体具有不确定性，用益物权的客体为确定的不动产；准物权负有较多的公法义务，用益物权则无太多的公法上的义务；准物权一般不能自由转让，用益物权可依法自由转让；准物权一般不以对物的占有为必要，而行使用益物权须以对物的占有为必要；准物权的物权效力不同于用益物权的物权效力，不存在物权的追击效力和优先效力。②

笔者赞同前五项的观点，对第六项提出一定的保留意见，认为准物权也具有一定的追及效力和优先效力。根据前文对土地发展权公私权混合属性的分析可知，土地发展权是基于国家对土地所有权的限制而从其中分离独立出来的一项新型物权，似乎符合用益物权的第一项特征，而准物权是由行政许可而取得，各类准物权的产生所需要的行政许可具有共性，都是作为行政许可主体的行政主管部门依法人、自然人或者其他组织的申请而为的经过申请、受理、审查和作出决定的具体行政行为。③

由上述分析可知，土地发展权不属于用益物权。既然准物权与土地发展权均不属于用益物权，那么两者均不是以占有、利用他人另外之物而行使的权利。根据用益物权的要旨可知，其是为弥补不动产所有权和使用权之权能缺陷而设定的，目的在于提高不动产利用效率。它排除了对于自有或自用之物的占有、利用及收益，而只能以他人之物为行使客体。而准物权和土地发展权均是在自有或自用的物上来具体行使各项权利的权能，因而在此意义上至少可以说明准物权与土地发展权在行使方式上具有一定的契合性。虽然有学者认为，我国《物权法》对自然资源物权化构造采取用益物权模式会将消耗性利用自然资源的情形纳入其中，这与民法上的用益物权仅可设立于对物的非消耗性利用的情形之间存在法理逻辑上的自相矛盾和对现实生活的严重扭曲，④但土地发展权与用益物权、准物权一样，都是对物进行非消耗性利用的权利，而与后两者不同的是，土地发展权是对城乡范围内经营性国有资产（土地，包括原属农村集体经济组织所有而被国家征收转为国有的土地）的增值利用与保障的权利。

我国国有资产主要由国家对企业的出资形成的经营性资产、由国家机关和国有事

---

① 尹田：《物权法》，北京大学出版社2013年版，第375页。
② 胡田野：《准物权与用益物权的区别及其立法模式选择》，《学术论坛》2005年第3期。
③ 崔建远：《准物权研究》，法律出版社2003年版，第92—93页。
④ 叶榅平：《我国自然资源物权化的二元立法模式选择》，《上海财经大学学报》2013年第1期。

业单位等组织使用管理的行政事业性资产以及属于国家所有的土地、矿藏、森林、水流等资源性资产等三大部分构成。从法律角度界分，国有资产可分为股权性国有资产、一般物权类国有资产、准物权类国有资产、债权类国有资产和知识产权为主的无形国有资产五大类。[①] 土地发展权就属于国家所有的土地和准物权类的经营性国有资产。这也是土地公有制在法律实现的方式之一，正如赋予全民所有制企业以法人所有权，并以此作为全民所有制的法律实现方式之一的原理一样，[②] 土地发展权正是赋予全民（不特定民事个体）在经营性国有土地上的开发收益权。

（三）公权性契合

法律属性是一项法律权利或制度所具有的价值取向和功能偏在。土地发展权具有准物权特征，从其所具有的公权利属性也可体现。有学者将准物权法律属性的判断标准界定为基于历史沿革、出自何种性质的法律、所作用对象的性质等若干项学术标准。[③] 如按照上述标准和现有已被确立的诸项准物权具体类型相结合分析，准物权是随着经济社会的发展，原属自然资源或其他客体不明确的其他资源由于相对紧缺而价值凸显，原来行使及调整其利用与收益的权利不足以起到高效利用与公平收益的作用，只有实施物权意义上的确权才能起到高效利用与公平分配的作用。这种确权主要是运用行政许可的方式实施的，因此具有较强的公权力色彩。

而从实证的角度来看，我国现行调整及保障准物权运行的有关矿产资源开采法、水资源利用法、渔业资源利用、狩猎法等法律规范均不是单纯的民事权利保障规范，而是具有较强公权力色彩的应归属于行政法部门的法律规范。而这些准物权种类所作用的对象（客体）也不是纯粹私法意义上的物，而是具有公共利益属性的公共物品。由此可见，准物权具有鲜明的公权利属性。而也有学者认为，准物权是一项公私混合型的权利，其权利属性也具有复合性，并且其公权利属性是其区别于一般物权的重要特征。而对于各类型的准物权进行全面分析，也有学者从权利属性变迁的视角论证准物权所具有的公私权混合性，[④] 认为学理上对准物权法律性质的认识经历了"私权说""公权说"与"折中说"等三种理论阶段。最后采取"折中说"，因为这一学说虽然看到了准物权的行政公权管理性，但这毕竟不是准物权的主体属性。这也是产生"折中说"的由来。而土地发展权也是因应当今房地产增量开发大背景下由于立体、增量、

[①] 李嘉宁：《经营性国有资产是国有资产法调整的范围》，《法学》2008年第5期。
[②] 孙宪忠：《论物权法》，法律出版社2001年版，第521页。
[③] 崔建远：《准物权研究（第二版）》，法律出版社2012年版，第53-70页。
[④] 苟军年：《准物权法律定位的思考》，《法治论丛》2008年第2期。

动态开发而产生的巨大发展性收益运行调控及其分配的法律关系产生而生成的。这种发展性收益作为土地发展权的客体，不属于纯粹民事私法意义上的物、权利或价值，而是具有显著公私交融的经济法权色彩的新型物权。因此，从权利属性的角度来看，土地发展权与准物权均具有一定的公权利属性，甚至是经济法权属性。

（四）客体特殊性契合

一般物权理论认为，物权的客体必须是特定有体物，至少所有权和用益物权是如此，担保物权的客体可以是特定的权利。① 土地发展权作为一项财产权，也正是因为其客体与典型物权客体之间存在"些许"不同，因而被定位为一种准物权。那么，我们就需要对这些"些许"不同进行深入的研究，来探明土地发展权究竟已经构成了典型物权，还是到目前为止仍停留在准物权层面。对准物权客体的特殊性，有学者已有一定的研究，崔建远教授认为：其一，准物权相互之间存在较大的差异性，它们的共性一般只表现在消极特征方面，不易抽取、概括出准物权的通则，因此需要类型化的分析；其二，绝大多数典型物权的客体呈现出单一性，而某些准物权的客体具有复合性；其三，客体大多具有不特定性。准物权的客体时常无特定性，并就此认定，正因为准物权的客体具有复合性，因此准物权在权利构造上也具有复合性。② 笔者赞同以上对准物权客体的特殊性分析。

将土地发展权的客体与准物权的客体进行理论与实证一一对照分析，可以看出：其一，土地发展权制度下的具体机制分类，如农地发展权与市地发展权之间无论在运行机制、价值取向、功能机理等方面都存在较大的差异，而其共性也主要集中在其作为不动产物权或准物权所具有的消极抗辩权（如物权请求权、妨害预防请求权、损害赔偿请求权等）方面；其二，土地发展权的客体究竟是空间权、开发容量、容积率、动态开发权、容积配额、发展性利益或是以上几种的混合等，在学理上仍未有定论，可谓具有典型的复合性；最后，土地发展权的客体由于具有显著复合性，因而其在实证运行中有着不同的表现形式，如重庆的建设用地使用权上市流转称为"地票"，而浙江在统一领域的相似实践则称为"指标"。无论是"地票"还是"指标"，其内涵都不同于其简单的名称，而是具有较为复杂的内涵。土地发展权的客体具有一定特殊性，符合准物权客体特殊性的标准。

---

①唐义虎：《物权变动问题研究》，崇文书局2005年版，第27页。
②崔建远：《准物权研究（第二版）》，法律出版社2012年版，第47-48页。

(五) 类比性契合

无论是在学理上还是在实证上，准物权的类型早已突破了矿业权、取水权、渔业权和狩猎权四种。如碳排放权在学理上被准物权化，甚至物权化也具有可能性和现实性，因为碳排放权不仅具有可感知性、相对的可支配性和可确定性，而且还具有可交易性。① 又如，环境容量也正在实现准物权化。其是描述环境要素纳污能力的自然科学表述。作为一种自然力的功能性载体，其具有可感知性、可确定性和相对的可支配性，其具有成为准物权权利客体的可能。以其为客体而生成的准物权称为排污权，具有使用、收益等基本的用益物权属性。② 再如，市政特许经营权（一种由政府授予的特许经营）在学理上被认为因超出普通合同在权利内容、作用机制及权利客体自由用益和处分等方面的属性，也能构成一种新准物权类型。③

具体到土地发展权上，有学者认为其产生的背景是土地权利向市场经济配置体制，开启了对土地价值形态的保护的阶段，④ 因而需要其客体和内容均具有表征和内含土地潜在价值形态的要求。权利束是当代财产权体系的构造方式。财产权作为一权利束意味着财产权是某一主体行使一系列具体职能的行为机制。⑤ 加之土地发展权的准物权属性体现了作为土地公法财产权与私法财产权的二元分野的基本架构，有利于公民财产权的有效保护。⑥ 土地发展权也可被认为是一项正在法定化过程中的物权，将土地发展权定性为准物权并无不妥。

五、公法限制下的土地发展权构造

(一) 思路缘起

对于准物权的权利构成要素（包括主体、客体与内容）的分析，需要从已有的矿业权、取水权、渔业权和狩猎权这四种权利中分类阐述。因为它们在权利构成要素特

---

① 王明远：《论碳排放权的准物权和发展权属性》，《中国法学》2010年第6期。
② 邓海峰：《环境容量的准物权化及其权利构成》，《中国法学》2005年第4期。
③ 李显冬：《市政特许经营中的双重法律关系——兼论市政特许经营权的准物权属性》，《国家行政学院学报》2004年第4期。
④ 王蓉：《从实物形态到价值形态的法律保护——中国土地权利制度的变迁》，《法学评论》2002年第2期。
⑤ 梅夏英：《财产权构造的基础分析》，人民法院出版社2004年版，第230页。
⑥ 张金明、陈利根：《试述土地权利的财产法构造——以财产权二元性为基点对现行土地权利体系的反思》，《经济经纬》，2010年第3期。

征上具有相似性，但构成要素的具体内容却有所不同。在学理上抽象准物权构成要素的一般内容，不能仅对这四种法定的准物权类型进行单一分析，而是要从物权理论层面概括其所共有的上位的准物权基础理论。然后将该基本理论与土地发展权的构成要素进行比照分析，得出土地发展权在要素构成上与准物权具有较强的理论契合性。

在民法物权法研究领域，有一种惯性的学术思维，认为如果一项权利不能构成物权法意义上的权利，但它又的确是一项独立的权利，这时就会将其视为一种物权，那么称之为准物权。顺此思路，即便土地发展权不能成为物权法意义上的物权，但由其权利内涵与构造与物权的相似性，其至少能构成准物权范畴。对这一问题学术界还未见有专人探讨，因而可成为未来学术的争鸣点。笔者拟在此抛出一条分析思路，分析的要素是权利的内涵（包括概念、类型与性质）和构造（包括主体、客体与内容）两个方面进行先行探索，想得出的结论是土地发展权至少具有准物权中的若干属性，可以归为准物权类型。

（二）概念、类型和属性

由上文对准物权概念的界定可知，民法学界对准物权的概念尚未有抽象性的学理界定，而是采取一种对具体类型进行简单列举和描述的方式加以界定。这使得对准物权的内涵认识仍旧不清晰。其实，对准物权的概念进行抽象概括，虽然应当从分别具体分析这四种类型的准物权的基础上概况抽象出其更高层次的内涵，但是界定的思路可不止于此。虽然从理论角度对准物权与典型物权的区分，其衡量的标准主要是其客体的不确定性，但是我们在深入研究准物权与典型物权区别的时候，不能仅仅停留在此层面，也就是不能仅以具体的客体列举而界定准物权的概念，而应当更加抽象化。

笔者认为，当前矿业权、取水权、渔业权和狩猎权这四项具体种类的准物权不应当是准物权概念的全部，准物权应当是一个包容发展的理论概念，对于一项权利是否构成准物权，判断的标准既不能是这项权利是否属于上述四种类型之一，也不能是不构成典型物权时就退而求其次地将其归为准物权。这两种做法都是不严谨的研究态度。对准物权的概念应当随着对准物权内涵研究的深入而不断拓展。

土地发展权，是一项权利束，即为转变土地用途、增加开发强度而发展土地的权利，这与准物权中四项具体类型的概念具有一定的契合性，可以成为今后深入探讨土地发展权的准物权属性的前提。① 现行准物权的通说理论将矿业权、取水权、渔业权、

---

① 以矿业权为例，根据崔建远教授的定义，矿业权是一项权利的总称，指探采人依法在已经登记的特定矿区或工作区内勘查、开采一定的矿产资源，取得矿石标本、地质资料及其他信息，并排除他人干涉的权利。其实，土地发展权最初即是源自采矿权可与土地所有权分离的理念而衍生出来的。参见崔建远：《准物权研究（第二版）》，法律出版社2012年版，第237页。

狩猎权作为基本的权利种类。作为一项开放发展的法律概念，准物权是一个权利群的范畴，它高度概括了若干类在属性、特征、机理等方面都非常相似的权利在以上方面的共性，从此划定权利内涵与行使的范围。今后如在社会经济活动中出现了与之相似的权利类型，则可依其与已有准物权范畴和范围，将该新权利纳入特定准物权范畴中。因而准物权的种类是可以不断扩展的。在此意义上说，将土地发展权这一表征增量房地产开发时代所产生的巨大发展性利益作为权利客体而纳入准物权类型，至少不是行不通的。

准物权是具有典型私权属性的权利范畴，但由其在权利取得时需要公权力机构的特许而具有一定的公权色彩。土地发展权在实际运行中也会因为政府管制而出现利益受损和权利救济，土地发展权也是具有公权属性的私权。

（三）权利构造

其一，准物权的主体，依其种类，有矿业权人、取水权人、渔业权人和狩猎权人四种。这几种权利主体，都是获得政府特许、固定从事某一特定行业的自然人、法人或其他组织。由此可认为，准物权的主体是被特许经营权人，而非普通民事主体。从准物权要素发展的角度分析，从事土地增量开发的自然人、法人或其他组织，也是依政府特许（如规划许可、发展权许可等）获得对土地进行增量开发并获得其发展性利益的权利主体。从这个意义上说，土地发展权的主体也可以构成准物权意义上的主体。

其二，准物权的客体具有不确定性，该客体的存在与否是不确定的，即便存在，其数量也是不确定的。准物权主要在于取得一种资格，能够行使特定的行为。那么对土地发展权是否构成准物权，笔者仅提出初步判断，当然可以进行更为深入的探讨：一是土地发展权的客体是发展性利益，具有特殊性。这一利益在现实中客观存在，但其存在的方式可以是有形的也可以是无形的。如当一项现实的土地开发已经进行完毕，该土地的价值已经上涨，则可以认为土地上的发展性利益已经生成，是现实的利益，当然可以成为物权或准物权的客体。而如果针对某一地块的开发尚未在现实中进行，而只是刚刚在城市规划上提出，但这一地块在城市规划提出后不久其市场价值就陡然翻了好几倍时，这种发展性利益已经生成，只是未以有形的客体表现出来而已。诸如此类例子比比皆是，主要想强调的是土地发展权的客体具有的特殊性，与准物权客体的特殊性具有概括层面的一致性。当然，这种一致性或称融合性的具体程度可以具体深入分析。

最后，准物权法律关系的内容，是指准物权主体基于享有准物权客体而相互之间或与其他主体之间发生的因对准物权客体利用与管理等方面的各种法律关系的统称。既然土地发展权与准物权在概念、类型、性质、主体、客体等方面具有一定的契合性，因而在法律关系内容上也应当具有契合性。至于对这种法律关系的内容具体为何，则是今后可以研究的方向。

第六章 我国土地发展权的制度构建

土地权利需要法律制度来保障,这不仅是静态意义上既有法律制度对既有土地权利的保障,更是动态意义上新型法律制度对新型土地权利的及时因应与调整。我国土地法律制度也应准确把握我国土地权利的发展脉络,从而实现对后者的及时因应与调整。有学者已指出,我国土地权利正面临着土地利用的平面权利、静态权利和立体权利、动态权利之间的严重冲突,这种冲突迫切需要相关新型法律制度的及时因应与调整。① 土地发展权作为一项新型的不动产物权,反映了土地利用的动态化、立体化、增量化的法律关系新趋势,要发挥土地发展权的权利功能,则必须完善其实施的具体制度或机制。这也正因应了从权利到制度的法律实施的一般逻辑演进。本章将首先论述在土地发展权产生与发展的权利背景之下,我国土地利用管理制度变革的脉络与特征。然后根据我国土地发展权的来源和种类,分别构建国有土地上和集体土地上的土地发展权制度。最后从法制完善的角度提出我国土地发展权法律制度构建的立法建议。

一、从权利到制度:我国土地利用管理制度之变革

(一) 手段之变:从计划管理到市场调控

我国土地利用管理制度经历了从计划管制到市场调控的发展历程。在计划经济年代,我国土地运行主要采取指标管理,由土地管理部门根据社会经济计划及有关用地标准,以按项目批土地的方式实施。这种典型的计划管理制度不能控制土地供应总量,难以抑制耕地被占用,且最大的问题还在于权力寻租、效率低下且未实现对发展性利益的分配或分享。这种土地的计划管理模式主要通过全国性土地利用总体规划与非农占地年度计划两种机制的相互作用来实现,尤其是土地指标年度控制为我国所独有。

---

① 刘国臻、陈年冰:《论土地权利发展的三大轨迹及其启示》,《学术研究》2013 年第 2 期。

这种土地权力体制中央集权和计划色彩很浓，中央确立年度指标后，逐级分解。这是一种远程多层次式的控制，违背基本的管理学原理，不具备现代管理所必需的反馈调节机制，因而难以避免低效率。①

  这种严格的土地计划管理模式因不能有效地协调在计划供给与实际需求之间所存在的巨大矛盾，在当今土地利用管理实践中几乎完全失效。这主要是因为土地利用总体规划在制定与实施中因国家与地方、部门之间、公益之间存在严重的利益冲突而使其运行效率低下甚至无法操作。

  首先，土地利用规划分为全国性整体规划和地方性局部规划。全国性的总体规划着眼于全国土地资源的合理配置和利用，强调优先保护耕地，控制建设用地规模。而地方性的局部规划考虑的是如何供给土地满足生产和投资的需要，关注的是局部的经济利益。虽然《土地管理法》中明确规定了地方、下级的土地利用规划应当服从中央、上级的土地利用总体规划的基本原则，并要求地方、下级的土地利用规划所动用的建设用地指标不能超过中央、上级的土地利用总体规划确定的控制指标总量。但由于土地利用规划具体落实仍有赖于地方政府，后者针对中央或上级的刚性指标，一般采取消极或沉默的方式进行对抗，个别时候甚至公然违反全国性土地利用总体规划。"对此，却很难适用集体制裁的方法。因为集体制裁适用于一个集体中的所有成员。集体制裁可能使那些应受处罚的免于受罚，而无辜的人则受处罚"②。

  其次，我国的各级土地利用规划与城市用地规划都分别由各自的主管部门负责制定，这些规划在实施过程中往往难以无缝衔接，甚至出现部门立规、行业立规等利益集团化的倾向。虽然《土地管理法》规定土地利用规划由土地管理部门牵头，并由有关相关部门联合制定，但在实际运作中却是先由各部门分别拟定其所管理领域的规划，再各自上交汇总，虽然上级政府也会进行利益协调，但下级各相关部门早已是"山头林立、尾大不掉"，上级政府难以撼动。各部门从自己部门利益出发，制定和实施自己的规划，这种利益的冲突导致土地利用总体规划实际上并不能控制其他部门的用地规模。③

  最后，我国实行土地利用规划，初衷是保护耕地、控制城市建设用地的过分扩张，但是随着城市经济的快速发展，非农建设用地规模不断扩张并不断占用耕地或基本农田，这就造成了土地在是农用还是非农用之间的矛盾。如何协调两者之间的关系，土地利用规划本身并不能解决这个问题，而只能运用平衡规划和土地权利保护的新型权

---

①刘国臻：《论我国地方土地权力配置体制创新——以土地发展权配置为视角》，《学术研究》2011年第9期。
②罗伯特·A.达尔：《现代政治分析》，上海译文出版社1987年版，第125页。
③操小娟：《土地利用中利益衡平的法律问题》，人民出版社2006年版，第87页。

利来协调土地农用和非农用之间的利益冲突。土地利用规划在社会主义市场经济条件下不能实现建设用地资源高效配置、基本农用地保护等目标。

实施非农占地年度计划的手段是土地用途管制。土地用途管制的核心目标是保护耕地资源，管制规划是严格控制农用地转为建设用地，维持耕地总量动态平衡①。土地用途管制是依据土地利用规划而实施的，规划对每一土地用途、分区等的划定表现为管制规则的一部分，是管制发挥作用的基础和前提。② 从本质上说，土地用途管制是一种指令性计划手段，它严格按事先的计划进行土地配置，与市场经济发展以及市场机制对资源配置的方式很难相适应。其与市场调控机制的矛盾可归结为刚性的指令计划与弹性的市场需求之间因没有缓冲的余地而出现"或者实践冲破计划或者计划束缚实践"的局面。③ 再者，这种计划管理方式对被管理者权利的束缚太大，不符合现代自由市场经济"意思自治""契约自由"的精神，在观念上也越来越不为人所接受，主要表现为：土地行政管理机关有权依法对被管理者进行监督和约束，被管理者不得拒绝；土地行政管理机关有权根据国家和社会公共利益的需要命令或指令被管理者从事某些行为或限制从事某些行为，被管理者必须服从；土地行政管理机关依照行政职权要求被管理者从事某些行为，不必给付任何代价等。④ 土地权利几乎完全被土地权力所压抑。

随着社会主义市场经济引入竞争机制，通过供求关系和价格规律来调解经济运行的手段被逐步确立，土地利用管理活动也需要依据市场机制和价值规律来调节土地资源需求和供应之间的动态关系，我国开始逐步建立起一种以土地权利的市场运行为基础，实现土地资源的高效公平配置的制度。政府作为公权力主体只在调控市场、实现公共利益等环节发挥补充作用。这项制度的主要特征是：其一，土地资源的配置以土地物权的市场运行流转为常态，流转所遵循的是市场价值规律；其二，土地权利的形态显著扩展，由静态变为动态、平面变为立体、存量变为增量；其三，政府仅扮演宏观调控者的角色，尊重市场机制，不干预具体的土地权利配置，仅在市场失灵或维护公共利益之时"伸出其调控之手"。

这种新型土地利用管理制度在实践中的运行也必然要求新型的土地权利的生成，而这种土地权利配置必须从本国的经济社会发展水平和条件出发，以此来构建本国土地权利法律制度。一方面，随着城市化进程的迅速发展和人口的不断增加，土地使用性质变更而产生的发展性利益的分配和权利归属的现实问题越来越突出；另一方面，

---

① 田双清、陈磊、姜海：《从土地用途管制到国土空间用途管制：演进历程、轨迹特征与政策启示》，《经济体制改革》2020年第4期。
② 杨惠：《土地用途管制法律制度研究》，法律出版社2010年版，第29页。
③ 刘国臻：《论我国土地利用管理制度要解决的主要问题》，《暨南大学学报（哲学社会科学）》2003年第5期。
④ 皮纯协：《新土地管理法理论与适用》，中国法制出版社1999年版，第14页。

地下空间开发利用已经成为不争的事实。① 因此，我国在应对新型土地利用管理制度来临之时也需对现行土地权利体系及其制度作出新的安排。土地发展权就是这种新型权利种类的代表之一。

（二）内容之变：从权力配置到权利分享

我国土地资源的权利（力）分配机制可以从两个层面理解：其一，政府对土地资源享有的行政配置权力；其二，土地资源之上的各具体物权种类的个体权利主体所享有的收益分配权利。前者是从宏观层面，国家凭借土地所有权总有权人的地位，对国有和原集体所有的各类型的土地产权在各潜在或现实的用地主体之间实施的行政配置；后者是从微观层面，各用地主体凭借其所拥有的上位阶的土地所有权或土地使用权，对在其上的土地发展权所享有的个体权利分配。这两种机制都是对个体性与存量性的土地财产权的分配机制，对社会性与增量性的土地财产权的分配不能发挥实际作用。具体分析如下：

我国对于土地资源的分配模式经历了从计划经济的权力分配，过渡到市场经济市场配置的转变。计划经济体制下，我国的土地利用管理制度是以政府行使行政资源调配权，对几乎全部的土地资源分配给各类型的用地主体。用地主体只有使用土地的权利，而没有对其进行收益、处分的权利。虽然当时的土地使用权尚未实现物权化（或称市场价值化），但是，这种行政配置土地资源的做法已在事实上造成了各用地主体之间的显著不公平，如国有单位能够获得位置更好、面积更大的土地，而集体单位获得的土地则无论在质量还是数量上均不能和国有单位相提并论。这种土地利用权的不平等，导致的是土地收益与处分权的不平等。结果是作为全民所有的城市土地资产注定只能被少数特权部门或行业所垄断。这种土地资源权力配置的做法在改革开放后通过一系列生产要素的市场化改革已逐步被弱化，但并没有消失，如土地用途管制、土地利用规划等计划经济遗留物仍在特定领域扮演一定阶段的重要角色。尽管如此，这些制度的负面效应也与日俱增，特别是对土地发展权利益的压抑和分配失衡，在土地权利分享的时代愈发成为土地利用管理制度进步的障碍。

新型的土地利益分配制度应当是分享型而非分配型。分配的概念倾向于凭借权力，而分享则是权利社会化理念的表现。任何一项涉及公共利益的权利，对其权益均应是分享的，即与这项权益相关的主体都能参与其中。分享较之于分配的一个显著特点是，将某一权益界定为某一特定主体称为分配，而将一整体权益在有关主体之间均衡配置则称为分享。简言之，分配是个别性的，分享则是普遍性的。在我国现行土地权利体

---

① 刘国臻：《论我国土地权利制度发展之动向》，《甘肃政法学院学报》2008 年第 4 期。

系中,各项不动产物权,如建设用地使用权、宅基地使用权、土地承包经营权等,虽然在权能的市场化程度上存在一定差异,但是其现有的这些权能所表征的利益都是用于分配而不是分享的,即这些利益只能配置给某个或某些特定的主体,而不能在不特定的群体之间进行普遍化、均衡化的分享。土地具有公共资源属性,在当今社会,土地作为发展性的生产要素已被各开发主体所认识与实践,在这过程中产生的发展性利益数额也几近膨胀。

如何对这项公共性、增量性、动态性的土地权利及利益进行配置,在现行土地利用管理制度中出现了漏洞。笔者认为,填补这项漏洞的权利不再是纯粹的私物权,而应当是一项能表征公共性、增量性和动态性的新型土地物权,这项权利便是土地发展权。我国土地发展权具有二重性,既是一项具有私权性的财产权,又具有浓厚的国家干预色彩,应当将其定性为一项经济法意义上的权利。① 土地发展权既能作为一项独立的民事物权,包含对发展性物质利益物权权能的概括和实现,又能作为宏观调控机关对涉及公共属性的发展性利益的适当干涉,包含对国家经济职能的行使,更作为公共财富的分配调节职能,而具有一定的社会公平性。因为土地发展权作为一项经济法意义上的权利,符合经济法作为"国民收入分配法"的定位,其应有的功能是要促使社会收入合理分配。② 这符合因市场失灵或制度缺失导致公共产品难以有效地在社会大众之间进行分配而需要作为公共经济部门的政府来主导这一分配过程的公共经济法的范畴及理念。所谓公共经济法,是调整公共经济部门因提供公共产品的资源配置过程中发生的经济关系的法律规范。③

土地作为城市全民所有和农村集体所有的具有显著公共品属性的资源,应当由全民或全部集体成员来公平分享,而主导实施这一分享过程的是作为公共经济部门的政府。相较于对个体、存量、静态型财产权分配所秉持的"初次分配注重效率-再次分配注重公平"的传统理念,对这种具有群体性、增量性、动态性的财产权分享则应当以"初次分配兼顾效率与公平-再次分配更加注重公平"作为其价值理念。总之,从权力分配到权利分享,土地发展权应运而生,成为解决土地作为公共产品权利分享的制度基础。

(三) 目的之变: 从权力冲突到权利协调

我国计划经济体制下传统的土地利用管理制度,是以政府行使行政权力来将土地

---

① 刘国臻:《论我国土地发展权的法律性质》,《法学杂志》2011年第3期。
② 程信和:《经济法基本权利范畴论纲》,《甘肃社会科学》2006年第1期。
③ 杨临宏等:《公共经济法研究》,中国社会科学出版社2007年版,第20页。

资源分配给用地主体的。用地主体只有使用土地的权利，而没有对其进行收益、处分的权利。虽然在当时的计划经济体制下，尚未有土地使用权有偿出让制度，土地使用权亦未被确立为一项独立的民事财产权，因而其市场价值也未能得到显化，但是这种行政配置土地资源的做法，势必会由于现实或潜在的资源受让主体与行政权力之间的亲疏关系而造成各用地主体之间的利益分配失衡。正因为如此，各现实的或潜在的资源受让方才会想方设法，利用其已掌握或拥有的"权力"和"能力"来展开对这些土地增量利益的实施权和分配权的争夺。这种"权力"是指与土地资源调配机关之间关系的亲疏，这种"能力"在计划体制下则是指各主体之间的所有制形式，国有单位能获得更好、更多的土地资源，而集体单位、个体单位则只能获得较差、较少的土地资源。这种通过不平等的土地资源权力配置模式，所带来的必将是各类行政权力之间争夺土地资源之"凭借"的严重冲突，不仅严重减损土地既有的存量和潜在增量价值，而且会严重损伤土地市场的运行效率。在现代市场经济条件下，这种行政化的土地资源配置模式在实践中几乎完全失效。

当财产利用所创造的增量财富远远高于存量财富时，如何确定新增财富的归属？如果像传统物权法律规范那样以原有不动产所有权作为唯一收益和处分的依据，那么财产用益权人的积极性将得不到充分调动；当所有人将财产交给他人利用，如何确定利用人的权限？如果像传统物权法那样依所有权派生他物权来进行，那么财产利用人的自主权又得不到保障。这些问题在传统物权的所有权和他物权体系中是难以得到圆满解决的，只能待新的物权理论重新界定所有权与利用人的权利义务的内容，进而实现所有人和利用人的利益平衡。[1]

土地发展权正是从权利协调与分享的主观价值与客观机理层面，协调运行中的土地所有权和土地使用权之间这种紧张关系的新型物权。众所周知，土地所有权、土地使用权和土地行政管理权共同构成了我国现行土地权利（力）运行体系的三个角色定位：土地所有权代表的是一切土地权利及利益（包括存量和增量）的源泉，其与其他土地物权相比虽具有最高的物权效力，但在运行环节中效率却是最低的。这种最高物权效力和最低运行效率之间的矛盾便构成了土地所有权与其他物权之间的运行冲突。或者是土地所有权凭借其最高的物权效力而压抑效率较高但效力较低的其他物权，或者是其他物权凭借高效率而使作为土地所有权的产权人和行使人的国家丧失一定的公共收益。如果这种情况频繁出现，国家就会通过强化土地行政管理职权而维护其土地所有权的收益、处分等权能及权益，而在此过程中必然会损害已从该土地所有权中剥离的其他各项物权相应权能的行使与权益的实现，从而出现权利与权力相冲突的局面。

在土地利用管理活动中，只要有土地管理主体政府的存在，就将或多或少地影响

---

[1] 胡吕银：《土地承包经营权的物权法分析》，复旦大学出版社2004年版，第73页。

个体土地物权的运行和实现。这是由土地行政管理权与各项民事物权之间的属性差异与运行路径的对峙性决定的。对于前者不言自明。而对于后者，土地行政管理权作为土地管理机制的上层权力，其运行必然要下坠于之下作为经济基础的各类土地物权领域，不然将因没有找到规制对象而不产生实际效力。而作为经济基础的各类土地物权在其运行路径中，如果没有碰到其他土地物权种类或行政管理公权力的异向阻挡，则其将不会受到权能的限制和利益的损失。正因为各项土地物权以及行政管理权因其相互间具有的运行路径的对峙性而必然会在同一运行客体上撞见，所以各土地物权之间发生的权利之间的冲突以及其与土地行政管理权之间的"权力－权利"冲突就在所难免。

根据物权法理论可知，各项物权在权能内容上存在一定差异，如建设用地使用权（地上权）指以在他人土地上拥有建筑物或其他工作物为目的而使用他人土地的权利。①而土地承包经营权是指土地承包经营权人依法对其承包经营的耕地、林地、草地等占有、使用和收益的权利，②这种差异性表明各类土地物权所行使的意义和目标虽是不同，但都具有合法性和正当性。而土地行政管理权与各类土地物权之间发生权利（力）冲突也因各自秉持其功能和目标而分不清"孰是孰非"。唯有通过在增量的层面上抽象上述各项土地物权和土地行政管理权所表征的共同利益，并运用新的权利运行制度予以协调，才能够从根本上消弭这一系列的土地权利（力）冲突。笔者认为，土地发展权能够成为协调以上各项权利（力）冲突并促使我国土地利用管理制度实现由"权力－冲突"转变为"权利－和谐"的改革目标。

二、城市国有土地上土地发展权的制度构建

（一）制度之维

在当前的土地制度改革中，如何切实保障农民的土地权益？农民该如何通过土地分享城市化的成果？农民该如何参与土地增值收益的分配？房地产宏观调控部门该如何有效平衡各相关主体之间的利益？这是我国当前土地改革和立法要解决的核心问题。在当前的土地制度改革中，无论是征地还是拆迁，抑或是集体土地流转，之所以难以推进，便是因为涉及各相关主体利益格局的调整。由于土地所涉利益巨大，利益分配

---

① 梁慧星、陈华彬：《物权法》（第四版），法律出版社2007年版，第269页。
② 任丹丽：《集体土地物权行使制度研究——法学视野中的集体土地承包经营权流转》，法律出版社2010年版，第17页。

格局的调整会对各方尤其是地方政府产生较大的影响，因此，呼声大的同时阻力也大。以征地为例，究竟什么标准的征地补偿才算公平合理？农地征转为建设用地过程中产生的增值收益该如何分配？宅基地转为国有建设用地后出让过程中产生的增值收益又该如何分配？农村集体及其成员是否能凭借其所享有的集体所有和用益等物权参与各种房地增值收益的分配？

在当前一些地方开展的宅基地换房活动中，质疑的焦点多集中于农户分享增值收益的方式和程度问题。农户交出了宅基地物权，究竟能否得到与其等价甚至超额的利益？再如在各地的集体建设用地流转试点中，政府、农村集体、农户个体对土地收益的分配格局应当如何划分？在城市房屋拆迁中，对于在出让型国有土地使用权之上的商品房所有权主体，其土地使用权的补偿价格是否应当包含体现发展权的预期利益？通过旧城改造而重新规划使用而大幅增值的地块，原土地使用权主体是否应当以及在何种程度上分享此增值收益？诸如此类问题，有学者指出，当前我国土地权利体系中尚没有设定土地发展权，完全靠行政手段来解决征地、拆迁、土地用途管制和规划控制等领域的土地增值收益分配问题，既无成熟理论支撑亦无统一标准。这也是导致我国的征地拆迁收益分配不公、土地用途管制和规划实施效果差以及土地违法严重的重要原因。[①] 笔者赞同此看法。

我国土地发展权制度的构建是一项综合性的系统法治工程，在我国现行土地权利运行的各个领域，均不同程度地出现了土地发展权问题。对这些问题的解决即是对我国土地发展权整体制度的"添砖加瓦"。笔者认为，我国土地发展权制度的构建不应在初始阶段就追求该制度体系架构的完整性和缜密性，而应当把重心放在解决我国土地利用管理制度运行中所凸显并暴露出来的法律问题上，对这些问题的解决事实上就是在循序渐进地构建我国土地发展权制度。本部分笔者针对我国现阶段在土地利用管理活动中所凸显的六大土地发展权分别重点阐述，以期在此问题得到圆满解决时继续寻找土地发展权相关问题并加以解决，逐步构建起我国土地发展权的制度整体架构。

（二）土地使用权收回预期价值评估

国有土地使用权收回，是指国家作为土地所有者在国有土地使用权划拨或出让后，出于种种原因，又将该国有土地使用权恢复原权属状态的制度。国有土地使用权收回补偿，在性质上是一种行政补偿。当财产权人基于公共利益所产生的损失超越了其应承担的社会义务时，就应当获得一定行政补偿。[②]

[①]宋志红：《完善我国土地法制的几点思考》，《中国国土资源经济》2010年第9期。
[②]杜仪方：《财产权限制的行政补偿判断标准》，《法学家》2016年第2期。

国有土地使用权收回，在我国通常是伴随着城市房屋拆迁以及旧城改造的房屋产权调整等房地产开发活动而进行的。在房地产市场价格及经营性用地出让价格不断上涨的现阶段，区位基准价的调整始终滞后于市场价格的变动，这就在房屋拆迁补偿实践中出现对隐含在区位基准价内的土地使用权预期浮动的价值的激烈追逐。这就是房屋拆迁现象背后的土地发展权利益的争夺。房屋拆迁并不仅仅是"房屋征收"的问题，拆迁纠纷中的利益诉争核心并不是房屋而是土地。若干拆迁悲剧告诉我们，隐藏在房屋拆迁背后的是土地资源的重新分配。如果我们肤浅地以"房屋征收与补偿"掩盖"国有土地上的土地使用权"问题，淡化土地资源的再分配、土地财政等制度方面的缺陷，势必无法从根本上减少城市土地上的拆迁悲剧。① 由上分析可知，要防止拆迁悲剧的再次发生，维护国有土地使用权的权益，就必须对我国城市国有土地使用权收回活动过程中的预期利益（土地发展权）补偿机制进行显化和完善。

在国有土地使用权收回、房屋拆迁与国有土地使用权征收过程中，国有土地使用权的预期价值是客观存在的。因为城市经济的发展必然推动单块土地权利价值的上升，这在理论上称作"土地的自然增值"，是指由城市经济的发展而使土地需求增加、政府调整城市规划而改变了城乡用地的性质和功能；土地使用者改变土地用途而使土地由低收益用途转向高收益用途；通过完善城市交通道路、市政基础设施而提高了某一区域的土地利用等级；某区域的土地利用程度的提高而带动周围土地等级的上升等原因而产生的土地增值或称地价上涨。② 这还不包括国有土地使用权人在获得土地使用权后，根据经济发展和市场需要，将资金不断投入土地，对土地进行改良、改造和利用，使得土地资金含量或土地资本承载量增加，从而提高了土地的利用率和使用功能，增加了利润，提高了土地价值和价格而获得的土地人工增值。其实，国有土地使用权预期价值的补偿客体与对象分为两类：一是对于土地的自然增值，是国家通过城乡之间的土地开发增值收益公共回馈机制，由其自身代表公众予以收回。二是对于土地的人工增值，因为属国有土地使用权人所进行的开发投资行为，其合理部分当然由其分享。

补偿安置是房屋征收活动的核心，也是最为各方主体所关注的环节。补偿安置的基础和依据是被征收房屋（内含土地使用权价值）的评估价值。被征收房屋价值的评估是由房地产评估机构依据《国有土地上房屋征收与补偿条例》的规定，按照一定的规范和要求，根据被征收房屋的区位、用途、建筑面积等因素，确定的具体的被征收房屋的价值的经济活动。现行通常的被征收房屋价值评估的方法主要有市场法、收益法、成本法和假设开发法等四种。市场法是参照同类条件的其他房屋的市场价值为标准判断被评估房屋的价值。收益法是以被评估房屋在市场上出售能获得的收益为标准

---

① 张豪：《土地使用权提前收回制度研究：以城市房屋拆迁为视角》，法律出版社 2011 年版，第 37 页。
② 张立彦：《中国政府土地收益制度研究》，中国财政经济出版社 2010 年版，第 50-51 页。

进行的评估。成本法是指以房屋所有权人当时通过有偿形式获得该房屋所有权所付出的成本代表为标准而进行的评估。由此可知，前三种评估方法确立的补偿标准均是以房地产被征收时的存量市场价值为准。假设开发法又称剩余法、倒算法或预期开发法，是指将被评估房地产开发后的预期价值，扣除正常投入费用、税金及合理利润后，依据该剩余值测算被评估房地产价值的方法，该评估值是取得该房地产能够支付的最高价格。① 该方法考虑了房地产被征收时预期市场的价值因素，体现了对土地发展权利益的补偿。

笔者认为，在我国各类型（包括公益性和商业性）的征地补偿活动中，应当根据如下规则来设计国有土地使用权预期价值补偿制度：其一，应确立补偿的原则与标准，划拨土地使用权的收回的补偿与出让地收回补偿应该有所区别。收回出让的土地使用权，应根据出让年限与使用情况给予土地使用者一定的补偿，按土地使用权评估地价补偿。其二，应明确收回国有土地使用权的补偿主体。立法上应当统一出让国有土地使用权补偿义务主体。收回国有土地使用权，无论是否涉及地上建构筑物拆迁，一律由出让人支付土地使用权补偿，出让人是支付土地使用权补偿的法定义务主体。其三，应当根据收回的不同类型确立不同层次的补偿标准。依据对我国国有土地使用权收回类型与性质的划分，主要有行政处理性质的收回、行政征收性质的收回、民事责任性质的收回及行政处罚性质的收回四种，因此对收回补偿也应对应收回的不同性质。具体来说，对于行政处理与民事责任承担性质的收回应采用"完全补偿说"，对于行政处罚性质的收回应采用"适当补偿说"，对于行政征收性质的收回应采用"合理补偿说"。其四，应确定收回国有土地使用权的补偿内容，应当包括土地使用权残值、土地发展增值、土地开发费用、征地或拆迁补偿费及各项土地税费。最后，完善估价与补偿的机制与方式。应按土地的用途实行分类补偿与按区位条件实行级差补偿并赋予土地使用权人收回请求权，引入多样化的补偿方式。

现行法律有对城市房屋拆迁中土地使用权补偿的规定。我国《城市房地产管理法》第 20 条规定："国家对土地使用者依法取得的土地使用权，在出让合同约定的使用年限届满前不收回。在特殊情况下，根据社会公共利益的需要，可以依照法律程序提前收回，并根据土地使用者使用土地的实际年限和开发土地的实际情况给予相应的补偿。"在房屋拆迁中，依法收回国有土地使用权的，对使用权人应给予补偿。《土地管理法》第 58 条规定："有下列情形之一的，由有关人民政府自然资源主管部门报经原批准用地的人民政府或者有批准权的人民政府批准，可以收回国有土地使用权：（一）为实施城市规划进行旧城区改建以及其他公共利益需要，确需使用土地的；（二）土地

---

① 褚建好、肖勇、张永魁：《国有土地上房屋征收与补偿实务指南》，中国政法大学出版社 2012 年版，第 217 页。

出让等有偿使用合同约定的使用期限届满，土地使用者未申请续期或者申请续期未获批准的；（三）因单位撤销、迁移等原因，停止使用原划拨的国有土地的；（四）公路、铁路、机场、矿场等经核准报废的，依照前款第（一）项的规定收回国有土地使用权的，对土地使用权人应当给予适当补偿。"《土地管理法》从法律上为房屋拆迁中的土地使用权人设定了享有补偿的权利，拆迁人在拆迁中应当按照法律规定对被拆迁人的土地使用权予以补偿。

《城镇国有土地使用权出让和转让暂行条例》第42条规定："国家对土地使用者依法取得的土地使用权不提前收回。在特殊情况下，根据社会公共利益的需要，国家可以依照法律程序提前收回，并根据土地使用者已使用的年限和开发、利用土地的实际情况给予相应的补偿。"这是国家对以出让和转让方式取得土地使用权的权利人所享有的土地使用权补偿权利的规定。《民法典》第327条规定，因不动产或者动产被征收、征用致使用益物权消灭或者影响用益物权行使的，用益物权人有权依据本法第243条、第245条的规定获得相应补偿；征收集体所有的土地，应当依法及时足额支付土地补偿费、安置补助费以及农村村民住宅、其他地上附着物和青苗等的补偿费用，并安排被征地农民的社会保障费用，保障被征地农民的生活，维护被征地农民的合法权益；征收组织、个人的房屋以及其他不动产，应当依法给予征收补偿，维护被征收人的合法权益；征收个人住宅的，还应当保障被征收人的居住条件。《民法典》不仅规定对个人或单位的动产或者不动产进行征收，还规定了私人以及单位和个人的用益物权也可以进行征收，进一步扩大了征收的范围。同时，它对因城市房屋征收而产生的土地使用权的损失，提出应当给予补偿的规定。这体现了对私人财产权的保护。

（三）经营用地增值收益回馈

1. 土地增值的内涵界定与土地发展权的调节模式

增值是指土地原用途的价值之外增加的价值，增值收益是指补偿原用途的价值后的收益。增值收益的土地有市场价格的，可以参照市场价格计算，例如房屋用地；没有适宜的市场价格的，则可以按当事人共同信任的评估机构评估的价格计算。分享收益的应有国家、农村集体、农民及房地产开发商。① 在土地开发的利益的形成上，包括因为政府进行公共事业建设、对土地的规划和管理而促使地价上涨，城市人口集中引起的聚集效应而土地需求增加而引起的地价上涨等。土地开发利益，集中表现在土地的效用、土地的收益和资产价值的增加上。城市土地开发利益的增加，是由于各个国

---

①张勇：《改革农村土地征收制度，完善增值收益分配机制》，《内蒙古师范大学学报（哲学社会科学版）》2012年第1期。

家和城市政府的计划、规划、建设、管理、资金投入，以及全体人民共同的辛勤劳动不断积累起来的，这些成果理应返还给城市。成果的返还，亦即政府投资的收回，最主要的是受益者合理负担制度。

受益者合理负担制度，就是贯彻谁受益谁负担、受益多少负担多少的原则，合理分担公共设施的款项，按获得利益者获得的利益性质、程度、负担者承受能力等事项，具体决定适当的负担数额，力求达到平衡的负担状态，实现社会公平。① 开发利益公共还原理念的实现还需要相应的体制和制度基础。它体现了对政府有效调节市场机制下土地开发成本与收益分配整体结构的要求，体现了对社会公平的追求。只有建立与市场机制相对应的开发控制机制，才能够实现对开发利益分配结构的有效调节。② 例如，当前我国的土地增值税制度是国家为了规范土地和房地产交易秩序、调节土地增值收益而采取的一项税收调节措施。根据《土地增值税暂行条例》第8条规定，因国家建设需要依法征用、收回的房地产免征土地增值税。该条规定是建立在被征收土地的增值收益完全归属于国家的基础上，一旦将市场价格标准确立为征收补偿款的计算标准，征收土地增值税可以作为一项有效的收益分配手段，通过合理界定增值额和税率，政府和被征收人能够各自取得其应得的土地增值份额，从而达到公共利益与私人利益的平衡状况。

有学者提出，设置土地发展权，按照经济发展的水平和要求评估和实现土地发展权的价值，对土地发展权价值收益进行合理分割，使中央政府、地方政府、被征地农民、整个社会（包括农地使用的集体农民和城市居民）的利益主体和诉求都得到满足。③ 笔者赞同这一看法，并认为土地发展权是一项对房地开发增益进行和谐分享的重要的权利配置。土地发展权作为一项以产权配置与交易为运作特征的土地利用与管理新模式，从理念构想到实践运作，须与一国或地区既存土地权利（力）配置、利用与管理制度有效衔接。④ 我国台湾地区的土地开发许可制度，包括"容积转移"与"增量利益公众回馈"，将土地增量开发权授予土地调控部门，将增量收益分配权通过回馈机制在政府、土地开发人与社会公众三方之间进行合理分配，为"兼顾既有权益利用市场机制来突破政府机制的盲点，使土地开发利用活动能兼顾使用人、所有人、开发人以及全民利益的制度设计"，⑤ 从性质上讲，开发许可制度是一项介于土地利用管制与土地发展权之间的以权利配置与流转为运作特征的准市场化土地利用与管理制度，

---

① 符启林：《城市房地产开发用地法律制度研究》，法律出版社2000年版，第150-151页。
② 王郁：《开发利益公共还原理论与制度实践的发展》，《城市规划学刊》2008年第6期。
③ 张良悦：《中国土地利用管理制度的困境》，《现代经济探讨》2009年第1期。
④ 在我国大陆，土地发展权制度的实际运行需要通过设置一种与土地用途管制、土地利用总体规划两项既有制度能有机衔接的过渡制度来实现，这是大陆建构具有本土化特色的土地发展权制度的可行路径。
⑤ 吴清辉：《台湾之综合开发计划与发展许可制》，《人与地》1998年第179-180期。

能有效缓和土地利用管理体制中管制公权与不动产私权之间的冲突，为建构更具市场化特质的土地发展权制度提供制度进阶。当然，我国台湾地区在土地所有和利用制度方面与大陆地区存在一定的差异，对于从土地用途管制过渡到土地发展权的具体要素也需要细致区分。

2. 我国台湾地区土地开发许可制度的缘起与价值

（1）台湾地区土地开发许可制的缘起。

我国台湾地区的都会区地狭人稠，发展空间受限，非都会区则因客观地质结构与长期经受掠夺式开发，环境生态系统脆弱。为应对此情，台湾当局决定统筹全岛土地，实行更严格的分区开发计划与土地用途管制，具体举措为：在都会区，土地依照"都市计划法"及相关配套法令在区域内实行功能分区与用途管制；非都会区则依据"农业发展条例"与"农地农用"原则，落实农地用途管制与农业功能分区。除经法定程序准许用途变更外，任何开发主体不得擅自变更土地既定用途、区划及强度。这即所谓土地开发许可制度。

该制度在实行之初，有效遏制了台湾地区在二十世纪七八十年代"经济起飞"阶段因工业化、城市化快速崛起与扩张而基本农田被大规模侵蚀的现象，延缓了岛内环境生态保育系统的功能退化速率。然而，随着新兴产业飞速发展与非农开发区地价的日渐攀升，大量基本农田与生态保育用地被第二、第三产业用地侵蚀。传统的用途管制与计划控制的存量管控制度不能适应因级差地租规律引致的市场配置及其反映出的对增量收益的分配机制变革的双重要求。并且，严格的用途管控导致土地市场开发主体缺乏对都市建设与更新活动投资参与的积极性，市政当局因此而承担超出财政承受力的公共设施建设资金投入，所以对都市建设与更新又有迟滞之虞。总之，因过度管制，缺乏增量利益的分配激励，导致城市化进程受阻，农业用地因不能抗拒土地市场级差价值冲击而逐步被侵蚀，市场属性的土地配置与资源保护制度未能在实践中确立。

为了缓解因土地过度管制造成的利用效率减损、利益分配不公等问题，台湾地政主管当局吸收日本土地开发许可制的机理，结合台湾地区实际，推行土地开发许可制。所谓土地开发许可制，是指对土地的规划与开发须经开发人申请并获得地政主管当局许可后才能实施的土地权利（力）配置与利用、管理制度。台湾地区于1996年新修订了"国土综合开发计划"，将全岛土地划分为"限制发展地区"和"可发展地区"。其中，"可发展地区"是经主管当局授权准许由开发者变更使用，并提供开发区内公共设施，缴交"回馈金"的土地区域；①"限制发展地区"是指与特定"可发展地区"对应的因让渡发展权指标而受到开发限制的区域，根据受限程度所对应的补偿标准，对丧失的特定价值发展权进行评估并获得相应补偿。从结构上分析，开发许可制分为许可

---

① 陈立夫：《日本开发许可制初探——以都市计划法之规定为中心》，《人与地》1999年第8期。

与开发两个层次，许可是开发实施的前提。许可权归属行政公权范畴，开发权则更具有双重属性：既具有经济法权性质的发展权，又具有私权属性的收益分配权。从内部结构与运作模式分析，开发许可制项分为"容积转移"与"利益回馈"两项独立运行但又功能互补的运作机制，两者结合构成了市场模式的土地发展权（转移）制度初级模式之雏形。

所谓土地发展权转移，是指给予特定地区土地所有权人个人所有位于该地区之土地进行开发利用之同时，为保持彼此之间权益公平分配、损害公平分摊之原则，特发起由土地所有权人共同协商土地使用规划开发及彼此损益公平分担分享之具体办法，①它改变了过往全然因政府主管机关单方面规划使用及实行用途管制而造成的权利人之间的利害冲突与权益损害。在权利（力）配置角度分析，开发许可制将（初始）开发许可权与收益分配权分别授予土地主管机关与土地增量开发及利益分配法律关系主体的政府、土地开发人和社会公众三方。政府基于土地开发综合价值与整体利益，通过发展权的许可与售让、容积指标调节等手段将开发实施权与收益分配权有偿配置给土地开发主体，土地开发主体遵循市场交易规则，对容积指标进行市场交易。开发许可制在台湾地区实行二十余年，在促进台湾地区进行山坡地开发与生态环境保护、推进都市规划区外农村住宅社区与工商业发展区域之开发建设、协调海区边缘地带开发与资源保护事业中得到广泛运用，并取得良好效果。

（2）台湾地区土地开发许可制的价值。

台湾在土地开发许可前提下，运用容积权移转机制，实现增量开发利益公共分享。开发许可制在理论与实践两方面具有重要意义：

首先，在理论价值上，它是一项新的理论分析工具。开发许可制、容积移转与利益回馈等制度或机制本是传统土地管理学理论范畴，但通过实践嫁接，使其与民法物权流转与经济法发展权、分配权等理论相结合，为完善土地管理与价值分配法律制度提供了理论前提。土地用途管制理论是土地管理学理论体系中一个重要理论范畴与实证分析工具。而土地发展权则是一项具有独立物权意义的新物权种类，它的确推进了法学中的民法学科体系中的物权体系法制的发展，丰富了土地权利体系，推进了土地权利法制体系的建设，②为完善不动产法律体系奠定了权利基础。然而，分别存在于这两类学科中的诸项重要范畴在制度属性与价值目标上却存在鲜明的区别。土地用途管制遵从土地资源要素的行政化配置与发展收益的政府享有，其所依据的是城市土地国有与发展权国有化理论。土地发展权则强调土地资源要素的市场化调配与发展收益的私主体享有，其所依据的是发展权私有化理论。其次，土地开发许可制作为台湾地区

---

① 苏志超：《土地发展权与建物容积（权）之比较及产权化与法制化之讨论》，《人与地》1999年第6期。
② 刘国臻：《论英国土地发展权制度及其对我国的启示》，《法学评论》2008年第4期。

土地行政法律制度中的一项具体运作机制,其机理与台湾行政法中的"公益原则"高度吻合,即国家或其他公法人之机关所为之行为,不论以公法的方式或私法的方式为之,必须以达成公益为目的,而非以某种特殊利益为目的。①

现行大陆地区有关土地权利(力)配置与利用管理法制是以计划配置与用途管制为价值取向和运行基础的,但这一制度已日益不适应社会主义市场经济发展对土地资源要素市场化配置与土地增量利益私权利主体分享的要求,逐渐难以适应对土地增量开发法律关系及其利益分配法律关系的调整,或调整效率低下。与此相应,新的市场取向的土地资源与权利配置的土地发展权制度虽然在具体土地资源调配实践中已实际运行,但在传统的计划配置、用途管制的土地利用管理制度与新型市场化土地配置与利用管理制度之间的过渡衔接制度尚未构建,这成为建构新型的市场化土地配置与利用管理制度的现实障碍。

而开发许可制凭借其特有的制度设计与功能取向,能够扮演介于前两种制度间的功能衔接的角色。一方面,开发许可制将开发许可权赋予政府,能够维护土地开发的公益性;而另一方面,又将开发利益分配权通过容积权(发展权种类之一)转移在自由市场配置体系中实现增量收益的公众分享,充分显现出"经济发展权"这一经济法基本权利范畴在具体法律制度中的运用,因为"发展权的实质在于对人类社会的经济资源进行合理的配置,即提供平等的发展机会,获得增量利益并共享这些利益"。②

其次,在实践价值上,它是一项土地增量开发与利益协调的新制度。导致权利冲突的根源是权利运行过程中产生了外部不经济,要想解决权利冲突,就必须解决权利在运行过程中所产生的外部不经济问题。③ 开发许可制是一项综合型土地权利(力)配置与利用管理制度。在实践运作中,其不必像土地用途管制与土地利用总体规划制度那样,在开发前就须拟定详细的土地利用分区计划及管制的详细规则,土地所有权人对其土地的开发也不限于土地使用分区计划与管制规则所确定的内容,而是由土地所有权人或使用权人自行依土地利用需求拟定土地开发计划,送交当局开发管理单位审查同意,取得开发许可权后进行开发。④ 从受益主体角度分析,台湾地区开发许可制对土地行政主管当局、土地权利人与社会公众三方当事人及其权利(力)配置的设计各有侧重,能有效协调制衡当事方之间的利益冲突与权利(力)运行。

首先,土地权利人具有参与规划设定与变更的权利,使这项富有浓厚公权色彩的权力不再由土地行政主管当局独享。具体举措为:当土地开发市场对土地开发规划需要实际变动之时,原先设定的有关土地规划用途与区划设置条款不再必须全部无条件

---

① 刘性仁:《对台湾地区行政法发展的几点反思》,《湖南社会科学》2007年第1期。
② 程信和:《经济法基本权利范畴论纲》,《甘肃社会科学》2006年第1期。
③ 王春业、聂佳龙:《外部不经济理论视角下的权利冲突分析》,《湖南师范大学社会科学学报》2012年第1期。
④ 金家禾:《开发许可制对土地开发之影响之二》,《现代地政》2000年第8期。

执行，而应区别规划条款性质，对其中非刚性效力的条款可由享有开发权的土地开发人重新制定开发计划与用途规划。土地开发人在申请取得变更许可后，可自行重新拟定详细开发计划并完成公共设施配建任务，申请规划变更手续后即可进入建筑使用许可的申请阶段。

其次，通过整体开发机制平抑增量价值差异，维护社会整体或关联第三方的利益。在开发许可制运作下，对于土地开发有切身利害关系的社会整体与不特定第三方来说，经过前述规划设定，位于申请变更区内的土地不再存在因规划所引起的用途差别，规划区内的所有区块土地均参与整体开发，经区划整理开发建设。即使获得开发许可的建设用地也只占区域所有建设用地的较小比例，通过发展利益公共回馈机制能将增量利益按照特定标准与比例实施分享，能有效平抑区块间因不同用途而凸显的不同价值失衡现象。

最后，对于土地主管当局来说，位于申请变更区内的土地不再存在规划所引起的用途差别，规划区内的所有区块土地均参与整体开发，经区划整理而进行开发建设。公共设施建设不再完全由当局投入，而是在市场机制下由开发人代表使用人或受益人来负担。这不仅减轻了当局在公益开发中的成本负担，而且有效改变了现行的"获得开发许可的特定建设用地独享增值利益，而公共设施配建却由区划内全体土地权利人承担"的不公平现象。

3. 台湾地区土地开发许可制的运作与功效

（1）台湾地区土地开发许可制的运作。

许可申请的步骤。开发许可制是指土地开发者对土地使用变更、开发与建造管理，经由申请许可手续获得开发许可。依据开发过程与分工，全程分为三项步骤：第一步是"规划许可"。土地开发者需要使用土地而申请土地用途、利用强度变更时，应先申请规划许可，由土地行政主管部门核准许可条件。核准与否除考虑开发事项本身目的的需要与开发主体所具备的资格条件外，其他如开发项目的性质（公益性、商业性抑或两者兼有）、区域条件、开发规模与强度及对公共设施、社会经济与自然生态环境影响等因素也是核准与否的重要指标。"规划许可"评定结果有两种：同意或附条件同意，获得规划许可的"同意"则是申请开发许可的前提。第二步是"开发许可"。开发许可是整个申请程序的中心环节。凡（开发事项）符合分区之使用，目的事业为达成使用目的，必须配置、建设所需之公共设施、挖填土石、设计区划街廓、整理地界，应申请"开发许可"[①]。满足了规划许可、开发许可条件后，且同意办理土地用途变更，才能进入申请的第三步，即"建筑许可"。凡符合土地使用规划，为实现建造建筑物的目的，均可获准建筑许可。

[①] 金家禾：《开发许可制对土地开发之影响之三》，《现代地政》2000年第9期。

许可申请的程序。台湾地区公、私社会团体与个体均可向土地行政主管部门申请"发展计划"和"规划许可"。"发展计划"应包含"事业发展计划"与"实质刚要计划"两部分内容。地方县、市当局与"区域计划委员会"依据本区域对土地开发的需求总量,结合发展计划对本区域的社会经济、生态环境影响等因素并在获得开发申请人提供必要公共设施的建设承诺后,授予开发申请人"规划许可",准许其在"可发展区域"变更现有的土地利用规划,并可限期提出修订后的"开发计划"。开发申请者有权规划"可发展地区"内的公共设施的建设布局并在"可发展地区"取得土地开发执照之后应限期完成土地开发。县(市)当局于土地开发人完成目的事业及公共设施开发建设,缴纳关联费用后,给予其"开发许可"。土地经用途变更后,开发者依据"建筑许可"申请建造建筑物。①

开发模式运行的特征。土地行政主管当局在"整体'国'土开发计划"中将区域土地划分为"限制发展地区"与"可发展地区"。前者是根据相关法令,经由县、市综合开发计划编定而成并依各计划内容进行管理的区域。"可发展的地区"在管理体制上不同于"限制发展地区",其采取申请许可方式管理。开发许可制与土地用途管制在开发模式方面的区别在于:开发许可制不要求土地开发人在开发初期确定可开发区域土地的使用性质与开发强度,而是等待开发许可核定后确定。开发人须负担公共设施的兴建费用或相当数量的回馈金,并须负担开发方案的规划成本与开发许可的申请费用。土地开发者有权根据实际情况有针对性地应土地开发市场需求的变化情况,通过市场调节机制迅速自行进行规划的调整,无须等待地政当局的计划定期通盘检讨后实施。土地开发的具体种类与利用强度由开发者自行决定,开发收益与报酬须待开发负担确定后才能进行。因此在土地开发过程中,土地开发者与土地行政主管当局可实时适应市场的变动与需求,调整原定开发计划,这一过程需要开发者与开发管制单位之间就开发构想与主要观点进行充分协商沟通。②

(2)台湾地区土地开发许可制的功效。

面对僵硬的管制计划,台湾当局为提升土地利用效率、活跃土地市场,采取开发许可制取代传统的土地使用分区管制办法。③ 台湾土地开发许可制在实践中的功效发挥如下:

首先,兼顾效率与公平、公益与私益之间的平衡与协调。维持公平与效率、私益与公益之间的平衡与协调是建构一项法律制度所应坚持的首要原则。台湾地区的土地开发许可制,在管控模式上既迥异于传统的土地利用管制,亦区别于遵循土地增量开

---

① 吴清辉:《台湾之综合开发计划与发展许可制》,《人与地》1998 年总第 179 - 180 期。
② 金家禾:《开发许可制对土地开发之影响之三》,《现代地政》2000 年第 9 期。
③ 赖世刚:《开发许可制与土地使用分区管制比较研究——从财产权与信息经济分析入手》,《规划师》2002 年第 4 期。

发收益私人占有与高程度市场交易的土地发展权转移。在运行机制与分配模式上,其与英国土地发展权国有化相似,只是在将土地增量利益进行社会化分配的同时,新增"容积权交易"实现对土地开发者应得的增量收益权的维护,体现了对效率与公平、公益与私益的平衡与协调。

就体现公平与公益维护而言,首先,开发许可制实行从规划、(狭义)开发与建筑物建造全程三步许可程序。这种设计既能使土地主管部门能根据土地开发计划与开发市场变化情况来对两者关系进行实时调控,而且可监督土地主管当局在开发许可过程中遵循"同等情况同等对待"之核准原则,维护开发许可市场运行之公平秩序。其次,开发许可制下的"开发利益公共回馈"机制在回馈客体、受馈主体两方面的规定,能有效维护增量利益的公平分配。具体来说,在回馈客体上,既可以是资本现金,也可以是承担公共设施配建义务与成本负担。

公共设施费用的负担方案有:其一,开发者负担,提供开发区内公共设施所需土地及工程建设费用,可采用增建土地折抵或者支付现金方式实现。其二,在发展权受益区内由于开发程度较高而不易采取整体开发的情形,公共设施建设负担以缴纳开发建设费为原则。在发展权提供区内采取整体开发情形下,以采取公共设施的实物提供为原则。其三,内部设施以开发者负担为原则,外部设施则应考量开发政策的需要,由开发者与地方政府协议决定负担数额及比例,并须以土地或合理价位住宅或现金方式缴纳开发费。① 而在受馈主体方面,不仅是土地所有人与土地主管当局,也将区域内无地或少地民众包括在内。最后,开发许可制将发展决策权与收益分配权分离,分别赋予土地主管当局与土地开发人、社会公众。总之,在土地利用规划、开发及地上建筑物建造实施附条件阶段型的开发许可,"将生产与生活空间,结合市场机能,有效率地提供所需的空间,并经由负担公共设施回馈捐赠,达到公平效果"。②

就体现效率与私益保障而言,一方面,申请开发者在土地主管当局的纲要性开发计划指导下,选择区位与规模适当的土地进行开发利用,追求开发利益的最大化;另一方面,开发许可制通过容积转移与增量收益公共回馈机制,让开发权指标能够通过土地权利要素市场进行自由流通,增量收益公共回馈机制使得土地开发增量收益能通过市场化的价值评估技术在土地开发各类参与主体间显化并实际享有,特别是通过"容积权移转"将增量开发权市场化,提高了土地开发者的积极性,减少了土地开发所面临的阻力,提高了土地开发效率。

其次,实现土地调控的动态化与弹性化。土地开发许可制虽融合土地用途管制部分功能设置,但在运作机制上更多吸取发展权转移与增量收益分配等市场资源配置模

---

① 金家禾:《开发许可制对土地开发之影响之一》,《现代地政》2000 年第 7 期。
② 吴清辉:《台湾之综合开发计划与发展许可制》,《人与地》1998 年第 179-180 期。

式,实现了"将刚性管控内容弹性化,将静态的管控程序动态化"。

一方面,首先,开发许可制在初始性规划制订时并未设置明确的分区界限和细部街廓的划分,实施中经许可授权的具体土地开发行为不受刚性的分区界限和细部街廓划分的限制。土地开发主体有权根据被开发建设用地的自然特性与所设定的开发目标需求,结合自身开发能力,有弹性地自主地实施具体的开发计划。其次,土地主管当局在监督所辖区域内具体的土地开发案例时所依据的并不完全是先前制定的开发计划,而是综合考虑先前开发计划在开发阶段时所依据的客观自然与社会环境、相关法令变化或新修订的政策与执行要点,结合地方发展计划及其时空环境来灵活执行。一宗土地具有多种可能的开发使用方式,而不像分区使用管制制度下仅允许单一类型的利用,即使土地主管当局所拟定的城乡发展计划中已明确该宗土地的使用类别,也仅作参考而已。这种制度设计就使得实际开发过程能与开发所处的变动中的经济社会环境及市场需求实时对应,既有利于开发主体顺应市场需求而节省开发成本、提高开发效率,也有利于土地主管当局实时调控区域内土地开发进程,防止土地资源配置的错位甚至浪费。

另一方面,开发许可制改变土地用途管制"一步许可"的制度设计,实行"三步许可"且后一许可的申请与批准需以前一许可已有效执行为前提。动态许可的第一步是"规划许可",即类似于用地申请许可。土地开发者需要使用土地或申请用途变更的,应先申请"规划许可"。土地主管当局则综合考察开发案例的目的、属性与开发主体资质条件、开发区域条件、公共设施配建承担情况、对社会经济与自然生态系统的影响等因素来决定是否准予。如获准许,则进入第二步即"开发许可",即类似于对用地过程的监管。"开发许可"就是整个管控程序的中心环节。许可的标准主要是开发事项是否符合分区使用计划(前述规划)与公共设施建设配建承担两项指标。符合前两项许可的即进入第三步"建筑许可",即对在规划土地上建造建筑物的许可。该许可旨在规制对建筑规划与土地规划是否相符,防止实际建造的建筑物损害土地承载力的情况发生。对"规划—开发—建造"全过程实行动态的管控程序,有效克服了重批前监管而轻批后、重计划而轻实施的土地监管弊端,促进了土地监管与调控活动实效的提升。

最后,设置协商程序,维护程序正义。开发许可制的目的,在于审查巨大的土地适用变更案是否与诸如"公共利益""人民福祉"相符合而被准许开发,① 而"公共利益"与"人民福祉"价值的判断不应只是公权力主体单方面的权力,而应是利害关系各方主体遵循民主式协商妥协的产物,因此,设计一套能让土地增量开发所可能带来的正负外部性因素所能覆盖的全部当事人参与对某项开发案例的事先论证与博弈的协

---

① 黄锦堂:《开发许可制之研究》,《中国比较法学会学报》1984 年第 16 期。

商程序是保证土地权利（力）配置、土地利用与调控活动的程序正义的实然需要。在实施土地利用规划与具体开发中，因公权力的介入而使土地权利人之间因受利益干预程度之不同，所受之利益损害也不相同。土地权利人之间的利益冲突与受不公平对待，相当程度上是由于土地主管当局用途规划、分区管制与指标控制等单方面的行政干预管制规划所造成的。政府在土地权利（力）配置与利用管理活动中运用规划与管制权本是其经济行政职能的正当体现，但如果欠缺规划权与管制权运行的程序控制机制，则容易使其属性异化，侵害行政相对人同时也是利益关联方的应有权益。

台湾地区的土地开发许可制，在土地开发规划与实施过程中设置了完善的协商程序，目的是保障土地开发活动各权利（力）主体之间权益的平衡协调。首先，开发许可制赋予特定土地开发区域范围内的全体土地权利人，共同协商决定本区域的规划、开发、利用行为，增进各方主体之间的权益平衡与协调，利益共享，损失与开发成本在其之间依据受益的比例公平分摊；其次，由于土地规划与开发计划不由土地主管当局单方确定，因此其不必耗费庞大的人力与资源对土地开发细部计划进行审查，而关键在于要与各方权利主体进行协商，进行可行性评估、环境影响评估、公告与意见质询等活动；再次，土地开发人自行拟定开发计划，经土地主管当局审查核准后开发。开发申请人可以依据其自身条件与市场需求情况，考虑原有开发方案确定后预开发土地及周围环境状况的变化，可对规划加以适当调整；最后，在土地主管当局对开发申请进行审核时，其必须咨询邻近地方当局或其他主管机关、民间团体等组织的意见与建议，并经由公开说明会、公听会等方式，与区域内民众及相关组织之间进行充分沟通与协商。例如，当局为保护生态环境或其他公共利益而实施"开发权让渡"（一种限制土地所有权人增量利用所享有所有权土地的政策工具，又称为"地役权保护"）程序时，设置了与地主会商、顾问对地主的建议、所有权资讯、让渡土地必须符合保护目的、限制地役权之协商、地役权估价、地方规划机关的公告、地役权结束、地役权证书档及管理等十项步骤程序，以便使土地主管当局明晓土地权利人对地役权让渡的意愿，以期对因限制既有土地用途的增量开发而使土地权利人预期的发展权利受损的行为进行严格规制。①

4. 台湾地区土地开发许可制的启示与借鉴

综上所述，台湾地区土地开发许可制在机制设置、程序规制、制度进阶等方面对大陆地区完善相关土地权利（力）配置、利用与管理法律制度具有重要启示和可借鉴之处。

（1）机制设置：增设"增量利益回馈"机制，维护土地开发的效率与公平。

土地发展权制度是在当前大陆地区土地开发利用整体管制体制下，为应对经济发

---

① 边泰明：《限制发展土地之补偿策略与财产权配置》，《土地经济年刊》1997年第8期，第158－159页。

展对土地资源——尤其是城市建设用地——的需求，缓和城乡土地使用与流转方面的管制与流动之间存在的结构性矛盾，而在各地方以建设用地指标市场化流动为特征而逐步实践发展起来的。相较于英美两国的土地发展权制度，大陆地区的这项制度因具有政府土地配置管制公权主导这一本质属性，造成在资源配置的效率与公平关系问题上的"一体两面"：一方面，因为公权管制过度，导致土地资源要素只能得到有限的市场化流动或交易，缺乏因应市场化效率要求的自由度；另一方面，同样由于管制过度，出现要么管制权侵害土地所有权和土地发展权，要么缺乏公平且有效率的开发增益的分配机制，从而造成土地开发乱象丛生。例如，政府单就财政绩效甚至个体私益考量而与开发商合谋，强行低价征地并进行建设用地增量性开发，损害土地原权利人的发展性权利；或者原土地权利人为了谋取拥有巨大增值空间的发展权收益而擅自违背土地管制政策；或无秩序地请求政府有关部门征收其土地以谋取更高的价值收益。总之，这些现象的发生在很大程度上是与大陆地区在土地开发利用制度中缺乏有效率且兼顾公平的发展权交易和增量收益公众还原等配套机制相关的。

收益分配机制是否公平与高效，是评价财产权制度能否有效运转的一项重要指标。台湾地区在表征发展权要素的容积移转收益分配机制时，无论在立法原则方面，还是在操作的具体规则方面，都具有较为完善的规定。据不完全统计，在台湾地区，涉及因"容积移转"而规定对土地权利人预期增量收益补偿的法律规范不下六处，例如，"文化资产保存法"第36条之一、"都市更新条例"第45条、"古迹土地容积移转实施办法"、"都市计划容积移转实施办法"、"台北市都市计划容积移转实施要点"、"台湾省以建筑容积移转方式协助取得既成的道路用地作业要点草案"等。[①] 另外，在某一特定地区实行都市更新时，一般情况下都会制定专门性的专案计划，其中有对于具体特定区域内容积转移及收益补偿规则进行规定，供都市更新具体参与者参照实施。

台湾地区的容积转移环节中所体现的发展权价值判定标准与转移规则等要素均体现出台湾地区在土地发展权的具体实施所应具备的两项关键要素——实施标准与实施规则。其中，土地发展权转移办法，就是基于特定地区土地所有权人各个人位于该地区的土地进行开发利用的同时，为保持彼此之间权益公平分配与损害公平分摊，由土地所有权人共同协商土地使用规划、开发及彼此损益公平分摊分享的具体办法。开发许可制与土地使用分区管制的一个重要区别在于其制度构成中包含增益开发利益回馈机制，即对于在土地开发中非因纯粹市场行为而是通过公共财政投资的公共建设所产生的那部分增量收益的分配，依托开发利益的回馈制度，借由公共建设的增值利益取得者承担相适应的公共建设成本，以实现社会公平正义和提升公共建设能力。以土地

---

① 赖宗裕、李家依：《现行容积移转制度与容积可移转量评估之探讨》，《土地经济年刊》2000年第11期。

利用的变更所引发的土地利益在公平原则下应当通过特定的制度建设予以权衡。① 该项制度是土地发展权制度的重要组成部分,也是完善土地发展权发展过程中的过渡类型——开发许可制——的重要环节。只有不断完善土地开发许可制中的开发收益公共还原机制,才能为未来预期构建的高度市场化运作的土地发展权制度提供具体政策、机制铺垫。

(2) 程序规制：增设协商机制,维护程序正义。

台湾地区的土地开发许可制符合正当法律程序价值理念要件。正当法律程序通过对法律行为的时间、空间要素的强制性或者确定性安排,能够克服和防止法律主体行为的随意性和随机性。② 台湾地区土地综合开发计划法将台湾地区土地资源划分为允许开发区和限制开发区两大类型,前者采行发展许可制,后者则规定不得开发。可见,台湾地区土地开发权属公有化状态,开发人如欲对土地实施开发,就必须向当局无偿申领或有偿购买发展权指标。土地开发市场的运行受到开发许可制的规范。协商旨在消除冲突纷争,提升公私两部门的利益,它不是一种零和游戏,而是期望由输赢情境,通过面对面沟通,达到双赢境界的过程。由于面对面的沟通具有弹性,因此有别于"税"与"费"统一课征的特性；而双赢的结果也不同于只利于一方而不利于另一方的单方面课征。协商也在规划管制的应用范围很广,除了前述的规划协议和开发协议外,还可以应用在土地细分、特别许可和分区管制上,所以它是在合法过程中应用的一个步骤,并非取代规划、分区管制、税费调整等现有的制度。

以台湾地区"大众捷运系统土地联合开发办法"规定为例,联合开发权益分配作业流程可分为以下两个阶段：第一阶段,政府部门与土地所有人之间的权益分配。在联合开发范围划定后,捷运局即开始与土地所有人进行协商,根据该办法第九条的规定,协商至少须进行两次,经两次协议不成的,得报请征收,或依照市地重划或区段征收方式办理。而达成协议的内容即记载于契约书中,包括权益涵盖的范围、权益分配的方式、分配过程中毁约及其他变化的风险、开发成本的负担等内容。第二阶段,投资者、土地所有人与政府部门之间的权益分配,这一阶段征求投资者参与开发,此阶段协商也可分为两部分：首先,于征收投资人阶段审查后,捷运局应立即与中标者进行协商,其内容为权益分配比例,并彼此交换对于开发规模、开发形态等事项的意见。在与投资人就价值的分配达成协议后,除了投资人取得部分外,其余部分在土地所有人与捷运局按照第一阶段协商结果的比例来分配。其次,区位分配选定的协商。不同的开发区位有不同的价值,不同的权益人对价值的认定更是不同,因此除捷运站区位固定外,土地所有人与投资人之间关于楼层及区位分配则需通过双

---

① 徐键：《公共建设规划、开发利益与社会公正——利益回馈的理论与模式》,《法治研究》2009 年第 2 期。
② 齐建辉：《正当法律程序价值理念的反思和重构》,《甘肃政法学院学报》2011 年第 11 期。

方协议的程序来决定,如双方未达成协议,捷运局可适时介入仲裁,并提供双方相关信息,促成协议的达成。① 又例如,台湾地区"工商综合区开发设置管理办法"规定,开发商得依"工商综合区设置方针",勘选一定地区土地,拟定开发计划,取得商业主管当局推荐后,向当地县市政府申请开发许可,而前述的开发计划中除包括申请书、土地使用同意书、可行性规划报告书、环境影响评估报告书、水土保持计划书及财务计划等外,还应包括开发商与当地地方当局就协议达成的事项所签订的协议书。台湾地区在土地规划与财产权保障中的程序规制机制,有效地维护了程序方面的正义。

(3) 制度进阶:从开发许可制度迈向土地发展权制度。

大陆地区当前的土地分区管制在土地开发与利用活动中居于主导地位。但正如美国学者布莱塞尔所指出的,分区制和土地利用控制很少能保持忠实于原有的以产权为基础的概念。地方政府在对管理增长、保护自然资源、保留社区特征、提供基础设施需求以及保护公共设施所尽的努力中,已远远超过了原有的受限制的概念②。分区管制与利用管制必然需要被管制手段更为动态与具有弹性的开发许可制所取代。开发许可制所具有的注重效率与公平、公私利益平衡保护、管制手段宏观且富有弹性、管制过程注重程序正义和关系人参与等特点,不但可成为改进土地用途管制制度的替代手段,而且可以此为路径构建更为市场化高效与公平兼顾的土地发展权制度。

原因如下:首先,开发许可制作为一种仍由政府主导实施,并由政府代位享有发展权的调控手段,通过政府某些类型的行政权力的行使而有条件地出让"发展权",不但在我国当前严格的土地用途管制及耕地保护政策环境下由国家保有了发展决策权,从而使国家通过行使位居发展权链条环节最前面的发展决策权而通过行政许可手段有条件地将发展收益分配权让渡给潜在的土地开发者,还实现了发展分配权从国有向私有(又分为团体所有、社会所有、个人所有三种具体模式,一般情况为团体所有和社会所有,个别情况下为个人所有)的过程,这是土地发展权制度构建的第一步。其次,在发展收益分配权主体实现非国家主体之后,土地发展权需要能在一般非国有主体之间进行流转交易,这又涉及土地发展权非国家主体之间需具备完善的流转交易机制。这是一个涉及土地发展权内部运行制度的具体建构问题。最后,在实现了土地发展收益分配权从国有主体转移至非国有主体,并且发展收益分配权可在非国有主体之间实现自由转移之后,第三步就是要建构实现土地发展决策权从国有主体直接转移或受让给非国有主体,从而实现土地发展权的充分市场化的运作,国家主体在今后调节土地资源的开发利用环节中,也主要通过发展权的市场交易行为来实现间接性的宏观调控,

---

① 边泰明:《土地开发权赋予过程中协商制度之差异经验》,《经社法制论丛》1997年第20期。
② 特里·S. 索尔德、阿曼多·卡伯内尔:《理性增长——形式与后果》,商务出版社2007年版,第125-126页。

而并不是直接以刚性行政权力干预为主要手段。由此可见，发展许可制是介于土地用途管制与市场化土地发展权制度之间的一种过渡型土地开发利用调控手段，也可视为一种初级化的土地发展权。以开发许可制完善为路径构建市场化土地发展权制度具有实践可行性。

（四）住宅发展权分享

1. 住宅权的概念与保障现状

住宅权（residential rights）是公民获得适足或充分住房的权利。从公法意义上理解，住宅权是指住宅人权，是每一个公民维持其生存必需的基本权利；从私法意义上理解，是指公民的住宅所有权以及与住宅所有权有关的其他财产权利。住宅权既是公民的一项基本人权，又是一项基本财产权[①]。传统观点一般从房屋建设的角度来思考，认为住房问题是普遍的房屋建设数量的供给与需求之间的适应问题。笔者认为，住房问题及其解决的本质是土地问题，即土地资源及利益的分配问题。它不仅存在于商品房市场，而且土地配置及利益配置在保障房领域发挥着更大的作用。要构建我国住房保障体系，需要从理论上剖析土地资源及利益配置问题，从对土地资源及利益重新配置的新视角破解我国的住房保障难题。住房保障体系的建构与完善的核心是对土地发展权的归属与分配问题，即如何从权利分享的角度重构我国的土地发展利益的界定与分配，使得商品房购买者及住房保障体系受助者均有权分享国有土地上的发展权利益，减轻他们对房屋价格中的大头——地价——的负担，提升其购房支付能力。这从理论上可视为土地发展权体系对住宅权利体系的兼容与破解。

当前，我国城市商品住房价格居高不下，且房地产市场炒作势头不减。房价一度成为近些年全国"两会"上的热门议题，社会舆论也不断呼吁进行"二次房改"。（此概念是最近几年由学术界和人大代表与政协委员们率先提出来的。其核心内容就是要建立普遍受用的公共住房制度。该制度以"三三制"——定地价、定建房标准、定税费率、定5%利润率，竞房价、竞建设方案，综合打分高者得——的方式招标供地建设的准市场化的平价住房，供应对象主要是占城镇人口60%左右的中等收入家庭。改革供地方式、实行"四定两竞"招标是"三三制"住房制度创新的必要条件。）"二次房改"后形成的住房制度基本框架是：保障性住房由政府划拨方式供地，由政府和民间的非营利公益性建房机构及建筑开发商共同参与，解决低收入家庭的住房问题。公共住房和公共租赁住房实行"四定两竞"招标，由民间的非营利公益性建房机构和建筑开发商共同参与，向中等收入家庭提供平价住房。商品住房仍然以"招拍挂"方式供

[①] 金俭：《中国住宅法研究》，法律出版社2004年版，第55页。

地，由建筑开发商开发建设，户型面积和房价由开发商自主确定，满足高收入家庭的住房需求。①

与此同时，高房价及其引发的各类社会问题也引起了党中央、国务院的高度关注。从中央到地方各级政府针对房地产市场纷纷出台了一系列不同层级、力度不一的宏观调控政策，力图在一定程度上遏制房地产市场的非理性膨胀和房地产价格的无限攀升，维护房地产市场的合理健康发展，保障广大民众的居住权益。《中华人民共和国住房保障法》（以下简称《住房保障法》）也在紧锣密鼓地制订当中。笔者认为，遏制高房价、维护广大居民的住房保障利益关键在于完善房地产市场调控与住房保障法律规范制度建设两个方面。其中，土地发展权的配置有助于我国住房保障法律规范制度的建设。

2. 我国现行住房保障供求体系的构成：实然与应然

（1）我国应构建城市保障住房的梯次型供给体系。

当今房价居高不下的状况与我国近些年来的房地产市场固定资产投资过热有着密切的关联，地方各级政府对这种行为采取了一系列不间断的宏观调控，主要表现为增加土地供应以平抑土地出让价格、采取财经措施（如抑制金融、信贷规模等）抑制投机性炒房等，且取得了一定成效。但从总体上来看，尚未达到预期效果。事实证明，国家对房地产市场采取简单的价格调控，以及单纯地采取紧缩信贷措施，或增加土地供应等，只是单方面从房市供给层面对房价上涨施加压力。这种调控措施单从力度方面下功夫，而未抓住房地产市场的结构性矛盾。而我国现阶段房地产市场调控绩效不佳的根本原因在于政府没有采取有力政策措施调节民众住房需求结构，以及为供求双方提供交易服务的流通领域。② 要保持宏观调控的有效性，需要从调整更为基础的住房供求结构入手，从单一的商品住房领域扩大到保障性住房领域。结合《住房保障法》的制定与"二次房改"呼声渐高，适应房地产市场健康发展，充分结合我国民众收入水平与消费力层次比例与差异度大小，构建城市住房商品化与保障化相结合的住房供求梯次配置体系的住房制度是健全完善公正高效的居民住房体系的必需途径。

（2）我国城市住房保障梯次配置体系的构成。

根据《住房保障法（草案）》第8条的规定，并结合我国居民收入层次结构的实际情况，居民住房保障体系总体框架应包括：限价商品住房、经济适用房、经济租赁住房和廉租住房，其目标为保障城镇中低收入家庭的基本居住条件。具体内容包括：首先，向处于最低生活保障线以下的住房困难户提供廉租住房；其次，向具有一定经济能力的中低收入住房困难户提供经济适用住房；再次，向既不属于最低生活保障线以

---

① 宗庆后：《关于改革供地方式，进行二次房改建立"三三制"住房制度的建议》，《商品与质量》2010年10期。
② 卢卫、张智：《城市住房供求梯次配置体系的构建》，《天津大学学报（社会科学版）》2007年第5期。

下又无经济能力购买经济适用住房的低收入住房困难户提供经济租赁住房；最后，对于中等偏上收入但在较长期限内未有能力购买普通档次以上商品房的人群或家庭成员较多、人均居住面积低于地方制定的最低标准且居住条件未有改善的人群，应将其纳入城市限价商品住房的住房保障供给梯次。由此，我国城市住房保障供给梯次配置体系可简单归纳如下：限价商品住房对应中等收入阶层；经济适用住房对应中等偏低收入阶层；经济租赁住房对应低收入阶层；廉租住房对应赤贫和无收入阶层。

3. 土地基金制度与我国住房市场公共政策的建立

(1) 土地基金体现土地发展权收益。

土地基金是国家或政府为了优化配置土地资源，合理利用土地，通过收入国有土地使用权出让金、土地使用费、土地增值费、土地租赁费以及发生作用在土地上的其他收益等筹集的资金，用于土地收购储备、土地开发整理、城市公共设施建设等政府性非营利行为。① 土地基金的功能在于：一是代行政府职能，实行土地资产管理，培育和规范土地市场；二是积累城市建设资金，促进基础设施建设的长期性和有效性；三是合理分配土地收益，保障土地收益分配在时间上的延续性；四是落实城市总体规划，提高城市土地资源配置效率。② 土地基金应有保障土地收益公平合理分配的作用。土地基金是一种外观形式，从其所体现的权益性质来看，是由土地发展权而获取的土地增量收益，即可称为土地发展收益。土地基金将土地发展权价值予以显化，为住房需求主体衡量其具体可分享的土地发展权价值提供了量化标准。

(2) 土地基金制度是我国住房市场的土地公共政策的重要组成部分。

住房市场的土地公共政策的核心是通过政府公权力来平衡政府、企业、个人之间的利益关系。住房市场的土地公共政策不仅包括每一个人基本居住权的保障问题，而且在于在中国城市化过程中，住房市场资本化过程中巨大的财富溢价（包括土地的溢价和土地附着物的住房建筑的溢价）如何分配的问题。③ 当前政府没有把住房市场作为一个公共性问题，没有将住房市场的巨大溢价看作是全国人民共有的一笔财富，而是轻易地将其与住房开发商分享了。当前土地公共政策的基本内容是通过公共决策的程序来检讨当前土地法规，并且重新确立住房市场的土地公共政策，其中包括界定土地的基本权能，确立城市与农村的基本边界，平衡住房市场各方当事人的利益关系，保护绝大多数人的根本利益不受侵害，保障每一公民的基本居住权获得充分保障，保证全体公民能够分享中国城市化过程中的土地溢价。对土地溢价的分享则充分体现了公民平等分配土地发展权收益。可以说，土地公共政策是实现土地发展权益的政策指引。

---

① 陶楚南：《我国土地基金制度的建立与发展》，《国土资源》2006 年第 11 期。
② 中国土地勘测规划院地政研究中心课题组：《留一份资金给未来——国内外土地基金制度运行实践及其启示》，《中国土地》2007 年第 2 期。
③ 易宪容：《论中国住房公共政策基本原则与框架》，《经济社会体制比较》2009 年第 6 期。

(3) 建立土地基金制度以满足我国保障性住房体系建设的资金需求。

包含着城市存量房屋改造在内的我国住房保障体系建设，需要数额巨大的资金。这笔资金如果单凭政府财政拨款或国际组织贷款，将会给地方政府和国家带来巨大的财政与债务压力。建立土地基金制度后，将体现土地发展权的土地收益以合法的形式收集起来，根据公平原则与绩效原则在住房保障对象中进行分配，这不但实现了良好的基金运作方式，也为长期的城市基础设施建设，特别是住房保障工程建设提供必要的资金支持，符合我国住房市场的土地公共政策。

2007年初，我国开始实施土地出让收支全额纳入地方基金预算管理的预算管理机制，并且对土地出让金的使用范围做出了明确的规定，即主要用于征地和拆迁支出、土地开发支出、支农支出和城市建设支出。但事实上，现阶段地方政府将大部分土地出让金又投入基础设施建设中，由此带来了新一轮土地价格的上升，形成了新的"地王"。"钱从土地上来再花到土地上去，只不过雪球越滚越大。"与此相比较，我国香港特别行政区的土地收益占政府收入的比例也不小，但香港不是根据政府需要多少钱设定卖地指标，而是有人需要买地，政府通过出让得到钱。这样买地的人是有实实在在的需求的，资金也是有充分保障的。运用土地发展权收益为购房主体提供住宅权保障，超越了现有的住宅保障制度中的财税、金融等政策层面，而提升到对房价增值部分的权利分享的层次，[①] 使住宅权真正权利化。

4. 配置土地发展权，构建居民住房保障体系

我国已确定了限价商品住房（满足中等收入阶层的住房需求）、经济适用住房（中等偏低收入阶层）、经济租赁住房（低收入阶层）以及廉租住房（赤贫和无收入阶层）四位一体的住房保障制度体系，可以说包括了当今绝大多数流离于购买商品住房与住无所居状态之间的居民范围。而在这一体系中的不同住房保障供给，其内涵与对象是不同的。因此，需要分层次配置土地发展权。

具体来说，在支取由国家土地基金存放与经营的体现土地发展权收益的土地基金并对其进行分配时，由于限价商品住房体现的保障性最低，而其商品属性最高，其主要是满足中等收入阶层的住房需求，因此对其只需配置限价额度内的土地发展权收益则可完全解决限价商品住房建设与购买需求问题。并且由于购买限价商品住房的收入阶层，本身已具备相当的消费承受能力，因此应赋予其可取得限价商品住房完全产权的权利主体地位，但同时应当规定其必须在购房后的一定期限内偿还由其支取的代表土地发展权收益的土地基金份额。

在经济适用房（满足中等偏低收入阶层住房需求）保障体系建设与分配过程中，由于经济适用房在建造中，国家对其土地出让值比例进行了严格的限定，因此其建造

---

① 周珂：《中国房地产法》，法律出版社2011年版，第224-226页。

成本大大低于各类型的普通商品住房价值。因此在配置土地发展权收益中，国家应当作为分享者，但其分配的比例不能超过国家与购买者共有产权所需最低年限所代表的一定额度。具体说来，经济适用房购买者无须偿还由国家土地基金中提供的土地发展权收益价值所表征的房屋价格，但其必须与国家在一定年限内共享产权且不能对房屋进行任何形式的处分及进行其他权利行使行为。

经济租赁房属于政策性租赁房。经济租赁房的运行方式以无产权租赁为主，即政府筹资建设经济租赁房之后，保障对象不购买，只是租赁，并由政府提供补贴的方式。其与廉租房一道，主要针对不具备保障房申请条件，又买不起商品房的"夹心层"，推出一个以无产权租赁为主的保障方式。在经济租赁房与廉租房的建设与分配中，主要是由政府主导，由政府出资建造，分配中由其补贴。由于保障对象除了享有租用权外，不能取得任何形式的产权，因此经济租赁房与廉租房的产权主体只能是政府和开发商。这种对保障对象的土地发展权收益的分配就完全体现在政府发放的租房补贴上面。由于这两类政策性保障住房的保障对象是低收入阶层乃至赤贫和无收入阶层，因此政府在对其土地发展权价值分配时应当具有充分性，即租房补贴应构成其完全的或绝大部分的租金比例。

以上权利配置与行使均应通过土地银行的土地发展权交易平台系统完成。该交易平台与土地基金实行联动管理与运行。土地基金充分满足权利配置需求，为平台的运行提供交易的客体——土地发展权指标。平台运行应该受到土地基金的独立管理机关的实时动态监管，并且交易总量应以土地基金库内发展权指标量为限，不能进行虚拟交易。

三、农村集体土地上土地发展权的制度构建

农村集体土地上的土地发展权涉及集体建设用地使用权的发展权、土地承包经营权的发展权、宅基地使用权的发展权以及集体土地所有权的发展权四类。笔者在此选择其中三项最为典型的集体土地上的土地发展权问题进行阐述。

（一）集体建设用地使用权的发展权：以小产权房合法化为路径

1. 小产权房的概念与问题由来

小产权房是指在农民集体土地上建设的、未缴纳土地出让金等相关税费、面向社会公开销售、购买人与开发商或乡政府村委会签订购买协议、产权证是由小政府或村

委会而不是由政府房管部门颁发、不具备国家认可的产权法律效力的房屋。① 近年来各级国土房管部门屡次发公告通知,禁止城市居民购买小产权房,但我国的小产权房市场仍然购销两旺。小产权房从十几年前悄然于地下交易中出现,发展到现在公然地大规模开发销售,小产权房及其市场的产生与膨胀受内外两层因素的影响。从外层因素来看,城市商品住房市场价格随着土地快速增值而日趋攀高,超过平均收入群体的消费承受水平;城市保障性住房建设严重滞后,不能满足大多数期待购房者的消费需求。从内部因素来看,由于其免去了占住房建设成本近半数的土地出让金成本,小产权房的销售价格远低于同层次的普通商品住房。再加上各级政府,包括国务院和各级地方政府及其国土房管部门,均未对小产权房的法律地位与处理措施进行明确的确定,导致居民购买小产权房并不存在当然的违法性与绝对的购买风险(权利保障风险)。以上内外部双重因素共同决定了小产权房出现不仅"屡禁不止"反而"愈演愈烈"的现象。

2. 小产权房合法化路径争论及其意义

对于小产权房的合法性问题,近些年法学界一直进行着激烈的争论。到目前为止已形成相对一致的意见,即赞同将小产权房通过某种形式予以合法化并给予法律保护。但在如何实现小产权房合法化的路径选择问题上,法学界仍未形成一致的观点,均为自说自话。

笔者将法学界对如何实现小产权房合法化目标的路径选择的研究观点进行分类,可看出主要有两种观点:一是传统路径,即通过从整体上完善我国的土地利用管理制度来使小产权房合法化,持这种观点的学者有较多,如有学者认为小产权房合法化问题的解决与我国集体土地征收补偿制度、集体土地管理制度、集体土地利用制度等相关,因此只有改革前述各制度才能使小产权房的法律地位"名正言顺"。② 也有学者认为,小产权房缺乏法律定位的现状是由于农村集体所有的土地上不能设立建设用地使用权、农村宅基地使用权不能自由流转等两项产权制度限制决定的,因此应从这两项产权制度限制的解禁来解决小产权房问题。③ 更有学者专门针对农村宅基地使用权的主体、登记、使用金及流转制度等方面的改革来解决小产权房的法律地位问题。④ 当然,也有一部分学者从公私利益间的平衡、意思自治与法律强制间的协调的视角指出我国小产权房的合法化路径应当是循序渐进的,先从法律层面处理好已爆出的相关法律纠

---

① 张占录:《结合土地发展权配置彻底解决小产权房问题》,《观察》2009 年第 6 期。
② 操小娟:《"小产权房"的法律问题及相关制度的完善》,《华中科技大学学报(社会科学版)》2008 年第 6 期。
③ 邢发齐:《"小产权"房法律分析》,《河北法学》2008 年第 8 期。
④ 龙翼飞、徐霖:《对我国农村宅基地使用权法律调整的立法建议——兼论"小产权房"问题的解决》,《法学杂志》2009 年第 9 期。

纷，再从宏观制度的层面来彻底解决其法律地位问题。①

另一种观点可称之为"要害型路径说"。该观点认为小产权房法律地位的悬而未决，根本原因是围绕其所表征的增值利益，因为没有调整该增值土地权利及利益的法律机制，所以各方主体围绕其权利及利益的争夺相持不下。如有学者认为土地增值收益的分配是导致小产权房不断出现且被国家禁止的经济诱因。小产权房问题从形式上看是实践与法律的冲突，实质上是实践代表的利益分配与立法精神的相冲突，②是土地发展权问题。持这种观点的学者认为应当运用土地发展权原理，通过构建对土地增值收益再分配的法律制度来解决小产权房问题。③ 笔者认为，这两种观点其实是从不同层面对小产权房合法化问题进行的探讨，前者是从宏观全面的视角，后者是从局部要害着眼。小产权房问题的本质与核心是土地发展权权利与利益的纠葛，因此也只有从对集体建设用地上的发展权的配置与运行的法治路径进行重新梳理才能有的放矢地彻底地解决小产权房问题。

笔者认为，小产权房的建造与交易，在房价普遍攀高的一、二线城市，对于缓解居民购房居住压力具有客观且不可替代的作用。调查显示，我国部分城市的小产权房住宅面积占整体住宅面积的比重甚至超过50%，因此，简单地将其非法化会对城市住房建设与交易市场造成"不可承受之重"；并且目前全国各地存量小产权房数量众多，建设面积较大，其所蕴含的成本价值与交易价值之高难以准确估量。从防止资源浪费、发展循环经济的角度来看，将小产权房一律拆除将导致社会价值总量的显著减少。如何在现有的房屋产权制度框架下，给予小产权房及其享有者以稳定合法且合理的权利配置？除非政府让利，不然也不能促成该问题的有效解决，在购房需求者或潜在购房者中间配置土地发展权可以说是较为可行的执行方案。小产权房合法化并依法入市交易，能显著增加房地产市场上的产品供应，平抑市场日渐虚高的房地产价格，满足当今绝大部分住房需求者的居住要求；一般小产权房为中小户型，这能为政府实施住房保障计划提供成本适当的保障性房源，从而加快推进住房保障建设。

---

①如李长健等：《小产权房中的利益博弈和利益平衡研究》，《学术探索》2009年第1期；任辉：《利益衡量视角下"小产权房"的出路探究》，《西南政法大学学报》2009年第1期；李佳穗：《试论小产权房的法律症结与改革路径》，《河北法学》2009年第8期等。

②王海鸿、付士波、朱前涛：《"小产权房"存在的合理性及其合法化途径研究——基于土地发展权角度》，《华东经济管理》2009年第12期。

③持这种观点的学者及其代表作主要有王海鸿等：《"小产权房"存在的合理性及其合法化途径研究——基于土地发展权角度》，《华东经济管理》2009年第12期；张占录：《以土地发展权合理配置解决小产权房问题》，《城乡建设》2009年第7期；郑巧凤、赵凯：《论基于"小产权"房市场的农地发展权的缺失》，《中国国土资源经济》2009年第6期；曾野：《破解"小产权房"难题的地票交易路径》，《现代经济探讨》2016年第2期；张杨波：《小产权房合法化的现实困境与路径选择——兼议土地发展权的理论争辩与经验表达》，《福建论坛·人文社会科学版》2017年第5期。

3. 小产权房问题解决的土地发展权路径：从思路到举措

有学者提出小产权房的关键在于处理好集体建设用地转用及其房屋增值收益分配，而提出的解决思路是在土地集体所有权人、土地使用权人及建筑物投资人之间进行分配。具体为：一是将房屋所有权连同土地全部归还给土地权利人；二是将房屋所有权连同土地全部归还给土地权利人，但土地权利人需要返还一部分土地及房屋增值利益，补给房屋投资人；三是将房屋所有权及土地利益归属于房屋所有权人，房屋所有权人可以获得建设用地使用权，但须交出一部分土地及房屋增值利益，补给土地权利人。①

要让小产权房合法化，首先是要确权，由国土与房管部门确认农村集体的土地财产权（所有权、使用权和发展权）并按一定的标准分配给集体组织成员或个人，初始分配时的具体分配数量与价值应以个体所承包或占用土地的规模及其价值大小以及个体在土地开发中的贡献力大小等因素为基准，而后再在土地开发法律关系中进行土地发展收益分配，一般按照土地开发法律关系各参与方——政府（公共管理者）、开发商（投资方）与原土地权利行使者（授权方）——按比例进行分配，并且根据具体的开发事项的不同分配系数而有所不同。如在某项土地开发活动中，土地开发法律关系三方事先确定全部土地发展权系数为8，政府与集体经济组织（土地权利所有者）按7∶3的比例配置，政府获得5.6个土地发展权，农民获得2.4个发展权。集体经济组织或农民的发展权可以上市交易，包括转让、入股、自行开发等。② 土地发展权配置下的集体建设用地开发模式称为"有限小产权制度"，建立"有限小产权制度"有望彻底解决全国各地小产权房问题。

政府根据区别对待原则，将部分符合城市规划的存量小产权房合法化。小产权房开发带来的收益，即土地增值收益源于土地发展权。土地发展权即土地增值收益的体现。在具体的土地开发利用中，如何分配土地增值收益，表现为如何配置土地发展权。而在土地开发主体之间配置土地发展权后，则需要具体确定土地发展收益的动态运行规则，一般包括收益的确定、评估与再分配等三个环节。

首先，确定收益与评估价值。土地发展权在市场价值上的体现就是土地转变用途后的溢价。小产权房开发带来的收益，即土地增值收益源于土地发展权③土地发展收益，就是在农用地转变为建设用地后，因土地用途变更导致的价格增量变化差，除去土地开发费用及利润后的那部分价值。由于建造小产权房的农地多半位于城市边缘地带，因此，越优越的位置越是生成高位的房价，同等建筑面积集体农地所包含的地价越高，则高出的一般农地价格的这部分就是土地发展权的价格，土地发展权的价格很

---

① 王洪亮：《小产权房与集体土地利益归属论》，《清华法学》2009年第5期。
② 张占录：《以土地发展权合理配置解决小产权房问题》，《城乡建设》2009年第7期。
③ 王海鸿、付士波、朱前涛：《"小产权房"存在的合理性及其合法化途径研究——基于土地发展权角度》，《华东经济管理》2009年第12期。

大程度上取决于距离城市中心的远近。在确定收益客体后，就要对土地发展收益进行评估。评估中首要的就是要确定农转非后的土地价值量，较其与之前的农用地的价格。同时应当考虑用途变更过程中土地的开发成本与城市对农地发展权价格的影响值这两个变量，进而得到农地发展权价格。

其次，进行收益的再分配。要想国家承认小产权房的合法性并允许其入市交易，则需要国家与作为小产权房建设主体的集体经济组织之间进行利益收益的妥协，即既改变土地增值收益被农民独自占有的现状，将开发小产权房中产生的土地增值收益在政府与农村集体经济组织之间再分配，又要求国家向符合城市规划的小产权房颁发合法的产权证，为其合法性正名。其他国家和地区土地增值收益的分配方式值得借鉴，如美国的受益者付费制度、英国的奖励区划方法与规划得益方式制度[1]、我国台湾地区的市地重划与区段征收制度（市地重划是一种有效促进土地经济使用与健全都市发展的综合性土地改良措施）也是一种城市土地增值收益分配机制。区段征收本质上都是土地开发与征收的结合，即在一定规模土地上完善基础设施并开发具体建设项目，实现土地增值与经济社会发展。[2]

在处理小产权房问题，进行土地增值收益再分配时，可采取税费补偿和按比例分配等不同方式。国内外对于土地增值收益的分配有比较完善的制度，农村集体经济组织向国家缴纳相关税费。以较低的成本开发小产权房会产生外部性问题，即会对房地产市场的其他参与者产生的一种未能由市场交易或价格体系反映出来的影响，从而导致土地这种资源的配置不能达到最大效应，解决外部性问题的方法是征税，其基本原理是：由政府对产生外部性的经济主体征收一笔适宜的税收，使资源配置重新回到帕累托最优状态。[3]

土地收益是地方财政收入的主要来源之一，发展小产权房的各地的房地产市场行情、政府征地补偿标准等具体情况千差万别，这样可授权地方政府根据具体情况进行税费种类、税费率、征收方式的设计，针对土地增值收益收取税费。[4] 通过土地发展权收益的再分配，使农村集体经济组织需要支付土地发展权的取得成本，提高了农地非农化的成本。在小产权房合法化的过程中，将农地发展权收益在国家与农村集体经济组织之间再分配，即农村经济组织需要支付土地发展权的取得成本，提高了农地非农

---

[1] Harriss C Lowell：*Land Value Increment Taxation*：*Demise of the British Betterment Lecy*. National Tax Journal：Dec72，Vol. 25 Issue 4.

[2] 刘玉资：《台湾区段征收制度检讨及启示》，《中国土地科学》2020 年第 9 期。

[3] 张帆、邹秀清：《农地非农化：兼顾效率与公平的补偿标准》，《农业技术经济》2006 年第 4 期。

[4] 王海鸿、付士波、朱前涛：《"小产权房"存在的合理性及其合法化途径研究——基于土地发展权角度》，《华东经济管理》2009 年第 12 期。

化的成本。一方面可以控制农地转为建设用地的数量,提高农地非农化的成本和降低非农化的收益都会减少耕地被占用数量,避免违法违规占用耕地,保护农地。① 另一方面,可以提高小产权房的开发成本,改变房价过低的现象。

(二) 宅基地使用权的发展权分享:以城中村改造为视角

城中村改造是我国当前各大中型城市面临的城市更新的主要问题。城中村主要位于城市建成区的周边,由于已经历了初步城镇化过程,因此其与一般大田农村相比具有"亦村亦城"的双重属性。从土地权属结构来看,主要作为传统农业用途的承包经营地已几近消失,而剩余的只是已承载城市建设功能的集体建设用地或承载村民居住功能的原属集体的宅基地。而在城中村改造过程中,对权利影响最大且最易发生纠纷的就是在对城中村原属集体的宅基地区片所进行的改造活动。

其实,由权利冲突与权益纷争引发的对城中村中宅基地的改造活动,本质上都是在城乡统筹的背景下通过农村宅基地复垦与农民集中居住而进行的"土地发展权转移"行为,也就是将一块土地进行非农开发的权利通过市场机制转移到另外一块土地。② 这也是由近些年来地方政府出于获取更多城市建设用地使用权指标的"经营城市"理念所支配的。在城市化进程中,越来越多的地方政府考虑通过将以宅基地为主体的农村建设用地复垦来获取可置换表征土地发展权的建设用地使用权指标的新增耕地,并将其从复垦地段转移到城市工商业开发区地段。政府主导的这种改造原属农村集体宅基地的做法实质上是通过行使征收征用权来将原属集体的宅基地转为国有建设用地使用权,这种做法实施不当不仅会损害宅基地范围内所属的集体土地所有权,而且也会损害宅基地的使用权和发展权。

宅基地发展权具有独立的理论意义,其概念的确立有利于解决农村集体经济组织与农户的利益分配,并为"撤村并居"以及城乡建设用地增减挂钩提供理论基础。③《民法典》第 261 条规定了农村集体土地所有权归农民集体享有。第 243 条规定为了公共利益的需要,国家依照法律规定的权限和程序可以征收集体所有的土地。但当国家征收的集体土地上设定有农户的宅基地使用权时,就会产生土地补偿款在农民集体与农户之间利益分配的问题。《土地管理法实施条例》第 26 条作出了将土地补偿费分配给农村集体经济组织所有的规定。该规定将土地权益分配给集体经济组织而未过多考

---

① 张帆:《环境与资源经济学》,上海人民出版社 1998 年版,第 175 页。
② 杨大利:《土地改革要尊重农民宅基地的发展权》,《农业工作通讯》2010 年第 18 期。
③ 任中秀:《农村宅基地使用权制度研究》,山东大学出版社 2012 年版,第 132 页。

虑农户个体的利益诉求。《民法典》第261条对土地补偿费的使用、分配的程序进行了规定，该权利的实施权分配给了集体成员。但对于具体的分配规则，则并无明确规定，而只是通过村民会议议决的形式决定。

从平面结构上看，土地所有权与宅基地使用权在平面四至内处于完全重合状态，而从立体结构上看，二者却可以垂直进行划分，农村宅基地使用权人在取得宅基地使用权时实际上享有一定空间维度的土地开发容量，① 而其上的土地开发容量归土地所有权人享有。因此，土地补偿费不仅是土地平面的补偿，而且也扩及对土地开发容量的补偿。我国《土地管理法》第48条规定，政府征收农村集体经济组织土地须按原农业用途补偿土地补偿费，以及安置补助费、地上附着物和青苗补偿费。这项规定没有将农村集体土地农用地或宅基地转用后的所具有的开发容量所可能产生的增值收益的经济价值纳入补偿范围中，值得商榷。从上述法律规范分析可知，土地所有权的收益、处分权能应包括在其一定空间范围内存在再开发的发展权，这种发展权所具有的经济价值既可由土地所有权人享有，也可以由其他主体通过有偿受让的方式行使。农村集体权属的地块因其土地所有权与宅基地使用权在土地发展权上的分割，在实践中恰恰构成了土地补偿款在农村集体组织与农民之间利益分配的权利区分基础。

其实，如何处理好农村集体组织的土地所有权与其所属范围的宅基地使用权之间关于土地发展权的权利争议与权益分享问题，也是对以加强城乡规划管理与协调城乡空间布局，改善城乡经济社会与全面协调可持续发展为统筹发展理念的回应及落实。

这个问题的解决机制在我国2008年《城乡建设用地增减挂钩试点管理办法》（国土资发〔2008〕（38号）、2019年《中华人民共和国城乡规划法》（简称《城乡规划法》）等法律规范中均有体现。城乡统筹发展是城市化推进的必由路径，但仅凭刚性的城市规划和城乡建设用地增减挂钩等行政举措，在实践中容易造成对农民土地权利的侵害。虽然中央政府与国土资源部一再强调实施"撤村并居"的城中村改造应当充分尊重农民意愿，不得强制推行，但如果没有公平适当的利益补偿与权利救济机制，再响亮的口号恐怕也会变成难以协调的激烈利益冲突的根源。国家和地方政府在实施城乡建设用地增减挂钩的过程中，根据土地发展权征购（PDR）的理念，在对城市近郊的土地进行高强度开发时，可以从城市远郊的大田处征购一定数量的土地发展权。而远郊的大田农村集体，可以根据《城乡规划法》，通过将自身的宅基地进行整理，获得可与近郊土地发展权转入区域进行交易的发展权指标。所腾出的集体土地所有权的土

---

① 我国法律并无关于农村宅基地使用权的土地开发容量的具体规定，但在一些地方性法律文件中对农村宅基地建房的高度有所限制。如《福建省农村村民住宅建设管理办法》（2011年8月19日）、《昆明市农村住宅建设管理办法》（2008年4月14日）等。

地发展权与宅基地的土地发展权被国家征购之后，国家可以将近郊新增的建设用地有偿使用费，用于补偿远郊农村集体组织及失去宅基地使用权的农户。至于补偿方式，对于失去宅基地的农民可以采用宅基地换房，而对于集体组织则可以将开发耕地作为补偿方式。①

总之，确立农村宅基地的土地发展权制度，对于解决农村集体与农民土地补偿款的分配问题，平衡受限发展地区（如远郊大田农村）与高度开发地区（城郊城中村）农民的利益具有积极意义。我国台湾地区的"都市计划容积转移办法"确立的"容积转移"与"增值收益公共回馈"相结合的农用地与非农建设用地指标置换与利益分享的土地发展权运行机制，② 以及北京等地方在细化农村房屋货币补偿事项时，在被拆迁房屋的重置价之外单独规定对宅基地的补偿机制（该机制是以宅基地房屋的区位补偿价为基数扣除宅基地房屋的重置成新价格，实际上就是同一房屋占地因集体所有与国家所有土地性质不同而形成的差价）。

从土地发展权角度解读，上述模式是一种对被拆迁人分配土地发展权益的制度安排。这种对农民宅基地征收补偿的方法被统称为"双控模式"。所谓"双控模式"，即在同一时点，根据建筑市场的价格，测算出被拆迁房屋的建筑安装成本，同时以被拆迁房屋的成新率为加权系数，确定被拆迁房屋的重置价，而在测算安置用房价格时，也排除占地范围的国有土地使用权价值，仅计算其拆迁时点的建筑安装成本，由被拆迁人按照房屋建筑安装成本结清差价。③ 北京等地方性实践，为具体量化宅基地的发展权价值提供了评估方法，值得借鉴。

笔者认为，城中村改造涉及相当部分对非公共利益宅基地使用权征收补偿事项，但在对宅基地使用权人进行补偿时参照的仍是原农业用途补偿标准，这不仅损害了农民土地财产权益，而且影响其长远生计。坚持土地公有制的前提，设置土地发展权制度，兼顾国家和农民集体利益，根据不同情形深化农村建设用地征收制度改革，势在必行。

首先，对于一定时期城镇规划区内的集体土地，可先依法征为国有，后实行"转

---

① 国家和地方政府的补偿在《土地管理法》第55条第2款有相应的规定：新增建设用地的土地有偿使用费，30% 上缴中央财政，70% 留给有关地方人民政府。
② 阳庚德、欧阳恩钱：《台湾地区"都市计划容积转移办法"及其对我国城市房屋拆迁补偿合理化的启示》，《天津成人高等学校联合学报》2005 年第 1 期。
③《北京市集体土地房屋拆迁管理办法》第14条规定："拆迁宅基地上房屋实行货币补偿的，拆迁人应当向被拆迁人支付补偿款。补偿款按照拆除房屋的重置成新价和宅基地的区位补偿价确定。"《北京市宅基地房屋拆迁补偿规则》第4条第2款规定："当地普遍住宅指导价，由区县人民政府参照一定时间、一定区域内普通商品住宅均价、城市规划等情况综合确定。"参见顾大松：《论我国房屋征收土地发展权益补偿制度的构建》，《法学评论》2012 年第 6 期。

权让利"，即将已确定为城市规划区内原集体土地先征为国有而后进行市场出让，所得出让金或部分或全部返还给原农民集体。实际返还比例可依据征收性质的不同而有所区别：对于纯粹公益征收，政府可按原农业用途作适当补偿；对于经营性项目用地征收，则按实际商业用途的地价返还给农民集体，国家通过税收形式回收部分增值收益并分配给公益被征收主体，实现发展利益的普遍分享。

其次，对于城镇规划区以外的非农建设用地，在不改变集体所有性质前提下，采取使用者直接向集体组织逐年交纳土地使用费的方式来流转用益物权。土地使用费的收取标准，由土地管理部门统一规定，使用费由农民集体组织按年收取，专户储存，用于村社土地开发、公益事业和公共设施建设。

再次，对实行有偿使用的存量集体非农建设用地，在本集体组织内流转，不征为国有，只进行使用权变更登记；向本集体组织以外流转的，由土地使用者按"转权让利"程序办理国家建设征地、出让手续；农民集体可以集体土地资产联营、入股用于非农业建设，报市、县政府批准的，可以不征为国有，但集体土地股份不得转让。在明晰产权、规范管理的前提下，允许集体非农建设用地依法进行流转，其形式可以是转让、出租、联营、入股和处分抵押等。

最后，土地利用总体规划确定的城市建设用地范围内的旧村庄改造，可由村社集体组织申请将集体建设用地改变为国有建设用地后，与外来投资者合作开发。旧村改造原则上自求平衡，规划用地面积范围内符合规划设计条件的多余地产收益，全部返还村社发展壮大集体经济并解决历史遗留问题。开发节余土地可由政府收储或挂牌出让用于非农开发，其收益在确保村民变成居民后有关医疗、教育、住房等社会保障以及改制后股份公司的生产资金外，其余部分方可用于城中村的继续改制。①

综上所述，城中村改造中宅基地发展权补偿可以发展成为一项独立的制度。

（三）集体土地征收发展权补偿

1. 问题的焦点

土地发展权是一项新型的土地财产权，或称土地物权。该项权利的配置对于公民的土地私权利的保护意义重大。我国在非农过程中的土地征收与城镇房屋拆迁中对土地使用权预期利益的补偿机制存在诸多弊端，应当将土地发展权的利益纳入补偿法律关系的内容中来，保障城乡居（村）民对增值性土地的收益权。我国现行《土地管理

---

①李俊夫：《城中村的改造》，科学出版社2004年版，第209页。

法》规定,对被征用土地的补偿仅限于土地及其定着物和劳动力的安置费用,只体现了土地作为劳动生产资料的一面,面对土地本身增值、预期收益、养老保障、粮食安全、生态环境保护、社会稳定等价值功能以及被征地灭失后所产生的连带损失的补偿未能有所体现,未能遵循"完全补偿原则"。①

我国现行土地利用管理制度中尚不存在国家土地所有权与农民集体土地所有权均被征收情况下的土地发展权的价值比较,于是缺乏量化构成农民集体土地所有权价值主体的发展权的市场机制。只有国家才能在包括城乡居民的全部公民范围中分配土地增值利益(虽然它并没有做到),而农民集体只能在其成员范围内进行分配(如有),既排除了其他农民集体成员的参与,更排除了数量庞大并会成为将来人口主体的城市居民对农村土地增值利益的分享的可能性。将土地发展权全部分配给农民集体,能否让今日饱受高房价困扰、不仅难以分享城市国有土地发展权增值收益,反而被其拖累的广大普通市民阶层在道德选择上"毫不犹豫地接受"实在令人怀疑。而撇开这样一个日益庞大的人群的赞成何谈"社会的大部分成员毫不犹豫地接受"呢?足见所谓集体土地发展权"原本属于农民"的分配正义缺乏广泛的民意基础,更因难以说清社会各方对农民集体土地发展潜力的贡献份额,难以确定农民集体土地所有权中"原本就属于农民集体"的土地发展权比例而难以落实为法律手段。②

农地问题的关键,是农地非农化之复杂的政策法律问题。其中两个基本内容始终没有改变:一是农地非农化主体不是土地所有权主体而是各级政府,其决策和操作都掌握在政府手里;二是农地非农化须通过的程序须由政府来批准,农地所有权主体不能自己作主。农地非农化完全是在加强政府对土地的垄断和土地的管制,是在为政府征地提供依据,政府征地以后成为完全"地主",政府完全垄断了一级市场,将农民土地财产权从农地主体方面完全排除在决策之外,而且完全排除于土地增值收益之外,这正是今天中国地政问题的症结所在。③ 这就需要在集体土地征收中考虑对发展权利益的补偿。

2. 我国房屋拆迁与非农征收发展权利益保障的立法缺陷与实践检讨

我国现行非农征地与房屋拆迁制度存在的问题,主要表现在立法与实践两方面。既有立法本身存在的重大弊病,更有在实践中大量存在的违法之举。我国土地征收法

---

①郑华:《农村集体土地拆迁补偿价值的构成》,《中国房地产》2012 年第 1 期。
②张力:《农村集体土地征收中被征收人的权利缺损及其补全——从以集体所有权为中心到以农民用益物权为中心》,《法学杂志》2012 年第 3 期。
③王权典:《农民土地权利保障因应法律变革之演进——结合物权法的基本理念及创制范畴》,《河北法学》2011 年第 6 期。

律规范主要见于《宪法》①《土地管理法》② 与《农村土地承包法》③ 等。由以上法律规范可看出，我国实行国家所有和农民集体所有结合的土地公有制。城市的土地属于国家所有；农村和城市郊区的土地，除由法律规定属于国家所有的以外，属于集体所有。农民集体作为独立的所有权主体，没有将农民集体土地用于非农建设的决定权。农民集体土地只有经过国家征收后才能成为城市建设用地。

中国的集体土地征收在实践中演变为上级政府（市、县人民政府）向下级政府（乡镇政府）取地，上级政府要多少、下级政府给多少，土地征收不需要任何条件，征收程序没有任何约束，征收补偿完全由征收机关决定。当征收遇有阻力时，村委会或乡镇政府往往毫不犹豫地站在征收机关一边，农民即使选择了诉讼，也常常因主体不适格而被驳回。④ 这不仅造成集体土地价值减损，而且在其权利主体的土地权益在土地开发活动中经常受到国有土地及其扩展行为带来的侵害。而在我国城市改造拆迁补偿实践中，法律规范有相应补偿、适当补偿的规定，但绝大多数情况下，补偿标准偏低、补偿利益小于损失利益。

在日本城市房屋拆迁实践中，补偿不仅考虑了被拆迁征用人的直接损失，也考虑了被拆迁人的间接损失。1962年日本政府制定了《公共用地取得损失赔偿标准纲要》，征地赔偿范围及赔偿标准为：征地损失赔偿，按被征财产的市场价格计算赔偿；通损赔偿，即指地上附着物补偿和搬迁费用；少数残存者补偿，主要指对诸如居住区因修建水库等受到影响而又不必搬离的情况下的补偿；离职者补偿，指对土地权利人所雇佣工人的赔偿；事业损失赔偿，指对因公共事业开工后所造成的影响环境等损失而给予的赔偿。⑤ 由此可见，我国现行立法针对土地征收或征用与房屋拆迁的补偿，在补偿标准、补偿范围、补偿方式与程序等方面都存在制度上的漏洞。

在实践中，我国现行城镇房屋拆迁与非农化征地制度在两方面值得检讨：其一，征地范围过宽。我国《宪法》《土地管理法》等土地法律规范虽然都规定了国家为了"公共利益"的需要，可以对农民集体土地实行征收，但《宪法》《土地管理法》以及其他有关立法未对"公共利益"的范围做出严格界定；并且国家垄断土地一级市场，集体所有的土地不能自主入市开发。如果不以法律的形式廓清"公共利益"的边界，而任由对"公共利益"的解释降为一般行政机关自由裁量的权力，将"公共利益"与

---

① 《宪法》第10条第3款规定："国家为了公共利益需要，可以依照法律规定对土地征收或者征用并给予补偿。"
② 《土地管理法》第2条规定："国家为了公共利益的需要，可以依法对土地实行征收或者征用并给予补偿。"
③ 《农村土地承包法》第11条规定："农村土地承包经营应当遵守法律、法规，保护土地资源的合理开发和可持续利用。未经依法批准不得将承包地用于非农建设。"
④ 王克稳：《我国集体土地征收制度的构建》，《法学研究》2016年第1期。
⑤ 王清：《国外城市房屋拆迁的经验及对我国的启示》，《河北师范大学学报（哲学社会科学版）》2010年第4期。

"非公共利益"混为一谈,不仅不能切实有效地保护农民土地权益,而且极易产生权力寻租等腐败现象。① 当前我国立法对公共利益的界定还不明确,公共利益的范围也存在争议,导致开发商假借"公共利益"之名、行非公益拆迁之实的非法拆迁现象屡屡发生,严重侵害了被拆迁人的权益,致使拆迁纠纷愈演愈烈。② 其二,土地征收补偿费用与土地市场交易价格的巨大落差,导致利益分配严重失调。现有农用地征收成本分为直接成本和隐性成本两部分,直接成本是为农用地征收过程中用地单位直接支出的除土地出让金外的各类征地费用,隐性成本为在征地后农民因为失去土地而非农化的成本。③

我国现行虚化的土地产权制度又导致了土地征用中补偿的异化,土地征用补偿标准过低,致使被征地农民的生存权与发展权缺乏保障。④ 因为,被征地农民土地发展权隐性流失严重,被征地农民在土地被征收以后,利用土地进行深层次开发的权力没有了载体。⑤ 首先,现行法律政策实际上将土地征收界定为一种行政行为而非市场出让行为,因此在国家在征收或征用农村集体土地时的补偿范围非常狭窄、补偿标准显著偏低,实际直接到农民手中的只是青苗和地上附着物的补偿费。其次,现行土地征收补偿费未反映土地发展权的价值因素,特别是在经营性项目用地的土地征收中土地发展权事实上无偿归于经营性项目的开发者,农民集体没有因此获得任何回报。⑥ 同样,在城市征地拆迁补偿普遍存在仅仅对建筑物及其附着物、地段差异进行补偿,而没有将被征土地的潜在收益、重新置业费用等进行补偿。最后,对土地收益出让利益的分配不合理。现行土地征收补偿费用未反映土地发展权的价值因素,特别在商业性项目用地的土地征收中土地发展权事实上无偿归于商业性项目的开发者,农民集体没有获得任何补偿。

3. 我国城镇房屋拆迁与非农征收制度改革之主要创新

(1) 各项政策文件的新规定。

党中央高度重视征地制度的改革与公民权益保障的问题。2008年10月召开的党的十七届三中全会通过了《中共中央关于推进农村改革发展若干重大问题的决定》。在该《决定》中,土地征收制度改革着墨颇多,成为我国土地新政的新亮点。具体归纳为四点内容:一是改革征地制度,严格界定公益性和经营性建设用地,逐步缩小征地范围,

---

① 刘国臻:《论我国土地利用管理制度改革》,人民法院出版社2006年版,第87页。
② 张素华:《房屋强制拆迁制度存在的问题及对策——兼评〈国有土地上房屋征收与补偿条例〉》,《法学评论》2012年第3期。
③ 任宏、李志乔:《我国征地补偿出让价差成因分析——基于土地产权价值分配的角度》,《建筑经济》2009年第12期。
④ 黎晓武、陈威:《生存权与发展权视野下的土地征用补偿制度研究》,《江西社会科学》2009年第10期。
⑤ 徐济益、黄涛珍:《非对称信息下的被征地农民利益流失及其防范路径》,《求实》2010年第11期。
⑥ 刘国臻:《论我国土地利用管理制度改革》,人民法院出版社2006年版,第103页。

完善征地补偿机制；二是依法征收农村集体土地，按照同地同价原则及时足额给予农村集体组织和农民合理补偿，解决好被征地农民就业、住房、社会保障；三是在土地利用规划确定的城镇建设用地范围外，经批准占用农村集体土地建设非公益性项目，允许农民依法通过多种方式参与开发经营并保障农民合法权益；四是逐步建立城乡统一的建设用地市场，对依法取得的农村集体经营性建设用地，必须通过统一有形的土地市场、以公开规范的方式转让土地使用权，在符合规划的前提下与国有土地享有平等权益。该规定明确的事项对于在立法与实践中完善我国征地制度，保障农民土地财产权益具有重要的指导作用。

2014年中共中央国务院印发《关于全面深化农村改革加快推进农业现代化的若干意见》指出，抓紧修订有关法律法规，保障农民公平分享土地增值收益，改变对被征地农民的补偿办法，除补偿农民被征收的集体土地外，还必须对农民的住房、社保、就业培训给予合理保障。因地制宜采取留地安置、补偿等多种方式，确保被征地农民长期受益。这为农村土地增值收益分配机制的创新明确了目标和路径。

在此之后，在城市土地征收与房屋拆迁制度改革领域，取得了令人鼓舞的新突破。《国有土地上房屋征收与补偿条例》正式实施，取代了原《城市房屋拆迁管理条例》。该法律规范分别对征地与拆迁实践中的几项重要环节，包括适用范围、征收程序、征收补偿、关于非因公共利益的需要实施的拆迁等问题进行了明确且具体的规定。

首先，在"公共利益"界定方面，该条例较之以前诸法律规范模糊的情况，首次明确界定"公共利益"的范围，包括：国防设施建设的需要；国家重点扶持并纳入规划的能源、交通、水利等公共事业的需要；国家重点扶持并纳入规划的科技、教育、文化、卫生、体育、环境和资源保护、文物保护、社会福利、市政公用等公共事业的需要；为改善低收入住房困难家庭居住条件，由政府组织实施的廉租住房、经济适用住房等建设的需要；为改善城市居民的居住条件，由政府组织实施的危旧房改造的需要；法律、行政法规和国务院规定的其他公共利益的需要。

其次，在征收程序上，该条例第9、第10、第14、第15条分别从论证、公告、听证与救济程序等环节做了明确规定。其中第9条规定："县级以上地方人民政府在作出房屋征收决定前，应当组织发展改革、城乡规划、国土资源、环境保护、文物保护、建设等有关部门，就房屋征收目的、范围、时间等事项进行论证。"第10条规定："县级以上地方人民政府在组织有关部门论证后，应将房屋征收目的、房屋征收范围、实施时间等事项予以公告，并采取论证会、听证会或者其他方式征求被征收人、公众和专家意见。公告时间不得少于30日；但是，房屋征收范围较大的，公告时间不得少于60日。"第14条规定："县级以上地方人民政府应当将房屋征收决定予以公告。公告应当载明房屋征收目的、房屋征收范围、实施时间和行政复议、行政诉讼权利等事项。"第 15 条规定:"被征收人以及与房屋征收决定有关的利害关系人对县级以上地方人民政府作出的房屋征收决定不服的,可以依法申请行政复议,也可以依法向人民法院提起行政诉讼。"

再次,在最受关注的补偿环节,该条例第 20 条明确规定了"货币补偿的金额,根据被征收房屋的区位、用途、建筑结构、新旧程度、建筑面积等因素,以房地产市场评估价格确定。被征收房屋的房地产市场评估价格由具有相应资质的房地产价格评估机构,按照房地产估价规范和有关规定确定,但不得低于房屋征收决定生效之日类似房地产的市场交易价格"。值得注意的是,该条例在其附则中首次明确了对"非因公共利益需要拆迁国有土地上单位、个人房屋从事建设"的补偿事项。第 40 条也规定了对于非因公共利益的需要,拆迁国有土地上单位、个人的房屋的,建设单位应当编制具体实施方案,并报经房屋征收部门批准,各个建设单位应当与房屋的所有权人按照自愿、公平的原则订立拆迁补偿协议。

综上可知,上述两个政策和法律规范性文件分别为农村与城市的土地征收和房屋拆迁制度改革提供了指导思想和规则设计,为该领域的进一步改革提供了政策和法治方向。

4. 我国城镇房屋拆迁与非农征收制度改革的创新点归纳

(1) 严格界定"公共利益"范围,依法征收并给予农民集体及时足额的补偿。

这次征地制度改革的总体方向是缩小征地范围、改进补偿办法、落实安置责任、完善征地程序。这意味着,首先,要正确确定征地范围,由于征地行为是国家公权力对土地所有权人的私权利最强力的干涉,只有准确确定国家对集体土地征收的范围,才能有效地防止集体土地所有权被侵犯的问题,① 因此,应当严格地区分"公益性"与"经营性"用地,从严制定用地标准和供地政策。当然,具体标准还需要相关配套的法规政策措施予以明确。其次,在征地补偿过程中,必须充分考虑农地的社会保障和失业保险功能,提高社会保障和劳动就业等方面的补偿标准。这样才能做到对农民集体给予及时足额的补偿。

(2) 打破政府征地的垄断权,农民集体可依法享有土地发展收益。

根据《中共中央关于推进农村改革发展若干重大问题的决定》的规定,有条件地允许农村集体建设用地依法自由流转是我国土地制度与政策迈进的趋势。这表明,我国将逐步构建城乡统一的建设用地使用权市场,农村集体土地经批准将可以用于开发项目,而农村集体甚至农民个体不但可以作为利益主体直接与用地单位谈判确定土地使用权转让价格,还可通过诸如入股、出租、转让等方式参与分享土地发展收益。这样不但使农民可以充分享受经济发展和城市化带来的成果,而且打破了现行制度下集

---

① 崔杰:《土地承包及征地补偿案件的法律适用》,人民法院出版社 2005 年版,第 150 页。

体土地使用权不能抵押的限制,① 担保物能在一定程度上减轻信贷市场上信用授受双方的信息不对称问题,从而解决部分商业性金融中的逆向选择与道德风险难题。②

5. 我国城镇房屋拆迁与非农征收中的土地发展权配置

(1) 配置的前提:土地权利的依法自由流转。

土地权利的可自由流转性决定了土地的价值增量性,无自由流转就无增量价值之言,但自由流转必须是依法的,这个"法"主要指的就是《土地管理法》。因此,确立我国土地依法自由流转的保障机制实属必要,并且是实现对农民土地权利收益充分保障目标的前提。近些年来,国家(包括中央与地方)一直在进行农村土地入市流转的立法探索。2004年国务院就曾发布了《关于深化改革严格土地管理的决定》,其中强调:"在符合规划的前提下,村庄、集镇、建制镇中的农民集体所有建设用地使用权可以依法流转。"该规定似乎使我们看到了农村建设用地流转放开的些许曙光。

在这之后,一些地方政府更对此进行了进一步的探索。2005年广东省政府通过《广东省集体建设用地使用权流转管理办法》。该《办法》明确地规定了"集体建设用地使用权可以作价入股,与他人合作、联营等形式合办企业"。这个规定似乎比上述国务院的规定更加保守。2006年3月27日国土资源部发布的《关于坚持依法依规管理集约节约用地,支持社会主义新农村建设的通知》中提出,"要稳步推进集体非农建设用地使用权流转试点",从而间接认可了广东省集体建设用地使用权流转的实际做法。2008年党的十七届三中全会《中共中央关于推进农村改革发展若干重大问题的决定》提出及在随后的2013年党的十八届三中全会《中共中央关于全面深化改革若干重大问题的决定》中进一步明确要在符合规划和用途管制前提下,允许农村集体经营性建设用地转让,"实行与国有土地同等入市、同权同价"。这预示着我国从立法上对集体建设用地使用权流转的开禁指日可待。③

2014年《国务院办公厅关于引导农村产权流转交易市场健康发展的意见》提出,"以规范流转交易行为和完善服务功能为重点,扎实做好农村产权流转交易市场建设工作"。2019年修订的《土地管理法》规定,"通过出让等方式取得的集体经营性建设用地使用权可以转让、互换、出资、赠与或者抵押"。新政策的出台标志着我国已经进入了农村土地入市流转探索的新阶段。笔者认为,为了给予农民集体的土地发展收益更加稳定确定的保护,在土地管理法的修改过程中,有必要将土地发展收益上升为农民

---

①《民法典》第399条规定:"下列财产不得抵押:(一)土地所有权;(二)宅基地、自留地、自留山等集体所有土地的使用权,但是法律规定可以抵押的除外;(三)学校、幼儿园、医疗机构等为公益目的成立的非营利法人的教育设施、医疗卫生设施和其他公益设施;(四)所有权、使用权不明或者有争议的财产;(五)依法被查封、扣押、监管的财产;(六)法律、行政法规规定不得抵押的其他财产。"

②史跃峰、赵黎明:《中国农村金融供给创新的路径选择:基于土地流转视角》,《中央财经大学学报》2010年第11期。

③王铁雄:《城中村改造中土地权利配置法律问题研究》,《法学杂志》2016年第4期。

集体的权利。具体为农民可通过参与入股等方式分享土地发展收益，也可作为利益主体直接与用地单位谈判确定土地使用权转让价格，即农民可以直接获取土地发展收益。

（2）城镇房屋拆迁与非农征收中土地发展权配置之模式选择。

我国农村集体土地所有权的权能，无法解决农村集体土地转用以及体现在其中的收益分配的难题，这是由我国土地所有权权能属性与国家土地管理实践之间的"对抗性"关系所决定的。① 要解决这一难题，需要在所有权类型之外寻求新的权利供给，即引入与配置土地发展权。土地发展权具有防止农地过度开发与为土地发展收益分配提供标准和依据的双重功能。权利的归属直接关系到土地发展收益的获取，土地发展权配置的理想状态是能同时实现保护农地与合理分配土地发展收益的双重目的，为城乡居民参与土地发展权分配提供了权利基础。

农民集体参与土地发展收益分配具有合法的权利基础与正当的权益诉求。从合法的权利基础的角度来讲，虽然"农转非增值"的主要动因是城市化，但这绝不是农地所有人无权分享土地发展收益的理由。笔者认为，土地发展收益的产生离不开有机统一的两方面因素：一是城市化进程的加快，二是土地所有人的土地所有权。没有土地所有权，土地发展收益是无从产生的。因此，土地所有人应有权参与土地发展收益的分配。从正当的权益诉求的角度来说，我国《土地管理法》对征地补偿的规定中并没有区分公共利益性质的农用地转用征地补偿和非公共利益性质的农用地转用征地补偿，一律实行低于市场价值的补偿制度。我国实践中征地补偿标准偏低，征地补偿款不能准确反映被征收的集体土地的真实价值。② 构成土地补偿主要一部分的土地补偿费并没有反映农地转为非农地的预期土地收益，集体土地所有者能获得的补偿仅仅限于基于农业用途的土地价值，土地转变用途带来的巨大土地增值收益不属于征收土地应当支付给农民集体的补偿费用。在农用地转用过程中，农民集体被排除在土地发展收益分配之外，其因土地征收而生活水平下降在所难免。及于此，农民集体的土地发展收益分配诉求必须予以正视。

（3）城镇房屋拆迁与非农征收中土地发展权配置的具体机制。

其一，完善土地发展权保障的物权程序性机制。土地发展权作为一项独立的物权，具有与一般法定物权类似的权能结构与运行机理。土地发展权要在物权法律体系下运行并得到保障，须适用《民法典》关于物权保障的程序性事项，如物权的确权、登记、公示等。对土地发展权进行物权确权和登记，就等于赋予农民分享土地增值收益的法

---

①这一"对抗性"关系表现为：农村集体土地所有权虽然包括处分权能，但无论在传统的法学理论上还是在立法司法实践中，这种处分权能都被限定在农村农业范围内。如果赋予传统的所有权以农地转用与收益权能，由于国家出于土地管理的需要会对农地转用进行限制，必然会使这部分权能内容与倡导意思自治的所有权其他权能形式格格不入，进而会破坏所有权的完整结构设计。

②高飞：《征地补偿中财产权实现之制度缺失及矫正》，《江西社会科学》2020年第2期。

律凭证。这项工作应由政府统一实施,将覆盖所有土地资源进行确权、登记并发证,以确认土地所有权人和土地使用权人、土地发展权人的权属关系,为保障土地财产权、便利土地权利交易提供基础性制度服务。确权之后的土地征收和市场化的土地交易,都有了权利补偿的基础,农民在多元补偿主体中的地位得到确立,使得集体土地补偿金能够直接惠及农民。[①] 这些物权保障的程序性措施也为土地发展权的安全有序运行提供了信息基础。

其二,在农村集体土地非农化征收中确立土地发展权收益的补偿。在现有的农地征收补偿项目中,应确认土地发展权收益。首先,在分配范围上,由于在目前的农地征收实践中,土地开发商(即用地单位)土地征收的成本主要包含两块,即征地补偿费(包括土地补偿费、安置补助费和青苗补偿费三项)和耕地开垦费、新增建设用地有偿使用费、耕地占用税、征地管理费和征地劳务费。因此,在对于体现为相当于被征农地的经济价值的征地补偿费,用地单位应当补偿给被征地的原所有人农村集体或农民个人。对于耕地开垦费、新增建设用地有偿使用费、耕地占用税三个项目,则属于农地发展权补偿项目,应当直接或间接返还给农民个人。其次,在补偿方式上,可根据情况有多种选择,如:建立失地农民保障基金;改善当地的基础设施;提高不愿意或不再耕种的失地农民在其他行业的就业能力;开垦新的耕地,恢复被征耕地的生产价值,为愿意耕种土地的失地农民提供出路;改善当地因农地征收而被破坏了的生态环境;对于在相邻的因规划限制而不能转用的农地上耕种的农民进行经济补偿等。最后,从归属主体来说,应当明确权利归属主体。其一,明确规定土地发展权收益可以由土地使用权人(土地承包经营权人)所有,而非仅仅属于土地所有权人,如此可以保证广大农民享有部分土地发展权收益;其二,土地补偿费的分配比例由法律规定,以保证土地补偿费不被集体经济组织截留,从而直接保证农民的土地权利收益。集体建设用地的土地发展权收益应当由农村集体直接分享。现行集体建设用地在法律上禁止直接入市,这种制度安排直接剥夺了农村集体对集体建设用地发展权收益的分享的权利。

在实践中,对农村集体建设用地征收后的补偿也是简单地比照农地农用的补偿方法进行的,这种补偿做法严重侵害了农村集体对其建设用地的土地发展权利益,应当通过立法允许集体建设用地在符合国家整体规划和地方具体规划的前提下能直接入市,并使其能在统一的城乡土地市场内自由流转,从而保障集体经济组织的土地发展权收益。在现行的制度框架下,集体建设用地的发展权收益受到了国家法律的限制。针对集体建设用地的各项补偿费用数额都是与农业用途产值挂钩的,这种补偿方法忽略了

[①] 诸培新、唐鹏:《农地征收与供应中的土地增值收益分配机制创新》,《南京农业大学学报(社会科学版)》,2013年第1期。

农地与非农建设用地在用途及价值上的巨大差别。这是导致目前集体建设用地非法违规入市情形泛滥、农村土地隐性交易市场规模暗自扩大的直接诱因。国家应通过制定相应法律，对该现象进行规范管理。鉴于集体建设用地的大量入市可能冲击城市原有土地市场，国家应在进行严格控制的条件下，通过合理产权配置，避免这一现象大量出现。

最后，在城市房屋拆迁中确立土地发展权收益的补偿。在城市征地与拆迁中给予更充分的补偿是在国有土地上配置土地发展权的制度目标。城市土地价值由四部分构成：农业土地价值、土地发展成本、可达性的经济价值、可预见的未来土地地租的增值价值。① 在《国有土地上房屋征收与补偿条例》中已经对货币补偿的金额幅度进行了明确的规定，即根据被征收房屋的区位、用途、建筑结构、新旧程度、建筑面积等因素，以房地产市场评估价格确定。被征收房屋的房地产市场评估价格应由具有相应资质的中立的房地产价格评估机构，按照房地产估价规范和其他有关规定确定，并不得低于房屋征收决定生效之日房地产的市场交易价格。但应注意，区位补偿与土地使用权的增值收益补偿并非同一概念。首先，从构成上看，土地发展权的价格决定于区位、用途和开发密度，单一的区位补偿不足以代表土地发展权收益补偿。其次，在拆迁补偿的操作层面上，政府常以基准地价来衡量区位补偿的价格，导致政府确定的基准地价与实际的市场价格差异过大，补偿不足以满足被拆迁人的实际生活需要。由此应当在法律规范中明确土地使用权人可以享有土地发展权收益，并且明确政府的补偿义务主体身份。补偿应有两种模式：其一，如果被拆迁人选择非货币安置方式，如果能够原地安置的，应当优先选择进行原地安置，以使被拆迁人能够享受原区段的土地发展权收益；其二，如政府不能对其进行原地安置，则应向其支付因在附近地段购房的价格差，以部分补偿被拆迁人的土地发展权收益；其三，针对经过补偿仍不能维持原生活水准或生活水平显著下降的情形，政府应在其土地基金中拿出一定比例的资金用以支付被拆迁人因拆迁而导致的其他生活损失，避免"因拆致贫"的情形出现。

四、制度构建的法制建议

土地发展权在我国现行物权法律体系中的法定物权地位尚未被确立，而在我国土地权利运行体系与土地利用管理活动中却大量存在。因此要实现我国土地发展权在土地权利体系中实际有序运行并在土地利用管理活动中扮演权利调控与分配的功能，就

---

①丁成日：《土地价值与城市增值》，《城市发展研究》（第9卷）2012年第6期。

需要在立法层面确立土地发展权的法定物权地位、改革与土地发展权运行相关的土地出让与征收等制度、新创设土地发展权与土地使用权之间的权利衔接机制以及采取循序渐进的普及发展权观念,实现土地发展权运行。

(一) 尽快实现土地发展权的法定化和价值市场化

我国现阶段在土地权利运行与土地利用管理活动中存在着大量的土地发展权问题。这些问题在农村主要是集体土地征收和建设用地使用权流转中的发展权补偿,在城市则是房地产开发增值收益分配的权利及利益关系的协调,无论是征地改革还是集体土地使用权流转,抑或是房地产增值利益关系的协调,其核心都是土地发展权的配置与运行问题,均亟待以法律制度的方式明确其归属、分配与运行的规则。对前者而言,土地的潜在价值在"原有用途"补偿标准下被扭曲;[1] 对后者而言,在国家(政府)与土地使用者之间缺乏土地价值增值的定期回收机制。[2] 以上是从宏观层面来确立土地发展权制度的。而在国有土地和集体土地之上分别确立了土地发展权制度之后,如何具体规定其性质、归属与运行的机制,也需要土地法律规范予以明确规定。总之,这一系列土地发展权运行机制的创立均旨在调整房地产开发过程中形成的各方当事人复杂的增值权益关系。

我国当前的土地权利及利用管理的法律制度仍处在不断发展和完善的阶段。《土地管理法》《城市房地产管理法》以及《城镇国有土地使用权出让和转让暂行条例》等法律法规虽未明示土地发展权的定位与规则,但却隐含了对国有土地发展权的归属的界定,尽管这项界定仍不够明确。对于集体土地发展权即农地发展权,其中的某些制度设计虽也隐含了土地发展权国有化的思想,但是总的来说仍处于较模糊的状态。

有鉴于此,在土地权利法律规范中应补充如下规定:其一,配置土地发展权这一新型的土地物权,并将其归属于国家和农村集体经济组织;其二,明确无论是城市国有土地还是农村集体土地的所有权、使用权的权能范围均以不改变用途的现状利用为限。土地所有权和土地使用权主体如欲获得土地发展权而继续开发土地,则必须向国家或农村集体申请有偿受让的土地发展权;其三,集体权属建设用地被征收、国有和集体的建设用地使用权流转的价格评估以不改变用途的利用现状与已经能确定并已取得增值收益(土地发展权的价值)之和确认,尚未确定的潜在或实际取得的土地发展权收益一般不能包含在评估作价中。有学者认为,我国现行法律规定使得农地发展权由国家无偿取得,且农地发展权实现程序与征收混淆,农村集体和农民的农地发展权

---

[1] 高汉:《集体产权下的中国农地征收问题研究》,上海人民出版社2009年版,第188页。
[2] 张立彦:《中国政府土地收益制度研究》,中国财政经济出版社2010年版,第143页。

被不合理地剥夺。由此，要在法律上明确规定农地发展权。① 笔者赞同改革农地发展权全盘国有化的制度，农村集体经济组织和土地使用权个体应当分享土地发展权。

（二）改革与土地发展权运行相关的机制

无论是从权利配置还是制度构建的角度设立土地发展权（制度），不仅是该项权利或制度本身要素的构建与完善，而且和与其相关的土地权利与利用管理制度设计是否对接密切相关。因此，需要对相关制度进行必要的改革调整，使之与土地发展权（制度）的法律规定相衔接。这些相关制度主要包括土地征收以及土地使用权有偿出让、转让、利用等。土地征收是指国家基于公共利益的需要，依法采取强制手段有偿地将土地征为国家所有，② 不仅包括国家将集体权属建设用地及其他各类用地的所有权征为国家所有，而且包括国家为被征地块设定一定价值的市地发展权。因此在上述制度的改革过程中，须完善以下若干事项：其一，在土地征收制度中新设发展权评估补偿机制，让土地征收补偿所反映的利益交换涵盖土地发展权的价值；其二，在国有土地使用权出让价格中将土地发展权价值纳入其中，并确立其独立的运行与登记机制；其三，将土地发展权纳入土地使用权有偿用益的收益和处分权能之中，充分满足土地开发主体的增值收益分享权。总之，土地发展权的有效运行需要相关物权制度的配合。

（三）做好与土地使用权运行的衔接

土地所有权、土地使用权和土地发展权共同构成了土地的产权束。在我国这项多层次的权利束中，土地所有权居于基础地位，土地所有权扮演着实际最活跃的角色，而土地发展权作为一项新型物权，其仍不能独立于其他两项权利运行机制而单独发挥作用，因而需要利用其他两项权利运行的现行机制。而在我国的土地开发利用过程中，土地使用权的运行最为活跃，因此本部分着重探讨土地发展权与土地使用权之间的制度衔接问题。

土地使用权是土地所有权派生的一种用益物权，是土地所有权的部分权能与所有权相分离的结果。它是与土地所有权相并列的一种独立的权利形态。③ 做好土地发展权与使用权的衔接，是土地发展权制度成功运作的关键。土地使用权有条件地包含土地发展权。当公权主体按行政规划要求设定土地发展权并将其让渡给土地使用权主体时，土地发展权便包含在土地使用权之中。土地使用权较之于土地发展权相对稳定，其一

---

① 李存、任大鹏：《农地发展权价值实现的制度安排》，《西北农林科技大学学报（社会科学版）》2012年第1期。
② 金俭：《房地产法学》，科学出版社2008年版，第155页。
③ 王卫国：《中国土地权利研究》，中国政法大学出版社2003年版，第135页。

般存在于土地使用权与土地所有权分离而独立运行的阶段。土地发展权存在并运行于土地增量、动态、立体开发的过程中,而当土地处于固定用途或强度之时其价值则为零,形同虚设。

因此,土地发展权与土地使用权衔接的关键在于在土地增量、动态、立体开发过程中把握一项权利价值从土地使用权过界到土地发展权的过程节点,并将其准确界分,分别进行调整、运行及补偿。特别是在土地限制或禁止开发环节,仅能行使土地使用权,但其却包含了被压抑的土地发展权,这时对土地使用权的调整及价值补偿应当分别进行:一方面对存量收益和同种处分的土地使用权的权能进行物权保障;另一方面,则是对内含于土地使用权之中的土地发展权进行单独调整与补偿。土地使用权与土地发展权的这一衔接过程,主要反映在对土地价值的评估活动中,对规范各方利益主体的发展权利益分配具有重要意义。

(四) 循序渐进地推进土地发展权制度的构建

土地发展权概念与制度的树立、构建与实施是一个循序渐进的法律过程。

首先,土地发展权是一项基本人权。土地发展权创设在其制度建构的法理上,是基于人类将土地的发展作为主体的一种权利诉求来进行的制度化设计。这一法理制度创设的基点与人权法上发展权的法理制度建构形成了人类基本权利诉求的制度性契合,在主观或客观上应将其置于人权的视野中来考量。[①] 土地发展权也是一项表征土地增量、动态、立体开发所产生的增值收益的财产权,将土地开发利用产生的发展性利益单独作为一项独立的民事权利予以保护,将土地开发利用产生的发展性利益单独抽象出来作为一项民事权利客体,是所有权发展变化的必然结果。[②] 因此,各位公民、法人或其他组织要积极树立土地发展权的基本人权和财产权的观念,让这些房地开发、用益、消费的现实及潜在主体能够普遍知晓"在其房地所有权和使用权上其还享有土地发展权""自己是否取得了已设定的或将要设定的发展权,以清楚自身进行土地产权交易时是否应将发展权价格计算在内"等。其次,在政府实施土地利用管理活动中,要逐步将诸如土地利用区划、地段控制详规等及其他与影响土地发展权运行与价值的有关的行政因素纳入以行政权限制为宗旨的行政法律规范之中,今后政府实施行政管理须谨慎面对公民个体的土地发展权,如对其有侵害或限制,则应当如同侵害其他法定物权一样承担民事侵权法律责任;最后,逐步分阶段地改革现行土地运行与利用管理制度并创设各项土地发展权运行及保障的新机制。

在我国,农地非农化过程中产生的土地发展权问题最大,因此可以考量先出台农

[①] 朱未易:《论物权法上土地发展权与人权法上发展权的制度性契合》,《政治与法律》2009 年第 9 期。
[②] 刘国臻:《论土地发展权在我国土地权利体系中的法律地位》,《学术研究》2007 年第 4 期。

地发展权的运行与保障机制。因为设立农地发展权有利于完善我国土地权利体系,加强对耕地、基本农田及生态环境的保护,限制滥用征地权和保障农民的农地财产权以及完善土地利用规划、平衡区域发展格局、提高土地利用效率等优势。① 我国在土地利用管理的实践中,已有类似土地发展权征购和土地发展权转移的有关运行机制,但是在城市国有土地征收及土地使用权收回与调整活动中尚未有旨在补偿被征收主体关于土地使用权潜在增值利益的土地发展权补偿(compensation of development right,CDR),笔者认为这项机制应当成为与构建农地发展权制度并重的一项法制工程。

(五)以权利为中心,实现土地法律关系的平等化

我国现行的土地法律制度是以行政管理为主导的。这种性质的土地法律制度是以政府的土地管理权力配置资源和运行土地权利,由此形成"权力-权利"特征的土地法律关系,管理者的政府与被管理者的土地权利个体之间处于不平等的地位,这不仅压抑了土地权利个体行使土地发展权的能力,而且不利于调整平等主体之间对于发展性利益法律关系的土地发展权制度的构建。在我国,这种权力管理型土地法律制度的典型代表就是《土地管理法》。

而《土地法》是以权利平等运行为特征的土地权利保障法。土地法与民法有着最为密切的关系。土地法运用民法的平等、自愿、等价有偿的法律手段调整平等主体之间在土地利用上的财产关系。民法中关于民事主体资格、民事法律行为和代理、财产所有权、财产使用权、债权、民事法律责任等制度,土地法也应适用,调整土地关系涉及上述内容时必须从民法的相关制度规定。② 不仅如此,《土地法》还是关系人类生存、保护资源生态安全、关系农村经济发展的一项重要法律。它确立了以自然生态环境自身价值为主的生命圈伦理学为核心的观念,以促进人、资源、环境的和谐与优化。③

《土地法》与《土地管理法》无论在价值理念上还是制度设计上均存在根本差异。《土地管理法》虽然也调整土地权利民事关系,并且以其为基础,④ 但它是以土地管理关系为其调整重心的。而我国《民法典》物权编目前也仅对某些土地权利作出原则性规定,而将许多具体规则授权《土地管理法》等作出规定。因此,我国应当制定《土地法》,修改并逐步废止《土地管理法》,完善《民法典》中对于各项土地物权的制度

---

① 谢玉娟:《中国农村土地权利制度专题研究》,西南财经大学出版社2009年版,第170-177页。
② 石风友:《土地法律制度研究》,山东大学出版社2011年版,第172页。
③ 沈守愚、陈利根:《集体土地产权制度改进的理论与实践的法律思考》,《南京农业大学学报(社会科学版)》,2007年第1期。
④《土地管理法》第二章"土地所有权和使用权"几乎全部是调整土地权利关系的规范,第五章"建设用地"中关于建设用地使用权设立、转让等的规定也属于民事规范。

安排。总之，以《土地法》为土地权利运行的总则性纲领，以《民法典》物权编作为土地权利保障的法律体系，将是我国土地物权法治发展的趋势。

在我国，这种不平等的以权力为中心的土地法制关系主要表现在：

其一，集体土地产权制度中存在着权利关系与权力关系混同、权利制度结构体系失调（私法缺位和公法越位）等问题。我国《土地管理法》在我国土地权利制度体系中一直居于统治地位。一方面，它要对应该由民法规范而民法没有规范的平等主体间的土地权利关系予以规定，越俎代庖；另一方面，由于没有完善的土地民事法律对农村土地权利加以确认和保护，《土地管理法》便可以肆无忌惮地对其进行限制和剥夺。并且土地经济法的功能在我国土地权利法律体系中同样被弱化，为土地行政管理法所取代。[1] 而在文献研究中，多数学者认为我国集体土地上的土地发展权难以实现并得到保障，主要不在于现有土地物权体系及其制度的缺失，而主要是因为权利制度的实现机制存在制度短板。在中国既需要考虑权利的设定，也需要考虑权利的实现过程。在城乡土地市场两元分割的状态下，由于农地城市流转具有不确定性、不可逆性和流转实践延迟性，因而进行土地权利的流转，农民更容易遭遇交换权利的失败。[2]

其二，土地存量收益和土地增量收益之间存在混同，而后者被隐藏在前者之中且被特定主体独占。随着征地补偿评估机制的完善，对于这类土地增值收益也逐步开始了平等化分享。如一些沿海发达地区，征地补偿的标准已从传统的产值倍数法向区片综合价法过渡，逐步突破了按原用途补偿的限制。政府与农民分享而不是独占土地增值收益。如浙江省乐清市部分乡镇目前的补偿标准（含土地补偿费和安置补助费）在最高区片已经达到20万元/亩，远超农地本身价值。并且县乡政府开始尝试与农村集体经济组织在接受国家补偿的资金到位并完成征地手续后，在市、镇和镇、村之间分别按3∶7和6∶4的比例分享土地出让金净收益。[3]

这些实际上已突破《土地管理法》按原用途价值的补偿标准，引入了对土地发展权价值的补偿。有学者建议在《土地管理法》的修订中，构建土地发展权变动的物权规则，设置土地发展权的创设、转让和灭失机制。[4] 也有学者认为应当修订《国有土地上房屋征收与补偿条例》，明确土地使用权人为国有土地使用权之上土地发展权的主体。[5] 笔者认为，实现土地发展权主体地位的平等化就是《土地法》所要解决的重要问题。

---

[1] 李国英、刘旺洪：《论转型社会中的中国农村集体土地权利制度变革》，《法律科学（西北政法学院学报）》2007年第4期。

[2] 刘明宇、芮明杰：《农地城市流转的产业链视角》，《首都经济贸易大学学报》2010年第1期。

[3] 汪晖、陶然：《如何实现征地制度改革的系统性突破——兼论对〈土地管理法〉修改草案的建议》，北京大学-林肯研究院城市发展与土地政策研究中心PLC工作论文，2009年第20期。

[4] 杨成余：《农地发展权制度构建刍议》，《湖南商学院学报（双月刊）》2009年第2期。

[5] 郜永昌：《土地发展权损失补偿的制度分析及对策》，《社会科学家》2009年第11期。

第七章　土地发展权的实现与救济

土地发展权作为一项独立的民事物权，其在日常的土地法律制度与权利体系中运行。而当其受到其他同类或异类权利（力）侵害时，又会产生物权救济问题。土地发展权的日常实现与受侵害救济一起构成了其动态运动。本章将围绕"实现"与"救济"两部分展开论述，前一部分分为六个分论点：首先从域外土地发展权实现模式借鉴着手，接着从政府与市场、中央与地方（上级与下级）、法律与政策三个维度阐述建构土地发展权日常实现的运行机制须处理好的架构关系。这两个分论点主要是铺设运行机制建构的理论基础。第三个分论点论证的是土地发展权内部从创设、让渡、出让、转让、收回、变更及消灭等实现的全过程的法律关系的调整，也是第一部分论证的重点。第四个分论点则是对土地发展权实现的外部机制及体制的探讨。第三、第四个分论点是从实证层面对土地发展权运行进行探讨，以回应第一、第二个论点的理论铺设。第五个分论点是从制度层面探讨土地发展权的实现。第六个分论点是对我国现行各地方对于土地发展权的实现所进行的若干创新机制的现状与未来的探讨，旨在从实证的视角更直观地体会土地发展权的鲜活存在。

在"救济"部分的论证中，笔者分为横向的土地发展权民间救济、行政救济和司法救济制度和纵向的事前预防、事中阻却和事后解决的救济机制进行论述。土地发展权作为一项独立的民事物权，应当充分发挥意思自治、行政调解与和解、司法调解和仲裁等选择性的救济机制，变事后救济为事先预防和事中保障，从而让土地发展权主体在和谐有序的土地利用管理活动中实现其房地发展增益。总之，通过设置土地发展权的实现与救济的法律制度，有利于维护土地发展权作为一项独立不动产权的地位，有利于土地权利保障整体制度的建构与完善。

一、模式借鉴与宏观维度

（一）模式借鉴

土地发展权的实现过程其实就是一项法律机制的运行过程，所要达到的目的在于使土地发展权能够在法治的框架内合法运行，让土地发展权收益在各权利主体之间进行有序分配。本书第一章已对英美等国的土地发展权制度概况进行过介绍和分析，而本部分将着重归纳已构建土地发展权制度的主要国家和地区的实现模式，以为我国建构土地发展权实现的运行机制提供经验参照。土地发展权的实现机制是其整体制度的一个重要组成部分。

对这个问题的研究，法学界仍处于起步阶段，学者们研究的成果也大体只是论及土地发展权实现所需的宏观架构模式及相关原则的界定，未能细致深入地解构该宏观架构下各具体的微观运作机制。如有学者指出，土地发展权在我国实现的关键在于要处理好其与土地用途管制与土地利用总体规划两项土地管理制度的关系[①]。土地发展权的实现应当采取土地发展权转移和国家购买土地发展权相结合的方式，并结合国情实现土地发展权利益的公平分享[②]，等等。由此可见，我国法学界对土地发展权实现所需的运行机制之建构的研究比其他领域相对滞后。尽管我国当今各地方也实施着各自的类似土地发展权的机制实践，但不能仅此就认为它构成了一项独立的运行机制。我国欲构建自身的土地发展权实现运行机制，可以先借鉴域外相关国家和地区的已构建起来的土地发展权实现的运行机制的经验，因此应当首先分析国外各土地发展权实现模式的机理与特征。

英国实施的是土地发展权国有化政策与法律，英国政府回收土地发展权收益主要通过由中央政府主导实施的计划、税收及其他私权干预方式和地方政府主导实施的土地利用规划审批与强制性征购相结合进行运作。[③] 尤其在城市，地方政府为了调节因土地开发而产生的巨额土地增值收益而采取征收土地价值税、发展利得税、增值征费、发展征费（development charge）等方式回收土地发展权所蕴含的增值收益。[④] 由此可见，英国政府对于土地发展权收益的回收是通过征税（费）这样一种强制性手段来实现的，可以认为英国土地发展权实现的推动突出了政府的主导作用。而在美国，土地发展权的运行主要包括转移和征购两种机制，以前者为主，后者为辅。美国的土地发展权转移利用充分运行的市场机制实现土地开发权及其收益在各主体之间进行自由流转，即实现了对限制发展地区的补偿，又减少了政府土地配置的财政负担，还实现了发展权利益的公平分享。美国地方政府在 TDR 运作中仅起辅助性监督调控作用而非主导实施。由此可见美国的土地发展权实现是市场主导型的典范。

由上述对英美两国土地发展权实现的运行机制特征的描述，可将土地发展权实现

[①] 刘国臻：《论我国土地管理制度的改革》，人民法院出版社2006年版，第155-158页。
[②] 刘明明：《论我国土地发展权的归属和实现》，《农村经济》2008年第10期。
[③] 王晓颖：《英国土地管制经验对完善我国土地制度的启示》，《西部论坛》2011年第2期。
[④] 张俊、于海燕：《英国城市土地增值收益分配制度及其启示》，《商业时代》2008年第3期。

的运行模式归纳为两类，即政府主导型和市场主导型。对前者，我国有学者持赞同的态度，认为政府主导是基于我国现阶段土地物权保障体系与功能尚不够完善与强大，国家在土地管理与调控中的公权力运用较为普遍的现实背景下，需要政府来培育我国土地发展权实现的运行机制的各项市场要素。对后者，我国学者主要持否定的态度，认为即使承认土地发展权是一项独立的民事物权，具有在市场独立运行的权能，然而在市场化土地发展权交易平台尚未设立完成的情况下，单纯依靠市场难以有效盘活土地发展权的交易效率。

由此，对前两种观点的间接否认，在事实上催生出第三种观点，即政府与市场的结合运行说。国内学术界持这种观点的学者比较多。如，张友安从总量、结构、地域和时序等方面明确了土地发展权的配置内容，结合我国政府层级体系和土地市场体系，提出要建立土地发展权三级市场体系，结合我国实际设计了一套发展权配置与流转制度。① 臧俊梅认为，国家是农地发展权配置与流转管理的主体，农地发展权配置主要借助于土地利用规划，探讨了其配置方式即行政配置方式和市场配置方式等。②

其实，对国外土地发展权实现的运行机制模式进行借鉴的本旨，仍在于如何发挥以上两种模式所具有的功能合力来培育我国的土地发展权实现的市场化运行平台。在现阶段，政府尤其要发挥主导作用来推动该市场化平台及相关交易主体的培育。如前所述，英国的土地发展权国有化制度注重对土地增值财富的社会共享，美国的土地发展权侧重效率运行和价值最大化。笔者认为，土地发展权作为一项新型不动产财产权，是源于对土地所有权和土地使用权的限制而生成的。不动产财产权价值与效率功能可以交由土地所有权和土地使用权这些既有权利来主导实现。土地发展权，又因其人权和发展权的属性，是对土地发展公平利益诉求的权利回应。因而，土地发展权应当是一种偏向公平价值的权利设计。

我国的土地发展权制度也应当侧重于土地发展利益的均衡分享这一价值取向。我国是社会主义土地公有制国家，在我国，每一块土地都天然地拥有发展权，只是土地的用途、位置在客观上决定了它是否可能以及在何时实现其发展权。如基本农田受到强制性保护，不可任意开发为商业用地；而位置偏远的农地被开发的机遇较低；城郊接合部的农地则存在巨大的升值预期。这在事实上凸显出一个"已转非"农地和"未转非"农地所有者之间在土地发展权实现上的机会不公平的问题。那么，从已开发的农地自然增值中拿出适当的份额进行再分配，即用于补偿未实现土地发展权的那些农地所有者，便是顺理成章的。因为那些未实现土地发展权的大田农地所有者的农业耕

---

① 张友安：《土地发展权的配置与流转》，《中国土地科学》2005年第5期。
② 臧俊梅：《农地发展权的创设及其在农地保护中的运用研究》，南京农业大学2007年博士学位论文。

作行为为社会提供了生态效益、粮食安全等公共物品。[①] 总之，我国土地发展权实现的运行机制也应当体现"共同富裕"这一社会主义国家的本质。

虽然我国土地发展权实现的运行机制尚在构建当中，然而各地方类似土地发展权的实践也在不断的运行磨合中接近正式制度的雏形。我国当前类似土地发展权实现的运行机制也正在逐步形成以土地发展权流转、土地发展权征购和土地发展权补偿这三位一体的机制体系。

一是土地发展权流转，在我国主要是指通过市场交易的形式，将表征土地发展性利益的建设用地开发权指标在一定范围内实现自由流动，以达到均衡发展和保护土地的双重目的的制度设计。在我国，重庆的地票交易、成都试行的集体建设用地直接入市、浙江土地开发权指标区域交易等机制设计即是这一模式的代表。这一模式以效率为价值取向，对于促进各地方的均衡发展具有重要意义。随着土地发展权作为一项独立的不动产物权在我国物权体系中得以确立，对于通过法制改革来突破对土地发展权流转的法制限制，是存在法治路径的。

二是土地发展权征购，是国家基于公共利益维护与对公民不动产财产权保障的双层角度，对其将要通过征收而获得原集体权属的各土地物权种类的未来预期的发展性利益进行购买。土地发展权征购主要存在于国家为了保护公共利益而剥夺不动产财产权人各项土地权利的场域。这一机制在个别地方已有一定实践。

三是土地发展权补偿，主要是指国家对公民私有土地物权进行限制（即准征收）时对公民不动产进行发展利益补偿的机制。这一机制与土地发展权征购的区别主要在于，在此场合，国家并未剥夺公民的不动产财产权，而只是合法地限制了其发展权利益，因此也需要对其这部分潜在的发展性利益进行补偿。

（二）宏观维度

1. 横向维度：市场与政府

我国是社会主义市场化国家，任何法律的运行与权利的实现均应遵循市场调节的首要作用。而政府一般只起着"守夜人"的事后监管作用。我国现行土地利用与管理领域如土地用途管制、土地利用规划等制度产生于计划经济时代，忽视了市场在土地运行与权利保障活动中的积极作用，而只是一味强调政府行政管理权的强制性。因此，我国在构建土地发展权实现的运行机制中，应当分别吸收和汲取以往相关制度构建的经验和教训，充分处理好政府与市场的关系。

[①] 陈柏峰：《土地发展权的理论基础与制度前景》，《法学研究》2012年第4期。

第七章 土地发展权的实现与救济

这就需要政府运用一种具有经济法权属性的新型物权来从宏观层面调控土地市场的运行。而政府在房地产市场中担任土地直接供应者与宏观政策调控者的双重角色又更加决定了必须处理好其两种身份的关系,这两种身份关系的实质即是市场与政府的作用。① 具体到土地发展权实现的运行机制的构建,即横向维度,解决的是我国土地发展权实现机制中市场与政府之间的关系问题。

我国是社会主义市场经济国家,市场在资源配置中起着基础性作用。政府作为宏观调控的主体,发挥着对市场机制缺陷的补充作用。我国虽然已是市场经济国家,但是由于在自然资源分配领域仍然存在强烈的计划分配色彩,因此,政府在自然资源分配中的权力的作用依然不可忽视;并且作为关涉公共利益的自然资源,对其利益的分配与调整也不能完全交由市场,这样会出现不公平现象。对土地资源及其利益分配实现机制的设计也应当遵循这一原则。在我国,土地发展权被定位为一项不动产财产权,可以为其权利主体所享有。然而,土地作为公共资源,对其投资开发所产生的发展性利益,也应当由全民来分享,而具体承担分配职能的是各级政府。因而在我国,土地发展权的实现要根据土地发展权运行的不同属性与路径来合理配置市场与政府的作用。如在我国,可以先构建土地发展权市场流转和土地发展权国家征购相结合的模式,通过培育市场化平台及各市场主体的交易能力,逐步扩大市场在土地发展权实现运行中的作用,而政府则逐步过渡到对这一过程事实进行宏观调控的角色定位。

2. 纵向维度:上级与下级(中央与地方)

中央与地方的关系处理需要遵循法治化的基本原则,具体要求宪法性法律中有对中央与地方关系的明确规定和中央与地方之间对权力行使有法定划分。② 我国土地利用管理实行政府主导模式,实行土地用途管制和土地利用规划制度,这实际上是中央政府对地方政府、上级政府与下级政府关于土地用途管理与收益分配的行政管理权和行政分配权行使过程及其权限划分。因为中央政府和各上级政府通过指标控制这一行政方式来对地方和下级政府的用地权力进行调控。而地方政府与下级政府所应享有的土地发展权则可能在中央政府和上级政府行使其土地行政管理权和收益分配权的过程中被无端侵害或剥夺。因为地方政府和下级政府只是分别根据中央政府和上级政府的行政指令来执行土地用途管制和利用规划的实体,而不能主动地实施土地宏观调控权和分享收益。

在土地利用管理领域,中央政府与地方政府、上级政府与下级政府之间存在天然的目标差异,因此其对土地发展权运行的态度也显著不同,具体表现为:中央政府与上级政府主要是从国家与地方整体利益的角度来调配土地发展权,主要表现为限制地

---

① 郭哲:《政府与市场》,湖南大学出版社2010年版,第187页。
② 张千帆、葛维宝:《中央与地方关系的法治化》,译林出版社2009年版,第149页。

方政府和下级政府对土地发展权的过度分享,因为这会造成严重的土地财政与地方债问题。据国务院发展研究中心的一项调查显示,由建筑业和房地产业创造的税收约占地方税收的37%以上,土地出让金净收入占预算外收入的60%以上,以土地作担保的银行贷款占城市基础设施投资资金的70%以上。① 而地方政府和下级政府为了本地区和本层级经济的快速发展和财政收入的增加,则会千方百计地突破中央政府与上级政府的管制,尽可能挖掘和分配由其直接支配的土地资源开发中所产生的发展性利益。这就是土地发展权领域中央与地方、上级与下级的关系问题。这也是在土地发展权实现环节中要处理好的一个重要问题。

在我国现行土地管理制度中,存在着土地发展的分配权过分集中于中央政府和上级政府,而地方政府与下级政府关于土地开发中发展利益的实现受到较大限制的体制弊端,这不仅不利于调动地方政府和下级政府发展经济的积极性,同时也会造成地方政府和下级政府在土地管理与土地收益分配中出现隐性"贪污"行为。这既是土地发展权实现机制的问题,更是土地利用管理制度这一更高层面的问题。笔者认为,中央层面的土地发展权总量控制与地方层面的土地发展权交易相结合的模式可以成为未来改革的方向。

3. 法治维度:法律规定与政策创新

法律的规定具有一定的滞后性和坚硬性,而政策的创新具有合法性风险和实施的弹变性。在滞后性与风险性、坚硬性与弹变性之间存在着冲突性,当一项权利或制度尚未被法律所正式确认时尤为明显。当今,我国正处于调整经济结构、转变经济发展方式的关键时期,土地政策的调整对社会主义市场经济发展方式转型具有重要作用,土地政策通过土地的产权变化、促使土地有效利用、协调土地利用中人与人利益关系等形式对经济发展产生影响,② 而土地政策的核心问题之一便是土地权利。不管是土地公有制还是私有制,发挥土地生产力的机制和能力的关键是土地制度或政策赋予土地利用者的权利——土地的处分权和收益权。③ 与此对应,我国《宪法》《土地管理法》等有关土地权利配置与土地开发管理的基本法律规范中,对国有土地的发展权与集体土地的发展权作了权能界定,对于国有建设用地,未规定其土地发展权限制条款;而对于农村集体各项土地权利,则设置了明显的抑制土地发展权的条款。可以说,我国存在着城乡分化的土地发展权实现机制。这对我国统筹城乡经济社会发展的长远利益的实现是非常不利的。

而如何改革这一制度,存在着法律规定的滞后性与政策创新的突破性的实践冲突

---

① 唐在富:《中国土地制度创新与土地财税体制重构》,经济科学出版社2008年版,第128页。
② 夏明文:《土地与经济发展——理论分析与中国实证》,复旦大学出版社2000年版,第419-421页。
③ 马刚:《土地政策和经济发展方式转变》,经济科学出版社2012年版,第45页。

与两难境地。当前我国类似土地发展权交易的机制多是在地方实践的，这些所谓的政策创新大多未获得有关现行有关法律规范的承认，而只能是以地方政策或其他规范性法律文件等不具有正式法律效力的形式在小范围内试行，存在很大的风险和不确定性。这就是我国土地发展权的生成过程。在这一过程中，就存在着法律规定与政策风险之间的冲突。如何看待和处理好这一冲突？笔者认为，既要维护法制的权威性，又要促进政策与机制的创新；既不能因为未有明确的法律规定而不追求制度机制的创新，又不能为单纯追求制度机制的创新而忽略了法律规范的及时修改、补充、跟进与完善。

二、内部运行与外部协调

土地发展权的实现包括内部运行和外部协调两种活动。其中，内部运行包括创设、让渡、出让、转让、收回、变更及消灭等全过程及其法律关系的调整。外部协调则是指运行中的土地发展权与我国土地权利体系中的其他土地物权以及与土地利用管理制度中的其他基本制度之间的关系调整。两者互为表里，紧密关联，共同构成我国土地发展权实现的要素基础。

（一）内部运行

土地发展权作为一项独立的不动产物权，与其他法定物权类型一样，也存在初始创设与出让、中间让渡、转让与变更以及末端的收回和消灭的形态过程。以下具体来分析这一运行过程各个环节的法制运行。

1. 土地发展权的创设（授予）

土地发展权的创设，是指土地发展权从其权源土地所有权、土地使用权中剥离出来的设定过程，从民法角度来看属于物权的原始取得范畴，从经济法角度来看属于权利的初始配置。土地发展权是因公法及公权力对土地所有权或使用权的限制而生成的。在我国，土地发展权的初始配置肇始于国家通过法律、分区规划与土地用途管制等单方法律行为并为地方政府行使土地管理权及分享收益的行为。地方政府的土地管理权包括土地权属确认权（登记、争议调处）、规划权、征收权、许可使用权、执法监督权等。①

而在行使这些土地管理权时，所依包括土地利用和城市总体规划、基本农田保护和环境保护等专项规划。此时所创设的土地发展权由于尚未投入实际的执法活动，未对其他个体不动产物权产生现实影响或侵害，因而其仅具有在表面上的控制性、在内

---

① 董礼洁：《地方政府土地管理权》，法律出版社2009年版，第16页。

容上的概括性，尚未与具体的个体不动产物权相结合而产生具体的土地发展权。而当其在具体的实施过程中就必然会对其管理对象的个体不动产物权产生现实的影响甚至侵害。如在某一地块，地方政府依据法律法规及具体的规划要求而提出具体的土地开发控制指标，针对特定个体不动产物权实施土地管理行为而产生了较为特定的土地发展权及其利益，在此过程中土地发展权始得设立。土地发展权的创设与公权力主体的公权行使行为密不可分，可以说后者是其创设的必要条件。

2. 土地发展权的出让

土地发展权出让是指国家依法定程序将土地发展权有偿让与土地使用者，也称有偿出让。土地发展权出让是土地发展权作为商业物权和进入流通领域的第一步。这一制度设计借用了国有土地使用权出让制度，其运作原理与土地使用权出让类似。土地使用权出让，是指国家将国有土地使用权在一定年限内出让给土地使用者，由土地使用者向国家支付土地使用权出让金的行为。[1]

但是，土地发展权出让的客体范围扩大到了经营性集体建设用地，这也是在我国需要配置土地发展权因应农村集体建设用地流转改革的需要。在我国，现行土地用途国家管制机制事实上将无论是国有还是集体所有的土地的发展权的初始配置统统收归了国有，集体经济组织不能行使自身的土地发展权，而只能交由国家统一行使。因此在完善现行土地使用权由国家单一出让制度时，应当赋予农村集体经济组织对其所有的集体土地享有市场出让权，这样土地发展权的初始配置主体不再为国家所独占。由于土地发展权是典型的经营性物权，因而对其出让均应采取有偿的方式，而不能无偿划拨。具体方式可参照土地使用权出让而采取招标、拍卖、挂牌或协议的方式，以前两种方式为主。

3. 土地发展权的转让

土地发展权的转让，是指土地所有者或土地使用者在取得土地发展权后，将土地发展权通过一定程序转移给他人或转移到其他土地上的行为，既包括单纯的土地发展权转移行为，也包括随土地所有权或土地使用权一并转让的行为。这与土地使用权转让原理类似。土地发展权转让是指土地使用者将土地出让合同规定的全部权利与义务随同土地使用权一起转移给第三人的活动。[2] 土地发展权转让是土地发展权运行制度的一项核心内容，它弥补了政府公权力规划控制的缺陷，并与其密切配合，充分激发出行政管理与市场机制、权力配置与权利调控在土地权利运行活动中的合力，推动土地权利运行与管理目标的顺利实现。土地发展权转让又分为两种具体的情形：

其一，土地发展权的权利客体不变而主体发生变化。这种情形特指在不改变土地

---

[1] 程信和：《房地产法学》，人民法院出版社、中国人民公安大学出版社2003年版，第107页。
[2] 金俭：《房地产法研究》，科学出版社2004年版，第95页。

使用权的登记主体的情况下，土地发展权的主体将其自有的土地发展权整体或部分转移给其他主体。这种情形的土地发展权转让，其原因主要是作为市场投资主体的土地使用权人为了融资扩大再生产的需要，将其土地使用权保留而让渡其土地发展权作融资担保。这种情形也可能是土地发展权主体与其他主体出于共同开发房地产的目的或者是将其自有的、潜在的或称虚拟的土地发展权让渡以获得受让主体补偿的活动。这种情形主要通过现实中的发展权出售、赠予、交换与发展中的商事交易方式如发展权抵押、证券化等传统民事物权交易方式来实现。这种情形的土地发展权转让与一般的民事权利交易原理类似，不过在交易客体上存在特殊性即发展性收益。这种发展性收益是可以通过物权登记而量化确定的。如在某一整块土地上可分割为若干小地块，在每一小地块上就存在若干数量的土地发展权，即为土地发展权的横向分割；在某一特定小地块的地上、地表及地上空间等不同层次上也可分割土地的发展权，即为土地发展权的纵向分割，以及上述两种情况相结合的纵横复合型的土地发展权分割。这些分割确权的土地发展权就构成了可以在市场上独立转让的交易单位。通过市场交易而受让这些单位土地发展权的买受人、抵押权人甚至土地发展权证券的持有人等作为土地发展权的投资人，均可持有其土地发展权的权利凭证向转让人获取收益、经营报酬或者物业产权等。

其二，土地发展权的主体不变，仅土地发展权的客体的位置改变。如甲所有的某地块，其土地发展权从乙地块转移至丙地块而产生的土地发展权价值的变化。这种情形有两种具体表现方式，这两种方式又分别具有土地发展权征购（PDR）和土地发展权转移（TDR）的机理特征。一是，在同一个大地块内，甲小地块的土地发展权部分或全部转移至乙小地块，这种情形的特征是土地发展权的转出地块与转入地块之间的价值大体相当，因此不需要进行营利性目的的土地发展权价值交易，类似于同等价值房屋的产权对调或置换。这种情形因符合如提供公共开发空间、增加公共绿地等土地用途管制的正外部性要求，而经常被地方政府用来从事公共空间、建筑的保护工作，类似于美国的土地发展权政府征购（PDR）的机理设计。二是，在不同的区域的两块以上的地块之间进行的土地发展权转移（TDR）。这是一种更加市场化的土地发展权运行交易机制。某土地发展权地块甲因受到政府规划权控制而取得与其潜在开发价值相当的虚拟土地发展权补偿，而不同区域的另一地块乙因得到政府较好的规划条件而可以超出基本发展权或平均发展权的限度进行增量开发。如果乙地块的土地开发者所有的发展权仍不够其开发需求，则可通过市场交易的方式向甲地块的土地发展权主体购买虚拟或潜在的土地发展权并转归自有地块乙之下实施。这种通过增量权利交易与调控的方式配置土地开发资源的手段，能较好地保证土地权利运行的通畅与土地增量利益在各主体之间的均衡分配。土地发展权的转让是其运行最常见的形态，因而对土地发展权的转让的机制应当给予特别的重视。

4. 土地发展权的收回

土地发展权收回是借用土地使用权收回的概念而产生的一种关于土地发展权的运行机制。所谓土地使用权收回，是指依据法律、行政法规或土地使用权出让合同的约定，收回国有或集体土地使用权的行为。它既可能存在于土地使用权出让人和受让人、土地行政管理主体和相对人等两方主体之间，也可能发生在土地使用权出让人、受让人和土地行政管理主体三方法律关系之间。[①] 类似地，国家因公共利益的需要，也可以依法收回尚未行使的土地发展权，或对正在行使的土地发展权或已经行使完毕的土地发展权进行收回，并给予适当的潜在价值补偿。

土地发展权收回既可存在于土地发展权的出让人和受让人、土地行政管理主体和相对人等两方主体之间，也可发生在土地发展权出让人、受让人和土地行政管理主体三方之间。因为土地发展权具有商业物权而不能无偿获得的属性，因此无论是土地行政管理主体出于公共利益需要还是土地发展权出让人根据出让合同的约定而收回土地发展权的情形，均应当是有偿的。至于土地发展权的补偿机制的设计，有两种方案：一种是在土地征收活动的土地使用权评估环节引入对未来潜在利益的补偿；另一种在土地使用权补偿以外单独新设土地发展权的补偿。比较而言，第一种方式更加符合我国现行土地征收补偿的机制设计，更具可行性。

5. 土地发展权的消灭

土地发展权的消灭分为因事实原因和因法律原因而消灭两种类型。前者是指当土地发展权的价值被实施者客观用尽而自动归零而消灭，现实中存在一定量的土地发展权在具体的房地产开发中被用完的情形。如果房地产开发者需要继续使用土地发展权，则须在土地发展权市场上重新购买所需的土地发展权。这种事实上用尽土地发展权是土地发展权消灭的主要原因。后者是指因法律规定、政府行政命令或出让合同约定而由出让主体依据一定的法律程序将原本已出让的土地发展权被没收或注销而使土地发展权消灭的情形。

（二）外部协调

我国土地发展权运行需要处理好其与外部制度与相关权利之间的关系。首先，我国土地发展权是对原行政权力配置主导的土地利用管理制度的突破，而这项制度中的两项核心机制即土地利用规划与用途管制。土地发展权的引入不能立即取代这两项机制，土地发展权需要与这两项机制一道在现行土地利用管理制度中运行。因此如何平衡协调土地发展权与这两项行政管理机制之间的关系，就成为土地发展权运行效率的

[①] 湛中乐：《我国土地使用权收回类型化研究》，《中国法学》2012年第2期。

重要因素。其次,我国土地发展权脱胎于土地所有权和土地使用权,与空间权、地上权具有机理与功能的相似性,因此在土地发展权的实际运行中也需要划分其与这些既有土地物权之间的界限,协调彼此的功能。

1. 我国土地发展权运行的外部制度的衔接

(1) 土地发展权与土地利用总体规划。

土地规划是一种利用系统的手段改善土地利用的结构,保护土地利用的环境,是土地资源得到合理利用的手段与措施。① 其内容包括土地利用分区、用途管制以及对诸如具体用途、建筑密度、建筑高度、容积率等关于土地使用性质和开发强度的要素的控制。我国现行《土地管理法》第三章对土地利用总体规划制度的内容进行了详细规定。

土地利用总体规划的实质是对未来土地利用在空间上、时间上的制度安排,是国家规划权的运用。而土地发展权是一项与土地所有权分离的物权,② 两者存在互补关系:一方面,土地发展权是土地利用总体规划的法律依据。设置土地发展权,就从行政和产权两方面明确界定了政府的土地管理权限,维护了土地规划的法律权威。构建土地发展权交易市场,就增强了政府对土地市场的调节能力,促进了土地利用规划的调整和完善。建立土地发展权的产权运作流程,有助于土地开发利用与管理流程的优化。③ 另一方面,土地利用规划为土地发展权实施提供了技术保障。土地利用规划是未来土地利用活动的预先安排,核心内容为两项:①土地资源在部门间的合理分配;②土地用途的确定。土地发展权与土地利用规划的关系可界定为:其一,土地利用规划构成了土地发展权物质构成的依据,土地利用规划创设土地发展权。土地利用规划以其专业技术为土地发展权的实施提供技术保障,使土地发展权的实现具有了科学性和合理性基础,能够以此来量化其市场价值;其二,土地利用规划的具体物质构成是土地发展权创设的重要内容。④ 在土地利用规划中借助于对土地利用结构、各类用地分区及开发强度的控制,从而确定从宏观到微观、从粗到细的土地发展权的空间格局。

综上所述,在土地利用规划与土地发展权的互动机制中,规划是前提,发挥着主导的作用,是土地发展权创设与运行的技术保障和技术标准。土地发展权的创设与变更是土地利用规划的法律依据,对其具有一定的反馈和调整技能,使土地利用规划符合公平与效益原则。

(2) 土地发展权与土地用途管制。

土地用途管制制度是指政府依靠公权力对其领土范围内的土地资源的用途以及开

---

① 刘非:《城市土地管理中土地利用规划的作用及其措施》,《城市住宅》2021年第2期。
② 刘国臻:《论我国土地利用管理制度改革》,人民法院出版社2006年版,第167页。
③ 王小红:《构建土地发展权优化土地利用规划》,《国土资源情报》2009年第9期。
④ 王群、王万茂:《土地发展权与土地利用规划》,《国土资源》2005年第10期。

发和利用强度进行管制的制度。① 从行政法学角度来论，土地用途管制是国家为了对土地利用实行严格控制而实施的具有财产所有权性质的法律制度。土地发展权是由管制或者规划、分区而导致的一种权利，和管制紧密相关。② 土地发展权的产生基于如下理念：保护自然资源与生态环境、强化土地使用管制、调节因土地使用而产生的暴利与暴损、运用市场机制补偿受限制地区的权利主体。③

土地发展权与土地用途管制在以下几个方面存在共同之处：其一，建立的法律基础相同。我国创立土地用途管制的直接动因，是为了保护耕地，满足粮食生产需求，实现社会的可持续发展。其二，都突出对耕地的保护。其三，都以土地利用规划为管制的依据。实行土地发展权的国家，都具有科学、完备的土地利用规划。其四，都要求把因土地用途改变所带来的增值收益全部或一部分收归国家，用于社会公共用途。④ 与土地发展权两制度在控制土地用途方面存在一定相似性，但在制度功能、主体、内容和属性方面存在差异。土地发展权是对土地用途管制市场化取向改革实施机制的制度回应，是对在土地用途管制中的主要手段——土地总体规划——这一僵硬的计划实施机制造成的土地管理中的供求失衡，制衡土地用途管制政策调控绩效发挥的纠正与完善。

2. 土地发展权与其他土地权利之间的关系

（1）土地发展权与土地所有权之运行关系。

从所有权到发展权，经历了从所有权的绝对主义到相对主义，体现出土地利用从个人本位到社会本位思想的变迁。现代土地权利制度设置的重心由静态转向动态⑤，土地发展权正是适应这种趋势而在实践中产生的。我国现行立法对土地所有权的规定仅限于静态的土地利用。土地用途管制只是对土地所有权人行使所有权的限制，而并未同时赋予该主体以新的权利。这两项权利关系可界定为：其一，土地发展权从属于土地所有权。土地所有权可以分割出很多可单独处分的权利，其中土地发展权可与所有权相分离并单独运行。其二，土地发展权与土地所有权分离归政府所有，由国家或政府专有。我国实行土地公有制，即国家所有与农村集体所有，无论土地发展权采取哪种分配模式，土地发展权与土地所有权都是独立存在与运行的。⑥ 最后，土地发展权在我国不必然直接脱胎于由土地所有权而产生，而有可能经由土地使用权这一过渡形式而产生并运行。

---

① 程雪阳：《新〈土地管理法〉土地用途管制制度改革的得与失》，《中国法律评论》2019 年第 5 期。
② 张鹏：《土地使用管制及其利益补偿研究：理论和实践意义》，《经济地理》2011 年第 9 期；张鹏：《经典案例逻辑中的准征收理论和实践：中美差异和政策选择》，《中国土地科学》，2018 年第 6 期。
③ 林坚、徐超诣：《土地发展权、空间管制与规划协同》，《城市规划》2014 年第 1 期。
④ 朱广新：《土地用途管制制度与土地发展权之比较》，《中外房地产导报》1998 年第 22 期。
⑤ 任庆恩：《土地权利制度的发展趋势》，《中国土地》2004 年第 21 期。
⑥ 刘国臻：《论我国土地利用管理制度改革》，人民法院出版社 2006 年版，第 146－147 页。

（2）土地发展权与土地使用权之运行关系。

土地使用权已逐渐成为我国土地权利体系中最活跃、最重要的权利类型。土地发展权与土地使用权的关系有两方面：其一，土地发展权对农地使用权的"调节"功能。调节功能主要表现在为保护耕地与生态环境不被非农开发所破坏，一般由国家对土地发展权进行收购或配置零发展权或为被保护土地设定虚拟发展权；其二，土地发展权对农地使用权的"限定"功能。土地发展权的出让过程与土地使用权的出让过程同步，土地使用权中包含着国家已设定的存量土地发展权。土地使用权受让人只能在已设定的土地发展权范围之内使用土地，不得对土地进行增量开发。

（3）土地发展权与空间权、地上权的关系。

土地发展权与空间权、地上权等权利范畴在21世纪人类的土地资源利用活动中具有重要地位。众所周知，21世纪是地下与地上空间的世纪，"近年来，随着我国建筑材料的更新与建筑技术的进步，土地的利用日趋向高空化方向发展，于一宗（笔）土地上的空中建造区分所有高层住宅，架设高架桥、高架道路、高架铁路、天桥，在地中修建地铁、地下街、地下广场或地下商店等，业已成为普遍现象。"① 由此，开展对空间权、地上权及其与土地发展权的关系的理论研究十分迫切。空间权乃空中权和地下权的合称，以他人土地为依托，在地表上空一定范围的空间建造并保有某种建筑物、构筑物及其附属设施的权利是空中权。② 地下权是指对地表以下一定空间范围所享有的建造并维持某种构筑物的权利。

土地发展权空中权在产生目的、权利内容、实现方式等方面存在差异。土地发展权是"旨在促进土地规划目标的实现，以达到保护农地、历史古迹和保持开敞空间等公共目的"而产生的，其具体指改变土地用途或提高土地利用程度的权利，其运作要受到政府公权力干预。"建立、完善土地空间权制度，一方面有助于提高人们的'土地空间'意识，保护权利人的合法权益；另一方面能够充分开发利用资源，合理使用每一方空间，集约节约使用土地。"③ 空间权尽管是土地发展权的初始形态，但随着其权能的固化和土地发展权权能的抽象化，两者之间已具有明显的差别。

地上权是个各法系广泛采用的范畴，是因"建造房屋，建设隧道、沟渠、桥梁，种植树木等目的，而使用他人土地的物权"。④地上权与空间权一道属于重要的用益物权。一般来说，行使空间权与地上权的过程也就是土地用途变更和提升土地利用集约度的过程。从这一意义上说，空间权与地上权的权利客体与土地发展权是基本一致的。空间权与地上权的创设是土地发展权得以产生的前提，因为有了可与土地所有权分离

---

①陈华彬：《空间建设用地使用权探微》，《法学》2015年第7期。
②崔文星：《民法典视野下空间物权体系的解释论》，《江汉论坛》2020年第11期。
③赵剑桥：《我国土地空间权管理探讨》，《法制与社会》2016年第11期。
④我妻荣、有泉享：《新订物权法（民法讲义Ⅱ）》，日本岩波书店1983年版，第338页。

的地上权、空间权制度安排，也为土地发展权的创设提供了法律依据。土地发展权不仅可以与土地所有权、使用权分离，并可借助于空间权和地上权进行权利的纵向分割，形成地表、地上、地下三层或更多层次的权利单元，为土地多元化多维度开发利用提供制度保证。① 地上权属于用益物权范畴，而土地发展权不是用益物权，两者之间虽然在外观上具有相似性，但是在权利性质和内容上具有本质差别。

三、制度保障

我国土地发展权如要实现有秩序地运行，就必须要有一系列制度来对其加以保障。这些制度不仅是法律制度，而且包括土地管理学技术制度、土地经济学的市场制度以及行政管理学的行政管理制度等。由此，法律、技术、市场和行政等专业机制对土地发展权制度运行具有保障作用。

（一）法律保障

土地发展权是社会经济发展的产物，是土地资源合理配置的重要方式，也是强化政府调控能力的有效工具，在中国配置土地发展权很有必要。② 而要在我国创设土地发展权，就必须秉持法制化的路径构建相关的法律制度。相关法律制度的构建需要遵循土地发展权的原则性价值取向。因为法律制度的价值取向性对土地发展权的运行具有指导功能，在该价值指引下完善而有效的法律制度能够确保土地发展权沿着其价值取向和功能设计的预定方向运行。

法律制度的保障与指导功能在土地发展权运行活动中主要体现在：其一，它能够从法律效力层面的定位确立土地发展权的合法性，以及在整个土地权利与利用管理法律制度中的地位；其二，它能够在法律的层面确立土地发展权的初始配置的方案——由土地所有权与土地使用权主体以及城乡各项用益物权主体所享有，这项方案是受到土地权利基本法律规范保障的，并且为各主体实施土地发展权流转提供了制度的保障；其三，它能够将土地发展权置于现行土地利用管理制度下运行，使土地发展权具有了现实运行的可行性，它将土地利用规划和用途管制等土地行政管理机制的物质与价值构成紧密镶嵌于土地发展权制度运行中，不仅实际运行中的土地发展权能与以上两类土地行政管理机制相兼容，而且更能发挥土地发展权对以上两类土地行政管理机制的补充纠偏作用；其四，它能够周密地安排土地发展权的各项权能设置及其变动模式设

---

① 孙弘：《中国土地发展权研究：土地开发与资源保护的新视角》，中国人民大学出版社2004年版，第20页。
② 刘国臻：《中国土地发展权论纲》，《学术研究》2005年第10期。

计,使土地发展权的运行形成一套制度性的规则,保证其实施的效率性和公平性相统一。这是土地发展权运行合法性的来源。

如欲构建和完善土地发展权的法律保障机制,针对我国土地发展权的权利与现行制度之模糊和短板之处,应着手在以下几个方面补缺补强:

其一,在我国《民法典》"用益物权"编与"担保物权"编之间增设"土地发展权"编,确立土地发展权作为基本民事物权的地位,中间还可对其权利主体进行初始界定并规定权利流转的规则。这样明确的规定不仅使土地发展权的法律地位名正言顺,而且使原本隐含在其他土地权利运行规则中的土地发展权具备了其独立的运行规则,因此也不再会对其他土地物权产生运行干扰。其二,在《民法典》中将土地发展权主体初始配置为土地所有权人、土地使用权人以及各类用益物权主体所拥有。国家也可以成为未利用地的土地发展权的初始权利主体。这就起到了民事确权的作用,既为土地发展权初始运行及利益分配起到了定纷止争的作用,又为土地发展权的流转交易提供了市场竞争的公平起点。其三,在《土地管理法》中赋予国家(政府)向潜在用地主体出让土地发展权的基本规则。《土地管理法》是我国土地管理领域的基本法律规范,而政府出让土地发展权的行为属于国家的土地管理行为,应当受《土地管理法》的调整。由于土地发展权属于表征发展性利益的典型商业物权,因此国家出让土地发展权只能是有偿出让,而不能是无偿划拨。国家(政府)可根据土地发展权市场交易情况和受让主体的条件和能力,具体确定单笔土地发展权出让的价格。其四,在《土地管理法》《城镇国有土地使用权出让与转让暂行条例》中新设土地发展权的流转机制。该机制应当包括流转的主体、客体、内容、种类、范围等法律规则。土地发展权是规范房地开发中增量利益运行与保障的权利种类,其相较于土地使用权具有更强的可变更性与可转让性。因此,上述法律规范在对流转的各项要素和规则进行设定时,应效仿《合同法》式的充分尊重交易主体的合意,以任意性条文为主,而只有涉及公共利益和强制性规定时,才由法律的强制性规范予以补偿纠偏。最后,在《民法典》"物权"编以及《土地管理法》中构建土地发展权的地籍产权管理制度。地籍管理是国家为了获得有关地籍信息,按照统一的方法、要求和程序实施的一系列行政、经济、法律和技术工作措施体系。① 它包括土地发展权的权属登记(含初始登记、变更登记以及争议解决)和土地发展权资产经营管理两项具体机制。前者是在土地发展权设立时所实施的管理措施,后者是在土地发展权运行中所采取的管理措施。

---

① 方芳:《土地资源管理》,上海财经大学出版社 2006 年版,第 155 页。

（二）技术保障

土地发展权是一项最初源于土地管理学的概念，是为实施土地利用规划而创设的一项新型权利规则。土地发展权的内容是以土地利用规划的物质构成为依据的。从法制的视角来看，必须完善土地发展权的内容来为土地利用规划的制定与实施提供法律技术保障。笔者认为，应当从创设、规划、价值量化和功能区划等若干方面完善土地利用规划实施的土地发展权的法制技术。

（1）土地发展权的创设，是为了在整体层面实现区域之间土地利用的统筹协调。土地发展权的设立为区域性土地利用统筹机制提供了利益共享机制。区域土地整体开发能否实现，关键是能否建立起现实可行的区域土地利益共享机制。土地发展权作为区域土地统筹利用的创新举措，采取建立区域土地基金制度，集中部分土地出让收益，对在一定时期内因配合区域整体开发而延迟土地开发或进行土地保护的地区进行专项补贴，实现土地收益的公平分配。[①] 如我国台湾地区土地开发许可制（一种土地发展权制度类型）就包括了"容积移转"和"增值收益公共回馈"两项机制，就在运行和分配两个维度为土地在区域间统筹协调利用提供了制度安排[②]。纵观各国或地区的土地发展权，如土地利用分区、城市功能分区、开发密度控制体系、土地重划等构成了土地发展权统筹协调土地利用的技术保障措施。这些措施从宏观到微观、从粗到细，确立了土地发展权的空间布局，并为其进一步运作提供了基础。

（2）在制定土地发展权物质内容的土地利用规划时，应当遵循科学性和合理性的原则。首先，在要素上，应当设置科学而合理的规划环境、体制、过程与人员等要素，让具有一定水平的规划师在科学合理的环境与体制下进行规划的制定与实施，也只有保证土地利用规划的科学性与合理性，才能为土地发展权的实施提供科学合理的物质构成；其次，在程序上，应重视公众参与制度的建立，在编制规划的各个阶段，采取问卷调查、公开征询意见、专家论证、社会听证、公示公告等方式，广泛听取不同意见，保障人民群众参与规划编制的权利，保证规划决策的民主化和科学化，增加规划的社会可接受性和可操作性；[③] 再次，在机制上，应当遵循规划的计划性与发展权的市场化协调联动的运行规则。土地利用规划属于计划性措施，而土地发展权是借助竞争与价格调节的市场化运行机制，两者在互动中可以互为补充、互通有无。

（3）土地发展权的运行须以量化了的价格作为衡量指标，各个层面的土地利用规

[①] 白云升、朱明仓、胡存智等：《区域土地统筹利用论》，西南财经大学出版社2008年版，第185页。
[②] 金俭、吕翾：《论台湾土地开发许可制及其对大陆地区的启示》，《湖南师范大学社会科学学报》2013年第3期。
[③] 胡伟艳：《城乡转型与农地非农化的互动关系》，科学出版社2012年版，第146页。

划为量化各具体的土地发展权价格提供了客观依据。根据规划的实效和实施层面标准，土地利用规划可分为宏观、中观和微观规划三类。一般来说，宏观规划由于其所涵盖的范围大且层级高，因此其所能涵括的土地发展权的价格均较高，中、微观规划所包含的土地发展权价值量依次递减。土地发展权在本质上是在土地用途转用过程中形成的人与人之间的经济关系。

土地发展权的价格实质上是人与人之间在土地用途转用中的经济博弈的产物。只有计划性的规划，而没有具体运行该规划的权利配置，则规划是不能产生效益的。而如果具体运行该规划的土地权利不明晰，则该规划的实施效率是低下的。因为不明晰的土地权利，导致不能明晰土地经济利益的分配，则无法正确体现政府在土地开发投入中所带来的土地增值效益。从理论上分析，落实土地发展权后，国家实现自身应有的土地收益，挽回了制度性损失。① 土地发展权为国家提供了规划实施所应当具有的权利机制。

（4）土地发展权的运行依赖于土地利用规划设置的功能分区。这主要是从两个层面来论述的：其一，土地分区是政府对土地能否用于某种用途以及如何用于某种用途的限定。地方政府通过对区域的功能划分，提高土地利用的效率与科学性。其二，分区也能为政府有效调控土地市场提供有效手段。政府当局通过持有土地，并且在条件成熟的情况下再允许土地入市，从而达到从长远上更好地服务市场的目的。② 一个城市的整体开发是由其范围内各个区段内各个相互影响与作用的单元的土地开发所构成的，每一单元也构成一个土地发展权单元。独立的土地发展权单元的运行必须考虑区域整体的开发规划及上级单元的土地发展权运行。从完善土地发展权运行的角度来看，土地利用规划必须在技术规范的层面设定土地发展权运行（主要在变更、转让环节）的基本准则，土地发展权的运行必须遵守土地规划技术标准。土地利用规划是土地发展权运行的技术保障，在土地利用管理中发挥主导作用，土地发展权是反馈土地利用规划最有效的权利机制之一。

（三）市场保障

土地发展权是在土地非农化过程中运行的一项新型土地权利，是降低和调控土地非农化过程不确定性的新型手段。在土地非农化过程中，市场具有较大的不确定性。土地非农化的不确定性，是指土地非农化的收益和成本（包括当期和未来）、对环境的影响、对社会稳定的影响以及非农化过程复杂程度的不确定。一般来说，不确定性越

---

①王德起：《土地资产管理论》，首都经济贸易大学出版社 2009 年版，第 389 - 390 页。
②[美] 威廉·阿朗索：《区位和土地利用》，商务印书馆 2010 年版，第 139 页。

大，交易费用越高。① 如果土地非农化过程的不确定性过大，就会影响土地发展权运行的效率。反之，如果充分挖掘并调动土地发展权的市场因子，也会反过来推动土地利用规划行政化配置运行效率低下弊端的改观。土地发展权为土地利用规划的实施提供了公平竞争制度供给。所谓公平竞争制度供给，是指各类制度供给主体为实现公平竞争制度潜在利润而创设、创新、变迁、废止各类正式制度、非正式制度及实施机制，以达到实现竞争起点、过程和结果公平目的的行为总和。② 土地发展权就是为土地利用管理活动中的公平竞争而生成的一种正式制度。

在我国土地利用管理活动中，传统的行政许可作为土地开发条件的一种行政配置模式，国有土地使用权出让和转让制度作为土地开发条件要求的配置引进了市场机制，而土地发展权则是对这项制度在市场机制层面上的深化与创新。土地发展权需要实现市场化配置，这就需要其具有一般民事物权所具有的权能，这些权能能够明确、清晰地量化土地发展权的市场价值，从而使土地发展权能具备商品要素而在市场上自由流通。反过来，土地发展权的运行需要良好的商品市场，这个市场能很好地量化产权、公平交易。当然，土地发展权又与一般民事物权具有差异，它是国家基于公共利益而限制土地所有权、土地使用权而生成的，体现了国家对土地市场的宏观调控。

土地发展权不能单纯依靠市场机制，而市场机制也并非土地发展权运行的全部平台。土地发展权的运行分为市场化与非市场化两种。一般来说，在土地发展权运行的首末两端的创设、出让、收回与消灭环节由国家行使公权力来主导实施，而在这中间的转让、变更环节则由市场机制主导。如对于可转让发展权（TDR），土地所有权人、土地使用权人及其他权利人可按市场条件、自身需要，自主选择交易的时间、规模和价格；拥有超额土地发展权的主体，可以在规则允许的范围内，自主选择交易对象和价格；拥有弹性空间的土地发展权主体，可以在兼顾自身实力和盈利前景的情况下，自主决定实际实施的土地发展权数量等。在土地发展权的市场机制中，出让和转让是土地发展权市场化配置的两个主要环节，尤其是转让。

（四）行政与宏观调控保障

由上所述，土地发展权的运行既包括了市场机制，也包括国家主导的非市场机制。土地发展权的运行，在个别时段需要政府的行政配置或干预以及普遍时段的政府宏观调控。

---

① 曲福田、谭荣：《中国土地非农化的可持续治理》，科学出版社2010年版，第139页。
② 彭海斌：《公平竞争制度选择》，商务印书馆2006年版，第141页。

政府通过行政手段设定某区域内平面与空间的土地发展权总量,并通过制定土地利用规划和实施土地有偿出让的方式实现动态运行。这项设定权既属于政府行政计划职能,又属于宏观调控法中的计划职能。政府对土地发展权的初始配置属于行政计划。行政计划是指行政主体为保证行政权力的有序行使,而对将来一定时期内所要完成的行政工作及完成该项工作所必需的方法、步骤和措施等进行的设计与规划的指标体系和行为体系的总称。① 而政府对初始配置在市场运行中的宏观调控则属于经济法宏观调控法中在经济领域的国家计划。

国家计划是一国对其经济和社会事业发展所作出的预测及其希望实现的政策目标,以及为实现政策目标所需采取的相互协调的政策措施。② 经济领域的国家计划是一国政府宏观调控的重要手段之一。在土地发展权运行中,政府实施行政计划主要表现在对具体地块的土地发展权配置上。由于特定地块的土地发展权所具有的物质内容来源于该地块的相关行政规划,而掌握该若干项规划内容的是政府。因此在政府批准该若干项规划时,便同时设定了该地块的土地发展权。又如,政府在对公益性用地的土地发展权的配置与经营、管理中行使了行政计划权。

因为公益性用地是政府为了公共利益的需要而在特定地块配置的,不需要市场竞价,因而不具有市场价值而具有非经济性的其他社会、生态价值的用地。如果不由政府配置,则其他市场主体是没有经济激励来实施对这类型地块的开发经营的。再如,在土地的立体开发利用中,对立体开发的上下限控制是政府根据政治、经济、社会等因素而通过行政配置来实施的。而在经济领域的宏观计划调控保障则表现为国家对出让土地发展权市场价格运行的间接调控。土地发展权的初始价格已通过竞价的方式确定。而该价格随着土地发展权的交易有可能会偏离市场价值,这时就需要政府根据特定区域内的若干土地发展权运行价格的总体水平,以及特定土地发展权的区位、用途、容积率等因素来对其偏离市场的价格进行适当调控,让其恢复正常状态,促进土地发展权的运行符合有利于政府市场经济宏观调控的整体目标。

四、多元化的横向救济

土地发展权作为一项新型的民事物权,在运行过程中像其他一般民事物权一样会受到行政公权力和其他土地权利的侵害或限制,因此需要构建和完善其救济制度。对于土地发展权的救济,在民法物权理论中属于一个新型的研究命题,截至目前对此问

---

①杨临宏:《行政法:原理与制度》,云南大学出版社2010年版,第403页。
②顾耕耘:《经济法教程》(第二版),上海人民出版社、北京大学出版社2006年版,第301页。

题有过系统研究的学者较少。笔者认为，对土地发展权法律救济命题的研究，需要以以下几点认识为前提，并达到以下几项目标：

首先，土地发展权作为一项新型民事物权，其应当受到《民法典》等民事物权基本法律规范的保护，围绕"土地发展权"权利救济而提起的诉争应当属于民事诉讼种类并适用民事诉讼法程序。

其次，土地发展权纠纷的发生领域范围较广，既可能源于国家行使诸如行政征收权而侵害对征收客体的权利主体发展性利益的侵害或限制，也可能是因当事人之间因相邻关系而产生对开发权限制而导致发展性利益受限的情形等。既然土地发展权受到侵害的情形具有多样化特征，因此对土地发展权的救济手段也必然是多元化的。

再次，土地发展权作为一项民事"权利"，具有很强的公权利和经济法权属性色彩，对其不能单纯地以一般民事物权保护方式进行救济，经济法诉讼、公益诉讼等特殊的机制也应纳入对土地发展权救济的手段中来。因而，可以认为土地发展权的法律救济机制是广泛的。

最后，下文将主要以对土地发展权的民事物权救济制度的构建为核心，对土地发展权的法律救济制度进行全方位的概括。并且基于对土地发展权的侵害或限制主要发生在土地征收领域，笔者在论证土地发展权的某些具体法律救济机制时将会以土地征收为背景。本部分旨在构建我国土地发展权法律救济的宏观制度框架体系，对于每项具体的救济机制的分析可能存在不透彻或观点值得商榷之处，这也有待今后在相关的研究中加以深化。

（一）私力救济

1. 建立平等商谈机制

平等商谈应当说是解决主体之间权利纠纷最直接的自力途径，它要求双方对有关争议和利益分配问题采取平等对话，化异求同，使双方对争议和利益的理解趋向一致的过程。这种纠纷解决方式能充分考虑并吸收双方的意见表达和利益诉求，能从最根本上解决纠纷，防止纠纷再发生的可能性。土地发展权的争议有相当一定比例发生在房屋所有权主体、土地使用权主体之间，双方之间法律地位平等，因此为建立土地发展权纠纷的平等商谈机制创造了条件。我国《土地管理法》第14条规定了土地所有权和使用权有争议的双方的协商解决机制。这可视为法律对土地权属争议协商解决机制的认可。如上分析，土地发展权是一项与传统物权属性相同的新型物权。由此可知，对土地发展权争议的解决，应当也能适用协商机制。因此，可在《土地管理法》第14条中加入发展权调控，将其修改为"土地所有权、使用权和发展权争议，由当事人协商解决；协商不成，由人民政府处理"，这可成为我国土地发展权协商救济方式的法律依据。其实在我国个别地方在土地征收补偿活动中已初步建立了平等商谈机制。①

以土地征收活动中土地发展权补偿纠纷为例,平等商谈的纠纷解决机制尤其适用。因为这既符合征收主体和被征收主体希望通过协商顺利完成征地补偿工作以减少纠纷与冲突的主观需要,又在程序上具有可操作性。在我国对土地发展权纠纷平等商谈解纷机制的法制构建需要在《土地管理法》等土地管理法律规范中的"争议解决"一章中新设平等商谈制度,使其成为土地发展权补偿纠纷处理中的一个前置程序,由征地机关在初步形成土地征收补偿方案之后、报批之前,将征收补偿计划通知集体经济组织和农民,使其能够了解征地补偿的具体构成,即包括对哪些标的补偿、补偿的标准与价值是多少、补偿的执行与救济程序又是怎样的,并明确这仅是征地部门拟定的补偿草案而不是最后定案,尤其对于补偿中对未来预期利益即发展权利益的价值确定,应当明确对原属农村集体土地征收转用后的用途及拟升值的幅度,并引入第三方对这部分增值进行公正独立的价值评估,之后由集体经济组织和农民与征地部门就对其分享的比例、方式及程序进行平等的商谈,以确定最终的补偿分享方案和补偿执行方案。征地机关在此过程中应当认真听取被征收主体的意见和建议,以保证被征收方在其原属土地不得不被征收时有机会争取分享到更多的补偿,特别是对土地预期增值利益的分享。如果在这一过程中不能立即达成一致,征地机关应当告知被征收方依法享有要求就有关预期增值利益分配方案及事项具有听证的权利,以充分的程序保障与救济程序让其体会到权利得到有效救济的自信感。

2. 强化基层调解机制

调解是当事人自愿将争议提交第三方,并在第三方的主持下,查清事实,分清是非,明确责任。通过第三方的游说引导,促使当事人双方在互谅互让的基础上依法自愿达成协议,从而解决争议的一种方法。② 调解作为诉讼外纠纷解决机制(ADR)的代表,在我国民事权利救济活动中扮演着重要作用。《民法典》第 233 条规定,权利人对自有物权受到侵害可以通过和解、调解、仲裁等诉讼外途经解决。此外,《民事诉讼法》《人民调解委员会组织条例》《人民调解工作若干规定》等法律规范中也对调解作了规定。由此可见,我国对土地发展权纠纷进行调解有明确的法律依据。

由于在实践中土地发展权权益纠纷集中在集体土地所有权征收领域,因此对于土地发展权权益纠纷调解机制应当在农村基层组织中先行建立起来。本文也着重探讨在我国农村基层组织中建立土地发展权权益纠纷解决调解组织和机制的相关事项。

---

① 如在广州,用地单位与被征地农民集体直接协商,参照不同地段的市场价确定补偿标准;在山东,双方在征收项目报批前先签订补偿安置协议等。

② 严军兴:《多元化农村纠纷处理机制研究》,法律出版社 2008 年版,第 172 页。

笔者认为，我国土地发展权权益纠纷的调解机构应当设立在村委会组织之中，因为根据我国农村基层政权架构、村民自治现状以及有关调解的法律规范所设置的调解运行机制，我国农村的人民调解组织的建立以村委会为单位，是基层自治与司法的一个特殊环节，本身就有多元化的特点，很容易根据社会治理的需要加以改造、重构和整合，作为最重要和基础性的公益性纠纷解决机制发挥作用。① 人民调解委员会应根据自愿原则，依据法律、法规、规章、政策、道德等标准对双方争议的土地发展权归属、价值等事项进行调解，达成的调解协议具有民事合同的性质，产生民事合同效力，双方当事人应当履行。如果当事人不愿调解、调解不成或协议送达前一方或双方反悔的，则有权向法院起诉。

另外，我国在新设土地发展权纠纷调解机制时，可以针对土地发展权特点新增若干具体模式：一是因为对土地预期增值利益的补偿涉及专业性评估，因此应当在调解机制中引入由专业评估机构派入的评估师调解员，并由其在调解中对土地预期增值利益的专门性问题进行特别说明，保证被征收主体的知情权。二是根据争议双方主体的不同，建立两套由不同人员或机构主持的调解员机制，对涉及农民与所属集体经济组织之间因补偿分配的纠纷，由该集体经济组织所在乡镇相关法律机构工作人员为调解员；对涉及集体经济组织与征地机关因发展利益分配的纠纷，应由双方所在地市级政府法制机关及其派出机构的工作人员作为调解员。三是可以根据中央"探索实现政府行政管理和基层群众自治有效良性互动治理机制"为主旨的公益服务员制度，设置调解集体经济组织成员之间因发展权争议而产生的相邻关系纠纷调处的调解员。总之，这些机制设想均须与我国特有国情以及土地发展权权益纠纷的具体情形相适应。

3. 新设纠纷仲裁机制

土地发展权权益纠纷属于房地产纠纷的一种。房地产项目的开发与建设涉及众多不定性因素，其间的施工期较长、资金投入较大、整体风险性较高。② 因此在涉及这类堪称重大、疑难、复杂的权益纠纷时便需要像仲裁这种专业性强、可信度高的机构来居中裁决。但是，仲裁这一具有众多优势的纠纷解决方式在我国远未发挥其应有功用，在土地发展权纠纷领域也不适用便是明证。笔者认为，我国应当建立专业的土地权利纠纷（包括土地发展权纠纷）仲裁制度，对房地产的预期增值利益进行及时、充分、有效的保障。

我国《纠纷调解仲裁法》明确规定集体土地征收不适用该法，③ 事实上这也隔绝了对土地发展权权益纠纷的适用。将来修改《纠纷调解仲裁法》将土地发展权纠纷纳入仲裁救济时，应将承包纠纷仲裁委员会与各地土地调处中心合并起来，赋予其较强的

---

①范愉：《纠纷解决的理论与实践》，清华大学出版社2007年版，第395页。
②张庆运：《房地产纠纷中的法律风险及其防范》，《民营科技》2018年第11期。
③《纠纷调解仲裁法》第2条第2款规定："因征收集体所有的土地及其补偿发生的纠纷，不属于农村土地承包仲裁委员会的受理范围，可以通过行政复议或者诉讼等方式解决。"

独立性，设立专门的土地调处仲裁机构，下辖于各省国土资源主管部门，规定专门的仲裁程序，扩大受理事项范围，①且规定当事人若对裁决不服，有权提起行政诉讼。在仲裁运行中，也应当注重其与调解和诉讼的互动协调。

（二）行政救济

行政救济一般是指公民、法人或者其他组织认为行政机关的行政行为侵犯其合法权益，向法定有权机关提出，请求改正、得到补救的行政法律制度，包括诉讼、复议、赔偿等制度。②行政救济虽然是政府主导实施的，然而政府最有可能成为侵害土地发展权的主体，但其也具有程序较简便、速度较快、执行力强等优势。在我国土地发展权纠纷中设置行政救济机制，兼具适法性和合理性。

1. 新设行政和解、调节机制

行政调解是指由行政主体出面主持的，以国家法律、法规和政策为依据，以自愿为原则，以平等主体之间的民事争议为对象，通过说服教育等方法，促使双方当事人平等协商、互让互谅、达成协议、消除纠纷的一种具体行政行为。③行政和解则是在行政复议及行政诉讼过程中，双方当事人自行或由复议或由诉讼机关牵线，就诉讼标的所指向的权利与义务相互作出让步，达成协议且终结复议或诉讼程序的行为。④行政调解、和解制度在当前我国经济和社会生活中，已逐渐成为行政机关解决民事经济纠纷和部分行政争议的重要手段。

在我国，关于行政调解制度的规定散见于若干法律、行政法规与规章中。现行的土地征收补偿，包括对发展权利益的补偿过程，几乎一切事项均由政府包办，没有任何其他机构的介入。这一行政主导的土地征收补偿制度将农民排除在协商谈判的程序之外，有关补偿协议完全是在政府土地主管部门主持下签订，强化了公权力，缺少了公权力主体与私权利主体作为双方当事人的平等性。在这种情况下，最好能由基层通过人民调解组织来进行解决；在基层调解仍旧无法解决而须动用公权力时，可以考虑采取行政和解、调解的手段。在征地土地发展权补偿过程中，应在现行行政调解、和解制度下，进行结合其实际特征的具体机制构建，如在集体经济组织成员之间、农民与农村集体经济组织之间因土地发展利益价值评估与分配环节发生纠纷时，可以由集体经济组织所属乡镇政府法制部门出面，对双方的利益诉求进行劝说，使其各让一步，或促进其自行和解，从而达成双方均能接受的土地发展权利益分配协议。在行政调解、

---

①章彦英：《土地征收救济机制研究》，法律出版社2011年版，第209页。
②应松年：《行政救济制度之完善》，《行政法学研究》2012年第2期。
③湛中乐等：《行政调解、和解制度研究：和谐化解法律争议》，法律出版社2009年版，第35页。
④叶必丰：《行政和解和调解：基于公众参与和诚实信用》，《政治与法律》2008年第5期。

和解过程中，除依据法律、规定及政策等"硬法"外，还应当充分考虑乡规民约中对土地收益包括发展权利益分配的作用，从而使双方口服心更服。

2. 新设行政裁决机制

我国《土地管理法》第14条规定，对土地所有权和使用权争议事项，双方当事人协商不成的"由人民政府处理"，此规定即赋予行政机关对于土地争议的行政裁决权。《土地管理法实施条例》第25条则具体针对土地征收过程中发生的补偿安置争议规定了相应的行政裁决程序，裁决的事项是相关征地补偿行为的合法性及拟征地方预置的补偿安置标准。笔者认为，这些规定为将土地发展权争议纳入行政裁决对象提供了参照标准。土地发展权应当成为行政裁决的对象，且我国在土地发展权行政裁决机制设计中应当做到如下三点：

一是注重行政协调在行政裁决制度中的作用，明确行政协调为行政裁决的前置程序，规定协调的时限和具体程序。因为纠纷解决体系能否最终解决民间经济纠纷不仅体现在各种纠纷解决机制自身的合理设置和有效运作上，而且体现在各种纠纷解决机制之间能否形成一个具有内在联系的有机体上。①

二是从法律层面赋予被征地的农村集体经济组织成员以申请裁决人资格，建立专门的裁决机关、人员及裁决程序。裁决由省级以上的国土资源部、厅组织实施。在该部门之内设立下属的专门的土地发展权纠纷争议裁决中心及其派驻各县、市、区的分支机构，专门处理裁决事务。

三是确立"一裁终局生效"的规则，当事人如不服裁决，有权在法定期限内提起行政诉讼或以民事侵权赔偿诉讼。如一方当事人在该法定期限届满后既不履行裁决义务也不提起民事或行政诉讼，对方当事人有权申请行政机关强制执行。

3. 新设行政复议机制

完善我国土地发展权权益的行政复议救济机制，主要是要对我国《行政复议法》中关于政府土地确权和执行行为的终局裁定的非可诉性所作的规定。《行政复议法》第14、第30条分别规定了国务院和省级行政单位对下级政府确认土地所有权或使用权的行为所做行政复议决定具有终局性，这实际上剥夺了行政相对人的司法救济权。第9条规定的60日行政复议申请期限和第21条规定的行政复议期间具体行政行为不停止执行，也在一定程度上限制了作为行政相对人的被征收主体的行政救济权。因土地发展权受到侵害而向有关机关申请行政复议，对省级（不含）以下机关作出的确权决定，由上级机关裁决后，仍应当赋予其对该裁决有权向法院诉讼的权利。

4. 新设行政投诉机制

我国《宪法》第41条规定，公民享有申诉权。而申诉在行政法学上称为行政投诉，

---

① 李莉：《ADR视角下民间经济纠纷的解决》，人民法院出版社2009年版，第155页。

即信访，又称上访，是一种由当事人向有关政府机构反映情况、提出意见并寻求救济的制度。当然，在土地发展权争议救济中也可引入信访制度。行政投诉机制可主要用于解决因政府实施规划权、征收权而大范围、较大程度侵害不特定土地发展权主体的情形。

（三）司法救济

1. 完善代位权诉讼，引入公益诉讼机制

一般个体所属的土地发展权权益救济，因土地发展权是一项独立的民事物权而可适用一般的《民法典》规定的物权保护和救济程序。物权的保护是指通过法律规定的方法和程序，保障所有人在法律许可的范围内，对其所有的财产行使占有、使用、收益和处分的权利的制度。① 但是，在我国土地发展权实证运行中更普遍发生的是行政机关因实施公权力对不特定数量的作为行政相对人的土地发展权的权益主体所实施的影响力较大的侵害。这种侵害通常会引起群体性诉讼和公益诉讼。而这两项机制在救济土地发展权时尚未发挥其制度功能。

群体诉讼并非一个严格意义上的法律概念，在我国理论与实务界代表群体诉讼的概念有：群体诉讼、集团诉讼、团体诉讼、选定当事人诉讼、选定代表人诉讼、代表人诉讼、人数确定的代表人诉讼及人数不确定的代表人诉讼等。② 而公益经济诉讼分为经济公益诉讼和民事公益诉讼，前者是指任何组织和公民都可以根据经济法的授权，对违反经济法规范、侵犯国家和社会经济利益的行为，向法院起诉，由法院按照法定程序在诉讼当事人和其他诉讼参与人的参加下，由专业法官主持依法追究违法者法律责任的司法活动。③ 后者又分为三类，即分散利益型民事公益诉讼（影响广泛、涉及多数人）、纯粹型民事公益诉讼（当事人提起民事诉讼的直接目的不是为了自身的个体利益和集团利益，而是为了保护纯粹的或者说更广泛意义上的公共利益）和公、私法益混合型民事公益诉讼（当事人在民事诉讼中既提出了保护个人利益的请求，又提出了保护公共利益的请求）。④ 由以上理论分析可知，土地发展权纠纷涉及群体诉讼、纯粹型诉讼以及公、私法益混合型的民事公益诉讼，而当出现宏观调控机关违反宏观调控法律规范而侵犯不特定的土地发展权主体时，则有可能构成经济公益诉讼。

以对农村集体经济组织的土地发展权进行法律救济的代位权诉讼为例，该项土地发展权是由农民集体经济组织享有，该权利的具体行使则由全体成员选定的组织和人员来行使，该集体内所有成员均有权分享该土地发展利益。

---

① 杨立新等：《物权法》，中国人民大学出版社2016年版，第29页。
② 章武生等：《中国群体诉讼理论与案例评析》，法律出版社2009年版，第20页。
③ 颜运秋：《公益经济诉讼：经济法诉讼体系的构建》，法律出版社2008年版，第61页。
④ 张艳蕊：《民事公益诉讼制度研究》，北京大学出版社2007年版，第28－29页。

在不特定的集体成员与集体经济组织之间就存在着这样一个代表集体成员行使土地发展权的机构。该机构负有在获取土地发展权利益后主动向集体成员分配的义务。如果其不履行其转分配的义务，则在其和不特定的集体成员之间就会产生以土地发展权为标的的利益纠纷，并有可能在其之间产生群体诉讼或称民事公益诉讼。如果集体经济组织主动以其名义提起诉讼，则部分集体成员的土地发展权利益均能得到有效救济。但如果当集体经济组织怠于行使土地发展权的民事诉讼救济权或在行使土地发展权收益权时违反法律规定而给集体成员造成侵害时，部分集体成员是否有类似于当股东会、董事会或监事会针对侵害股东利益的行为而怠于行使公司诉讼权时，占有一定份额以上的公司股东有权以自己的名义向法院起诉那样，有权以集体成员的名义向法院起诉主张土地发展收益权？这就涉及了土地发展权的群体诉讼或称民事公益诉讼。

笔者认为，部分集体成员有权行使这种类似代位权诉讼的民事权利救济机制。这种救济机制应当定位于关于土地发展权的群体诉讼或称民事公益诉讼。理由如下：首先，部分集体成员着眼于其与集体经济组织的关系，代位集体经济组织行使土地发展权群体诉讼或称民事公益诉讼，符合《民事诉讼法》第119条中关于"原告必须是与本案有直接利害关系的公民、法人或其他组织"的规定。根据这一规定，在集体成员代位诉讼中，应由集体经济组织行使起诉权，因为只有集体经济组织才是土地发展权权益的直接利害关系人，而集体成员在该诉讼中只是无直接利害关系的第三人。但是，因集体成员与集体经济组织之间所具有的特殊关系，也应推断出在存在集体经济组织怠于或违法行使土地发展权收益而给其造成现实侵害时，并且集体经济组织经集体成员催告在一定的期限内仍不提起诉讼或采取其他补救措施之时，部分集体成员为与"本案有直接利害关系"的适格的原告主体。

其实在此时，部分集体成员事实上也符合具有诉讼权利能力、以自己的名义进行诉讼、具有诉讼主体的法律地位以及受法院裁判拘束的诉讼当事人的资格要件。[①] 其次，因为在该诉讼中，集体成员人数众多，未亲自参加诉讼不影响其分享诉讼成果且成员之间存在共同的利害关系等群体诉讼的特征，[②] 所以为了集体组织利益而代表其他成员行使诉权的行为具有群体诉讼的性质，因此直接起诉的成员具有广泛的代表性。而该诉讼的判决的既判力也及于集体经济组织。当然，集体成员行使该项群体诉讼权或称民事公益诉讼权并不否认集体经济组织仍具有当然的当事人主体资格。并且确认其诉讼当事人地位，可使集体经济组织随时参与到代位诉讼中而与代位诉讼合并审理

---

① 田平安、陈彬：《民事诉讼法学（第二版）》，法律出版社2010年版，第67—69页。
② 杨严炎：《群体诉讼研究》，法律出版社2010年版，第14—17页。

（也称"诉的合并"，是指人民法院把几个独立的诉合并在一个案件中进行审理和裁判①），原代位诉讼程序转化为普通的民事诉讼。毕竟集体经济组织相对于部分组织成员仍具有更为雄厚的财产及其他软硬件，它回归诉讼程序能使集体成员的土地发展权的权益得到更加充分的保障。最后，赋予部分集体成员行使代位诉讼权，如是以集体经济组织为被告，则该部分集体成员必须对集体经济组织有明确的诉讼请求；而如以国家、其他法人、自然人或非法人组织等为被告，则只需集体经济组织与这些主体存在直接的实体利益冲突，而不需自身与其具有直接的实体利益冲突。

2. 引入行政诉讼机制

通过行政诉讼申请国家赔偿已被许多国家将超出"公共利益"或未遵循法定程序的土地侵权行为作为行政救济的重要机制。如德国通过行政诉讼法院的诉讼途经、宪法法院上诉的方式和民事法院的管辖来对土地权利人的权益进行保护。② 从法理上讲，政府在超出"公共利益"范畴或者未遵守法定程序行使征收权时，违反了《土地管理法》等法律的规定，并导致集体经济组织和农民土地权益受损，符合国家赔偿要件，被征收人因此可选择行政诉讼的方式为自己的权益寻求救济，法院在审理此类案件时应适用《国家赔偿法》和《行政法》的相关规定，责令征收方对受害人的损害进行赔偿③。因此，引入行政诉讼机制将侵害土地发展权利益的行为纳入国家赔偿范围是土地发展权行政救济的重要举措。完善我国土地发展权的行政诉讼救济机制，应当改革我国行政复议、诉讼及裁决等相关制度的弊端：其一，应改革行政机关对行政征收补偿标准争议"一裁终局"的规则，允许对裁决决定或复议决定不满的土地发展权权益的受损者提起行政诉讼；其二，应将政府实施行政规划、行政征收等抽象行政行为纳入可诉性审查范围，因为政府的这些行为是对公民个体土地发展权造成侵害的主要原因。

3. 引入刑事诉讼机制

刑法是公民人身和财产权利的最后一道救济途径。虽然说土地发展权纠纷属于典型的民事权利纠纷，一般不适用刑事法律来调整。但对于严重违反土地权利法律规范以及国家机关严重不负责任、不承担公民土地发展权权益救济职责的行为，情节严重的，可追究其刑事责任。

---

① 张永泉：《民事之诉合并研究》，北京大学出版社2009年版，第9页。
② 崔建远：《土地上的权利群研究》，法律出版社2004年版，第363-365页。
③ 丁文：《论中国土地征收救济机制之构建：以比较法为视角》，《中国农村经济》2007年第4期。

五、全方位的纵向救济

(一) 事前预防

土地发展权利益在土地征收实践中得不到有效保障,根本原因在于现行的土地征收制度未将土地发展权纳入补偿的客体范围内。因此在事前预防机制中,就需要填补土地征收相关法律规范中的这一空白,并完善土地征收补偿的相关绩效考核、日常监管等相关配套机制。事前预防机制,构成了对土地发展权权益保障的第一道防线。

1. 完善现行的土地征收补偿制度

征收补偿标准的若干理论中有两种蕴含了对土地发展权的补偿,即"加成补偿标准"(在市价补偿的基础上,再额外地给予补偿权利人一定比例的补偿,作为对其附随损失的补偿)和"收益价值标准"(以被征收标的可能产生的经济收益确定补偿费额度)。① 其实,在我国《民法典》"物权"编及各地方房屋拆迁个别规范性法律文件当中,已明确将土地使用权作为补偿的客体。② 这就为将土地发展权纳入土地征收补偿的客体创造了条件。其实,从法经济学角度来讲,法律应当按照一种能避免较严重损害的方式来配置资源、分配损失,即实现产出的最大化,同时节约救济成本。

在土地征收发展权利益关系的调整中,要做到公平地分配损失,就必须对因土地征收而遭受"特殊额外牺牲"的被征收人和其他利害关系人给予公平补偿或赔偿,包括间接财产损失赔偿、精神损害赔偿等;对未给予公平补偿的侵权征收,应令征收人承担惩罚性赔偿责任。"惩罚性赔偿降低了加害人转嫁谨慎成本的预期收益,因而起到预防的作用。"③ 可以看到,我国政府的有关政策文件已对此问题有所规定,为法律的具体落实提供了基础④。各地方也在纷纷探索如区片综合地价制、发展留用地等将土地发展权利益纳入征地补偿范围的具体机制或手段。笔者认为,在已经具备条件可以实行区片综合价的地区,可考虑尽快制定适当的综合地价,让被征地农民早日分享到社

---

① 房绍坤等:《公益征收法研究》,中国人民大学出版社 2011 年版,第 359 - 360 页。
② 贺荣:《物权法与行政诉讼实务问题研究》,中国法制出版社 2008 年版,第 370 - 372 条。
③ 王利明:《民法典——侵权责任法研究》,人民法院出版社 2003 年版,第 645 页。
④ 如 2004 年《国务院关于深化改革严格土地管理的决定》作出规定:"土地补偿费和安置补助费的总和达到法定上限,尚不足以使被征地农民保持原有生活水平,当地人民政府可以用国有土地有偿使用收入予以补贴。"《关于完善征地补偿安置制度的指导意见》更允许有条件的地区,由省级国土资源部门会同有关部门,在综合考虑地类、产值、土地区位、农用地等级、人均耕地数量、土地供求关系、当地经济发展和城镇居民最低生活保障水平等因素的基础上,制订省域内各县市征地区片综合地价,实行征地补偿。

会进步、城市化发展的成果；在暂时不具备条件实行区片综合价的地区，可考虑适当提高补偿标准并在目前年产值倍数范围内取较高值对补偿额进行计算，并同时探索可行的路径。

2. 做好相关的配套制度建设

政府实施土地征收，目的应定位于实现公共利益，而不能是为了获得与其身份不符的巨额商业利润。因此政府在实施土地征收补偿时，不能以压低补偿价的形式来损害被征地主体的利益（包括土地发展权利益），而应充分尊重市场价格与被征地主体的各项房地产财产权（包括土地发展权），这就要求政府要改革原来的"经营城市"的理念，不做城市的"CEO"，而只做城市的"守护神"。这也是对地方政府施政绩效考核要求的重要转变。因此，政府应当加大对征地补偿工作的日常监督，防止个别地方政府因出于自身所谓商业利益的追求而损害被征地主体及社会公众的利益。具体措施可为加强征地补偿的信息公开，扩大被征地方参与征收补偿的具体活动中等。

（二）事中阻却

当地方政府正在实施侵害土地发展权行为时，土地发展权主体有权依据一定的条件和程序实施及时的自力救济，这就是土地发展权救济的事中阻却机制。

1. 确立"停止执行"原则

我国行政法律规范规定了公民对其产生不利影响的具体行政行为不服而提起的行政复议时，该具体行政行为为"不停止执行"的规则。这实际上是拒绝了对错误具体行政行为的事中阻却机制的救济。在土地发展权事中救济机制中，如果修改该规则，赋予土地发展权主体对政府正在实施的侵害土地发展权行为申请行政复议，该具体行政行为为"停止执行"的规则，对于保护土地发展权主体的利益大有裨益。

2. 设立土地发展权限制的防卫权机制

这项机制的行使应当是在政府作出侵害公民个体土地发展权利益的行政行为如果即刻执行，将会给后者造成无法挽回或不可弥补的重大损失时才能够行使。这项机制是对行政权强制性的缓冲，在实践中具有较大争议。笔者认为，对这项权利的行使应当规定其严格的程序。

（三）事后解决

1. 构建多元化纠纷解决体系

在土地发展权纠纷发生过程中，被征地主体可能因其程序性权利或财产性权利被剥夺或被侵犯而蒙受损失或与征收方甚至其所属的集体经济组织发生纠纷。为了方便这些处于弱势的群体得到及时充分的救济，化解矛盾，解决纠纷，首先而且最重要的应当是建立起一套适当的多元解纷体系。这一多元解纷体系应当是一整套包括民间性救济、行政救济、司法救济在内的相互衔接的体系。在损害或者纠纷发生之后，土地发展权受侵害主体可以根据自己的意愿和所处的具体情形，从这套救济体系中自主选择适当的救济路径。

从提高救济效率、节约救济成本、方便救济取得的角度出发，土地发展权受侵害主体可以先考虑通过平等商谈、调解等所需成本较低的民间性救济途径来解决纠纷，在双方达成合意的情况下使受损方得到充分的救济。尚不能解决问题的，被征收方可通过有权的行政部门获取必要的救济，具体可采用行政和解或调解、行政裁决等方式。对结果不满意的，可以继续申请行政复议或提起行政诉讼。当然，在条件允许的情况下，被征收方也可以径直选择民事或行政诉讼的方式，请求司法救济。总之，解纷的法治路径始终都是相互衔接且畅通无阻的。

2. 建立土地发展权的公益诉讼制度

公益诉讼是为了纠正公共性不当行为，而某些不当的公共性行为可能与提起诉讼的人并不存在个人利益关系，因此需要赋予检察机关、社团和普遍民众在行政行为损害公共利益时的起诉资格。2005年《行政诉讼法（修改建议稿）》增加了公益诉讼，针对行政行为影响某些公共利益而无人起诉的问题，允许检察机关或与行政行为具有一般利益关系的公民或组织起诉。但是未以正式法律案通过实施。笔者认为，土地发展权是一项具有较强公权力属性的权利，其权利主体在数量、类型上均具有多元性。当其受侵害时，无论是作为原被告，抑或是第三人，其诉讼主体人数都可能是庞大的。因此，构建土地发展权公益诉讼制度，不仅丰富了民事、行政诉讼当事人机制的内涵，而且有利于推动土地发展权诉讼更为高效地运转与实施。

3. 纳入法律援助范围

2003年国务院发布的《法律援助条例》规定，公民因赡养费、扶养费、抚育费、劳动报酬、工伤等涉及基本生存利益的纠纷提起诉讼的，可申请法律援助。由此可知，公民对侵害其劳动权的行为可提出法律援助申请。劳动权既是一项人身权，又是一项财产权。因此可认为有关规范性文件已经承认对某些具有人身属性的公民财产性权利，在符合一定条件时可申请法律援助，以更好地寻求法律救济。而土地发展权也是一项具有人权属性的财产权，是否可比照劳动权的模式而将其纳入法律援助的范围。这从法制构建的角度来看当然是具有可行性的。

结语

从法学的视角研究土地发展权，在我国仍处于前期阶段。目前，法学界对土地发展权的研究成果主要是对域外土地发展权（制度）的介绍，而从法学尤其是物权法理论的视角对土地发展权的权利内涵、性质、构成、运行、保障以及制度等作为一般民事物权的基本法律要素的研究则相对滞后。

基于此，笔者期望在此领域推动该项权利理论研究的深化。本书在分别对土地发展权的生成与发展、法律地位与定位、实现与救济、制度构建等方面进行了详细的论证，得出的核心观点是土地发展权是一项独立的不动产物权，应将其纳入物权法律体系中运行并予以保障。本书从法学理论的角度较为全面地探究了土地发展权的权利内涵、性质、构成、运行、保障以及制度构建等要素，可谓为本书的一大创新点与突破点。

但是笔者认为，从法学领域对土地发展权的研究在今后仍将在以下几个问题拥有较大的提升空间：其一，土地发展权的物权构造研究。土地发展权作为一项独立的土地物权，其法律关系的主体、客体以及内容具体为何？对这个问题的研究是创新我国物权法制理论的一个重要领域。其二，对土地发展权的准物权与经济法权属性的研究。虽然不动产物权是土地发展权的核心属性，但其作为一项拥有复合属性的权利，其准物权与经济法权属性的具体内容为何？这也分别是对我国的准物权理论与经济法权理论研究创新的一个重要领域。其三，土地发展权的运行机制如何构建？土地发展权作为一项民事物权，其主体实现对其享有的制度如何设计？土地发展权的法律救济制度如何构建？对这些问题理论的深入探究更有利于筑起土地发展权的物权之基。其四，我国各地的土地发展权法治实践的整体与类型化研究。土地发展权实践在我国各地均有一定程度的探索，如何从法律制度的构建与完善的视角回应这些有价值的机制实践，这对于我国构建宏观层面上的土地发展权制度具有重要意义。对于以上法学理论与实务问题，惟盼在以后的思考与研究中继续深化。

参 考 文 献

[1] 孙弘. 中国土地发展权研究：土地开发与资源保护的新视角［M］. 北京：中国人民大学出版社，2004.

[2] 董黎明，胡健颖. 房地产开发经营与管理［M］. 北京：北京大学出版社，1995.

[3] 刘国臻. 论我国土地利用管理制度改革［M］. 北京：人民法院出版社，2006.

[4] 李玉峰. 中国城市土地制度的法经济学分析［M］. 北京：中国计划出版社，2002.

[5] 江平. 中国土地立法研究［M］. 北京：中国政法大学出版社，1999.

[6] 王卫国. 中国土地权利研究［M］. 北京：中国政法大学出版社，1997.

[7] 王卫国，王广华. 中国土地权利的法制建设［M］. 北京：中国政法大学出版社，2002.

[8] 车江洪. 房地产市场体制建设研究［M］. 上海：上海社会科学院出版社，2000.

[9] 艾建国. 中国城市土地制度经济问题研究［M］. 武汉：华中师范大学出版社，2001.

[10] 柴强. 各国（地区）土地制度与政策［M］. 北京：北京经济学院出版社，1993.

[11] 赵尚朴. 城市土地使用制度研究：欧美亚各国城市土地使用制度探索［M］. 北京：中国城市出版社，1996.

[12] 崔杰. 土地承包及征地补偿案件的法律适用［M］. 北京：人民法院出版社，2005.

[13] 符启林. 城市房地产开发用地法律制度研究［M］. 北京：法律出版社，2000.

[14] 陈乃新. 经济法理性论纲：以剩余价值法权化为中心［M］. 北京：中国检察出版社，2004.

[15] 杨继瑞. 中国城市土地制度创新［M］. 成都：四川大学出版社，1995.

[16] 郭洁. 土地关系宏观调控法研究［M］. 沈阳：辽宁大学出版社，2004.

[17] 曹建海. 中国城市土地高效利用研究［M］. 北京：经济管理出版社，2002.

[18] 程信和. 房地产法学［M］. 北京：人民法院出版社，2003.

[19] 蒋省三. 中国土地政策改革政策演进与地方实施［M］. 上海：上海三联书店，2010.

[20] 陈利根. 土地用途管制研究［M］. 北京：中国大地出版社，2001.

[21] 张兵. 城市规划实效论［M］. 北京：中国人民大学出版社，1998.

[22] 严金明. 中国土地利用规划［M］. 北京：经济管理出版社，2001.

[23] 中国社会科学财贸经济研究所，美国纽约公共管理研究所. 中国城镇住宅制度改革［M］. 北京：经济管理出版社，1996.

[24] 肖军. 城市地下空间利用法律制度研究［M］. 北京：知识产权出版社，2008.

[25] 我妻荣，有泉亨. 新订物权法（民法讲义Ⅱ）［M］. 东京：岩波书店，1983.

[26] 潘嘉玮. 城市化进程中土地征收法律问题研究［M］. 北京：人民出版社，2009.

[27] 王文革. 城市土地节约利用法律制度研究［M］. 北京：法律出版社，2008.

[28] 张千帆，党国英，高新军. 城市化进程中的农民土地权利保障［M］. 北京：中国民主法制出版社，2013.

［29］汪军民．土地权利配置论［M］．北京：中国社会科学出版社，2008．

［30］袁铖．制度变迁过程中农民土地权利保护研究［M］．北京：中国社会科学出版社，2010．

［31］崔文星．中国农地物权制度论［M］．北京：法律出版社，2009．

［32］揭明，鲁勇睿．土地承包经营权之权利束与权利结构研究［M］．北京：法律出版社，2011．

［33］金俭．不动产财产权自由与限制研究［M］．北京：法律出版社，2007．

［34］程萍．财产所有权的保护与限制［M］．北京：中国人民公安大学出版社，2006．

［35］吴志攀．经济法学家（第九卷）［M］．北京：北京大学出版社，2012．

［36］郭洁．土地所有权一体保护立法研究［M］．北京：知识产权出版社，2011．

［37］施蒂尔纳．德国物权法（上册）［M］．张双根，译．北京：法律出版社，2004．

［38］尹田．法国物权法［M］．2版．北京：法律出版社，2009．

［39］郑玉波．民法物权［M］．12版．台北：三民书局，1988．

［40］刘保玉．物权体系论：中国物权法上的物权类型设计［M］．北京：人民法院出版社，2004．

［41］金俭．原理·规则·适用：中国不动产物权法［M］．北京：法律出版社，2008．

［42］董学立．物权法研究：以静态与动态的视角［M］．北京：中国人民大学出版社，2007．

［43］曹红冰．不动产物权制度的理论和法律适用［M］．湘潭：湘潭大学出版社，2011．

［44］操小娟．土地利用中利益衡平的法律问题研究［M］．北京：人民出版社，2006．

［45］舍费尔，奥特．民法的经济分析［M］．4版．江清云，杜涛，译．北京：法律出版社，2009．

［46］王郁．国际视野下的城市规划管理制度：基于治理理论的比较研究［M］．北京：中国建筑工业出版社，2009．

［47］苏志超．比较土地政策［M］．台北：台湾五南图书出版公司，1999．

［48］江秋明．法国四十年的土地政策［M］．北京：农业出版社，1991．

［49］汪振江．农村土地产权与征收补偿问题研究［M］．北京：中国人民大学出版社，2008．

［50］林英彦．土地经济学通论［M］．台北：文笙书局，1999．

［51］陈明灿．农地政策与法律［M］．台北：台湾翰芦图书出版有限公司，2005．

［52］陈明灿．财产权保障、土地使用限制与损失补偿［M］．台北：台湾翰芦图书出版有限公司，2001．

［53］陈明灿．土地法专题研究［M］．台北：台湾元照出版公司，2008．

［54］陈明灿．国土政策与法律［M］．台北：台湾翰芦图书出版有限公司，2006．

［55］刘俊，杨惠，白庆兰．地票的制度基础与法律性质［M］．北京：法律出版社，2012．

［56］北京大学国家发展研究院综合课题组．还权赋能：奠定长期发展的可靠基础——成都市统筹城乡综合改革实践的调查研究［M］．北京：北京大学出版社，2010．

［57］李志明．空间、权力与反抗：城中村违法建设的空间政治解析［M］．南京：东南大学出版社，2009．

［58］田莉．有偿使用制度下的土地增值与城市发展：土地产权的视角分析［M］．北京：中国建筑工业出版社，2008．

［59］中国社会科学院农村发展研究所宏观经济研究室. 农村土地制度改革：国际比较研究［M］. 北京：社会科学文献出版社，2009.

［60］张曙光. 博弈：地权的细分、实施和保护［M］. 北京：社会科学文献出版社，2011.

［61］杨勤法. 房地产宏观调控政策与法律［M］. 北京：北京大学出版社，2011.

［62］王文革. 城市土地配置利益博弈及其法律调整［M］. 北京：法律出版社，2008.

［63］屈茂辉. 用益物权制度研究［M］. 北京：中国方正出版社，2005.

［64］房绍坤. 用益物权基本问题研究［M］. 北京：北京大学出版社，2006.

［65］王效贤，夏建兰. 用益物权制度研究［M］. 北京：法律出版社，2006.

［66］尹飞. 物权法·用益物权［M］. 北京：中国法制出版社，2005.

［67］王崇敏，李建华. 物权法立法专题研究［M］. 北京：法律出版社，2012.

［68］高富平. 土地使用权和用益物权：我国不动产物权体系研究［M］. 北京：法律出版社，2001.

［69］杨立新. 物权法［M］. 4版. 北京：中国人民大学出版社，2013.

［70］王利明. 物权法研究［M］. 北京：中国人民大学出版社，2002.

［71］陈祥健. 空间地上权研究［M］. 北京：法律出版社，2009.

［72］尹田. 物权法［M］. 北京：北京大学出版社，2013.

［73］周林彬. 物权法新论：一种法律经济分析的观点［M］. 北京：北京大学出版社，2002.

［74］陈华彬. 民法物权论［M］. 北京：中国法制出版社，2010.

［75］何志. 物权法判解研究与适用［M］. 北京：人民法院出版社，2004.

［76］崔建远. 准物权研究［M］. 2版. 北京：法律出版社，2012.

［77］杨紫烜. 经济法［M］. 2版. 北京：北京大学出版社，2006.

［78］宁金成. 私有财产权、私有经济的价值与法律保护［M］. 郑州：郑州大学出版社，2008.

［79］陈乃新. 经济法精神之展开［M］. 北京：中国政法大学出版社，2005.

［80］张千帆，葛维宝. 中央与地方关系的法治化［M］. 北京：译林出版社，2009.

［81］唐在富. 中国土地制度创新与土地财税体制重构［M］. 北京：经济科学出版社，2008.

［82］夏明文. 土地与经济发展：理论分析与中国实证［M］. 上海：复旦大学出版社，2000.

［83］马刚. 土地政策和经济发展方式转变［M］. 北京：经济科学出版社，2012.

［84］董礼洁. 地方政府土地管理权［M］. 北京：法律出版社，2009.

［85］金俭. 房地产法研究［M］. 北京：科学出版社，2004.

［86］高汉. 集体产权下的中国农地征收问题研究［M］. 上海：上海人民出版社，2009.

［87］张立彦. 中国政府土地收益制度研究［M］. 北京：中国财政经济出版社，2010.

［88］谢玉娟. 中国农村土地权利制度专题研究［M］. 重庆：西南财经大学出版社，2009.

［89］方芳. 土地资源管理［M］. 上海：上海财经大学出版社，2006.

［90］白云升，朱明仓，胡存智，等. 区域土地统筹利用论［M］. 重庆：西南财经大学出版社，2008.

［91］胡伟艳. 城乡转型与农地非农化的互动关系［M］. 北京：科学出版社，2012.

[92] 王德起. 土地资产管理论 [M]. 北京：首都经济贸易大学出版社, 2009.

[93] 阿朗索. 区位和土地利用 [M]. 北京：商务印书馆, 2010.

[94] 曲福田, 谭荣. 中国土地非农化的可持续治理 [M]. 北京：科学出版社, 2010.

[95] 彭海斌. 公平竞争制度选择 [M]. 北京：商务印书馆, 2006.

[96] 杨临宏. 行政法：原理与制度 [M]. 昆明：云南大学出版社, 2010.

[97] 顾耕耘. 经济法教程 [M]. 2版. 上海：上海人民出版社, 北京：北京大学出版社, 2006.

[98] 严军兴. 多元化农村纠纷处理机制研究 [M]. 北京：法律出版社, 2008.

[99] 范愉. 纠纷解决的理论与实践 [M]. 北京：清华大学出版社, 2007.

[100] 王景琦. 房地产诉讼 [M]. 北京：法律出版社, 2003.

[101] 章彦英. 土地征收救济机制研究 [M]. 北京：法律出版社, 2011.

[102] 李莉. ADR视角下民间经济纠纷的解决 [M]. 北京：人民法院出版社, 2009.

[103] 章武生. 中国群体诉讼理论与案例评析 [M]. 北京：法律出版社, 2009.

[104] 颜运秋. 公益经济诉讼：经济法诉讼体系的构建 [M]. 北京：法律出版社, 2008.

[105] 张永泉. 民事之诉合并研究 [M]. 北京：北京大学出版社, 2009.

[106] 崔建远. 土地上的权利群研究 [M]. 北京：法律出版社, 2004.

[107] 房绍坤. 公益征收法研究 [M]. 北京：中国人民大学出版社, 2011.

[108] 贺荣. 物权法与行政诉讼实务问题研究 [M]. 北京：中国法制出版社, 2008.

[109] 王利明. 民法典：侵权责任法研究 [M]. 北京：人民法院出版社, 2003.

[110] 达尔. 现代政治分析 [M]. 上海：上海译文出版社, 1987.

[111] 杨惠. 土地用途管制法律制度研究 [M]. 北京：法律出版社, 2010.

[112] 杨临宏. 公共经济法研究 [M]. 北京：中国社会科学出版社, 2007.

[113] 胡吕银. 土地承包经营权的物权法分析 [M]. 上海：复旦大学出版社, 2004.

[114] 任丹丽. 集体土地物权行使制度研究：法学视野中的集体土地承包经营权流转 [M]. 北京：法律出版社, 2010.

[115] 张豪. 土地使用权提前收回制度研究：以城市房屋拆迁为视角 [M]. 北京：法律出版社, 2011.

[116] 褚建好, 肖勇, 张永魁. 国有土地上房屋征收与补偿实务指南 [M]. 北京：中国政法大学出版社, 2012.

[117] 符启林. 城市房地产开发用地法律制度研究 [M]. 北京：法律出版社, 2000.

[118] 金俭. 中国住宅法研究 [M]. 上海：法律出版社, 2004.

[119] 任中秀. 农村宅基地使用权制度研究 [M]. 济南：山东大学出版社, 2012.

[120] 李俊夫. 城中村的改造 [M]. 北京：科学出版社, 2004.

[121] 崔杰. 土地承包及征地补偿案件的法律适用 [M]. 北京：人民法院出版社, 2005.

[122] 杨立新. 物权法 [M]. 北京：中国人民大学出版社, 2019.

[123] 崔文星. 民法物权论 [M]. 北京：中国法制出版社, 2017.

［124］甘藏春．北当代中国土地法若干重大问题研究［M］．北京：中国法制出版社，2019．

［125］胡兰玲．土地发展权论［J］．河北法学，2002（2）．

［126］顾大松．论我国房屋征收土地发展权补偿制度的构建［J］．法学评论，2012，30（6）．

［127］王小映．全面保护农民的土地财产权益［J］．中国农村经济，2003（10）．

［128］杜业明．现行农村土地发展权制度的不均衡性及其变迁［J］．西北农林科技大学学报（社会科学版），2004（1）．

［129］周建春．中国耕地产权与价值研究：兼论征地补偿［J］．中国土地科学，2007（1）．

［130］王万茂，臧俊梅．试析农地发展权的归属问题［J］．国土资源科技管理，2006（3）．

［131］侯华丽，杜舰．土地发展权与农民权益的维护［J］．农村经济，2005（11）．

［132］刘明明．论土地发展权的理论基础［J］．理论导刊，2008（6）．

［133］吴郁玲，曲福田，冯忠垒．论我国农地发展权定位与农地增值收益的合理分配［J］．农村经济，2006（7）．

［134］刘韶岭．城市房屋拆迁中土地使用权价值补偿的显化［J］．中国房地产，2006（8）．

［135］刘国臻．论美国的土地发展权制度及其对我国的启示［J］．法学评论，2007（3）．

［136］李茂．美国、加拿大等发达国家土地用途管制制度及其对我国的启示［J］．国土资源情报，2003（10）．

［137］王成艳，靳相木．土地用途管制实施机制市场取向改革初探［J］．国土资源情报，2009（2）．

［138］李祖全．农地发展权之法律建构：以私权为研究视点［J］．时代法学，2009，7（1）．

［139］汤志林．我国土地发展权构建：优化城市土地管理的新途径［J］．中国地质大学学报（社会科学版），2006（5）．

［140］牛君．新农村建设的新思路：厦门"金包银"工程探析［J］．厦门理工学院学报，2007（2）．

［141］黄爱东．"城中村"的困惑与"金包银"工程的曙光：厦门"金包银"工程的创新实践对防范"城中村"问题的启示［J］．农业经济问题，2009，30（10）．

［142］何子张，曹伟．土地发展权视角下的土地征用政策分析：兼论厦门"金包银"政策［J］．规划师，2009，25（1）．

［143］汪晖，陶然．建设用地计划管理下的土地发展权转移与交易：土地计划管理体制改革的"浙江模式"及其全国含义［J］．中国经贸导刊，2009（1）．

［144］汪晖，陶然．论土地发展权转移与交易的"浙江模式"：制度起源、操作模式及其重要含义［J］．管理世界，2009（8）．

［145］沈萍．地票交易制度的创新、困境及出路［J］．经济法论坛，2010（0）．

［146］任庆恩．土地权利制度的发展趋势［J］．中国土地，2004（Z1）．

［147］孙鹤汀，刘明明．论土地发展权的地位［J］．广西大学学报（哲学社会科学版），2009（4）．

［148］穆松林，高建华，毋晓蕾，等．土地发展权及其与土地用途管制的关系［J］．农村经济，2009（11）．

［149］丁成日．土地价值与城市增值［J］．城市发展研究（第9卷），2012（6）．

[150] 穆松林,高建华. 土地征收过程中设置土地发展权的必要性和可行性 [J]. 国土与自然资源研究, 2009 (1).

[151] 吴宇哲,彭毅,鲍海君. 基于土地发展权分配的征地区片综合地价研究 [J]. 浙江大学学报(人文社会科学版), 2008 (6).

[152] 张良悦. 土地发展权及其交易:基于农地保护的政策工具 [J]. 经济体制改革, 2008 (6).

[153] 张良悦. 土地发展权框架下失地农民的补偿 [J]. 东南学术, 2007 (6).

[154] 刘国臻. 论英国土地发展权制度及其对我国的启示 [J]. 法学评论, 2008 (4).

[155] 程信和. 经济法基本权利范畴论纲 [J]. 甘肃社会科学, 2006 (1).

[156] 朱未易. 论物权法上土地发展权与人权法上发展权的制度性契合 [J]. 政治与法律, 2009 (9).

[157] 刘俊. 城市扩展加快背景下的征地制度改革 [J]. 江西社会科学, 2009 (10).

[158] 龙翼飞,徐霖. 对我国农村宅基地使用权法律调整的立法建议:兼论"小产权房"问题的解决 [J]. 法学杂志, 2009 (9).

[159] 刘学平,钟碧武. 城市改造拆迁中的土地发展权补偿问题 [J]. 华商, 2007 (12).

[160] 郭熙保,王万珺. 土地发展权、农地征用及征地补偿制度 [J]. 河南社会科学, 2006 (4).

[161] 王海鸿,杜茎深. 论土地发展权及其对我国土地征收制度的创新 [J]. 中州学刊, 2007 (5).

[162] 田春雷. 论我国征地制度改革中土地发展权的配置 [J]. 河南省政法管理干部学院学报, 2009 (5).

[163] 季禾禾,周生路,冯昌中. 试论我国农地发展权定位及农民分享实现 [J]. 经济地理, 2005 (2).

[164] 刘国臻. 论土地发展权在我国土地权利体系中的法律地位 [J]. 学术研究, 2007 (4).

[165] 鞠海龙. 土地发展权缺失带给农民经济损失的度量及补偿途径分析 [J]. 当代经济, 2007 (4).

[166] 李长健,伍文辉. 土地资源可持续利用中的利益均衡:土地发展权配置 [J]. 上海交通大学学报(哲学社会科学版), 2006 (2).

[167] 张友安,陈莹. 土地发展权的配置与流转 [J]. 中国土地科学, 2005 (5).

[168] 杨明洪,刘永湘. 压抑与抗争:一个关于农村土地发展权的理论分析框架 [J]. 财经科学, 2004 (6).

[169] 宗庆后. 关于改革供地方式,进行二次房改建立三三制住房制度的建议 [J]. 商品与质量, 2010 (10).

[170] 卢卫,张智. 城市住房供求梯次配置体系的构建 [J]. 天津大学学报(社会科学版), 2007 (5).

[171] 张占录. 以土地发展权合理配置解决小产权房问题 [J]. 城乡建设, 2009 (7).

[172] 任辉. 利益衡量视角下"小产权房"的出路探索 [J]. 西南政法大学学报, 2009 (1).

[173] 陶楚南. 我国土地基金制度的建立与发展 [J]. 国土资源, 2006 (11).

[174] 易宪容. 论中国住房公共政策基本原则与框架 [J]. 经济社会体制比较, 2009 (6).

[175] 中国土地勘测规划院地政研究中心课题组. 留一份资金给未来:国内外土地基金制度运行实

践及其启示 [J]. 中国土地, 2007 (2).

[176] 李长健, 等. 小产权房中的利益博弈和利益平衡研究 [J]. 学术探索, 2009 (1).

[177] 张俊, 于海燕. 国内外城市土地增值收益分配制度的比较与借鉴 [J]. 价格月刊, 2008 (3).

[178] 张帆, 邹秀清. 农地非农化: 兼顾效率与公平的补偿标准 [J]. 农业技术经济, 2006 (4).

[179] 王海鸿. "小产权房" 存在的合理性及其合法化途径研究: 基于土地发展权角度 [J]. 华东经济管理, 2009 (12).

[180] 刘明明, 卢群群. 土地立法新探: 以土地发展权为视角 [J]. 行政与法, 2012 (1).

[181] 范辉, 董捷. 试论农地发展权 [J]. 农村经济, 2005 (6).

[182] 陈柏峰. 土地发展权的理论基础与制度前景 [J]. 法学研究, 2012 (4).

[183] 刘国臻. 论我国地方土地权力配置体制创新: 以土地发展权配置为视角 [J]. 学术研究, 2011 (9).

[184] 张忠野. 试论土地资源配置中的自由与管制 [J]. 华东政法学院学报, 2004 (4).

[185] 黄祖辉, 汪晖. 非公共利益性质的征地行为与土地发展权补偿 [J]. 经济研究, 2002 (5).

[186] 刘国臻. 论我国土地征收益分配制度改革 [J]. 法学论坛, 2012 (1).

[187] 徐明月, 曹涌涛, 吴茂见. 从征收权的理论边界看我国农地征收制度的完善 [J]. 学术论坛, 2008 (3).

[188] 黎晓武, 陈威. 生存权与发展权视野下的土地征用补偿制度研究 [J]. 江西社会科学, 2009 (10).

[189] 杜丽霞. 土地征收中的社会发展与农民发展: 以土地发展权为视角 [J]. 河北大学学报 (哲学社会科学版), 2011 (5).

[190] 郜永昌. 土地发展权损失补偿的制度分析及对策 [J]. 社会科学家, 2009 (11).

[191] 刘国臻. 论我国土地发展权的法律性质 [J]. 法学杂志, 2011 (3).

[192] 张鹏, 刘春鑫. 基于土地发展权与制度变迁视角的城乡土地地票交易探索: 重庆模式分析 [J]. 经济体制改革, 2010 (5).

[193] 吕翾, 金俭. 土地流转中增量利益关系之经济法调整论 [J]. 湘潭大学学报 (哲学社会科学版), 2012 (6).

[194] 张锋学. 民法视野下的我国土地征收制度 [J]. 广西社会科学, 2012 (4).

[195] 张力. 农村集体土地征收中被征收人的权利缺损及其补全: 从以集体所有权为中心到以农民用益物权为中心 [J]. 法学杂志, 2012 (3).

[196] 徐文. 改革抑或过渡: 征转分离制度之价值、成本及改良 [J]. 西南民族大学学报 (人文社会科学版), 2012 (8).

[197] 陈展图. 物权法视野下的征地制度反思 [J]. 农村经济, 2009 (10).

[198] 刘国臻, 陈年冰. 论土地权利发展的三大轨迹及其启示 [J]. 学术研究, 2013 (2).

[199] 吕翾. 促进农民增收目标下两岸农地产权保障制度比较探析 [J]. 湖南科技大学学报 (社会科学版), 2013 (3).

[200] 王权典, 张建军. 论农地承包经营权的物权法律性质与特征: 以台湾地区永佃权为参照 [J].

中国农业大学学报（社会科学版），2005（3）．

[201] 张俊．土地发展权转移的国际比较研究［J］．改革与战略，2008（1）．

[202] 相蒙，于毅．美国农地利用规划中农地发展权国家购买制度述评［J］．世界农业，2012（2）．

[203] 张良悦．美国的土地发展权与农地保护：城市化进程中农地保护的一种借鉴［J］．经济问题探索，2008（7）．

[204] 李泠烨．城市规划法的产生及机制研究：以德国普鲁士邦为考察代表［J］．行政法论丛，2010（0）．

[205] 李泠烨．土地使用的公共限制：以德国城市规划法为考察对象［J］．清华法学，2011（1）．

[206] 吴唯佳．德国城市规划核心法的发展、框架与组织［J］．国外城市规划，2000（1）．

[207] 朱喜钢，金俭．政府的规划权与公民的不动产物权［J］．城市规划，2011（2）．

[208] 高洁，廖长林．英、美、法土地发展权制度对我国土地管理制度改革的启示［J］．经济社会体制比较，2011（4）．

[209] 金俭，吕翾．论台湾土地开发许可制及其对大陆地区的启示［J］．湖南师范大学社会科学学报，2013（3）．

[210] 欧阳恩钱．台湾地区"都市计划容积转移办法"对我国城市房屋拆迁补偿的启示［J］．前沿，2005（2）．

[211] 何颖岑，阮如舫．历史街区更新的发展权转移运用：以台北大稻埕地区为例［J］．北京规划建设，2010（3）．

[212] 金家禾．开发许可制对土地开发之影响之三［J］．现代地政，2000（9）．

[213] 汪晖，王兰兰，陶然．土地发展权转移与交易的中国地方试验：背景、模式、挑战与突破［J］．城市规划，2011（7）．

[214] 张蔚文，李学文．外部性作用下的耕地非农化权配置："浙江模式"的可转让土地发展权真的有效率吗？［J］．管理世界，2011（6）．

[215] 李珍贵．"征转分离"是一把"双刃剑"：基于各地实践与探索的分析［J］．中国土地，2012（5）．

[216] 李彦芳．征地区片综合地价测算方法与验证标准研究［J］．中国土地科学，2007（1）．

[217] 屈茂辉，周志芳．中国土地征收补偿标准研究：基于地方立法文本的分析［J］．法学研究，2009（3）．

[218] 熊金武，黄义衡，徐庆．农地征收补偿标准的困境解析与机制设计：基于信息不对称下的一个讨价还价框架［J］．现代财经（天津财经大学学报），2013（1）．

[219] 周四丁．论基本农田发展权的国有途径［J］．法学杂志，2011（3）．

[219] 刘元胜，崔长彬，唐浩．城乡建设用地增减挂钩背景下的撤村并居研究［J］．经济问题探索，2011（11）．

[220] 段潇潇，张占录．城市化过程中的土地发展权［J］．理论与实践，2012（9）．

[221] 孙宪忠．确定我国物权种类以及内容的难点［J］．法学研究，2002（1）．

[222] 方丽, 田传浩. 土地发展权转让、市场机制与中国土地利用规制创新 [J]. 中国房地产, 2012 (7).

[223] 施思. 中国土地发展权转移与交易的浙江模式与美国比较研究 [J]. 世界农业, 2012 (10).

[224] 童菊儿, 严斌, 汪晖. 异地有偿补充耕地: 土地发展权交易的浙江模式及政策启示 [J]. 国际经济评论, 2012 (2).

[225] 蒲方合. 建设用地容积率调整中的利益平衡机制研究: 以土地使用权已经出让的建设用地容积率的调整为视角 [J]. 经济体制改革, 2010 (3).

[226] 邢锡芳. 土地规划和政府对私人不动产的侵权: 从政府征地和土地管理法规条例谈美国土地规划的法律基础 [J]. 北京规划建设, 2006 (3).

[227] 房绍坤. 用益物权与所有权关系辨析 [J]. 法学论坛, 2003 (4).

[228] 房绍坤. 论用益物权的法律属性 [J]. 现代法学, 2003 (6).

[229] 房绍坤. 构建用益物权体系的基本要求 [J]. 河南省政法管理干部学院学报, 2004 (3).

[230] 高海, 欧阳仁根. 农地承包经营权权利属性的跨越与流转障碍的克服: 以民法用益物权向经济法权利的跨越为路径 [J]. 南京农业大学学报 (社会科学版), 2010 (2).

[231] 梅夏英. 土地分层地上权的解析: 关于〈物权法〉第136条的理解与适用 [J]. 政治与法律, 2008 (10).

[232] 王利明. 空间权: 一种新型的财产权利 [J]. 法律科学 (西北政法学院学报), 2007 (2).

[233] 张志强, 高丹桂. 农地发展权的本质、特征及其演化路径 [J]. 重庆社会科学. 2008 (11).

[244] 臧俊梅. 农地发展权在土地权利体系中的地位及其相互关系研究 [J]. 国土资源科技管理, 2009 (5).

[245] 王永慧, 严金明. 农地发展权界定、细分与量化研究 [J]. 中国土地科学. 2007 (2).

[246] 沈志远, 吴钊. 简论农地发展权在我国的创设 [J]. 新学术, 2007 (6).

[247] 胡田野. 准物权与用益物权的区别及其立法模式选择 [J]. 学术论坛, 2005 (3).

[248] 苟军年. 准物权法律定位的思考 [J]. 法治论丛, 2008 (2).

[249] 王明远. 论碳排放权的准物权和发展权属性 [J]. 中国法学, 2010 (6).

[250] 邓海峰. 环境容量的准物权化及其权利构成 [J]. 中国法学, 2005 (4).

[251] 李显冬. 市政特许经营中的双重法律关系: 兼论市政特许经营权的准物权属性 [J]. 国家行政学院学报, 2004 (4).

[252] 郭琛. 论社会整体经济利益的权利化 [J]. 甘肃政法学院学报, 2010 (3).

[253] 刘明明. 论我国土地发展权的归属和实现 [J]. 农村经济, 2008 (10).

[254] 湛中乐. 我国土地使用权收回类型化研究 [J]. 中国法学, 2012 (2).

[255] 刘国臻. 中国土地发展权论纲 [J]. 学术研究, 2005 (10).

[256] 丁文. 论中国土地征收救济机制之构建: 以比较法为视角 [J]. 中国农村经济, 2007 (4).

[257] 刘国臻. 论我国土地利用管理制度要解决的主要问题 [J]. 暨南大学学报 (哲学社会科学版), 2003 (5).

[258] 张勇. 改革农村土地征收制度, 完善增值收益分配机制 [J]. 内蒙古师范大学学报（哲学社会科学版）, 2012 (1).

[259] 苏志超. 土地发展权与建物容积（权）之比较及产权化与法制化之讨论 [J]. 人与地, 1999 (6).

[260] 王春业, 聂佳龙. 外部不经济理论视角下的权利冲突分析 [J]. 湖南师范大学社会科学学报, 2012 (1).

[261] 金家禾. 开发许可制对土地开发之影响之二 [J]. 现代地政, 2000 (8).

[262] 边泰明. 土地开发权赋予过程中协商制度之差异经验 [J]. 经社法制论丛, 1997 (20).

[263] 赖世刚. 开发许可制与土地使用分区管制比较研究: 从财产权与信息经济分析入手 [J]. 规划师, 2002 (4).

[264] 金家禾. 开发许可制对土地开发之影响之一 [J]. 现代地政, 2000 (7).

[265] 边泰明. 限制发展土地之补偿策略与财产权配置 [J]. 土地经济年刊, 1997 (8).

[266] 赖宗裕. 现行容积转移制度与容积可转移量评估之探讨 [J]. 土地经济年刊, 2000 (11).

[267] 徐键. 公共建设规划、开发利益与社会公正: 利益回馈的理论与模式 [J]. 法治研究, 2009 (2).

[268] 操小娟. "小产权房"的法律问题及相关制度的完善 [J]. 华中科技大学学报（社会科学版）, 2008 (6).

[269] 诸培新, 唐鹏. 农地征收与供应中的土地增值收益分配机制创新 [J]. 南京农业大学学报（社会科学版）, 2013 (1).

[270] 吕翾. 我国土地发展权法律问题研究 [D]. 广州: 中山大学, 2010.

[271] 吴框框. 基于土地发展权博弈的农村留用地制度探析: 以广州市南沙区为例 [D]. 厦门: 厦门大学, 2018.

[272] 孔银屏. 矿业权概念及客体研究 [J]. 法制博览, 2017 (8).

[273] 叶裕民, 戚斌, 于立. 基于土地管制视角的中国乡村内生性发展乏力问题分析: 以英国为鉴 [J]. 中国农村经济, 2018 (3).

[274] 李冷烨. 土地使用的行政规制及其宪法解释: 以德国建设许可制为例 [J]. 华东政法大学学报, 2015 (3).

[275] 任洪涛, 黄锡生. 我国台湾地区都市治理制度述评及其启示 [J]. 城市规划, 2015 (3).

[276] 马祖琦. 美国土地开发权转移制度研究: 理论、评判与思考 [J]. 现代经济探讨, 2020 (2).

[277] 方泂, 沈开举. 土地发展权的法律属性与本土化权利构造 [J]. 学习与实践, 2019 (1).

[278] 顾汉龙, 冯淑怡, 张志林, 等. 我国城乡建设用地增减挂钩政策与美国土地发展权转移政策的比较研究 [J]. 经济地理, 2015 (6).

[279] 孟勤国. 论中国民法典的现代化与中国化 [J]. 东方法学, 2020 (4).

[280] 李永军. 论我国民法典上用益物权的内涵与外延 [J]. 清华法学, 2020 (3).

[281] 房绍坤. 《民法典》物权编用益物权的立法建议 [J]. 清华法学, 2018 (2).

[282] 薛生全. 用益物权的价值取向及立法指引 [J]. 法学杂志, 2018 (12).

[283] 李建华, 李靖. 采矿权法律性质的再认识 [J]. 国家检察官学院学报, 2017 (6).

[284] 崔文星. 民法典视野下空间物权体系的解释论 [J]. 江汉论坛, 2020 (11).

[285] 秦彪, 张民安. 民法典空间所有权制度研究 [J]. 河南社会科学, 2021 (3).

[286] 汪晓华. 土地发展权与土地利用规划权关系之法理释明 [J]. 河北法学, 2019 (12).

[287] 丁德昌. 农地发展权的法律属性与权利结构 [J]. 政治与法律, 2020 (1).

[288] 姚宇. 论新型民事权利的立法转化：以土地发展权为例 [J]. 西南民族大学学报（人文社科版）, 2018 (5).

[289] 丁国民, 林龙. 中国农地发展权利益协调机制研究 [J]. 华中农业大学学报（社会科学版）, 2017 (6).

[290] 王曦. 优化农地发展权的实现机制：对"集中居住"问题的思考 [J]. 开放导报, 2017 (2).

[291] 彭新万, 崔苗. 我国农地发展权配置与实现路径的理论与策略分析：农民、农村集体与国家分享视角 [J]. 求实, 2015 (11).

[292] 王楚云. 论土地发展权的物权属性 [J]. 广西社会科学, 2019 (6).

[293] 代中现. 论我国法治路径之变革：以公法与私法规范配置为视角 [J]. 中山大学学报（社会科学版）, 2020 (3).

[294] 杨翱宇. 论比例原则在民法中的地位 [J]. 河北法学, 2017 (12).

[295] 赵宁. 论土地利用规划权力的经济法属性 [J]. 社会科学家, 2015 (2).

[296] 姜涛. 发展权的国内法属性及制度保障选择 [J]. 法治现代化研究, 2019 (2).

[297] 程子腾, 高峰. 供给侧结构性改革中的土地宏观调控战略框架设计研究 [J]. 现代管理科学, 2017 (6).

[298] 朱一中, 王韬. 剩余权视角下的城市更新政策变迁与实施：以广州为例 [J]. 经济地理, 2019 (1).

[299] 田双清, 陈磊, 姜海. 从土地用途管制到国土空间用途管制：演进历程、轨迹特征与政策启示 [J]. 经济体制改革, 2020 (4).

[300] 杜仪方. 财产权限制的行政补偿判断标准 [J]. 法学家, 2016 (2).

[301] 曾野. 破解"小产权房"难题的地票交易路径 [J]. 现代经济探讨, 2016 (2).

[302] 张杨波. 小产权房合法化的现实困境与路径选择：兼议土地发展权的理论争辩与经验表达 [J]. 福建论坛（人文社会科学版）, 2017 (5).

[303] 刘玉姿. 台湾区段征收制度检讨及启示 [J]. 中国土地科学, 2020 (9).

[304] 王克稳. 我国集体土地征收制度的构建 [J]. 法学研究, 2016 (1).

[305] 王铁雄. 城中村改造中土地权利配置法律问题研究 [J]. 法学杂志, 2016 (4).

[306] 高飞. 征地补偿中财产权实现之制度缺失及矫正 [J]. 江西社会科学, 2020 (2).

[307] 刘非. 城市土地管理中土地利用规划的作用及其措施 [J]. 城市住宅, 2021 (2).

[308] 程雪阳. 新《土地管理法》土地用途管制制度改革的得与失 [J]. 中国法律评论, 2019 (5).

[309] 陈华彬. 空间建设用地使用权探微 [J]. 法学, 2015 (7).

[310] 崔文星. 民法典视野下空间物权体系的解释论 [J]. 江汉论坛, 2020 (11).

[311] 赵剑桥. 我国土地空间权管理探讨 [J]. 法制与社会, 2016 (11).

[312] 张庆运. 房地产纠纷中的法律风险及其防范 [J]. 民营科技, 2018 (11).

[313] FULTON W, MAZUREK J, PRUETZ R, et al. TDRs and other market-based land mechanism: how they work and their role in shaping metropolitan growth [J]. The Brookings Institution Center on Urban and Metropolitan Policy. 2004 (06).

[314] HANLY-FRODE, HOMSY G, LIEBERKNECHT K, et al. Transfer of development rights programs [EB/OL]. [2010-03-05]. Http://government.cce.cornell.edu.doc/pdf/Transfer of development rights.pdf.

[315] HARRIS C L. Land value increment taxation: demise of the British betterment lecy [J]. National Tax Journal, 1972, 25 (04).

[316] FRANKEL J. Past, present, and future constitutional challenges to transferable development rights [J]. Wash. L. Rev. 1999, 74.

[317] RADFORD R S. Takings and transferable development rights in the supreme court: the constitutional status of TDRs in the aftermath of suitum [J]. Stetson L. Rev. 1998-1999, 28: 685.

[318] MILLER J. Transferable development rights in the constitutional landscape: has Penn Central failed to weather the storm [J]. Nat. Resources J. 1999, 39.

[319] RANDLE M. The national reserve system and transferable development rights: Is the New Jersey pinelands plan an unconstitutional taking [J]. B. C. Envtl. Aff. L. Rev. 1982-1983, 10: 183.

[320] MALONE A. The future of transferable development rights in the supreme court [J]. Ky. L. J. 1984-1985, 73: 759.

[321] LITTLEWOOD H. Transferable development rights TRPA and takings: the role of TDRs in the constitutional takings analysis [J]. McGeorge L. Rev. 1998-1999, 30: 201.

[322] ECKERT J. Acquisition of development rights: a modern land use tool [J]. U. Miami L. Rev. 1968-1969, 23: 347.

[323] SAX L. Takings, private property and public rights [J]. Yale. L. J. 1971-1972, 81: 149.

[324] ELLIOTT H, MARCUS N. From euclid to ramapo: new directions in land development controls [J]. Hofstra L. Rev. 1973, 1: 56.

[325] MARCUS N. Mandatory development rights transfer and the taking clause: the case of Manhattan's tudor city parks [J]. Buff. L. Rev. 1974-1975, 24: 77.

[326] CARLO C, WRIGHT E R. Transfer of development rights: a remedy for prior excessive subdivision [J]. U. C. D. L. Rev. 1977, 10: 1.

[327] MARCUS N. The grand slam grand central terminal decision: a euclid for landmarks, favorable notice for TDR and a resolution of the regulatory/taking impasse [J]. Ecology L. Q. 1978-1979, 7: 731.

[328] DELANEY J, KOMINERS W. He who rests less, vests best: acquisition of vested rights in land devel-

opment [J]. St. Louis U. L. J. 1979, 23: 219.

[329] DANELS P, MAGIDA L. Application of transfer of development rights to inner city communities: a proposed municipal land use rights act [J]. Urb. Law. 1979, 11: 124.

[330] JON M C, DAVID L. The supply of development rights: results from a survey in hadley [J]. Land Economics, 1979, 55 (02).

[331] GARY W. The sale of development rights and zoning in the preservation of open space: lindahl equilibrium and a case study [J]. Land Economics, 1981, 57 (03).

[332] LAND E, MARCUS N. Air rights in New York City: TDR, zoning lot merger and the well-considered plan50 brook [J]. Brook L. Rev. 1983 - 1984, 50: 867.

[333] JEFFREY K, DENNIS W. Using referendum data to characterize public support for purchasing development rights to farmland [J]. Land Economics, 1994, 72 (02).

[334] DELANEY J, VAIAS J. Recognizing vested development rights as protected property in fifth amendment due process and takings claims [J]. Wash. U. J. Urb. & Contemp. L. 1996, 49: 27.

[335] LEE F G. Transferable development rights and the deprivation of all economically beneficial use: can TDRs salvage regulations that would otherwise constitute a taking [J]. Idaho L. Rev. 1997 - 1998, 34: 679.

[336] HITCHCOCK B. Suitum v. tahoe regional planning agency: applying the takings ripeness rule to land use regulations and transferable development rights [J]. Golden Gate U. L. Rev. 1998, 28: 87.

[337] JUERGENSMEYER C, NICHOLAS C, LEEBRICK D. Transferable development rights and alternatives after suitum [J]. Urb. Law. 1998, 30: 441.

[338] MERWIN P. Caught between scalia and the deep blue lake: the takings clause and transferable development rights programs [J]. Minn. L. Rev. 1998 - 1999, 83: 815.

[339] ELLIOTT H, MARCUS N. From Euclid to Ramapo: new directions in land development controls [J]. Hofstra L. Rev. 1973, 1: 56.

[340] JEROME G. Proposal for the separation and marketability of development rights as a technique to preserve open space [J]. J. Urb. L. 1973 - 1974, 51: 461.

[341] JEROME G. Psychological, legal and administrative problems of the proposal to use the transfer of development rights (TDR) as a technique to preserve open space [J]. Urb. Law. 1974, 6: 919.

[342] CARMICHAEL M. Transferable development rights as a basis for land use control [J]. Fla. St. U. L. Rev. 1974, 2: 35.

[343] PEDOWITZ M. Transfers of air rights and development rights [J]. Real Prop. Prob. & Tr. J. 1974, 9: 183.

[344] PETERSON S, RICHARDS G. Development rights transfer in livermore: a planning strategy to conserve open space [J]. Golden Gate U. L. Rev. 1974 - 1975, 5: 191.

[345] BAKER M. Development rights transfer and landmarks preservation-providing a sense of orientation

[J]. Urb. L. Ann. 1975, 9: 131.

[346] SCHNIDMAN F. Transferable development rights: an idea in search of implementation [J]. Land & Water L. Rev. 1976, 11: 339.

[347] BERGER J. The accommodation power in land use controversies: a reply to professor costonis [J]. Colum. L. Rev. 1976, 76: 799.

[348] BERRY D, STEIKER G. An economic analysis of transfer of development rights [J]. Nat. Resources J. 1977, 17: 55.

[349] RICHMAN J, KENDIG H. Transfer development rights-a pragmatic view [J]. Urb. Law. 1977, 9: 571.

[350] CARLO C, WRIGHT E. Transfer of development rights: a remedy for prior excessive subdivision [J]. U. C. D. L. Rev. 1977, 10: 1.

[351] MATUSON L. . A legislative approach to solar access: transferable development rights [J]. New Eng. L. Rev. 1977 – 1978, 13: 835.

[352] COSTONIS J. The disparity issue: a context for the grand central terminal decision [J]. Harv. L. Rev. 1977 – 1978, 91: 402.

[353] DANELS P, MAGIDA L. Application of transfer of development rights to inner city communities: a proposed municipal land use rights act [J]. Urb. Law. 1979, 11: 124.

[354] JON M C, DAVID L. The supply of development rights: results from a survey in Hadley [J]. Land Economics, 1979, 55 (02).

[355] GARY W. The sale of development rights and zoning in the preservation of open space: lindahl equilibrium and a case study [J]. Land Economics, 1981, 57 (03).

[356] MARCUS N. Air rights in New York city: TDR, zoning lot merger and the well-considered plan [J]. Brook L. Rev. 1983 – 1984, 50: 867.

[357] PEDOWITZ M. Transferable development rights, [J]. Real Prop. Prob. & Tr. J. 1984, 19: 604.

[358] STRUGER D. Transferable development rights: robbing peter to pay paul [J]. U. Det. J. Urb. L. 1984 – 1985, 62: 633.

[359] GIORDANO M. Over-stuffing the envelope: the problems with creative transfer of development rights [J]. Fordham Urb. L. J. 1987 – 1988, 16: 43.

[360] RICHARDS A. Downtown growth control through development rights transfer [J]. Real Prop. Prob. & Tr. J. 1986, 21: 435.

[361] MARCUS N. Transferable development rights: a current appraisal [J]. Prob. & Prop. 1987, 1: 40.

[362] GIORDANO M. Over-stuffing the envelope: the problems with creative transfer of development rights [J]. Fordham Urb. L. J. 1987 – 1988, 16: 43.

[363] TRIPP T B, DUDEK J. Institutional guidelines for designing successful transferable rights programs [J]. Yale J. on Reg. 1989, 6: 369.

[364] HANES P, MINCHEW J. Randall: on vested rights to land use and development [J]. Wash. & Lee L. Rev. 1989, 46: 373.

[365] JEFFREY K, DENNIS W. Using referendum data to characterize public support for purchasing development rights to farmland [J]. Land Economics, 1994, 70 (02).

[366] STINSON D. Transferring development rights: purpose, problems, and prospects in New York [J]. Pace L. Rev. 1996 – 1997, 17: 319.

[367] STENVENSON S J. Banking on TDRS: the government's role as banker of transferable development rights [J]. N. Y. U. L. Rev. 1998, 73: 1329.

[368] AOKI K, BRISCOE K, HOVLAND B. Trading spaces: measure 37, macpherson v. department of administrative services, and transferable development rights as a path out of deadlock [J]. J. Envtl. L. & Litig. 2005, 20: 273.

[369] BRUENING A D. The TDR siren song: the problems with transferable development rights programs and how to fix them [J]. J. Land Use & Envtl. L. 2007 – 2008, 23: 423.

[370] ROBERT C, VICKI L. Land use controls: cases and materials [M]. 2nd ed. Aspen publishing Inc. 2003.

[371] MARK W. Fairness and farmland preservation: a response to professor Richardson [J]. Journal of Land Use and Environmental Law, Spring 2005.

[372] DAVID L C. Preserving paradise: why regulation won't work [M]. University of Hawaii Press, 1994.

[373] HARRISS C L. Land value increment taxation: demise of the British betterment lecy [J]. National Tax Journal, 1972, 25 (04).